16	3	2	13
5	10	11	8
9	6	7	12
4	15	14	1

Cet ouvrage, publié dans le cadre du Programme d'Aide à la Publication 2012 Carlos Drummond de Andrade de l'Institut Français du Brésil, bénéficie du soutien du Ministère de l'Europe et des Affaires Étrangères.

Este livro, publicado no âmbito do Programa de Apoio à Publicação 2012 Carlos Drummond de Andrade do Instituto Francês do Brasil, contou com o apoio do Ministério francês da Europa e das Relações Exteriores.

coleção TRANS

Gilles Deleuze

ESPINOSA E O PROBLEMA DA EXPRESSÃO

Tradução
GT Deleuze — 12
Coordenação de Luiz B. L. Orlandi

editora 34

EDITORA 34

Editora 34 Ltda.
Rua Hungria, 592 Jardim Europa CEP 01455-000
São Paulo - SP Brasil Tel/Fax (11) 3811-6777 www.editora34.com.br

Copyright © Editora 34 Ltda. (edição brasileira), 2017
Spinoza et le problème de l'expression © Les Éditions de Minuit, Paris, 1968

A FOTOCÓPIA DE QUALQUER FOLHA DESTE LIVRO É ILEGAL E CONFIGURA UMA
APROPRIAÇÃO INDEVIDA DOS DIREITOS INTELECTUAIS E PATRIMONIAIS DO AUTOR.

Título original:
Spinoza et le problème de l'expression

Capa, projeto gráfico e editoração eletrônica:
Bracher & Malta Produção Gráfica

Revisão:
Marcela Vieira, Alberto Martins

1ª Edição - 2017

CIP - Brasil. Catalogação-na-Fonte
(Sindicato Nacional dos Editores de Livros, RJ, Brasil)

Deleuze, Gilles, 1925-1995

D390e   Espinosa e o problema da expressão /
Gilles Deleuze; tradução de GT Deleuze — 12;
coordenação de Luiz B. L. Orlandi. — São Paulo:
Editora 34, 2017 (1ª Edição).
432 p. (Coleção TRANS)

ISBN 978-85-7326-674-0

Tradução de: Spinoza et le problème de l'expression

    1. Filosofia. 2. Espinosa, Benedicto de,
1632-1677. I. GT Deleuze — 12. II. Orlandi,
Luiz B. L. III. Série.

CDD - 190

ESPINOSA E O PROBLEMA DA EXPRESSÃO

Sobre esta tradução 7

Prólogo 13
Introdução: Papel e importância da expressão 15

Primeira parte
AS TRÍADES DA SUBSTÂNCIA

I. Distinção numérica e distinção real 29
II. O atributo como expressão 43
III. Atributos e nomes divinos 55
IV. O absoluto 73
V. A potência 89

Segunda parte
O PARALELISMO E A IMANÊNCIA

VI. A expressão no paralelismo 107
VII. As duas potências e a ideia de Deus 121
VIII. Expressão e ideia 139
IX. O inadequado 159
X. Espinosa contra Descartes 171
XI. A imanência e os elementos históricos da expressão 187

Terceira parte
TEORIA DO MODO FINITO

XII. A essência de modo:
passagem do infinito ao finito 209
XIII. A existência do modo 221
XIV. Que pode um corpo? 239
XV. As três ordens e o problema do mal 259
XVI. Visão ética do mundo 283
XVII. As noções comuns 305
XVIII. Rumo ao terceiro gênero 323
XIX. Beatitude 339

Conclusão: Teoria da expressão
em Leibniz e em Espinosa
(o expressionismo em filosofia) 359

Apêndice: Estudo formal do plano da *Ética*
e do papel dos escólios na realização desse plano:
as duas *Éticas* 375
Índice onomástico 389
Índice das matérias 391

Índice das referências à *Ética*
e às demais obras de Espinosa 400
Bibliografia das obras citadas por Deleuze neste livro 409

Posfácio: Deleuze e Espinosa,
François Zourabichvili 413

Bibliografia de Gilles Deleuze 423
Sobre o autor 427

SOBRE ESTA TRADUÇÃO

Esta tradução é o lento e cuidadoso resultado de um trabalho coletivo desenvolvido a partir da competente versão feita por Hortência S. Lencastre, tradutora também de outro livro de Deleuze (*Péricles e Verdi: a filosofia de François Châtelet*, Rio de Janeiro, Pazulin, 1999). Como é do conhecimento de muitos, essa primeira versão circula até hoje na internet, tendo recebido algumas sugestões de leitores que se mantiveram no anonimato. Por telefone, o professor Luiz B. L. Orlandi, em nome deste grupo de tradutores, entrou em contato com a professora Hortência em janeiro de 2012, ocasião em que nos entendemos quanto ao projeto de uma retomada de sua tradução pelo grupo a que demos o nome de Grupo de Trabalho Deleuze, ou simplesmente GT Deleuze — 12 (o algarismo remete à quantidade de participantes desse coletivo). Em ordem alfabética, seus nomes são: Adriana Barin de Azevedo, Alexandre Piccini Ribeiro, Diogo Gondin Blumer, Guilherme Ivo, Janir Batista, José Luiz Pastre, Laisa Blancy de Oliveira Guarienti, Luiz B. L. Orlandi, Marcus Pereira Novaes, Maria Fernanda Novo, Roberto Duarte Santana Nascimento e Vivian Marina Redi Pontin. O grupo assume a responsabilidade pelas falhas que possam ser encontradas, e pede aos leitores para que se aproximem e aperfeiçoem o que aqui se fez.

Além da retomada da tradução disponível, o GT Deleuze, indo além do original francês, acrescentou dois conjuntos de instrumentos auxiliares de leitura e de desenvolvimento de pesquisa:

Os destaques do primeiro conjunto são:
— indicação da paginação da edição original francesa, em itálico e entre colchetes, ao longo da tradução;

— ao longo da tradução, abaixo dos títulos, tanto da introdução quanto de cada um dos dezenove capítulos e da conclusão, acrescentamos, em itálico e entre colchetes, os temas tratados em cada bloco, temas que foram indicados no índice geral das matérias da edição original francesa;

— índice onomástico mais completo do que o da edição original francesa.

Os destaques do segundo conjunto são:

— tradução das expressões latinas, que se encontram entre colchetes, logo após a incidência de cada uma;

— índice detalhado das referências de Deleuze à *Ética* e às demais obras de Espinosa;

— bibliografia das obras citadas por Deleuze neste livro;

— acréscimo, como posfácio, da tradução feita por Adriana Barin de Azevedo e Guilherme Ivo do texto "Deleuze e Espinosa", escrito por François Zourabichvili, um dos mais atentos estudiosos do pensamento deleuziano, autor de *Deleuze: uma filosofia do acontecimento* (São Paulo, Editora 34, 2016) e de dois livros sobre Espinosa.

A respeito das palavras *relation* [relação], *rapport* [conexão] e *connexion* [concatenação], esclarecemos: a ligação de cada uma dessas palavras francesas a um distinto termo em português será mantida como sinal para facilitar o acesso do leitor a possíveis distinções conceituais pertinentes. Apenas como sumária indicação, anotamos o seguinte:

a) Não se trata apenas de empregar "relação" como óbvia tradução de *relation*, termo este presente cerca de 27 vezes no original, sendo que quatro delas devem-se ao termo *corrélation*, traduzido por "correlação".

b) Também não se trata de algo menos óbvio como o de manter "conexão" para traduzir *rapport*, termo este empregado cerca de 470 vezes no original e que condiz com a tradução francesa do termo espinosano *ratio*. Convém lembrar que cerca de 52 dessas incidências devem-se à expressão *par rapport à*, que traduzimos por "relativamente a".

c) Mas traduzir, como fizemos, *connexion* (que incide cerca de 21 vezes) por "concatenação" pode soar estranho, o que justifica este sucinto esclarecimento: primeiramente, Deleuze escreve *connexion ou concaténation* e remete diretamente o leitor aos termos que Espinosa emprega em latim, *connexio* ou *concatenatio*.

A respeito dos termos franceses *étendue* e *extension*: consideremos esta frase escrita por Deleuze na página *[174]*: "On évitera de croire que l'*extension* soit un privilège de l'*étendue*". Os dois termos destacados correspondem a conceitos distintos; porém, como eles são, em geral, traduzidos unicamente por "extensão", não é incomum encontrarmos citações dessa frase assim: "É preciso evitar a crença de que a extensão [*extension*] seja um privilégio da extensão [*étendue*]". Se os dois termos franceses não estivessem entre colchetes, o leitor não teria sua atenção remetida de imediato a uma possível diferença conceitual.

Pois bem, por comodidade (para evitar um excessivo emprego de colchetes, mesmo porque, embora *extension* ocorra bem menos, *étendue* aparece mais de sessenta vezes), nós optamos pelas seguintes correspondências:

"Extensão" traduz *étendue*, termo este que traduz *extensio*, palavra latina com que Espinosa nomeia um dos atributos de Deus.

"Extenso" traduz *extension*, termo este com que Deleuze remete o leitor à coisa dotada de extensão, a uma *res extensa*, como diz Espinosa (*E*, II, 2), a uma coisa extensa.

Há um emprego tradicional do par de palavras "compreensão" e "extensão" referido a conceitos ou categorias. Sumariamente, a compreensão de um conceito diz respeito ao conjunto de características que o distinguem de outro; e a extensão de um conceito é o conjunto dos extensos, dos elementos aos quais cabe aplicar o conceito. Para não contrariar o velho uso desse par, nós o mantivemos numa passagem da página *[305]*, mesmo porque fica fácil de notar que a incidência do termo *extension* nessa página não se refere ao atributo extensão (*étendue*), mas tão somente a extensos denotados por conceitos.

Sobre esta tradução   9

A respeito das notas de rodapé:

— as notas do autor, reiniciadas a cada seção (a cada capítulo), estão numeradas em algarismos arábicos;

— as notas da tradução (assumidamente auxiliares e não interpretativas) são indicadas pela sigla NT e estão reproduzidas entre colchetes.

GT Deleuze — 12

ESPINOSA
E O PROBLEMA
DA EXPRESSÃO

PRÓLOGO
[7]

Designamos as obras de Espinosa pelas abreviações: *CT* (para *Court traité*) [*BT*, nesta tradução, para *Breve tratado*], *TRE* (para o *Traité de la réforme* [nesta tradução, a sigla foi mantida para *Tratado da reforma do entendimento*, sabendo-se que as denominações consagradas entre nós são, no momento, *Tratado da emenda do intelecto* ou *Tratado da reforma do intelecto*], *PPD* (para *Principes de la philosophie de Descartes*), *PM* (para *Pensées métaphysiques*), *TTP* (para *Traité théologico-politique*), *E* (para *Éthique*), *TP* (para *Traité politique*).

Quanto aos textos que citamos: toda vez que as indicações forem suficientemente detalhadas e permitirem reencontrar facilmente a passagem nas edições correntes, não daremos outras informações. No entanto, para as cartas e para o *Tratado teológico--político*, indicamos a referência à edição Van Vloten et Land, em quatro tomos reunidos em dois volumes. Nós é que sublinhamos certas passagens ou certas palavras nas citações.

Salvo exceções, as traduções de Espinosa foram extraídas de A. Guérinot para a *Ética* (edição Pelletan), de A. Koyré para o *Tratado da reforma* (edição Vrin), e de C. Appuhn (edição Garnier) para as demais obras.

Este livro foi apresentado como tese complementar sob o título "A ideia de expressão na filosofia de Espinosa".[NT]

Gilles Deleuze

[NT] [Para mais informações, ver Bibliografia anexada a esta tradução.]

Introdução
PAPEL E IMPORTÂNCIA DA EXPRESSÃO
[9]

[Importância da palavra "exprimir" em Espinosa. Seu triplo emprego: exprimir uma essência, exprimir a essência, exprimir a existência. — Caráter expressivo do atributo, do modo e da ideia. — Exprimir: explicar ou desenvolver; implicar ou envolver; complicar, conter ou compreender. — Leibniz e Espinosa contam com a ideia de expressão para ultrapassar as dificuldades do cartesianismo. — Por que os comentadores não consideraram tanto a ideia de expressão em Espinosa. — Por que a ideia de expressão em Espinosa não é objeto de definição e nem objeto de demonstração. Expressão e demonstração.]

No primeiro livro da *Ética*, a ideia de expressão aparece a partir da definição 6: "Por Deus entendo um ser absolutamente infinito, isto é, uma substância que consiste de infinitos atributos, cada um dos quais *exprime* uma essência eterna e infinita". Essa ideia vai ganhando em seguida uma importância cada vez maior. Ela é retomada em contextos variados. Ora Espinosa diz: cada atributo exprime *uma certa essência* eterna e infinita, uma essência correspondente ao gênero do atributo. Ou então: cada atributo exprime *a essência* da substância, seu ser ou sua realidade. Ou ainda: cada atributo exprime a infinidade e a necessidade da *existência* substancial, isto é, a eternidade.[1] E, sem dúvida, Espinosa mos-

---

[1] Na *Ética*, as fórmulas correspondentes são as seguintes: 1°) *aeternam et infinitam certam essentiam exprimit* (I, 10, esc.) [exprime uma essência precisa — eterna e infinita]. 2°) *divinae substantiae essentiam exprimit* (I, 19 dem.) [exprime a essência da substância divina]; *realitatem sive esse substan-*

tra bem como se passa de uma fórmula a outra. Cada atributo exprime uma essência, mas enquanto exprime em seu gênero a essência da substância; e como a essência da substância envolve necessariamente a existência, cabe a cada atributo exprimir, com a essência de Deus, sua existência eterna.[2] Mas é também certo que a ideia de expressão resume todas as dificuldades que dizem respeito à unidade da substância e à diversidade dos atributos. A natureza expressiva dos atributos aparece então como um tema fundamental no primeiro livro da *Ética*.

O modo, por sua vez, é expressivo: "Tudo o que existe exprime a natureza de Deus, ou seja, exprime a sua essência, *[10]* de uma maneira certa e determinada" (quer dizer, sob um modo definido).[3] Devemos, então, distinguir um segundo nível da expressão, uma espécie de expressão da expressão. Em primeiro lugar, a substância se exprime em seus atributos, e cada atributo exprime uma essência. Em segundo lugar, porém, os atributos também se exprimem: eles se exprimem nos modos que dependem deles, e cada modo exprime uma modificação. Veremos que o primeiro nível deve ser compreendido como uma verdadeira constituição, quase uma genealogia da essência da substância. O segundo deve ser compreendido como uma verdadeira produção das coisas. De fato, Deus produz uma infinidade de coisas porque sua essência é infinita; mas, como ele tem uma infinidade de atributos, produz necessariamente essas coisas em uma infinidade de modos, cada um dos quais remete ao atributo no qual está contido.[4] A expressão não é, em si mesma, uma produção, mas o devém, em seu segundo nível, quando é o atributo que se exprime, por sua vez. In-

---

tiae exprimit (I, 10, esc.) [exprime a realidade, ou seja, o ser da substância]. 3º) *existentiam exprimunt* (I, 10, c.) [exprimem a existência]. Os três tipos de fórmulas acham-se reunidos em I, 10, esc. Em relação a isso, esse texto contém nuanças e deslizamentos extremamente sutis.

[2] *E*, I, 19 e 20, dem.

[3] *E*, I, 36, dem. (e 25, cor.: *Modi quibus Dei attributa certo et determinato modo exprimuntor* [Modos pelos quais os atributos de Deus exprimem-se de uma maneira certa e determinada]).

[4] *E*, I, 16, dem.

versamente, a expressão-produção encontra seu fundamento em uma expressão primeira. Deus se exprime por si mesmo "antes" de exprimir-se em seus efeitos; Deus se exprime constituindo por si a natureza naturante, antes de se exprimir produzindo em si a natureza naturada.

A noção de expressão não tem apenas um alcance ontológico, mas também gnoseológico. Isso não é de surpreender, pois a ideia é um modo do pensamento: "Os pensamentos singulares, ou seja, este ou aquele pensamento, são modos que exprimem a natureza de Deus de uma maneira certa e determinada".[5] Mas, assim, o conhecimento devém uma espécie da expressão. O conhecimento das coisas tem com o conhecimento de Deus a mesma conexão que as coisas em si mesmas têm com Deus: "Já que nada pode ser, nem ser concebido sem Deus, é certo que todos os seres da natureza *envolvem e exprimem* o conceito de Deus, proporcionalmente à sua essência e à sua perfeição; é certo, portanto, que quanto mais coisas conhecemos na natureza, maior e mais perfeito é o conhecimento de Deus que adquirimos".[6] A ideia de Deus se exprime em todas as nossas ideias como fonte e causa destas, de maneira que o conjunto das ideias reproduz *[11]* exatamente a ordem da natureza inteira. E a ideia, por sua vez, exprime a essência, a natureza ou a perfeição de seu objeto: da definição ou da ideia é dito que elas exprimem a natureza da coisa tal como ela é em si mesma. Quanto mais realidade ou perfeição as ideias exprimem de um objeto, mais elas são perfeitas; as ideias que o espírito forma "absolutamente" exprimem, portanto, a infinidade.[7] O espírito concebe as coisas sob a espécie da eternidade, isso porque ele possui uma ideia que, sob essa espécie, exprime a essência do corpo.[8] Parece que a concepção do adequado, em Espinosa, não se separa dessa natureza expressiva da ideia. O *Breve tratado* já buscava um conceito capaz de dar conta do conhecimento, não como se fosse uma

[5] *E*, II, 1, dem.

[6] *TTP*, cap. 4 (II, p. 136).

[7] *TRE*, 108 (*infinitatem exprimunt*).

[8] *E*, V, 29, prop. e dem.

operação que ficaria exterior à coisa, mas como uma reflexão, uma expressão da coisa no espírito. A *Ética* dá sempre testemunho dessa exigência, embora a interprete de uma nova maneira. Seja como for, não basta dizer que o verdadeiro está presente na ideia. Temos que perguntar ainda: o que está presente na ideia verdadeira? O que se exprime em uma ideia verdadeira, o que ela exprime? Se Espinosa ultrapassa a concepção cartesiana do claro e do distinto, se ele forma sua teoria do adequado, é sempre em função desse problema da expressão.

A palavra "exprimir" tem sinônimos. Os textos holandeses do *Breve tratado* empregam *uytdrukken-uytbeelden* [exprimir], mas preferem *vertoonen* (ao mesmo tempo "manifestar" e "demonstrar"): a coisa pensante *se exprime* numa infinidade de ideias que correspondem a uma infinidade de objetos; mas, da mesma maneira, a ideia de um corpo *manifesta* Deus imediatamente; e os atributos *manifestam* a si mesmos por si mesmos.[9] No *Tratado da reforma*, os atributos manifestam a essência de Deus: *ostendere*.[10] Os sinônimos, porém, não são o mais importante. Mais importantes são os correlativos que acompanham a ideia de expressão e a tornam precisa. Esses correlativos são *explicare* e *involvere*. Assim, não se diz apenas que a definição exprime a natureza da coisa definida, *[12]* mas que a *envolve* e a *explica*.[11] Os atributos não exprimem apenas a essência da substância, ora a explicam,

[9] Ver *BT*, II, cap. 20, 4 (*uytgedrukt*); I, segundo diálogo, 12 (*vertoonen*); I, cap. 7, 10 (*vertoond*).

[10] *TRE*, 76.

[11] *E*, I, 8, esc. 2: *Veram uniuscujusque rei definitionem nihil involvere neque exprimere praeter rei definitae naturam* [A definição verdadeira de cada uma das coisas nada envolve e nada exprime além da natureza da coisa definida]. *TRE*, 95, *Definitio, ut dicatur perfecta, debebit intimam essentiam rei explicare* [Para ser dita perfeita, a definição deverá explicar a essência íntima da coisa].

ora a envolvem.[12] Os modos envolvem o conceito de Deus, ao mesmo tempo em que o exprimem, de maneira que as próprias ideias correspondentes envolvem a essência eterna de Deus.[13]

Explicar é desenvolver. Envolver é implicar. Os dois termos, entretanto, não são contrários: indicam apenas dois aspectos da expressão. Por um lado, a expressão é uma explicação: desenvolvimento daquilo que se exprime, manifestação do Uno no múltiplo (manifestação da substância nos seus atributos e, depois, dos atributos nos seus modos). Mas, por outro lado, a expressão múltipla envolve o Uno. O Uno permanece envolvido naquilo que o exprime, impresso naquilo que o desenvolve, imanente a tudo aquilo que o manifesta: nesse sentido, a expressão é um envolvimento. Entre os dois termos não há oposição, salvo num caso preciso que analisaremos mais tarde, no nível do modo finito e de suas paixões.[14] Em regra geral, porém, a expressão envolve, implica o que ela exprime, ao mesmo tempo em que o explica e o desenvolve.

Implicação e explicação, envolvimento e desenvolvimento, são termos herdados de uma longa tradição filosófica, sempre acusada de panteísmo. Precisamente por não se oporem, esses próprios conceitos remetem a um princípio sintético: a *complicatio*. No neoplatonismo, frequentemente a *complicação* designa, ao mesmo tempo, a presença do múltiplo no Uno e do Uno no múltiplo. Deus é a natureza "complicativa"; e essa natureza explica e implica Deus, envolve e desenvolve Deus. Deus "complica" toda coisa, mas toda coisa o explica e o envolve. Esse encaixe de noções constitui a expressão; nesse sentido, ele caracteriza uma das formas essenciais do neoplatonismo cristão e judaico, tal como ele evoluiu durante a Idade Média e o Renascimento. Desse ponto de vista, foi possível dizer que a expressão era uma categoria fundamental do pensamento da Renascença.[15] *[13]* Ora, em Espinosa a Natureza compreende tudo, contém tudo, ao mesmo tempo em

---

[12] *E*, I, 19, dem; 20, dem.

[13] *E*, II, 45 e 46, dem.

[14] Ver capítulo IX.

[15] Ver Alexandre Koyré, *La Philosophie de Jacob Boehme* (Paris, Vrin,

que é explicada e implicada por cada coisa. Os atributos envolvem e explicam a substância, mas esta compreende todos os atributos. Os modos envolvem e explicam o atributo do qual dependem, mas o atributo contém todas as essências de modos correspondentes. Devemos perguntar como Espinosa se insere na tradição expressionista, em que medida é tributário dela, e como ele a renova.

Essa questão se torna ainda mais importante, porque o próprio Leibniz faz da expressão um de seus conceitos fundamentais. Tanto em Leibniz quanto em Espinosa a expressão tem um alcance ao mesmo tempo teológico, ontológico e gnoseológico. Ela anima a teoria de Deus, das criaturas e do conhecimento. Independentemente um do outro, os dois filósofos parecem contar com a ideia de expressão para ultrapassar as dificuldades do cartesianismo, para restaurar uma filosofia da Natureza, e até mesmo para integrar as aquisições de Descartes em sistemas profundamente hostis à visão cartesiana do mundo. Na medida em que podemos falar de um anticartesianismo de Leibniz e de Espinosa, esse anticartesianismo é fundamentado na ideia de expressão.

Supomos que a ideia de expressão seja importante, ao mesmo tempo, para a compreensão do sistema de Espinosa, para a determinação de sua conexão com o sistema de Leibniz, para as origens e a formação dos dois sistemas. Sendo assim, por que os melhores comentadores não levaram em conta (ou não muito) uma noção como essa na filosofia de Espinosa? Alguns não dizem absolutamente nada. Outros lhe atribuem uma certa importância, mas indireta; veem nela o sinônimo de um termo mais profundo. Expressão seria apenas uma maneira de dizer "emanação". Leibniz já sugeria isso ao criticar Espinosa por ter interpretado a expressão num sentido conforme à Cabala, e por tê-la reduzido a uma espécie de emanação.[16] Ou então, "exprimir" seria um sinônimo de

---

1929), e, principalmente, *Mystiques, spirituels, alchimistes du XVIe siècle allemand* (Paris, Armand Colin, 1947).

[16] Ver Foucher de Careil, *Leibniz, Descartes et Spinoza* (Paris, Ladrange, 1862). Entre os intérpretes recentes, Emile Lasbax é um dos que levam mais longe a identificação da expressão espinosista com uma emanação neoplatônica: *La Hiérarchie dans l'Univers chez Spinoza* (Paris, Vrin, 1919).

"explicar". Os pós-kantianos pareciam melhor situados para reconhecer no espinosismo a presença de um movimento de gênese e de autodesenvolvimento, cujo signo *[14]* precursor eles procuravam por toda a parte. Mas o termo "explicar" confirma, para eles, a ideia de que Espinosa não soube conceber um verdadeiro desenvolvimento da substância, assim como também não soube pensar a passagem do infinito para o finito. A substância espinosista lhes parece morta: a expressão espinosista lhes parece intelectual e abstrata; os atributos lhes parecem "atribuídos" à substância por um entendimento ele próprio explicativo.[17] Mesmo Schelling, quando elabora sua filosofia da manifestação (*Offenbarung*), não invoca Espinosa, mas Boehme: é de Boehme, e não de Espinosa, tampouco de Leibniz, que lhe vem a ideia de expressão (*Ausdruck*).

Não se reduz a expressão a uma simples explicação do entendimento sem cair num contrassenso histórico. Pois explicar, longe de designar a operação de um entendimento que permanece exterior à coisa, designa primeiro o desenvolvimento da coisa nela mesma e na vida. O par tradicional *explicatio-complicatio*, historicamente, atesta um vitalismo sempre próximo do panteísmo. Longe de que se possa compreender a expressão a partir da explicação, parece-nos, ao contrário, que a explicação, tanto em Espinosa quanto em seus antecessores, supõe uma certa ideia da expressão. Se os atributos remetem essencialmente a um entendimento que os percebe ou os compreende, isso acontece, antes de tudo, porque exprimem a essência da substância, e porque a essência infinita não é exprimida sem se manifestar "objetivamente" no entendimento divino. É a expressão que funda a conexão com o entendimento, e não o inverso. Quanto à emanação, é certo que encontraremos em Espinosa alguns traços dela, assim como da participação. A teoria da expressão e da explicação, no Renascimento como na Idade Média, formou-se, precisamente, em autores muito inspira-

---

[17] É sob a influência de Hegel que Johann Eduard Erdmann interpreta os atributos espinosistas, ora como formas do entendimento, ora como formas da sensibilidade (*Versuch einer wissenschaftlichen Darstellung der neuern Philosophie* [Leipzig, 1836]; *Grundriss der Geschichte der Philosophie* [Berlim, 1866]).

dos pelo neoplatonismo. Acontece que tal teoria tinha por objetivo e por efeito transformar profundamente esse neoplatonismo, abrir-lhe vias totalmente novas, distantes daquelas da emanação, mesmo quando os dois temas coexistiam. Diríamos, então, também da emanação, que ela não está apta a nos fazer compreender a ideia de expressão. Ao contrário, é a ideia de expressão que pode mostrar como o neoplatonismo [15] evoluiu até mudar de natureza e como, em particular, a causa emanativa foi tendendo cada vez mais a devir uma causa imanente.

Certos comentadores modernos consideram diretamente a ideia de expressão em Espinosa. Kaufmann vê nela um fio para o "labirinto espinosista", mas insiste no aspecto místico e estético da noção tomada em geral, independentemente do uso que Espinosa faz dela.[18] De uma outra maneira, Darbon consagra à expressão uma página muito bonita, mas finalmente declara que ela permanece ininteligível. "Para explicar a unidade da substância, Espinosa nos diz apenas que cada um dos atributos exprime sua essência. Longe de nos esclarecer, a explicação levanta um mundo de dificuldades. Primeiramente, *aquilo que é exprimido* deveria ser distinto *daquilo que se exprime* [...]", e Darbon conclui: "Todos os atributos exprimem a essência infinita e eterna de Deus; embora não possamos distinguir entre *aquilo que é exprimido* e *aquilo que o exprime*. Compreendemos que a tarefa do comentador seja difícil e que a questão das conexões da substância e dos atributos no espinosismo tenha dado margem a muitas interpretações diferentes".[19]

Sem dúvida, há uma razão para essa situação do comentário. É que a ideia de expressão, em Espinosa, não é objeto nem de definição nem de demonstração, e nem pode ser. Ela aparece na definição 6; mas nem é definida nem serve para definir. Não define a substância nem o atributo, porque estes já estão definidos (3 e 4).

---

[18] Fritz Kaufmann, "Spinoza's system as theory of expression", *Philosophy and Phenomenological Research*, vol. 1, n° 1, Universidade de Buffalo, NY, set. 1940.

[19] André Darbon, *Études spinozistes* (Paris, PUF, 1946, pp. 117-8).

Tampouco Deus, cuja definição pode dispensar qualquer referência à expressão. No *Breve tratado*, assim como nas cartas, Espinosa diz, frequentemente, que Deus é uma substância que consiste numa infinidade de atributos dos quais cada um é infinito.[20] Parece então que a ideia de expressão surge apenas como sendo a determinação da conexão na qual entram o atributo, a substância e a essência, quando Deus, por sua vez, é definido como uma substância que consiste em uma infinidade de atributos, eles próprios infinitos. A expressão não concerne à substância ou ao atributo em geral, em condições indeterminadas. Quando a substância é absolutamente infinita, quando ela possui *[16]* uma infinidade de atributos, então, e somente então, pode-se dizer que os atributos exprimem a essência, porque a substância também se exprime nos atributos. Seria inexato invocar as definições 3 e 4 para delas deduzir, imediatamente, a natureza da conexão entre a substância e o atributo, tal como ela deve ser em Deus, pois Deus é suficiente para "transformar" essa conexão, elevando-a ao absoluto. *As definições 3 e 4 são apenas nominais; só a definição 6 é real* e nos diz o que se segue disso para a substância, o atributo e a essência. Mas o que significa "transformar a conexão"? Compreenderemos melhor se perguntarmos por que a expressão também não é objeto de demonstração.

A Tschirnhaus, que se inquieta com a célebre proposição 16 (livro I da *Ética*), Espinosa faz uma importante concessão: há uma diferença certa entre o desenvolvimento filosófico e a demonstração matemática.[21] Ordinariamente, a partir de uma definição, o matemático conclui apenas uma só propriedade; para conhecer várias, ele deve multiplicar os pontos de vista e aproximar "a coisa definida de outros objetos". O método geométrico está, portanto, submetido a duas limitações: a exterioridade dos pontos de vista e o caráter distributivo das propriedades. Hegel não dizia outra coisa quando afirmava, pensando em Espinosa, que o método geométrico era inapto para compreender o movimento orgânico

---

[20] *Cartas 2 e 4, a Oldenburg* (III, p. 5 e p. 11). E *BT*, I, cap. 2, 1.

[21] *Carta 82, de Tschirnhaus, e Carta 83, a Tschirnhaus.*

ou o autodesenvolvimento, o único que convém com o absoluto. Tomemos a demonstração dos três ângulos = dois retos, onde começamos prolongando a base do triângulo. É claro que essa base não é como uma planta que cresceria sozinha: é preciso que o geômetra a prolongue, o geômetra deve ainda considerar, de um novo ponto de vista, o lado do triângulo ao qual ele conduz uma paralela etc. Não se pode pensar que o próprio Espinosa tenha ignorado essas objeções; são as de Tschirnhaus.

A resposta de Espinosa pode decepcionar: quando o método geométrico se aplica a seres reais e, com mais forte razão, ao ser absoluto, temos o meio de deduzir, ao mesmo tempo, várias propriedades. Sem dúvida, temos a impressão de que Espinosa concorda com aquilo que está em questão. Mas só nos decepcionamos porque confundimos problemas muito diversos levantados pelo método. Espinosa pergunta: haverá um meio pelo qual propriedades, concluídas uma a uma, possam ser *[17]* consideradas coletivamente, e pelo qual pontos de vista, tomados no exterior de uma definição, possam ser situados no interior da coisa definida? Ora, no *Tratado da reforma do entendimento*, Espinosa mostrou que as figuras, em geometria, podiam ser definidas por uma causa próxima ou ser objeto de definições genéticas.[22] O círculo não é apenas o lugar dos pontos situados a igual distância de um mesmo ponto chamado centro, mas uma figura descrita por toda linha que tem uma extremidade fixa e a outra móvel. Da mesma maneira, a esfera é uma figura descrita por todo semicírculo que gira em torno do seu eixo. É verdade que, em geometria, essas causas são fictícias: *fingo ad libitum* ["invento à vontade"]. Como diria Hegel, mas como também diz Espinosa, o semicírculo não gira sozinho. Mas se essas causas são fictícias ou imaginadas, isso se dá na medida em que elas só têm verdade por serem inferidas a partir de seus efeitos. Elas se apresentam como meios, artifícios, ficções, porque as figuras aqui são seres de razão. É igualmente verdade que as propriedades, que são realmente concluídas uma a uma pelo geômetra, adquirem um ser coletivo em conexão com

---

[22] *TRE*, 72 e 95.

essas causas e por meio dessas ficções.[23] Ora, no caso do absoluto, nada mais há de fictício: a causa já não é inferida de seu efeito. Ao afirmar que o Absolutamente infinito é causa, não estamos afirmando, como no caso da rotação do semicírculo, algo que não estivesse contido em seu conceito. Portanto, não há necessidade de ficção para que os modos, em sua infinidade, sejam assimilados a propriedades coletivamente concluídas da definição da substância, e os atributos, a pontos de vista interiores a essa substância, com a qual eles estão às voltas. Então, se a filosofia está sob a jurisdição da matemática, é porque a matemática encontra na filosofia a supressão de seus limites ordinários. O método geométrico não encontra dificuldade quando se aplica *[18]* ao absoluto; ao contrário, ele encontra o meio natural de superar as dificuldades que sobrecarregavam seu exercício, quando era aplicado a seres de razão.

Os atributos são como pontos de vista sobre a substância; mas, no absoluto, os pontos de vista deixam de ser exteriores; a substância compreende em si a infinidade de seus próprios pontos de vista. Os modos são deduzidos da substância, assim como as propriedades se deduzem de uma coisa definida; mas, no absoluto, as propriedades adquirem um ser coletivo infinito. Não é mais o entendimento finito que conclui propriedades uma a uma, que reflete sobre a coisa e a explica ao conectá-la com outros objetos. É a coisa que se exprime, é ela que se explica. Então todas as propriedades em conjunto "caem sob um entendimento infinito". A expressão, portanto, não tem de ser objeto de demonstração; é ela que coloca a demonstração no absoluto, que faz da demonstração a *manifestação imediata* da substância absolutamen-

---

[23] *TRE*, 72: "Para formar o conceito da esfera, formo arbitrariamente a ficção de uma causa, a saber, que um semicírculo gira em torno de seu centro e é como se a esfera fosse gerada por essa rotação. Essa ideia é certamente verdadeira e, embora saibamos que nenhuma esfera nunca foi gerada assim na natureza, esta percepção é, contudo, verdadeira e a maneira mais fácil de formar o conceito da esfera. É preciso notar, além disso, que essa percepção afirma que o semicírculo gira, afirmação que seria falsa caso ela não estivesse junto ao conceito da esfera [...]".

Introdução: Papel e importância da expressão

te infinita. É impossível compreender os atributos sem demonstração; esta é a manifestação daquilo que não é visível, e também o olhar sob o qual cai aquilo que se manifesta. É nesse sentido que as demonstrações, diz Espinosa, são olhos do espírito, pelos quais percebemos.[24]

---

[24] *E*, V, 23, esc. *TTP*, cap. 13 (II, p. 240): "Será que poderemos dizer que não é preciso conhecer os atributos de Deus, mas apenas acreditar, simplesmente e sem demonstração? Pura frivolidade. Pois as coisas invisíveis, e que são objetos do pensamento, não podem ser vistas por outros olhos a não ser pelas demonstrações; portanto, aqueles que não as têm, nada absolutamente veem dessas coisas".

Primeira parte
AS TRÍADES DA SUBSTÂNCIA

[19]

Capítulo I
DISTINÇÃO NUMÉRICA E DISTINÇÃO REAL
[21]

[A expressão como tríade. Primeira tríade da expressão: substância, atributo, essência.

O problema das distinções em Descartes. — Segundo Descartes, há substâncias de mesmo atributo: distinções numéricas que são reais. — E há substâncias de atributo diferente: distinções reais que são numéricas. — Teoria de Espinosa: não há várias substâncias de mesmo atributo, a distinção numérica nunca é real. — Consequência: a distinção real nunca é numérica, não há várias substâncias que correspondam aos diferentes atributos. — As oito primeiras proposições da Ética não têm um sentido simplesmente hipotético. Gênese ou constituição da substância.

Oposição de Espinosa a Descartes, do ponto de vista da teoria das distinções. Significação da distinção real em Espinosa.]

A expressão se apresenta como uma tríade. Devemos distinguir a substância, os atributos, a essência. A substância se exprime, os atributos são expressões, a essência é exprimida. A ideia de expressão permanecerá ininteligível enquanto virmos apenas dois termos na conexão que ela apresenta. Confundiremos substância e atributo, atributo e essência, essência e substância, enquanto não levarmos em conta a presença e o intermédio do terceiro. A substância e os atributos se distinguem, mas enquanto cada atributo exprime uma certa essência. O atributo e a essência se distinguem, mas enquanto cada essência é exprimida como essência da substância, e não do atributo. Eis como se manifesta a originalidade do conceito de expressão: a essência, enquanto existe, não existe

Distinção numérica e distinção real   29

fora do atributo que a exprime; mas, enquanto é essência, ela só se conecta à substância. Uma essência é exprimida por cada atributo, mas como essência da própria substância. As essências infinitas se distinguem nos atributos nos quais elas existem, mas se identificam na substância à qual estão conectadas. Reencontraremos sempre a necessidade de distinguir três termos: a substância que se exprime, o atributo que a exprime, a essência que é exprimida. É pelos atributos que a essência é distinguida da substância, mas é pela essência que a própria substância é distinguida dos atributos. A tríade é tal que cada um dos seus termos, em três silogismos, está apto a servir de meio relativamente aos dois outros.

A expressão convém com a substância, enquanto a substância é absolutamente infinita; ela convém com os atributos, enquanto estes são uma infinidade; ela convém com a essência, enquanto cada essência é infinita num atributo. Há, portanto, uma natureza do infinito. Merleau-Ponty *[22]* frisou bem aquilo que hoje nos parece ser o mais difícil de compreender nas filosofias do século XVII: a ideia do infinito positivo como "segredo do grande racionalismo", "uma maneira inocente de pensar a partir do infinito", cuja perfeição se encontra no espinosismo.[1] É verdade que a inocência não exclui o trabalho do conceito. Espinosa precisava de todos os recursos de um elemento conceitual original para expor a potência e a atualidade do infinito positivo. Se a ideia de expressão preenche esse papel, isso se dá na medida em que ela leva ao infinito certas distinções que correspondem a esses três termos: substância, atributos, essência. Qual é o tipo de distinção no infinito? Que tipo de distinção pode ser levada ao absoluto, à natureza de Deus? Esse é o primeiro problema posto pela ideia de expressão; ele domina o primeiro livro da *Ética*.

---

[1] Ver Maurice Merleau-Ponty, *Les Philosophes célèbres* (Paris, Mazenod, p. 136). [NT: Ver Merleau-Ponty, "Partout et nulle part", in *Signes*, Paris, Gallimard, 1960, parte V, pp. 158-200, item IV, "Le grand rationalisme", pp. 185-91, referência, p. 189].

Desde o começo da *Ética*, Espinosa pergunta como é que duas coisas, no sentido mais geral da palavra, podem se distinguir, e então como duas substâncias, no sentido preciso da palavra, devem se distinguir. A primeira questão prepara a segunda. A resposta a esta segunda questão parece inequívoca: se é verdade que duas coisas em geral diferem pelos atributos das substâncias, ou então pelos modos, duas substâncias, por sua vez, não podem se distinguir pelo modo, mas somente pelo atributo. É impossível, portanto, que haja duas ou mais substâncias de mesmo atributo.[2] Não há dúvida de que Espinosa aqui está tomando aqui ponto de partida em um domínio cartesiano. Mas o que ele aceita de Descartes, o que ele recusa e, principalmente, aquilo que ele aceita para depois voltá-lo contra Descartes, tudo isso deve ser avaliado cuidadosamente.

Em Descartes, encontra-se explicitamente o princípio segundo o qual só existem substâncias e modos, estando o modo em outra coisa e a substância em si.[3] E se os modos supõem *[23]* sempre uma substância que podemos conhecer suficientemente através deles, isso se dá por intermédio de um atributo principal que eles implicam e que constitui a essência da própria substância: assim, duas ou mais substâncias se distinguem e são conhecidas distintamente pelos seus atributos principais.[4] Descartes conclui disso que concebemos uma distinção real entre duas substâncias, uma distinção modal entre a substância e o modo que a supõe sem reciprocidade, uma distinção de razão entre a substância e o atributo, sem o qual não poderíamos ter dela um conhecimento distinto.[5] A exclusão, a implicação unilateral e a abstração são os critérios correspondentes na ideia, ou melhor, os dados elementares da re-

---

[2] *E*, I, 5, prop. e dem.

[3] Espinosa expõe a tese cartesiana da seguinte maneira, *PM*, II, 5: "É preciso lembrar aquilo que Descartes indicou em *Principes de philosophie* (parte I, artigos 48 e 49), ou seja, que não existe nada na natureza fora das substâncias e dos seus modos; de onde se deduz uma tripla distinção (artigos 60, 61 e 62), isto é, a real, a modal e a distinção de razão".

[4] Descartes, *Principes*, I, 53.

[5] *Ibidem*, I, 60, 61 e 62.

presentação, que permitem definir e reconhecer esses tipos de distinção. A determinação e a aplicação desses tipos desempenham um papel essencial no cartesianismo. E Descartes, sem dúvida, se aproveitava do esforço precedente de Suarez para colocar em ordem um problema tão complicado.[6] No entanto, o uso que ele mesmo faz das três distinções parece, por sua riqueza, comportar ainda inúmeros equívocos.

Uma primeira ambiguidade, como admite Descartes, diz respeito à distinção de razão, à distinção modal e à conexão entre elas. Ela já aparece no emprego das palavras "modo", "atributo", "qualidade". Dado um atributo qualquer, ele é qualidade porque qualifica a substância como sendo tal ou qual, mas é também modo na medida em que a diversifica.[7] Desse ponto de vista, qual é a situação do atributo principal? Só por abstração é que posso separar a substância desse atributo. Mas também posso distinguir esse atributo da substância, com a condição de não fazer dele algo que subsista por si, com a condição de apenas fazer dele a propriedade que a substância tem de mudar (isto é, de ter figuras variáveis ou pensamentos diversos). Eis por que Descartes diz que o extenso e o pensamento podem ser concebidos distintamente de duas maneiras: "enquanto um constitui a natureza do corpo, e o outro a da alma"; mas podem ser distinguidos também *[24]* de suas substâncias, ao serem tomados simplesmente como "modos" ou "dependências".[8] Ora, se no primeiro caso os atributos distinguem substâncias que eles qualificam, parece que, no segundo, os modos distinguem substâncias de mesmo atributo. Assim, figuras variáveis remetem a tal ou qual corpo realmente distinto dos outros; e os pensamentos diversos remetem a uma alma realmente distinta. O atributo constitui a essência da substância que ele qualifica, mas constitui também a essência dos modos que ele conecta às subs-

---

[6] Ver Francisco Suárez, *Metaphysicarum disputationum*, D VII. Suárez reconhece apenas as distinções real, modal e de razão, e critica a distinção formal de Duns Escoto, em termos muito próximos daqueles que Descartes utilizará.

[7] Descartes, *Principes*, I, 56.

[8] *Ibidem*, I, 63 e 64.

tâncias de mesmo atributo. Esse duplo aspecto levanta grandes dificuldades no cartesianismo.[9] Podemos reter apenas a consequência disso: *há substâncias de mesmo atributo. Em outros termos, há distinções numéricas que são ao mesmo tempo reais ou substanciais.*

A segunda dificuldade diz respeito à distinção real nela mesma. Esta, não menos do que as outras, é um dado da representação. Duas coisas são realmente distintas quando podemos conceber uma delas clara e distintamente, excluindo tudo o que pertence ao conceito da outra. É neste sentido que Descartes explica a Arnauld que o critério da distinção real é apenas a *ideia* como completa. Ele lembra, com razão, que nunca confundiu as coisas concebidas como realmente distintas com as coisas realmente distinguidas. No entanto, a passagem de umas às outras lhe parece necessariamente legítima; é apenas uma questão de momento. Basta, na ordem das *Meditações*, chegar ao Deus criador para concluir que ele faltaria singularmente com a veracidade, caso criasse as coisas de outro modo que não aquele do qual ele nos dá a ideia clara e distinta. A distinção real não possui em si a razão do distinguido; mas essa razão encontra-se fornecida pela causalidade divina, exterior e transcendente, que cria as substâncias em conformidade com a maneira pela qual nós as concebemos como possíveis. Ainda quanto a isso, todas as espécies de dificuldades nascem em conexão com a ideia de criação. A ambiguidade principal está na definição da substância: "uma coisa que pode existir por si mesma".[10] Não haveria aí contradição ao colocar a existência *[25]* por si como sendo em si apenas uma simples possibilidade? Podemos reter aqui uma segunda consequência: o Deus criador nos faz passar das substâncias concebidas como realmente distintas às substâncias realmente distinguidas. *A distinção real*, seja entre substâncias de atributos diferentes, seja entre substâncias com

---

[9] Sobre esses parágrafos 63 e 64, ver a discussão entre F. Alquié e M. Gueroult, *Descartes — Cahiers de Royaumont* (Paris, Minuit, 1957, pp. 32-56).

[10] Descartes, *Réponses aux quatrièmes objections* (AT, IX, p. 175).

Distinção numérica e distinção real

o mesmo atributo, *é acompanhada por uma divisão das coisas, ou seja, por uma distinção numérica que lhe corresponde.*

É em função desses dois pontos que se organiza o começo da *Ética.* Espinosa pergunta: em quê consiste o erro, quando estabelecemos várias substâncias de mesmo atributo? Espinosa denuncia esse erro de duas maneiras, segundo um procedimento que lhe é caro. Primeiro, por uma demonstração pelo absurdo; depois, por uma demonstração mais complexa. Se houvesse várias substâncias de mesmo atributo, elas deveriam se distinguir pelos modos, o que é absurdo, já que, por natureza, uma substância é anterior a seus modos e não os implica: esta é a via breve, em I, 5. Mas a demonstração positiva aparece mais adiante, em um escólio de I, 8: duas substâncias de mesmo atributo seriam distintas apenas *in numero*; ora, as características da distinção numérica excluem a possibilidade de fazer dela uma distinção real ou substancial.

De acordo com esse escólio, uma distinção não seria numérica se as coisas não tivessem o mesmo conceito ou a mesma definição; mas essas coisas não seriam distintas se não houvesse fora da definição uma causa exterior por meio da qual elas existiriam em tal número. Duas ou mais coisas numericamente distintas supõem, portanto, outra coisa além do seu conceito. Eis por que substâncias só poderiam ser numericamente distintas caso se referissem a uma causalidade externa capaz de produzi-las. Ora, quando afirmamos que substâncias são produzidas, temos muitas ideias confusas ao mesmo tempo. Dizemos que elas têm uma causa, mas que não sabemos como essa causa procede; acreditamos ter uma ideia verdadeira dessas substâncias, porque são concebidas por elas mesmas, mas duvidamos que essa ideia seja verdadeira, porque não sabemos por elas mesmas se elas existem. Reencontramos aqui a crítica da estranha fórmula cartesiana: o que *pode* existir por si. A causalidade externa tem um sentido, mas só levando em conta modos existentes finitos: cada modo existente remete a um outro modo, precisamente porque ele *não pode* existir por si. Quando aplicamos essa causalidade às substâncias, nós a fazemos atuar fora das condições que a *[26]* legitimam e a determinam. Nós a afirmamos, mas no vazio, retirando dela toda determinação. Em suma, a causalidade externa e a distinção numérica têm um destino comum: elas se aplicam aos modos e apenas aos modos.

O argumento do escólio I, 8 se apresenta, então, da seguinte forma: 1°) a distinção numérica exige uma causa exterior à qual ela remete; 2°) ora, é impossível aplicar uma causa exterior a uma substância, em razão da contradição contida nesse uso do princípio de causalidade; 3°) duas ou mais substâncias não podem, portanto, se distinguir *in numero*, não há duas substâncias de mesmo atributo. O argumento das oito primeiras demonstrações não tem a mesma estrutura: 1°) duas ou mais substâncias não podem ter o mesmo atributo, porque deveriam distinguir-se pelos modos, o que é absurdo; 2°) uma substância não pode, portanto, ter uma causa externa, não pode ser produzida ou limitada por uma outra substância, pois ambas deveriam ter a mesma natureza ou o mesmo atributo; 3°) não há, portanto, distinção numérica em uma substância de algum atributo, "toda substância é necessariamente infinita".[11]

Ainda há pouco, da natureza da distinção numérica, concluíamos que ela era impotente para ser aplicada à substância. Agora, da natureza da substância, concluímos sua infinidade, logo, a impossibilidade de aplicar a ela distinções numéricas. De toda maneira, a distinção numérica nunca distingue substâncias, mas apenas modos que envolvem o mesmo atributo. Pois o número exprime, à sua maneira, as características do modo existente: a composição das partes, a limitação por outra coisa de mesma natureza, a determinação externa. Nesse sentido, ele pode ir ao infinito. Mas a questão é esta: será que ele pode ser levado ao próprio infinito? Ou, como diz Espinosa: mesmo no caso dos modos, será da multiplicidade das partes que concluímos que elas são uma infinidade?[12] Quando fazemos da distinção numérica uma distinção real ou substancial, nós a levamos ao infinito, quanto mais não seja para assegurar a conversão, tornada necessária, *[27]* entre o atributo

---

[11] Essa divisão tripartite é exposta na *Carta 2, a Oldenburg* (III, p. 5).

[12] *Carta 81, a Tschirnhaus* (III, p. 241). Ver também *Carta 12, a Meyer* (III, p. 41): o número não exprime adequadamente a natureza dos modos por serem estes uma infinidade, isto é, por decorrerem da substância.

como tal e a infinidade de partes finitas que aí distinguimos. Disso saem grandes absurdos: "Se uma quantidade infinita for medida em partes iguais a um pé, ela deverá consistir em uma infinidade de tais partes; da mesma maneira, se ela for medida em partes iguais a uma polegada; consequentemente, um número infinito será doze vezes maior que outro número infinito".[13] O absurdo não consiste, como acreditava Descartes, em hipostasiar a extensão como atributo, mas, ao contrário, em concebê-la como mensurável e composta de partes finitas com as quais se pretende convertê-la. Aqui, a física vem confirmar os direitos da lógica: que na natureza não haja vazio, isso apenas significa que a divisão das partes não é uma distinção real. A distinção numérica é uma divisão, mas a divisão só tem lugar no modo, só o modo é dividido.[14]

Não há várias substâncias de mesmo atributo. De onde concluímos, do ponto de vista da relação, que uma substância não é produzida por outra; do ponto de vista da modalidade, que cabe à natureza da substância existir; do ponto de vista da qualidade, que toda substância é necessariamente infinita.[15] Mas esses resultados estão como que envolvidos no argumento da distinção numérica. É ele que nos reconduz ao ponto de partida: "Só existe uma única substância de mesmo atributo".[16] Ora, a partir da proposição 9, parece que Espinosa muda de objeto. Trata-se de demonstrar, não mais que haja somente uma substância por atributo,

[13] *E*, I, 15, esc. [NT: Tomaz Tadeu sugere a seguinte versão: "Se uma quantidade infinita for medida em partes com comprimento de um pé cada uma, ela deverá consistir, então, de infinitas partes de um pé, tal como ocorrerá se for medida em partes de uma polegada cada uma. Mas teríamos, então [como um pé é igual a doze polegadas] um número infinito doze vezes maior que outro número infinito". Spinoza, *Ética* (Belo Horizonte, Autêntica, edição bilíngue, 2007, p. 33).]

[14] *BT*, I, cap. 2, 19-22.

[15] *E*, I, 5, 6, 7 e 8.

[16] *E*, I, 8, esc. 2.

mas que há somente uma substância para todos os atributos. Parece difícil apreender o encadeamento dos dois temas. Pois, nessa nova perspectiva, que alcance deve ser atribuído às oito primeiras proposições? O problema ganha em clareza se considerarmos que, para passar de um tema ao outro, basta operar aquilo que, em lógica, se denomina conversão de uma universal negativa. A distinção numérica nunca é real; reciprocamente, a distinção real nunca é numérica. O argumento de Espinosa passa a ser o seguinte: os atributos são realmente [28] distintos; ora, a distinção real não é numérica; logo, só existe uma substância para todos os atributos.

Espinosa diz que os atributos são "concebidos como realmente distintos".[17] Não devemos ver nessa fórmula um uso enfraquecido da distinção real. Espinosa não sugere que os atributos não sejam assim como os concebemos, nem que sejam simples concepções que temos da substância. Muito menos devemos acreditar que ele faça um uso apenas hipotético ou polêmico da distinção real.[18] A distinção real, no sentido mais estrito, é sempre um dado da representação: duas coisas são realmente distintas quando *concebidas* como tais, isto é, "uma sem o apoio da outra", de tal maneira que *concebemos* uma ao negarmos tudo o que pertence ao *conceito* da outra. Nesse aspecto, Espinosa não difere em nada de Descartes: ele aceita seu critério e definição. O único problema é saber se, assim compreendida, a distinção real é acompanhada ou não de uma divisão nas coisas. Em Descartes, somente a hipótese de um Deus criador fundava essa concomitância. Segundo Espinosa, fazer com que uma divisão corresponda à distinção real exige que se faça desta, pelo menos, uma possível distinção numérica, já confundindo-a, portanto, com a distinção modal. Ora, é impossível que a distinção real seja numérica ou modal.

[17] *E*, I, 10, escólio.

[18] Ver a interpretação de Pierre Lachièze-Rey, *Les Origines cartésiennes du Dieu de Spinoza* (Paris, Vrin, 2ª ed., p. 151): "O uso feito assim dessa distinção não implica, aliás, de maneira alguma, que ela seja admitida por parte de Espinosa; ela continua sendo apenas um meio de demonstração utilizado quando se parte da hipótese de uma pluralidade de substâncias, e destinado a anular os possíveis efeitos dessa hipotética pluralidade".

Distinção numérica e distinção real

Quando se pergunta a Espinosa como ele chega à ideia de uma única substância para todos os atributos, ele lembra que propôs dois argumentos: quanto mais um ser tem de realidade, mais atributos temos que reconhecer nele; quanto mais atributos reconhecemos em um ser, mais é preciso atribuir a ele a existência,[19] Ora, nenhum desses argumentos seria suficiente se não fosse garantido pela análise da distinção real. Com efeito, somente essa análise mostra ser *possível* conceder todos os atributos a um ser; a passar, portanto, da infinidade de cada *[29]* atributo à absolutidade de um ser que os possui todos. E essa passagem, se ela for possível ou se não implicar em contradição, revela-se necessária, segundo a prova da existência de Deus. Mais do que isso, é ainda o argumento da distinção real que mostra que *todos* os atributos são uma infinidade. Pois não poderíamos passar pelo intermediário de três ou quatro atributos sem reintroduzir no absoluto essa mesma distinção numérica que acabamos de excluir do infinito.[20]

Se dividíssemos a substância em conformidade com os atributos, seria preciso tratá-la como um gênero, e os atributos como diferenças específicas. A substância seria posta como um gênero que nada nos faria conhecer em particular; ela seria, então, distinta dos atributos, como o gênero o é de suas diferenças, e os atributos seriam distintos das substâncias correspondentes, como são as diferenças específicas e as próprias espécies. É dessa maneira que, ao fazer da distinção real entre atributos uma distinção numérica entre substâncias, acaba-se por aplicar simples *distinções de razão* à realidade substancial. Neste caso, não pode haver necessidade de existir para uma substância de mesma "espécie" que o atributo; uma diferença específica determina apenas a existência possível de objetos que lhe correspondam no gênero. Eis, então, a substância sempre reduzida a uma simples possibilidade de existir, sendo o atributo apenas a *indicação*, o *signo* de tal existência possível. A primeira crítica à qual Espinosa submete a noção de signo na *Éti-*

---

[19] *Carta 9, a De Vries* (III, p. 32). Na *Ética*, o primeiro argumento se encontra quase literalmente em I, 9; o segundo, menos nitidamente, em I, 11, esc.

[20] Ver *Carta 64, a Schuller* (III, p. 206).

ca aparece, justamente, a propósito da distinção real.[21] A distinção real entre atributos não é "signo" de uma diversidade de substâncias, assim como cada atributo também não é o caráter específico de uma substância que corresponderia a ele ou poderia corresponder-lhe. Nem a substância é gênero, nem os atributos são diferenças, nem as substâncias qualificadas são espécies.[22] São igualmente condenados, em Espinosa, o pensamento que procede por gênero e diferença, e o pensamento que procede por signos. *[30]*

Em um livro em que defende Descartes contra Espinosa, Régis invoca a existência de dois tipos de atributos, uns "específicos", que distinguem as substâncias de espécie diferente, outros "numéricos", que distinguem substâncias de mesma espécie.[23] Mas é exatamente isso que Espinosa critica no cartesianismo. Segundo Espinosa, o atributo nunca é específico nem numérico. Talvez possamos resumir a tese de Espinosa da seguinte maneira: 1º) quando colocamos várias substâncias de mesmo atributo, fazemos da distinção numérica uma distinção real, mas então confundimos a distinção real e a distinção modal, tratamos os modos como se fossem substâncias; 2º) e quando colocamos tantas substâncias quantos são os atributos diferentes, fazemos da distinção real uma distinção numérica, confundimos a distinção real não apenas com uma distinção modal, mas também com distinções de razão.

Nesse contexto, *parece difícil considerar que as oito primeiras proposições tenham apenas um sentido hipotético.* Às vezes procedemos como se Espinosa começasse a raciocinar por uma hipótese que não seria a dele, como se partisse de uma hipótese que ele tinha a intenção de refutar. Assim, deixamos escapar o sentido

---

[21] *E*, I, 10, escólio: "Se agora alguém perguntar por qual signo poderemos reconhecer a diversidade das substâncias, que leia as proposições seguintes, que mostram que na Natureza só existe uma única substância, e que ela é absolutamente infinita, motivo pelo qual buscar-se-ia em vão o signo em questão".

[22] *BT*, I, cap. 7, 9-10.

[23] Ver Pierre-Sylvain Régis, *Réfutation de l'opinion de Spinoza touchant l'existence et la nature de Dieu*, apêndice para a obra *L'Usage de la raison et de la foy* (Paris, J. Cusson, 1704).

categórico das oito primeiras proposições. Não há várias substâncias de mesmo atributo, a distinção numérica não é real: não estamos diante de uma hipótese provisória, válida enquanto ainda não descobrimos a substância absolutamente infinita; estamos, ao contrário, em presença de uma gênese que nos conduz necessariamente à posição de tal substância. E o sentido categórico das primeiras proposições não é apenas negativo. Como diz Espinosa, "só existe uma substância de mesma natureza". A identificação do atributo a uma substância infinitamente perfeita, tanto na *Ética* como no *Breve tratado*, também não é uma hipótese provisória. Ela deve ser interpretada positivamente do ponto de vista da *qualidade*. Há uma substância por atributo, do ponto de vista da qualidade, mas uma única substância para todos os atributos, do ponto de vista da *quantidade*. Que significa essa multiplicidade puramente qualitativa? Essa fórmula obscura marca as dificuldades do entendimento finito para elevar-se à compreensão da substância *[31]* absolutamente infinita. Ela é justificada pelo novo estatuto da distinção real. Ela quer dizer: as substâncias qualificadas se distinguem qualitativamente, e não quantitativamente. Melhor ainda, elas se distinguem "formalmente", "quididativamente", e não "ontologicamente".

O anticartesianismo de Espinosa encontra uma de suas fontes na teoria das distinções. Nos *Pensamentos metafísicos*, Espinosa expunha a concepção cartesiana: "Há três tipos de distinções entre as coisas, real, modal e de razão". E parecia concordar com isso: "Aliás, não nos preocupamos com a bagunça das distinções dos peripatéticos".[24] O que importa, porém, é menos a lista das distinções reconhecidas do que seu sentido e sua distribuição determinada. A esse respeito, nada mais há de cartesiano em Espinosa. O novo estatuto da distinção real é essencial: puramente qualitativa, quididativa ou formal, a distinção real exclui toda divisão. Isso não seria, sob um nome cartesiano, o retorno de uma dessas

---

[24] *PM*, II, 5.

distinções peripatéticas, aparentemente desprezadas? Que a distinção real não seja numérica e não possa sê-lo nos parece ser um dos motivos principais da *Ética*. Segue-se a isso uma profunda reviravolta das outras distinções. Não somente a distinção real deixa de remeter a substâncias *possíveis*, distinguidas *in numero*, mas também, por sua vez, a distinção modal não mais remete a acidentes e nem a determinações *contingentes*. Em Descartes, uma certa contingência de modos faz eco à simples possibilidade das substâncias. Apesar de Descartes lembrar que os acidentes não são reais, a realidade substancial não deixa de ter acidentes. Os modos, para serem produzidos, têm necessidade de outra coisa que não da substância à qual se conectam, seja de outra substância que os coloque na primeira, seja de Deus que cria a primeira com suas dependências. A visão espinosista é totalmente distinta: não há mais contingência do modo relativamente à substância, tampouco possibilidade da substância relativamente ao atributo. Tudo é necessário, seja pela sua essência seja pela sua causa: a Necessidade é a única afecção do Ser, a única modalidade. A própria distinção de razão, por sua vez, é transformada. Veremos que *[32]* não há um só axioma cartesiano (o nada não tem propriedades etc.) que não tome um novo sentido, hostil ao cartesianismo, a partir da nova teoria das distinções. Essa teoria encontra seu princípio no estatuto qualitativo da distinção real. Dissociada de toda distinção numérica, a distinção real é levada ao absoluto. Ela se torna capaz de exprimir a diferença no ser e leva, em consequência, ao remanejamento das outras distinções.

Distinção numérica e distinção real

Capítulo II
O ATRIBUTO COMO EXPRESSÃO
[33]

[O estatuto do atributo e seu caráter expressivo. Os textos do Breve tratado.
Problema dos nomes divinos. — Atributo, atribuição e qualidade. — Os atributos são formas comuns a Deus e às "criaturas". — Como essa tese não suprime de maneira alguma a distinção de essência entre Deus e as coisas. — Espinosa, partidário da univocidade: contra a equivocidade, contra a eminência, contra a analogia. — Univocidade dos atributos e nomes divinos.
Oposição entre atributos e próprios. — As três espécies de próprios. — Os próprios não são expressivos.]

Espinosa não diz que os atributos existem por si, nem que são concebidos de maneira tal que a existência suceda sua essência ou dela decorra. Ele também não diz que o atributo é em si e é concebido por si, como a substância. Ele somente diz que o atributo é concebido por si e em si.[1] O estatuto do atributo é esboçado por meio das fórmulas muito complexas do *Breve tratado*. Tão complexas, na verdade, que o leitor pode escolher entre várias hipóteses: presumir diversas datas de redação; lembrar, seja como for, a imperfeição dos manuscritos; ou até mesmo invocar o estado ainda hesitante do pensamento de Espinosa. Todavia, esses argumen-

---

[1] *Carta 2, a Oldenburg* (III, p. 5): *quod concipitur per se et in se*. Não parece, portanto, que Delbos tenha fundamento para dizer que, nesta carta 2, o atributo é definido como a substância (ver Victor Delbos, "La Doctrine spinoziste des attributs de Dieu", *Année Philosophique*, 1912).

tos só podem intervir caso fique provado que as fórmulas do *Breve tratado* não estão de acordo entre si, tampouco com os dados posteriores da *Ética*. Ora, não parece que seja assim. Os textos do *Breve tratado* não serão ultrapassados pela *Ética*, eles serão transformados. E isso, graças a uma utilização mais sistemática da ideia de expressão. Portanto, inversamente, eles podem nos esclarecer sobre o conteúdo conceitual posto em forma por essa ideia de expressão em Espinosa.

Esses textos dizem sucessivamente o seguinte: 1°) "à essência dos atributos pertence a existência, de maneira que, fora deles, não existe essência alguma ou ser algum"; 2°) "nós os concebemos somente na sua essência e não na sua existência, não os concebemos de maneira tal que a existência decorra de sua essência"; "tu não os concebes como se subsistissem por si mesmos"; 3°) eles existem *[34]* "formalmente" e "em ato"; "demonstramos *a priori* que eles existem".[2]

Segundo a primeira fórmula, a essência enquanto essência não existe fora dos atributos que a constituem. A essência se distingue, portanto, *nos* atributos onde ela existe. Ela existe sempre num gênero, em tantos gêneros quantos forem os atributos. Então, cada atributo é a existência de uma essência eterna e infinita, de uma "essência particular".[3] É nesse sentido que Espinosa pode dizer: existir é próprio da essência dos atributos, mas existir, precisamente, nos atributos. Ou ainda: "A existência dos atributos não difere de sua essência".[4] Na *Ética*, a ideia de expressão recolherá esse primeiro momento: a essência da substância não existe fora dos atributos que a exprimem, de modo que cada atributo exprime uma determinada essência eterna e infinita. O exprimido não existe fora de suas expressões, cada expressão é como se fosse a existência do exprimido. (Reencontramos esse mesmo princípio em Leibniz, ainda que em um contexto diferente: cada mônada é a

---

[2] Ver 1°) *BT*, Apêndice I, 4, cor. 2°) *BT*, I, cap. 2, 17 e nota 5; e primeiro diálogo, 9. 3°) *BT*, I, cap. 2, *passim* e 17 (nota 5).

[3] *BT*, I, cap. 2, 17.

[4] *Carta 10, a De Vries* (III, p. 34).

expressão do mundo, mas o mundo exprimido não existe fora das mônadas que o exprimem.)

Como se pode dizer que os atributos exprimam, não somente determinada essência, mas a essência da substância? A essência é exprimida como essência da substância, e não do atributo. As essências são, portanto, distintas nos atributos onde elas existem, mas se fazem uma só na substância da qual são a essência. A regra de conversibilidade afirma: toda essência é essência de alguma coisa. As essências são realmente distintas do ponto de vista dos atributos, mas a essência é uma do ponto de vista do objeto com o qual ela se reciproca. Os atributos não são atribuídos a substâncias correspondentes, de mesmo gênero ou de mesma espécie que eles próprios. Ao contrário, eles atribuem sua essência a *outra coisa*, que permanece, portanto, a mesma para todos os atributos. Por isso, Espinosa chega a dizer: "Enquanto uma substância for concebida à parte, segue-se que ela não pode ser uma coisa que exista à parte, mas deve ser algo como um atributo de *outra* coisa, que é o ser único ou o todo... Nenhuma substância existente em ato pode ser concebida como existindo em si mesma, mas deve *[35]* pertencer a alguma *outra coisa*".[5] Todas as essências existentes são, portanto, exprimidas pelos atributos nos quais elas existem, porém como essência de outra coisa, isto é, de uma única e mesma coisa para todos os atributos. Perguntamos então: O que existe por si, de tal maneira que a existência decorre de sua essência? É claro que é a substância, o correlato da essência, e não o atributo, no qual a essência existia apenas como essência. Não podemos confundir a existência da essência com a existência de seu correlato. Todas as essências existentes são conectadas ou atribuídas à substância, mas como ao único ser cuja existência decorre necessariamente da essência. A substância tem o privilégio de existir por si: existe por si, *não o atributo*, mas aquilo a que cada atributo conecta sua essência, de tal maneira que a existência decorre necessariamente da essência assim constituída. Dos atributos considerados neles mesmos, Espinosa dirá, portanto, de maneira perfeitamente coerente: "Nós os concebemos apenas na sua essência, e não

[5] *BT*, I, cap. 2, 17, nota 5.

na sua existência, nós não os concebemos de maneira que a existência decorra de sua essência". Este segundo tipo de fórmula não contradiz o precedente, mas mede o aprofundamento de um problema ou sua mudança de perspectiva.

O exprimido não existe fora de sua expressão, mas é exprimido como a essência daquilo que se exprime. Encontramos sempre a necessidade de distinguir esses três termos: a substância que se exprime, os atributos que são expressões, a essência exprimida. Mas, afinal, se é verdade que os atributos exprimem a essência da substância, como não exprimiriam também a existência que dela decorre necessariamente? Esses mesmos atributos, aos quais se recusa a existência por si, não deixam de ter, como atributos, uma existência atual e necessária. Mais do que isso, ao demonstrarmos que alguma coisa é atributo, demonstramos *a priori* que ela existe. A diversidade das fórmulas do *Breve tratado* deve, então, ser assim interpretada: elas concernem, uma por uma, *à existência da essência, à existência da substância, à existência do próprio atributo*. E, na *Ética*, é a ideia de expressão que recolhe esses três tempos, dando-lhes uma forma sistemática. *[36]*

O problema dos atributos de Deus esteve sempre em estreita conexão com o dos nomes divinos. Como poderíamos nomear Deus, se dele não tivéssemos alguma forma de conhecimento? Mas como poderíamos conhecê-lo, se ele mesmo não se dava a conhecer de alguma forma, revelando-se e exprimindo-se? A Palavra divina, o Verbo divino, sela a aliança dos atributos e dos nomes. Os nomes são atributos, enquanto que os atributos são expressões. É verdade que a questão toda consiste em saber o que eles exprimem: a própria natureza de Deus, tal como ela é em si, ou somente ações de Deus como criador, ou mesmo simples qualidades divinas extrínsecas, relativas às criaturas? Espinosa não deixa de recolher esse problema tradicional. Era um gramático muito hábil para negligenciar o parentesco entre os nomes e os atributos. O *Tratado teológico-político* pergunta sob que nomes, ou por meio de quais atributos, Deus "se revela" na Escritura; ele pergunta o que é a palavra de Deus, que valor expressivo é preciso reconhecer à voz de Deus. E quando Espinosa quer ilustrar o que ele entende pessoalmente por atributo, lhe vem ao espírito o exemplo dos nomes próprios: "Entendo por Israel o terceiro patriarca, e por Jacó o mesmo personagem a quem foi dado esse nome porque ele pegou o calcanhar do seu irmão".[6] A conexão do espinosismo com a teoria dos nomes deve ser avaliada de duas maneiras. Como Espinosa se insere na tradição? Mas, principalmente, como ele a renova? Já podemos prever que ele a renova duplamente: porque concebe de outra maneira o que é o nome ou o atributo, porque determina de outra maneira o que é atributo.

Em Espinosa, os atributos são formas dinâmicas e ativas. Eis aí o que parece essencial: o atributo não é mais atribuído, ele é, de certa forma, "atribuidor". Cada atributo exprime uma essência e a atribui à substância. Todas as essências atribuídas se confundem na substância da qual são a essência. Enquanto concebemos o atributo como algo de atribuído, somos levados a conceber uma substância que seria da mesma espécie ou do mesmo gênero que ele; essa substância, então, tem por si apenas uma existência possível, já que é preciso a boa vontade de um Deus transcendente para fazê-la existir em conformidade com o atributo que nos faz conhecê-la. Contrariamente, quando colocamos o atributo como "atribuidor", nós o concebemos simultaneamente como o que atribui *[37]* sua essência a alguma coisa que permanece idêntica para todos os atributos, isto é, a uma substância que existe necessariamente. O atributo conecta sua essência com um Deus imanente, ao mesmo tempo princípio e resultado de uma necessidade metafísica. Nesse sentido, os atributos, em Espinosa, são verdadeiros *verbos* que têm um valor expressivo: dinâmicos, eles não são mais atribuídos a substâncias variáveis, eles atribuem alguma coisa a uma substância única.

Mas o que eles atribuem, o que eles exprimem? Cada atributo exprime uma essência infinita, quer dizer, uma qualidade ilimitada. Essas qualidades são substanciais, porque todas elas qualificam uma mesma substância que tem todos os atributos. Há igualmente duas maneiras de reconhecer o que é atributo — ou buscamos *a priori* quais são as qualidades que concebemos como ilimitadas; ou então, partindo daquilo que é limitado, buscamos

---

[6] *Carta 9, a De Vries* (III, p. 33).

O atributo como expressão

a posteriori quais qualidades são suscetíveis de serem levadas ao infinito, que estão como que "envolvidas" nos limites do finito. A partir deste pensamento ou daquele, concluímos que o pensamento é um atributo infinito de Deus; e que, a partir de tal ou tal corpo, a extensão é um atributo infinito.[7]

Esse último método, *a posteriori*, deve ser estudado de perto: ele coloca todo o problema de um envolvimento do infinito. Ele consiste em nos fazer conhecer os atributos de Deus a partir das "criaturas". Mas, nessa via, ele não opera nem por abstração, nem por analogia. Os atributos não são abstraídos das coisas particulares, muito menos transferidos para Deus de maneira analógica. *Os atributos são diretamente apanhados como formas de ser comuns às criaturas e a Deus, comuns aos modos e à substância.* Podemos ver bem o pretenso perigo de tal procedimento: o antropomorfismo e, mais geralmente, a confusão do finito e do infinito. Em um método de analogia há o explícito propósito de evitar o antropomorfismo: segundo São Tomás, as qualidades atribuídas a Deus não implicam uma comunidade de forma entre a substância divina e as criaturas, mas somente uma analogia, uma "conveniência" de proporção ou de proporcionalidade. Ora Deus possui formalmente uma perfeição que permanece extrínseca nas criaturas, ora ele possui eminentemente uma perfeição que convém formalmente *[38]* às criaturas. Pois bem, a importância do espinosismo deve ser julgada, aqui, pela maneira segundo a qual ele reverte o problema. Cada vez que procedemos por analogia, tomamos emprestado certos caracteres das criaturas, para atribuí-los a Deus, seja de maneira equívoca, seja de maneira eminente. Deus teria Vontade e Entendimento, Bondade e Sabedoria etc., mas equivocamente ou eminentemente.[8] A analogia não pode dispensar nem

---

[7] *E*, II, 1 e 2: Espinosa demonstra que o pensamento e a extensão são atributos. O procedimento *a posteriori* aparece na própria demonstração, o procedimento *a priori*, no escólio.

[8] Sobre a crítica da equivocidade, ver *E*, 1, 17, cor. 2. (Se a vontade e o entendimento fossem atribuídos essencialmente a Deus, seria de maneira equívoca, logo, totalmente verbal, mais ou menos como a palavra "cão" designa uma constelação celeste). Sobre a crítica da eminência, ver *Carta 56,*

a equivocidade nem a eminência; por isso ela contém um antropomorfismo sutil, tão perigoso quanto o antropomorfismo ingênuo. Daí resulta que se um triângulo pudesse falar, diria que Deus é eminentemente triangular. O método da analogia nega que haja formas comuns a Deus e às criaturas; porém, longe de escapar do perigo que denuncia, ele confunde constantemente as essências de criaturas e a essência de Deus. Ora ela suprime a essência das coisas, reduzindo suas qualidades a determinações que só a Deus convêm intrinsecamente. Ora ela suprime a essência de Deus, conferindo-lhe eminentemente aquilo que as criaturas possuem formalmente. Espinosa, ao contrário, afirma a identidade de forma entre as criaturas e Deus, mas não se permite confundir a essência.

Os atributos constituem a essência da substância, mas de maneira alguma constituem a essência dos modos ou das criaturas. *São, no entanto, formas comuns*, porque as criaturas as implicam tanto na sua própria essência quanto na sua existência. Daí a importância da regra de conversibilidade: a essência não é somente aquilo sem o que a coisa não pode ser, nem ser concebida, mas, reciprocamente, aquilo que, sem a coisa, não pode ser e nem ser concebido. É segundo essa regra que os atributos são mesmo a essência da substância, mas não são, de forma alguma, a essência dos modos, por exemplo do homem: eles podem perfeitamente ser concebidos sem os modos.[9] Leve-se em conta, ainda, que os modos *[39]* os envolvem ou implicam, e *os implicam, precisamente, sob essa forma que lhes é própria enquanto constituem a essência de Deus*. O que seria o mesmo que dizer que os atributos, por sua vez, contêm ou compreendem as essências de modo, e compreendem-nas formalmente, e não eminentemente. *Os atributos*

---

a Boxel, III, p. 190. (Se o triângulo pudesse falar ele diria que Deus é eminentemente triangular... Espinosa então responde a Boxel, que pensava que a eminência e a analogia eram as únicas capazes de nos salvar do antropomorfismo.)

[9] *E*, II, 10, escólio do corolário. A definição insuficiente da essência (aquilo sem o que a coisa não pode ser e nem ser concebida) encontra-se em Suárez: ver Étienne Gilson, *Index scolastico-cartésien* (Paris, Félix Alcan, pp. 105-6).

O atributo como expressão

são, portanto, formas comuns a Deus, do qual constituem a essência, e aos modos ou criaturas que os implicam essencialmente. As mesmas formas se afirmam de Deus e das criaturas, embora as criaturas e Deus difiram tanto em essência quanto em existência. A diferença consiste precisamente nisso: os modos só são compreendidos sob essas formas, que se reciprocam ao contrário com Deus. Essa diferença não afeta a razão formal do atributo, tomada como tal.

Espinosa, nesse ponto, é muito consciente da sua originalidade. Sob pretexto de que as criaturas diferem de Deus tanto pela essência quanto pela existência, pretende-se que Deus nada tenha em comum formalmente com as criaturas. Na verdade, é exatamente o contrário: os mesmos atributos são ditos de Deus, que se explica neles, e dos modos que os implicam — que os implicam sob a mesma forma que aquela que convém a Deus. Mais do que isso: enquanto recusarmos a comunidade formal, estamos condenados a confundir as essências; a confundi-las por analogia. Mas desde que se estabeleça a comunidade formal, teremos o meio de distingui-las. Eis por que Espinosa se vangloria não somente de ter reduzido ao estado de criaturas coisas que, até então, eram consideradas como atributos de Deus, mas também de ter elevado ao estado de atributos de Deus coisas que eram consideradas como criaturas.[10] Em regra geral, Espinosa não vê contradição alguma entre a afirmação de uma comunidade de forma e a posição de uma distinção de essências. Em textos vizinhos, ele dirá: 1º) se coisas nada têm em comum entre si, uma não pode ser a causa da outra; 2º) se uma coisa é causa da essência e da existência de uma outra, ela deve diferir desta, tanto em razão da essência quanto da existência.[11] A conciliação desses textos não nos parece levantar qualquer problema particular no *[40]* espinosismo. Quando os correspondentes de Espinosa se surpreendem, Espinosa também se surpreende: ele lembra que tem todas as razões para dizer, ao mes-

---

[10] *Carta 6, a Oldenburg* (III, p. 25).

[11] Ver 1º) *E*, I, 3, prop.; 2º) *E*, I, 17, esc. Para conciliar esses textos, buscou-se às vezes diferenças de pontos de vista (causalidade imanente e causalidade transitiva etc.): ver Lachièze-Rey, *op. cit.*, pp. 156-9, nota.

mo tempo, que as criaturas diferem de Deus pela essência e pela existência, *e* que Deus tem alguma coisa em comum, formalmente, com as criaturas.[12]

O método de Espinosa não é abstrato e nem analógico. É um método formal e de comunidade. Opera por noções comuns; ora, toda a teoria espinosista das noções comuns encontra seu princípio precisamente nesse estatuto do atributo. Se for finalmente preciso dar um nome a esse método, assim como à teoria subjacente, reconheceremos nele, facilmente, a grande tradição da univocidade. Acreditamos que *a filosofia de Espinosa continuará em parte ininteligível, se não vermos nela uma luta constante contra as três noções, de equivocidade, de eminência e de analogia.* Os atributos, segundo Espinosa, são formas de ser unívocas que não mudam de natureza quando mudam de "sujeito", isto é, quando as predicamos do ser infinito e dos seres finitos, da substância e dos modos, de Deus e das criaturas. Acreditamos que nada estaremos suprimindo da originalidade de Espinosa quando o recolocamos numa perspectiva que já era aquela de Duns Escoto. Deixaremos para depois a análise de como Espinosa interpreta por sua conta a noção de univocidade e como ele a compreende de maneira completamente diferente de Duns Escoto. No momento, basta-nos reunir as primeiras determinações do atributo. Os atributos são formas de ser infinitas, razões formais ilimitadas, últimas, irredutíveis; essas formas são comuns a Deus, do qual elas constituem a essência, e aos modos que as implicam em sua própria essência. Os atributos são verbos que exprimem qualidades ilimitadas; essas qualidades estão como que envolvidas nos limites do finito. Os atributos

---

[12] *Carta 4, a Oldenburg* (III, p. 11): "Quanto ao que dizeis, que Deus nada tem em comum formalmente com as coisas criadas, foi o contrário que pus em minha definição" (trata-se da definição de Deus como substância que consiste numa infinidade de *atributos*). *Carta 64, a Schuller* (III, p. 206): "Será possível que uma coisa seja produzida por outra da qual ela difere tanto pela essência quanto pela existência? Com efeito, coisas que diferem assim uma da outra *parecem* nada ter em comum. *Mas*, como todas as coisas singulares, menos aquelas que são produzidas pelos seus semelhantes, diferem de suas causas tanto pela essência quanto pela existência, nada vejo aqui de duvidoso". (Espinosa remete então à definição do *modo*, *E*, I, 25, cor.)

O atributo como expressão

são expressões de Deus; essas expressões de Deus são unívocas, elas constituem *[41]* a própria natureza de Deus como natureza naturante, elas estão envolvidas na natureza das coisas ou natureza naturada que, de certa maneira, as re-exprime, por sua vez.

A partir daí, Espinosa já pode distinguir os atributos e os próprios. O ponto de partida é aristotélico: o próprio é aquilo que pertence a uma coisa, mas nunca explica o que ela é. Logo, os próprios de Deus são apenas "adjetivos", que nada nos fazem conhecer substancialmente; Deus não seria Deus sem eles, mas não é por eles que é Deus.[13] Em conformidade com uma longa tradição, Espinosa pode dar aos próprios o nome de atributos; nem por isso, segundo ele, haverá menos diferença de natureza entre dois tipos de atributos. Mas o que Espinosa quer dizer quando acrescenta que os próprios de Deus são tão somente "modos que lhe podem ser imputados"?[14] Modo, aqui, não deve ser tomado no sentido particular que Espinosa lhe dá frequentemente, mas num sentido mais geral, no sentido escolástico de "modalidade da essência". Infinito, perfeito, imutável, eterno são próprios que se dizem de todos os atributos. Onisciente, onipresente, próprios que se dizem de um atributo determinado (o pensamento, a extensão). Com efeito, todos os atributos exprimem a essência da substância, cada atributo exprime uma essência de substância. Os próprios, porém, nada exprimem: "Por esses próprios não podemos saber qual é a essência e quais são os atributos do ser aos quais esses próprios pertencem".[15] Eles não constituem a natureza da substância, mas se dizem daquilo que constitui essa natureza. Eles não formam, portanto, a essência de um Ser, mas somente a modalidade dessa essência tal como ela é formada. Infinito é o próprio da substância, isto é, a modalidade de cada atributo que constitui a sua es-

[13] *BT*, I, cap. 7, 6 (ver também I, cap. 1, 9, nota 4; cap. 3, 1, nota 1).

[14] *BT*, I, cap. 7, 1, nota 1.

[15] *BT*, I, cap. 7, 6.

sência. Onisciente é o próprio da substância pensante, isto é, a modalidade infinita desse atributo pensamento, que exprime uma essência de substância. Os próprios não são atributos, propriamente falando, precisamente porque não são *expressivos*. Seriam antes como "noções impressas", caracteres impressos, seja em todos os atributos, seja em um *[42]* ou outro entre eles. A oposição entre os atributos e os próprios incide, portanto, sobre dois pontos. Os atributos são verbos que exprimem essências ou qualidades substanciais; mas os próprios são somente adjetivos que indicam a modalidade dessas essências ou dessas qualidades. Os atributos de Deus são formas comuns, comuns à substância que se reciproca com elas, e comuns aos modos que as implicam sem reciprocidade; mas os próprios de Deus são verdadeiramente próprios a Deus, eles não se dizem dos modos, mas somente dos atributos.

Uma segunda categoria de próprios diz respeito a Deus como causa, enquanto age ou produz: não mais infinito, perfeito, eterno, imutável, mas causa de todas as coisas, predestinação, providência.[16] Ora, já que Deus produz em seus atributos, esses próprios estão submetidos ao mesmo princípio que os precedentes. Alguns se dizem de todos os atributos; outros, de tal ou qual. Esses segundos próprios são ainda adjetivos; porém, em vez de indicarem modalidades, eles indicam relações, relações de Deus com suas criaturas ou seus produtos. Finalmente, uma terceira categoria designa próprios que nem mesmo pertencem a Deus: Deus como soberano bem, como misericordioso, como justo e caridoso.[17] A esse respeito, é sobretudo o *Tratado teológico-político* que pode nos esclarecer. Esse Tratado fala da justiça e da caridade divinas como "atributos que podem servir de modelo para uma certa maneira de viver".[18] Esses próprios não pertencem a Deus como causa; não mais se trata de uma conexão de Deus com suas criaturas, mas de determinações extrínsecas que apenas indicam a maneira pela qual as criaturas imaginam Deus. É verdade que essas denominações

[16] Ver *BT*, I, capítulos 3, 4, 5 e 6.

[17] *BT*, I, cap. 7.

[18] *TTP*, cap. 13 (III, p. 241).

O atributo como expressão

têm sentidos e valores extremamente variáveis: chega-se quase a conferir a Deus eminências de todos os gêneros, uma boca e olhos divinos, qualidades morais e paixões sublimes, montanhas e céus. Porém, mesmo que se restrinja à justiça e à caridade, nada se atinge da natureza de Deus, nem de suas operações como Causa. Adão, Abraão, Moisés ignoram não só os verdadeiros atributos divinos, mas também a maior parte dos próprios da primeira e da segunda espécie.[19] Deus se revela a eles sob *[43]* denominações extrínsecas que lhes servem de advertência, de mandamentos, de regras ou modelo de vida. Mais do que nunca, é preciso dizer que esses terceiros próprios nada têm de expressivo. Não são expressões divinas, mas noções impressas na imaginação para nos fazer obedecer, nos fazer servir a um Deus cuja natureza ignoramos.

---

[19] *TTP*, cap. 2 (II, p. 115): Adão, por exemplo, sabe que Deus é causa de todas as coisas, mas não sabe que Deus é onisciente e onipresente.

Capítulo III
ATRIBUTOS E NOMES DIVINOS
[44]

[Teologia negativa e método de analogia. — Uma e outro implicam uma confusão dos atributos com os próprios. Confusão da natureza de Deus com simples propriedades, confusão da expressão com a "revelação". — Por que essas confusões são constantes na teologia. — Oposições entre o signo e a expressão. — Nomes expressivos e palavras imperativas. — Os atributos como afirmações puras. — Distinção real e afirmação.
Como "expressões" diversas designam uma única e mesma coisa. A lógica do sentido. — Teologia positiva e univocidade. — Distinção formal segundo Duns Escoto e distinção real segundo Espinosa. — Da univocidade à imanência.]

Segundo uma longa tradição, os nomes divinos dizem respeito a manifestações de Deus. Inversamente, as manifestações divinas são palavras pelas quais Deus se faz conhecer sob este ou aquele nome. Dá no mesmo, portanto, perguntar se os nomes que designam Deus são afirmações ou negações, se as qualidades que o manifestam e os atributos que lhe convêm são positivos ou negativos. O conceito de expressão, ao mesmo tempo palavra e manifestação, luz e som, parece ter uma lógica própria que favorece as duas hipóteses. Insistiremos, ora na positividade, isto é, na imanência do exprimido na expressão, ora na "negatividade", isto é, na transcendência daquilo que se exprime relativamente a todas as expressões. O que oculta também exprime, mas o que exprime ainda oculta. Eis por que tudo é questão de nuança no problema dos nomes divinos ou dos atributos de Deus. A teologia dita negativa admite que afirmações são capazes de designar Deus como

Atributos e nomes divinos   55

causa, sob regras de imanência que vão do mais próximo ao mais longínquo. Porém, Deus como substância ou essência só pode ser definido negativamente, de acordo com regras de transcendência nas quais negamos, um a um, os nomes mais longínquos, depois os mais próximos. Finalmente, a deidade suprassubstancial ou sobre-essencial se mantém esplêndida, tão longe das negações quanto das afirmações. A teologia negativa combina, portanto, o método negativo com o método afirmativo, e pretende ultrapassar ambos. Como se poderia saber o que é preciso negar de Deus como essência, sem que se soubesse, de início, aquilo que se deve afirmar dele como causa? Portanto, só se pode definir a teologia negativa pelo seu dinamismo: as afirmações se ultrapassam nas negações, as afirmações e as negações se ultrapassam numa eminência tenebrosa. [45]

Uma teologia de ambição mais positiva, como a de São Tomás, conta com a analogia para fundar novas regras afirmativas. As qualidades positivas não só designam Deus como causa, mas lhe convêm substancialmente, com a condição de se submeterem a um tratamento analógico. Deus é bom não significa que Deus é não mau; nem que ele é causa de bondade. Significa, na verdade, que aquilo que chamamos de bondade nas criaturas "preexiste" em Deus, segundo uma modalidade mais elevada que convém com a substância divina. Ainda aí, o que define o novo método é um dinamismo. Esse dinamismo, por sua vez, mantém os direitos do negativo e do eminente, mas os compreende na analogia: de uma negação prévia, volta-se a ascender a um atributo positivo, atributo esse que se aplica a Deus *formaliter eminenter* ["de maneira eminente"].[1]

---

[1] Sobre todos esses pontos, ver Maurice de Gandillac, *Introduction aux Oeuvres complètes du Pseudo-Denys* (Paris, Aubier, 1941); e *La Philosophie de Nicolas de Cues* (Paris, Aubier, 1941). Nessa última obra, Maurice de Gandillac mostra bem como ambas a teologia negativa, de um lado, e a analogia, de outro, combinam as afirmações e as negações, mas numa conexão inversa: "Inversamente, portanto, do Pseudo-Dionísio, que reduzia as próprias afirmações a negações disfarçadas, São Tomás [...] utilizará sobretudo a apófase para elevar-se de tal ou qual negação prévia a algum atributo positivo. Da impossibilidade do movimento divino, ele tirará, por exemplo, uma

A filosofia árabe, a filosofia judaica batiam-se com o mesmo problema. Como é que nomes poderiam ser aplicados, não só a Deus como causa, mas à essência de Deus? Seria preciso tomá-los negativamente, negá-los segundo certas regras? Seria preciso afirmá-los segundo outras regras? Ora, se nos colocarmos do ponto de vista do espinosismo, as duas tendências parecem igualmente falsas, porque o problema ao qual elas se conectam é, ele próprio, inteiramente falso.

É evidente que, em Espinosa, a divisão tripartite dos próprios reproduz uma classificação tradicional dos atributos de Deus: 1°) denominações simbólicas, formas e figuras, signos e ritos, metonímias do sensível ao divino; 2°) atributos de ação; 3°) atributos de essência. Tomemos uma lista ordinária de atributos divinos: bondade, essência, razão, vida, inteligência, sabedoria, virtude, beatitude, verdade, eternidade; ou, então, grandeza, amor, paz, unidade, perfeição. Perguntamos se esses atributos convêm à essência de Deus; se é preciso compreendê-los como afirmações condicionais, *[46]* ou como negações que apenas marcariam a ablação de um privativo. Segundo Espinosa, porém, essas questões não podem ser feitas, porque, em sua maioria, esses atributos são apenas próprios. E aqueles que não são próprios são entes de razão. Eles nada exprimem da natureza de Deus, nem negativamente, nem positivamente. *Deus está tão ocultado neles quanto é exprimido por eles.* Os próprios não são nem negativos, nem afirmativos; em estilo kantiano, diríamos que são indefinidos. Quando se confunde a natureza divina com os próprios, é inevitável que se tenha de Deus uma ideia ela mesma indefinida. Oscila-se, então, entre uma concepção eminente da negação e uma concepção analógica da afirmação. Cada uma, em seu dinamismo, implica um pouco da outra. Tem-se uma falsa concepção da negação, porque a analogia é introduzida no afirmado. Mas a afirmação já não é uma afirmação quando deixa de ser unívoca, ou quando deixa de se afirmar formalmente de seus objetos.

prova da Eternidade divina; da exclusão da matéria, ele fará um argumento decisivo em favor da coincidência, em Deus, da essência e da existência" (p. 272).

Atributos e nomes divinos

Que a natureza de Deus jamais tenha sido definida, porque sempre confundida com seus "próprios", eis uma das teses principais de Espinosa. Ela explica sua atitude em face dos *teólogos*. Mas os filósofos seguiram a teologia: mesmo Descartes acredita que a natureza de Deus consiste no infinitamente perfeito. Contudo, o infinitamente perfeito é tão somente uma modalidade daquilo que constitui a natureza divina. Só os atributos, no verdadeiro sentido da palavra, o pensamento, a extensão, são os elementos constitutivos de Deus, suas expressões constituintes, suas afirmações, suas razões positivas e formais, numa palavra, sua natureza. Mas, justamente, como os atributos não são por vocação ocultos, cabe perguntar por que foram eles ignorados, por que Deus foi desnaturado, confundido com seus próprios, que davam dele uma imagem indefinida. É preciso encontrar uma razão capaz de explicar por que, apesar de toda sua genialidade, os predecessores de Espinosa se prenderam às propriedades e não souberam descobrir a natureza de Deus.

A resposta de Espinosa é simples: faltava um método histórico, crítico e interno, capaz de interpretar a Escritura.[2] Não se perguntava qual era o projeto dos textos sagrados. Eles eram considerados como sendo a Palavra de Deus, a maneira pela qual Deus se exprimia. O que eles *[47]* diziam de Deus nos parecia ser tudo aquilo que dele era "exprimido", o que eles não diziam parecia inexprimível.[3] Em momento algum perguntávamos: a revelação religiosa diz respeito à natureza de Deus? É seu objetivo nos levar

[2] *TTP*, cap. 7 (II, p. 185): "A via que (esse método) ensina, a correta e a verdadeira, nunca foi seguida nem desimpedida pelos homens, de maneira que, ao longo do tempo, ela se tornou muito árdua e quase impraticável". E cap. 8 (II, p. 191): "Temo, todavia, que minha tentativa chegue demasiado tarde [...]".

[3] *TTP*, cap. 2 (II, p. 113): "Com uma surpreendente precipitação, todo mundo se persuadiu que os profetas tiveram a ciência de tudo o que o entendimento humano pode apreender. E ainda que certas passagens da Escritura nos digam, claramente, que os profetas ignoraram certas coisas, prefere-se declarar que não se entende essas passagens, em vez de admitir que os profetas tenham ignorado alguma coisa, ou então tenta-se torturar os textos da Escritura para fazê-la dizer aquilo que, manifestamente, ela não quer dizer".

a conhecer essa natureza? Ela é sujeita a tratamentos, positivos ou negativos, que se pretende aplicar-lhe para completar a determinação dessa natureza? Na verdade, a revelação só diz respeito a certos próprios. De maneira alguma seu propósito é nos levar a conhecer a natureza divina e seus atributos. Sem dúvida, os dados da Escritura são heterogêneos: ora nos encontramos diante de ensinamentos rituais particulares, ora diante de ensinamentos morais universais, ora até mesmo diante de um ensinamento especulativo, o mínimo de especulação necessária ao ensino moral. Mas nunca é revelado algum atributo de Deus. Nada além de "signos" variáveis, denominações extrínsecas para garantir um mandamento divino. No melhor dos casos, alguns "próprios", como a existência divina, a unidade, a onisciência e a onipresença, para garantir um ensino moral.[4] É que o objetivo da Escritura é nos submeter a modelos de vida, levar-nos a obedecer e fundar a obediência. Seria absurdo, então, acreditar que o conhecimento possa ser substituído pela revelação: como poderia a natureza divina, supostamente conhecida, servir de regra prática na vida cotidiana? Mas é ainda mais absurdo acreditar que a revelação nos faça conhecer alguma coisa da natureza ou da essência de Deus. Esse absurdo, entretanto, atravessa toda a teologia. *E compromete então toda a filosofia.* Ou se submete os próprios da revelação a um tratamento especial que os reconcilia com a razão; ou são até mesmo descobertos próprios da razão, *[48]* distintos daqueles da revelação. Mas não é assim que se sai da teologia; contamos sempre com propriedades para exprimir a natureza de Deus. Desconhece-se a diferença de natureza entre elas e os verdadeiros atributos. Ora, é inevitável que Deus seja sempre eminente relativamente aos seus próprios. Desde que se lhes atribua um valor expressivo que eles não têm, concede-se à substância divina uma natureza inexprimível, que ela igualmente não tem.

[4] Ver *TTP*, cap. 14: a lista dos "dogmas da fé". Mesmo do ponto de vista dos "próprios", observa-se que a revelação permanece limitada. Tudo está centrado sobre justiça e caridade. A infinidade, notadamente, não parece revelada na Escritura; ver cap. 2, no qual Espinosa expõe as ignorâncias de Adão, Abraão e de Moisés.

Atributos e nomes divinos

Nunca foi levado tão longe o esforço para distinguir dois domínios: a revelação e a expressão. Ou duas relações heterogêneas: entre o signo e o significado, entre a expressão e o exprimido. *O signo está sempre ligado a um próprio*; ele significa sempre um mandamento; e ele funda nossa obediência. *A expressão sempre diz respeito a um atributo*; ela exprime uma essência, isto é, uma natureza no infinitivo; ela nos faz conhecê-la. Assim, a "Palavra de Deus" tem dois sentidos muito diferentes: uma Palavra [*Parole*] expressiva, que não precisa de termos [*mots*] nem de signos, mas somente da essência de Deus e do entendimento do homem. Uma Palavra impressa, imperativa, operando por signo e mandamento: ela não é expressiva, mas golpeia nossa imaginação e nos inspira a necessária submissão.[5] Diremos, pelo menos, que os mandamentos "exprimem" as vontades de Deus? Isto ainda seria prejulgar a vontade como pertencente à natureza de Deus, seria tomar um ente de razão, uma determinação extrínseca, por um atributo divino. Toda mistura dos dois domínios é ruinosa. Cada vez que se faz de um signo uma expressão, vê-se mistérios por toda a parte, inclusive e antes de mais nada na própria Escritura. Assim fazem aqueles judeus que pensam que tudo exprime Deus, incondicionalmente.[6] Forma-se então uma concepção mística da expressão, de modo que esta parece tanto ocultar quanto revelar o que exprime. Os enigmas, as parábolas, os símbolos, as analogias, as metonímias vêm, dessa maneira, turvar a ordem racional e positiva da expressão pura. A Escritura é, na verdade, Palavra de Deus, mas palavra de mandamento: imperativa, ela nada exprime, porque não leva a conhecer atributo divino algum.

A análise de Espinosa não se contenta em marcar a irredutibilidade dos domínios. Ela propõe uma explicação *[49]* dos signos, algo como a gênese de uma ilusão. Com efeito, não é falso dizer que cada coisa exprime Deus. A ordem da natureza inteira é expressiva. Basta, porém, compreender mal uma lei natural para

[5] Sobre os dois sentidos da "Palavra de Deus", ver *TTP*, cap. 12. Já o *Breve tratado* opunha a comunicação imediata à revelação por signos: II, cap. 24, 9-11.

[6] *TTP*, cap. 1 (II, p. 95).

apreendê-la como um imperativo ou um mandamento. Quando Espinosa for ilustrar os diferentes gêneros do conhecimento, usando o famoso exemplo dos números proporcionais, ele mostrará que, no mais baixo grau, não compreendemos a regra de proporcionalidade: então, retemos um signo que nos diz qual operação *devemos* fazer com esses números. Até as regras técnicas ganham um aspecto moral quando ignoramos seu sentido e dela só retemos um signo. Com razão ainda mais forte, isso se passa com as leis da natureza. Deus revela a Adão que a ingestão da maçã traria a ele consequências funestas; mas Adão, impotente para apreender as conexões constitutivas das coisas, imagina essa lei da natureza como uma lei moral que lhe proíbe comer o fruto, e o próprio Deus como um soberano que o pune porque ele o comeu.[7] O signo é coisa dos profetas; mais precisamente, os profetas têm a imaginação forte e o entendimento fraco.[8] Nunca as expressões de Deus caem na imaginação; esta apreende tudo sob o aspecto do signo e do mandamento.

Deus não se exprime nem por signos, nem nos próprios. Quando lemos, no *Êxodo*, que Deus se revelou a Abraão, a Isaac e a Jacó, porém como *Deus Shaddai* (que atende às necessidades de cada um) e não como Jeová, não devemos concluir pelo mistério do tetragrama, nem pela sobre-eminência de Deus, considerado na sua natureza absoluta. Devemos concluir, sobretudo, que a revelação não tem como objeto exprimir essa natureza ou essência.[9] Em contrapartida, o conhecimento natural implica a essência de Deus; e implica por ser conhecimento dos atributos que exprimem efetivamente essa essência. Deus se exprime nos seus atributos, os atributos se exprimem nos modos que dependem deles: é assim que a ordem da natureza manifesta Deus. Os únicos nomes expressivos de Deus, as únicas expressões divinas são, portanto, os atributos: formas comuns ditas tanto da substância quanto dos modos. Conhecemos apenas dois atributos, precisamente porque somos

---

[7] *TTP*, cap. 4 (II, p. 139). *Carta 19, a Blyenbergh* (III, p. 65).

[8] Ver *TTP*, capítulos 2 e 3.

[9] *TTP*, cap. 13 (II, pp. 239-40).

Atributos e nomes divinos

constituídos por um modo da extensão e um modo do pensamento. Pelo menos, esses atributos *[50]* não supõem revelação alguma; eles remetem à luz natural. Nós os conhecemos tais como são em Deus, em seu ser comum à substância e aos modos. Espinosa insiste nesse ponto, citando um texto de São Paulo, do qual ele quase faz um manifesto da univocidade: "As coisas divinas, ocultadas desde os fundamentos do mundo, são percebidas pelo entendimento nas criaturas de Deus [...]".[10] Parece que a univocidade dos atributos se confunde com sua expressividade: de maneira indissolúvel, os atributos são expressivos e unívocos.

Os atributos não servem para negar, assim como não são negados da essência. Mas também não são afirmados de Deus por analogia. Uma afirmação por analogia não vale mais do que uma negação por eminência (ainda há eminência no primeiro caso, e já há analogia no segundo). É verdade, diz Espinosa, que um atributo é *negado* de um outro.[11] Mas em que sentido? "Se for dito que a extensão não é limitada pela extensão, mas pelo pensamento, não seria isso o mesmo que dizer que a extensão não é infinita absolutamente, mas apenas enquanto extensão?"[12] Aqui, a negação não implica, portanto, oposição alguma, nem privação. A extensão como tal não sofre imperfeição alguma ou limitação que dependeria da sua natureza; da mesma maneira, seria inútil imaginar um Deus que possuísse "eminentemente" a extensão.[13] Inversamente, em que sentido o atributo é afirmado da substância? Espinosa insiste com frequência no seguinte ponto: as substâncias ou os atributos existem *formalmente* na Natureza. Ora, entre os numerosos sentidos da palavra "formal", devemos ter em conta aquele pelo qual ela se opõe a "eminente" ou a "análogo". A substância nunca deve ser pensada como se compreendesse eminentemente seus atributos; os atributos, por sua vez, não devem ser pensados

[10] *TTP*, cap. 4 (II, p. 144).

[11] *E*, I, def. 6, expl.: "Do que é infinito somente em seu gênero podemos negar uma infinidade de atributos".

[12] *Carta 4, a Oldenburg* (III, p. 10).

[13] *BT*, II, cap. 19, 5.

como se contivessem eminentemente as essências de modo. Os atributos se afirmam formalmente da substância. Os atributos se dizem formalmente da substância, da qual eles constituem a essência, e dos modos, dos quais eles contêm as essências. Espinosa não para de lembrar o caráter afirmativo dos atributos que definem a substância, assim como a necessidade em que toda boa definição se encontra de ser ela mesma *[51]* afirmativa.[14] Os atributos são afirmações. Mas a afirmação, em sua essência, é sempre formal, atual, unívoca: é nesse sentido que ela é expressiva.

A filosofia de Espinosa é uma filosofia da afirmação pura. A afirmação é o princípio especulativo do qual toda a *Ética* depende. Nesse ponto, podemos buscar saber como Espinosa encontra uma ideia cartesiana para servir-se dela. Isso porque a distinção real tendia a dar ao conceito de afirmação uma verdadeira lógica. Com efeito, a distinção real, tal como Descartes a utilizava, nos colocava no caminho de uma descoberta profunda: os termos que eram distinguidos conservavam toda sua respectiva positividade, em vez de se definirem por oposição um ao outro. *Non opposita sed diversa* [Não opostos, mas diversos], era esta a fórmula da nova lógica.[15] A distinção real parecia anunciar uma nova concepção do negativo, sem oposição nem privação, mas também uma nova concepção da afirmação, sem eminência e sem analogia. Ora, se esse caminho não termina no cartesianismo, é por uma razão que vimos anteriormente: Descartes ainda atribui à distinção real um valor numérico, uma função de divisão substancial na natureza e nas coisas. Ele concebe toda qualidade como positiva, toda realidade como perfeição; mas nem tudo é realidade numa substância qualificada e distinguida, nem tudo é perfeição na natureza de uma coisa. É em Descartes, entre outros, que Espinosa está pensando quando escreve: "Dizer que a natureza da coisa exigia a limitação e que não poderia ser outra coisa em seguida, é o mesmo que não

[14] Ver as fórmulas constantes do *Breve tratado* (sobretudo I, cap. 2) segundo as quais os atributos se afirmam, e se afirmam de uma Natureza ela mesma positiva. E *TRE*, 96: "Toda definição deve ser afirmativa".

[15] Ver, a esse respeito, as observações de Lewis Robinson, e os textos dos cartesianos que ele cita: *Kommentar zu Spinozas Ethik* (Leipzig, 1928).

Atributos e nomes divinos   63

dizer nada, pois a natureza de uma coisa nada pode exigir enquanto ela não for".[16] Em Descartes, há limitações que a coisa "exige" em virtude da sua natureza, ideias que têm tão pouca realidade que se poderia quase dizer que procedem do nada, de naturezas às quais falta alguma coisa. Dessa maneira é reintroduzido tudo aquilo que a lógica da distinção real parecia banir: a privação, a eminência. Veremos que *a eminência, a analogia, [52] até mesmo uma certa equivocidade, continuam sendo categorias quase espontâneas do pensamento cartesiano.* Ao contrário disso, para extrair as consequências extremas da distinção real, concebida como lógica da afirmação, era preciso elevar-se à ideia de uma única substância detentora de todos os atributos realmente distintos. Era preciso, antes de tudo, evitar toda confusão, não somente entre atributos e modos, mas também entre atributos e próprios.

Os atributos são as afirmações de Deus, os *logoi* ou os verdadeiros nomes divinos. Voltemos ao texto no qual Espinosa invoca o exemplo de Israel, assim nomeado como patriarca, mas chamado de Jacó relativamente ao seu irmão.[17] Segundo o contexto, trata-se de ilustrar a distinção de razão, tal como ela é entre a substância e o atributo: diz-se que Israel é Jacó (*Supplantator*) relativamente ao seu irmão, bem como se diz que "plano" é "branco" relativamente a um homem que o olha, assim como se diz que a substância é tal ou qual relativamente ao entendimento que lhe "atribui" tal ou qual essência. É certo que essa passagem favorece uma interpretação intelectualista ou mesmo idealista dos atributos. Um filósofo, porém, é sempre levado a simplificar seu pensamento em certas ocasiões ou a formulá-lo parcialmente. Espinosa não deixa de sublinhar a ambiguidade dos exemplos que ele cita. Na verdade, o atributo não é uma simples maneira de ver ou de conceber; sua relação com o entendimento é certamente funda-

---

[16] *BT*, I, cap. 2, 5, nota. Sobre a imperfeição da extensão segundo Descartes, ver, por exemplo, *Principes*, I, 23.

[17] *Carta 9, a De Vries* (III, p. 33).

mental, mas interpreta-se de outro jeito. É porque os próprios atributos são expressões que eles remetem necessariamente ao entendimento como sendo a única instância que percebe o *exprimido*. É porque os atributos explicam a substância que eles são, por isso mesmo, relativos a um entendimento no qual todas as explicações se reproduzem, ou "se explicam" elas mesmas objetivamente. O problema, então, tende a ficar mais preciso: os atributos são expressões, mas como podem expressões diferentes designar uma única e mesma coisa? Como podem nomes diferentes ter um mesmo designado? "Quereis que eu mostre, por meio de um exemplo, como pode uma única e mesma coisa ser designada (*insigniri*) por dois nomes."

O papel do entendimento é aquele que lhe cabe numa *[53]* lógica da expressão. Essa lógica é o resultado de uma longa tradição, estoica e medieval. Distinguimos numa expressão (por exemplo, numa proposição) aquilo que ela exprime e aquilo que ela designa.[18] O exprimido é como o sentido que não existe fora da expressão; ele remete, pois, a um entendimento que o apreende objetivamente, isto é, idealmente. Mas ele se diz da coisa, e não da própria expressão; o entendimento o conecta ao objeto designado, como essência desse objeto. Então, concebemos que nomes possam se distinguir por seu sentido, mas que esses sentidos diferentes sejam conectados ao mesmo objeto designado, do qual eles constituem a essência. Na concepção espinosista dos atributos há uma espécie de transposição dessa teoria do sentido. Cada atributo é um nome ou uma expressão distinta; o que ele exprime é como

---

[18] A distinção do "exprimido" (sentido) e do "designado" (*designatum*, *denominatum*) não é recente numa lógica das proposições, ainda que ela reapareça em muitos filósofos modernos. Sua origem está na lógica estoica, que distingue o *exprimível* e o objeto. Ockham, por sua vez, distingue a coisa enquanto tal (*extra animam*) e a coisa como *exprimida* na proposição (*declaratio, explicatio, significatio* são sinônimos de *expressio*). Alguns discípulos de Ockham levam ainda mais longe a distinção e recuperam os paradoxos estoicos, fazendo do "exprimido" uma entidade não existente, irredutível à coisa e à proposição: ver Hubert Élie, *Le Complexe significabile* (Paris, Vrin, 1936). Esses paradoxos da expressão desempenham um grande papel na lógica moderna (Meinong, Frege, Husserl), mas sua fonte é antiga.

Atributos e nomes divinos

que seu sentido; mas, se é verdade que o exprimido não existe fora do atributo, ele não está menos conectado à substância que ao objeto designado por todos os atributos; assim, todos os sentidos exprimidos formam o "exprimível" ou a essência da substância. Desta, por sua vez, será dito que ela se exprime nos atributos.

É verdade que, ao assimilar a substância ao objeto designado por diferentes nomes, não resolvemos o problema essencial, o da diferença entre esses nomes. Mais do que isso, a dificuldade aumenta na medida em que esses nomes são unívocos e positivos, aplicando-se, pois, formalmente, ao que designam: seus respectivos sentidos parecem introduzir na unidade do designado uma multiplicidade necessariamente atual. Não acontece assim numa visão analógica: os nomes são aplicados a Deus por analogia, seu sentido "preexiste" nele de um modo eminente que lhe assegura a inconcebível unidade, a inexprimível unidade. Mas que fazer, se os nomes divinos têm o mesmo sentido, seja como aplicados a Deus e como implicados nas criaturas, *[54]* isto é, em todos os empregos que são feitos deles, de maneira que sua distinção já não pode se fundar nas coisas criadas, mas deve ser fundada nesse Deus que eles designam? Sabe-se que Duns Escoto, na Idade Média, levantara esse problema e dera a ele uma solução profunda. Duns Escoto é, sem dúvida, aquele que levou mais longe a elaboração de uma teologia positiva. Ele denuncia, ao mesmo tempo, a eminência negativa dos neoplatônicos e a pseudoafirmação dos tomistas. Opõe-lhes a univocidade do Ser: *o ser se diz no mesmo sentido* de tudo o que é, infinito ou finito, ainda que não seja sob a mesma "modalidade". Mas, precisamente, o ser não muda de natureza ao mudar de modalidade, isto é, quando seu conceito é predicado do ser infinito e dos seres finitos (já em Escoto, portanto, a univocidade não traz consigo confusão alguma de essências).[19] E a univocidade do ser traz consigo a univocidade dos atributos divinos: o

---

[19] João Duns Escoto, *Opus oxoniense* (Paris, Vivès, 1894): sobre a crítica da eminência e da analogia, I, D3, q. 1, 2 e 3; sobre a univocidade do ser, I, D8, q. 3. Foi frequentemente notado que o Ser unívoco deixa subsistir a distinção de seus "modos": quando ele já não é considerado em sua natureza enquanto Ser, mas em suas modalidades individuantes (infinito, finito), ele

conceito de um atributo que pode ser elevado ao infinito é, ele mesmo, comum a Deus e às criaturas, com a condição de ser tomado em sua razão formal ou em sua quididade, pois "a infinidade não suprime, de maneira alguma, a razão formal daquilo a que é juntada".[20] Porém, sendo ditos formalmente e positivamente de Deus, como os atributos infinitos ou os nomes divinos não introduziriam em Deus uma pluralidade correspondente às suas razões formais, às suas quididades distintas?

É a esse problema que Escoto aplica um dos seus conceitos mais originais, que vem completar o da univocidade: a ideia da distinção formal.[21] Esta diz respeito à apreensão de quididades distintas, que nem por isso deixam de pertencer a um mesmo sujeito. Ela remete, evidentemente, a um ato do entendimento. Mas, aqui, o entendimento não se contenta em exprimir uma mesma realidade sob dois aspectos que poderiam existir à parte em outros sujeitos, nem exprimir uma mesma coisa em diversos graus de abstração, ou exprimir analogicamente alguma coisa com relação a outras realidades. Ele apreende, objetivamente, formas *[55]* atualmente distintas, mas que, como tais, compõem um único e mesmo sujeito. Entre animal e racional não existe somente uma distinção de razão como entre *homo-humanitas*; é preciso que a própria coisa já esteja "estruturada segundo a diversidade pensável do gênero e da espécie".[22] A distinção formal é mesmo uma distinção real, porque ela exprime as diferentes camadas de realidades que formam ou constituem um ser. Nesse sentido, ela é dita *formalis a parte rei* [formal por parte da coisa] ou *actualis ex natura rei* [atual da natureza da coisa]. Mas ela é um mínimo de distinção real, porque as duas quididades, realmente distintas, coordenam-se e com-

---

deixa de ser unívoco. Ver Étienne Gilson, *Jean Duns Scot* (Paris, Vrin, 1952, pp. 89, 629).

[20] *Opus oxoniense*, I, D8, q. 4 (a. 2, n. 13).

[21] *Ibidem*, I, D2, q. 4; D8, q. 4 (ver Étienne Gilson, *Jean Duns Scot, op. cit.*, cap. 3).

[22] Maurice de Gandillac, "Duns Scot et la Via antiqua", em *Le Mouvement doctrinal du IXe au XIVe siècle*, Paris, Bloud et Gay, 1951, p. 339.

põem um ser único.[23] *Real e todavia não numérico*, é esse o estatuto da distinção formal.[24] Deve-se ainda reconhecer que, no finito, duas quididades como animal e racional só comunicam pelo terceiro termo ao qual são idênticas. Mas não é assim no infinito. Dois atributos levados ao infinito serão ainda formalmente distintos, mesmo sendo ontologicamente idênticos. Como diz E. Gilson, "a infinidade, por ser uma modalidade do ser (e não um atributo), pode ser comum a razões formais quididativamente irredutíveis, e conferir a elas a identidade no ser, sem suprimir sua distinção na formalidade".[25] Portanto, dois atributos de Deus, por exemplo Justiça e Bondade, são nomes divinos que designam um Deus absolutamente uno, ao mesmo tempo em que significam quididades distintas. Nisso existem como que duas ordens, a ordem da razão formal e a ordem do ser, sendo que a pluralidade de uma se concilia com a simplicidade da outra.

É esse estatuto que encontra em Suárez um adversário declarado. Ele não vê como a distinção formal não seria reduzida, seja a uma distinção de razão, seja a uma distinção modal.[26] Ou ela diz demais ou não diz o bastante: demais para uma distinção de razão, mas não o bastante para uma distinção real. Nessa ocasião, Descartes tem a mesma *[56]* atitude.[27] Reencontramos sempre em Descartes a mesma relutância em conceber uma distinção real entre

---

[23] João Duns Escoto, *Opus oxoniense, op. cit.*, I, D2, q. 4 (a. 5, n. 43): A distinção formal é *minima in suo ordine, id est inter omnes quae praecedunt intellectionem* [mínima em sua ordem, isto é, entre todas as que precedem a intelecção].

[24] *Ibidem*, II, D3, q. 1: A forma distinta tem uma entidade real, *ista unitas est realis, non autem singularis nel numeralis* [esta unidade é real, porém não singular nem numérica].

[25] Étienne Gilson, *Jean Duns Scot, op. cit.*, p. 251.

[26] Suárez, *Metaphysicarum Disputationum, op. cit.*, D7.

[27] Caterus, nas *Primeiras objeções*, invocara a distinção formal a propósito da alma e do corpo. Descartes responde: "Quanto à distinção formal que esse mui douto teólogo diz ter tomado de Escoto, respondo brevemente que ela não difere da modal, e que abrange apenas os seres incompletos [...]" (AT, IX, pp. 94-5).

coisas que não estariam em sujeitos diferentes, isto é, que não seriam acompanhadas por uma divisão no ser ou por uma distinção numérica. Ora, o mesmo não acontece em Espinosa: na sua concepção de uma distinção real não numérica, não será difícil reencontrar a distinção formal de Escoto. Mais do que isso, com Espinosa a distinção formal deixa de ser um mínimo de distinção real, tornando-se toda a distinção real e dando a esta um estatuto exclusivo.

1°) Os atributos, em Espinosa, são realmente distintos, ou concebidos como realmente distintos. Com efeito, eles têm razões formais irredutíveis; cada atributo exprime uma essência infinita como sua razão formal ou sua quididade. Os atributos se distinguem, portanto, "quididativamente", formalmente: são certamente substâncias, num sentido puramente qualitativo; 2°) Cada um atribui sua essência à substância como a *outra coisa*. É uma maneira de dizer que divisão alguma no ser corresponde à distinção formal entre atributos. A substância não é um gênero, os atributos não são diferenças específicas: não há, portanto, substâncias de *mesma* espécie que os atributos, não há substância que seria *a mesma coisa* (*res*) que cada atributo (*formalitas*); 3°) Essa "outra coisa" é, portanto, *a mesma para* todos os atributos. Mais do que isso: é *a mesma que* todos os atributos. Esta última determinação não contradiz de maneira alguma a precedente. Todos os atributos formalmente distintos são conectados pelo entendimento a uma substância ontologicamente una. Mas o entendimento apenas reproduz de modo objetivo a natureza das formas que ele apreende. Todas as essências formais formam a essência de uma substância absolutamente una. Todas as substâncias qualificadas formam uma só substância, do ponto de vista da quantidade. Assim, os próprios atributos têm, ao mesmo tempo, a identidade no ser e a distinção na formalidade; ontologicamente uno, formalmente diverso, esse é o estatuto dos atributos. *[57]*

Apesar de sua alusão à "bagunça das distinções peripatéticas", Espinosa restaura a distinção formal, assegurando-lhe até mesmo um alcance que ela não tinha em Escoto. *É a distinção formal que dá um conceito absolutamente coerente da unidade da substância e da pluralidade dos atributos, é ela que dá à distinção real uma nova lógica*. Perguntaremos, então, por que Espinosa nunca emprega esse termo, mas fala somente de distinção real? É que a distinção formal é mesmo uma distinção real. Por conseguinte, era vantajoso para Espinosa utilizar um termo que Descartes, pelo uso que fizera dele, tinha de certa forma neutralizado teologicamente; o termo "distinção real" permitia, então, as maiores audácias, sem ressuscitar antigas polêmicas que Espinosa julgava certamente inúteis e mesmo nocivas. Não acreditamos que o pretenso cartesianismo de Espinosa vá além disso: toda sua teoria das distinções é profundamente anticartesiana.

Se propusermos a imagem de um Espinosa escotista, e não cartesiano, corremos o risco de cair em certos exageros. De fato, queremos dizer que as teorias escotistas eram certamente do conhecimento de Espinosa e que elas participaram, juntamente com outros temas, da formação de seu panteísmo.[28] O mais interessante é então a maneira pela qual Espinosa utiliza e renova as noções de distinção formal e de univocidade. O que Duns Escoto, com

[28] Não se trata de perguntar se Espinosa leu Duns Escoto. É pouco provável que o tenha lido. Mas sabemos, ao menos pelo inventário do que restou de sua biblioteca, do gosto de Espinosa pelos tratados de metafísica e de lógica, do tipo *quaestiones disputatae*; ora, esses tratados contêm sempre exposições sobre a univocidade e a distinção formal escotistas. Tais exposições fazem parte dos lugares comuns da lógica e da ontologia dos séculos XVI e XVII (ver, por exemplo, Heereboord em seu *Collegium logicum*). Sabemos também, graças aos trabalhos de Gebhardt e de Revah, da provável influência de Juan de Prado sobre Espinosa; ora, Juan de Prado certamente conhecia Duns Escoto (ver Israel Salvator Revah, *Spinoza et Juan de Prado*, Paris, Mouton, 1959, p. 45).

Acrescentaremos ainda que os problemas de uma teologia negativa ou positiva, de uma analogia ou univocidade do ser, e de um estatuto correspondente das distinções, não pertencem, de forma alguma, ao pensamento cristão. São encontrados, de forma também vigorosa, no pensamento judaico da Idade Média. Alguns comentadores sublinharam a influência de Hasdai Crescas sobre Espinosa, no que diz respeito à teoria da extensão [*étendue*]. Porém, de maneira mais geral, Crescas parece ter elaborado uma teologia positiva que continha o equivalente a uma distinção formal entre atributos de Deus (ver Georges Vajda, *Introduction à la pensée juive du Moyen Âge*, Paris, Vrin, 1947, p. 174).

efeito, denominava "atributo"? *[58]* Justiça, bondade, sabedoria etc., ou seja, próprios. Sem dúvida, ele reconhecia que a essência divina pode ser concebida sem esses atributos; mas definia a essência de Deus por perfeições intrínsecas, entendimento e vontade. Escoto era "teólogo" e, por conta disso, continuava às voltas com próprios e seres de razão. Eis por que, nele, a distinção formal não tinha todo o seu alcance, exercendo-se sempre sobre seres de razão, como os gêneros e as espécies, como as faculdades da alma, ou então sobre os próprios, como aqueles pretensos atributos de Deus. Mais ainda, a univocidade em Escoto parecia comprometida pela preocupação em evitar o panteísmo. Pois a perspectiva teológica, isto é, "criacionista", forçava-o a conceber o Ser unívoco como um conceito *neutralizado, indiferente*. Indiferente ao finito e ao infinito, ao singular e ao universal, ao perfeito e ao imperfeito, ao criado e ao incriado.[29] Em Espinosa, ao contrário, o Ser unívoco está perfeitamente determinado no seu conceito, como aquilo que se diz num único e mesmo sentido da substância, que é em si, e dos modos, que são em outra coisa. Com Espinosa, a univocidade devém o objeto de afirmação pura. A mesma coisa, *formaliter*, constitui a essência da substância e contém as essências de modo. Portanto, em Espinosa, é a ideia de causa imanente que assegura a continuidade da univocidade, liberando esta da indiferença e da neutralidade em que era mantida pela teoria de uma criação divina. E é na imanência que a univocidade encontrará sua fórmula propriamente espinosista: Deus é dito causa de todas as coisas, *no mesmo sentido* (*eo sensu*) em que ele é dito causa de si.

---

[29] João Duns Escoto, *Opus oxoniense*, I, D3, q. 2 (a 4, n. 6): *Et ita neuter ex se, sed in utroque illorum includitur; ergo univocus* ["E assim ele não se acha incluído num ou noutro desses dois sentidos; logo é unívoco"].

Capítulo IV
O ABSOLUTO
[59]

[A igualdade dos atributos. — O infinitamente perfeito e o absolutamente infinito.
O infinitamente perfeito como "nervo" das provas cartesianas da existência de Deus. — Sentido das objeções dirigidas contra a prova ontológica de Descartes. — Leibniz e Espinosa: insuficiência do infinitamente perfeito. — Espinosa: o absolutamente infinito como razão do infinitamente perfeito. — A prova ontológica em Espinosa; plano do começo da Ética. — Diferenças entre o Breve tratado e a Ética. — Leibniz e Espinosa do ponto de vista da prova ontológica. — A definição 6 é uma definição real.
Segunda tríade da expressão: o perfeito, o infinito, o absoluto.]

Espinosa demonstra com cuidado que toda substância (qualificada) deve ser ilimitada. O conjunto dos argumentos do *Breve tratado* e da *Ética* se apresenta assim: se uma substância fosse limitada, ela o seria por si mesma, ou então por uma substância de mesma natureza, ou ainda por Deus, que teria dado a ela uma natureza imperfeita.[1] Ora, ela não pode ser limitada por si mesma, pois "teria que ter mudado toda a sua natureza". Nem por uma outra, pois haveria duas substâncias com o mesmo atributo. Nem por Deus, porque Deus não tem nada de imperfeito nem de limitado e, por uma razão ainda mais forte, não está diante de coisas que "exigiriam" ou implicariam uma limitação qualquer antes de serem criadas. A importância desses temas é indicada por Espino-

---

[1] *BT*, I, cap. 2, 2-5 (e notas 2 e 3). *E*, I, 8, dem.

O absoluto

sa, mas de maneira elíptica: "Se podemos demonstrar que não pode haver substância alguma limitada, toda substância deve então pertencer sem limitação ao ser divino". A transição parece ser a seguinte: se toda substância é ilimitada, devemos reconhecer que cada uma, em seu gênero ou na sua forma, é infinitamente perfeita; há, portanto, *igualdade* entre todas as formas ou todos os gêneros de ser; forma alguma de ser é inferior a outra, e nem superior. É essa transição que Espinosa formula, explicitamente, em outro texto: "Não existe tipo algum de desigualdade entre os atributos".[2]

Portanto, não se pode pensar que Deus contenha a realidade ou perfeição de um efeito sob uma forma melhor do que aquela da qual o efeito depende; pois não há forma que seja melhor do que outra. Disso se conclui: sendo iguais todas as formas (atributos), Deus não pode possuir uma sem possuir as outras; não pode possuir *[60]* uma que valesse por outra eminentemente. Sendo *infinitamente perfeitas* todas as formas de ser, elas devem, sem limitação, pertencer a Deus como a um Ser *absolutamente infinito*.

Esse princípio de uma igualdade das formas ou dos atributos é apenas outro aspecto do princípio de univocidade e do princípio de distinção formal. Ele não deixa de ter uma aplicação particular: força-nos a passar do Infinito ao Absoluto, do infinitamente perfeito ao absolutamente infinito. Todas as formas de ser, sendo perfeitas e ilimitadas, logo infinitamente perfeitas, não podem constituir substâncias desiguais que remeteriam ao infinitamente perfeito como a um ser distinto que estivesse no papel de uma causa eminente e eficiente. Também não podem formar substâncias elas mesmas iguais, pois substâncias iguais só poderiam sê-lo numericamente, e deveriam ter a mesma forma, "uma deveria necessariamente limitar a outra e, consequentemente, não poderia ser infinita".[3] Logo, as formas igualmente ilimitadas são os atributos de uma única substância que as possui todas, e as possui atualmente. Mas então o erro maior seria acreditar que o infinitamente per-

---

[2] *BT*, Apêndice II, 11.

[3] *BT*, I, cap. 2, 6. Que não haja "duas substâncias iguais" não contradiz a igualdade dos atributos: os dois temas se implicam.

feito baste para definir a "natureza" de Deus. O infinitamente perfeito é a modalidade de cada atributo, isto é, o "próprio" de Deus. Mas a natureza de Deus consiste em uma infinidade de atributos, quer dizer, no absolutamente infinito.

Já se pode prever a transformação que Espinosa, contra Descartes, vai impor às provas da existência de Deus. Isso ocorre porque todas as provas cartesianas procedem pelo infinitamente perfeito. E não apenas procedem assim, como também se movem no infinitamente perfeito, identificando-o à natureza de Deus. A prova *a posteriori*, na sua primeira formulação, diz o seguinte: "A ideia que tenho de um ser mais perfeito que o meu deve necessariamente ter sido colocada em mim, com efeito, por um ser que seja mais perfeito". A segunda formulação é a seguinte: "Só pelo fato de que existo, e que a ideia de um ser soberanamente perfeito (isto é, Deus) está em mim, a existência de Deus está evidentemente [61] demonstrada".[4] Por fim, a prova ontológica ou *a priori* é enunciada: "O que concebemos clara e distintamente pertencer à natureza ou à essência, ou à forma imutável e verdadeira de alguma coisa, pode ser dito ou afirmado com verdade dessa coisa; mas depois de termos buscado com muito cuidado o que é Deus, concebemos, clara e distintamente, que existir pertence à sua verdadeira e imutável natureza; logo, podemos afirmar com verdade que ele existe".[5] Ora, na menor, a busca à qual Descartes faz alusão consiste, justamente, em determinar o "soberanamente perfeito" como forma, essência ou natureza de Deus. A existência, sendo uma perfeição, pertence a essa natureza. Graças à maior, conclui-se que Deus existe efetivamente.

A própria prova ontológica implica, portanto, a identificação do infinitamente perfeito com a natureza de Deus. Com efeito, con-

[4] Descartes, *Méditation III*, AT, IX, p. 38, p. 40. [NT: A tradução segue a maneira como Deleuze explicita as frases de Descartes e transcreve a referência bibliográfica].

[5] Descartes, *Réponses aux premières objections*, AT, IX, p. 91.

O absoluto

sideremos as segundas objeções feitas a Descartes. Ele é criticado por não ter demonstrado, na menor, que a natureza de Deus era possível ou não implicava contradição. Em oposição a ele é dito o seguinte: Deus existe, *se ele for possível*. Leibniz retomará a objeção em textos célebres.[6] Descartes responde: a dificuldade que se pretende denunciar na menor já está resolvida na maior. Pois a maior não significa: aquilo que concebemos, clara e distintamente, pertencer à natureza de uma coisa pode ser dito com verdade pertencer à natureza desta coisa. Isso seria uma simples tautologia. A maior significa: "O que, clara e distintamente, concebemos pertencer à natureza de alguma coisa pode ser dito ou afirmado com verdade *desta coisa*". Ora, esta proposição garante a possibilidade de tudo aquilo que concebemos clara e distintamente. Se for exigido outro critério de possibilidade, que seria como que uma razão suficiente do lado do objeto, confessamos nossa ignorância, bem como a impotência do entendimento para alcançar essa razão.[7] *[62]*

Parece que Descartes pressente o sentido da objeção e, no entanto, não o compreende, ou não quer compreendê-lo. Ele é criticado por não ter demonstrado a possibilidade da natureza de um ser *do qual "infinitamente perfeito" só pode ser o próprio*. Talvez tal demonstração não seja ela mesma possível: nesse caso, porém, o argumento ontológico não será conclusivo.[8] Em todo caso, o infinitamente perfeito nada nos faz conhecer da natureza do ser ao qual ele pertence. Se Descartes pensa ter resolvido todas as dificuldades na maior, é primeiramente porque ele confunde a natureza de Deus com um próprio: ele pensa, então, que a concepção clara e distinta do próprio é suficiente para garantir a possibilidade da

---

[6] Os primeiros textos de Leibniz a esse respeito são de 1672 (*Leibnitiana elementa philosophiae arcanae de summa rerum*, ed. Jagodinsky, p. 112). Ver também a nota de 1676, *Quod ens perfectissimum existit* [Que o ser perfeitíssimo existe] (Gerhardt, VII, p. 261).

[7] *Réponses aux secondes objections*, AT, IX, p. 118: "Ou fingireis alguma outra possibilidade, da parte do próprio objeto, a qual, se não convir com a precedente, nunca poderá ser conhecida pelo entendimento humano [...]".

[8] Parece ser essa a posição dos autores das segundas objeções (ver AT, IX, p. 101)

natureza correspondente. Sem dúvida, ocorre a Descartes opor o aspecto sob o qual Deus é apresentado na Escritura ("maneiras de falar [...] que contêm certamente alguma verdade, mas apenas enquanto relativa aos homens") e o aspecto sob o qual Deus, ele próprio, aparece à luz natural.[9] Assim, porém, ele apenas opõe próprios de uma espécie aos de outra. No que diz respeito a um ser que tem como propriedade racional ser infinitamente perfeito, a questão subsiste por completo: será possível um tal ser? Se se pergunta, enfim, por que Descartes, do seu ponto de vista, pode identificar o próprio com a natureza de Deus, acreditamos que, ainda aí, a razão disso esteja na sua maneira de invocar a eminência e a analogia. Descartes lembra que, "das coisas que concebemos estar em Deus e em nós", nenhuma é *unívoca*.[10] Ora, precisamente na medida em que se admite uma desigualdade fundamental entre as formas de ser, o infinitamente perfeito pode designar uma forma superior que se confunde com a natureza de Deus. Ao definir Deus, Descartes apresenta uma lista de propriedades: "Pelo nome de Deus, entendo uma substância infinita, eterna, imutável, independente, onisciente, onipotente [...]".[11] É na névoa de sua eminência que essas propriedades, consideradas no seu conjunto, podem parecer assimiláveis a uma natureza simples. *[63]*

Em Leibniz, dois temas estão profundamente ligados: o infinitamente perfeito não basta para constituir a natureza de Deus; a ideia clara e distinta não basta para garantir sua própria realidade, isto é, a possibilidade de seu objeto. Os dois temas se reúnem na exigência de uma razão suficiente ou de uma definição real. Infinito e perfeito são apenas marcas distintivas; o conhecimento claro e distinto que temos disso não nos ensina, de modo algum, se essas características são compatíveis; talvez haja contradição no "*ens perfectissimum*" [ser perfeitíssimo] assim como em "o maior

---

[9] *Réponses aux secondes objections*, AT, IX, p. 112.

[10] *Ibidem*, p. 108. É um dos princípios fundamentais do tomismo: *De Deo et creaturis nil univoce praedicatur* [Nada é predicado univocamente de Deus e das criaturas].

[11] *Méditation III*, AT, IX, p. 36.

O absoluto

número" ou em "a maior velocidade". A essência de tal ser é somente conjecturada; portanto, toda definição de Deus pela simples perfeição permanece apenas como definição nominal. Donde a crítica extrema de Leibniz: em geral, Descartes não ultrapassa Hobbes, não há razões para confiar mais em critérios da consciência psicológica (o claro e o distinto), do que em simples combinações de palavras.[12] Parece que esses temas, em um contexto totalmente diferente, são também os de Espinosa. Não é de surpreender que haja pontos comuns fundamentais na reação anticartesiana do final do século XVII. Segundo Espinosa, o infinitamente perfeito é tão somente um próprio. Essa propriedade nada nos ensina sobre a natureza do ser ao qual ela pertence; ela não basta para demonstrar que esse ser não envolve contradição. Enquanto uma ideia clara e distinta não for apreendida como "adequada", poderemos duvidar da sua realidade, assim como da possibilidade do seu objeto. Enquanto não dermos uma definição real, que incida sobre a essência de uma coisa e não sobre *propria* [próprios], continuaremos no arbitrário daquilo que é simplesmente concebido, sem conexão com a realidade da coisa tal como ela é fora do entendimento.[13] Tanto em Espinosa quanto em Leibniz, parece, então, que a razão suficiente faz valer suas exigências. Espinosa colocará a adequação como razão suficiente da ideia clara e distinta, o absolutamente infinito como razão suficiente do infinitamente perfeito. A prova ontológica, em Espinosa, não mais incidirá sobre um ser indeterminado, que seria infinitamente perfeito, mas sobre o absolutamente infinito, determinado como aquilo que consiste numa infinidade de atributos. (O infinitamente perfeito será somente o modo de cada um desses *[64]* atributos, a modalidade da essência exprimida por cada atributo.)

Entretanto, se for correta nossa hipótese, teremos o direito de nos surpreender com a maneira pela qual Espinosa demonstra *a priori* que o absolutamente infinito, isto é, uma substância que

---

[12] Ver Leibniz, *Carta à princesa Elisabeth*, 1678, e *Meditações sobre o conhecimento, a verdade e as ideias*, 1684.

[13] Sobre o caráter nominal de uma definição de Deus pelo infinitamente perfeito, ver *Carta 60, a Tschirnhaus* (III, p. 200).

consiste numa infinidade de atributos, existe necessariamente.[14] Uma primeira demonstração diz o seguinte: se ele não existisse, não seria uma substância, já que toda substância existe necessariamente. Segunda demonstração: se o ser absolutamente infinito não existisse, deveria haver uma razão para essa não existência; essa razão deveria ser interna, e o absolutamente infinito deveria, portanto, implicar contradição; "ora, é absurdo afirmar isso do ser absolutamente infinito e soberanamente perfeito". É claro que esses raciocínios ainda procedem pelo infinitamente perfeito. O absolutamente infinito (substância que consiste numa infinidade de atributos) existe necessariamente, senão não seria uma substância; senão não seria infinitamente perfeito. Mas o leitor tem o direito de exigir uma demonstração mais profunda, e prévia. É preciso demonstrar que uma substância, que existe necessariamente, tenha que consistir, por natureza, numa infinidade de atributos ou, o que dá no mesmo, que o infinitamente perfeito tenha como razão o absolutamente infinito.

Porém, isso que o leitor tem o direito de exigir foi exatamente o que fez Espinosa. A ideia, segundo a qual, na *Ética*, Espinosa "se instala" em Deus e "começa" por Deus, é apenas uma ideia aproximativa, literalmente inexata. Aliás, veremos que, segundo Espinosa, é completamente impossível *partir* da ideia de Deus. A demonstração da existência de Deus aparece na 11ª proposição. Ora, as dez primeiras mostraram o seguinte: *não sendo real a distinção numérica, toda substância realmente distinta é ilimitada e infinitamente perfeita; inversamente, não sendo numérica a distinção real, todas as substâncias infinitamente perfeitas compõem uma substância absolutamente infinita da qual elas são os atributos; o infinitamente perfeito é, portanto, o próprio do absolutamente infinito, e o absolutamente infinito, a natureza ou razão do infinitamente perfeito.* Daí a importância dessas primeiras demonstrações, que nada têm de hipotético. Daí a importância das considerações sobre a distinção numérica e a distinção real. Só nessas condições a proposição 11 pode, de direito, concluir que: a substância absolutamente infinita *[65]*, não implicando contradição,

---

[14] *E*, I, 11, as duas primeiras demonstrações.

O absoluto

existe necessariamente; se ela não existisse, não teria como propriedade o infinitamente perfeito, tampouco seria uma substância.

Portanto, o plano do começo da *Ética* é o seguinte: 1º) *Definições 1-5*: são simples definições nominais, necessárias ao mecanismo das futuras demonstrações; 2º) *Definição 6*: é a definição real de Deus, como Ser absolutamente infinito, isto é, "substância que consiste numa infinidade de atributos, dos quais cada um exprime uma essência eterna e infinita". Esta definição retoma os termos "substância" e "atributo" para dar a eles um estatuto real. Porém, tomar como real essa própria definição não significa que ela mostre, imediatamente, a possibilidade do seu objeto. Para que uma definição seja real, basta que se possa demonstrar a possibilidade do objeto tal como ele é definido. Prova-se, ao mesmo tempo, a realidade ou verdade da definição; 3º) *Proposições 1-8*: primeira etapa da demonstração da realidade da definição: não sendo real a distinção numérica, cada atributo realmente distinto é infinitamente perfeito, cada substância qualificada é única, necessária e infinita. Evidentemente, essa série deve se apoiar apenas nas cinco primeiras definições; 4º) *Proposições 9 e 10*, segunda etapa: não sendo numérica a distinção real, os atributos distintos ou substâncias qualificadas formam uma única e mesma substância que tem todas as qualificações, ou seja, todos os atributos. Essa segunda série termina no escólio da proposição 10, esse escólio constata que uma substância absolutamente infinita não implica contradição. A definição 6 é, portanto, uma definição real;[15] 5º) *Proposição 11*: o absolutamente infinito existe necessariamente, senão não poderia ser uma substância, não poderia ter como propriedade o infinitamente perfeito.

Uma contraprova seria dada através do exame do *Breve tratado*, pois aquilo que foi dito erroneamente da *Ética* aplica-se bem ao *Breve tratado*: este começa por Deus, instala-se na existência de Deus. Nesse momento, Espinosa ainda acreditava ser possível partir de uma ideia de Deus. O argumento *a priori* recebe, portanto, uma primeira formulação inteiramente conforme ao enunciado

---

[15] *E*, I, 10, escólio: "Portanto, está longe de ser absurdo atribuir vários atributos a uma só substância [...]".

de Descartes.[16] Desse modo, porém, o argumento se move por inteiro no infinitamente perfeito e não nos dá meio algum de conhecer a natureza do [66] ser correspondente. Tal como está colocada no topo do *Breve tratado*, a prova ontológica não serve estritamente para nada. Por isso, vemos Espinosa acrescentar a ela um segundo enunciado bastante obscuro ("A existência de Deus é essência").[17] Acreditamos que essa fórmula, tomada literalmente, só pode ser interpretada do ponto de vista do absolutamente infinito, e não mais do infinitamente perfeito. Para que a existência de Deus seja essência, é preciso, com efeito, que os mesmos "atributos" que constituem sua essência constituam, ao mesmo tempo, sua existência. É por isso que Espinosa acrescenta uma nota explicativa, antecipando o que virá depois no *Breve tratado*, e já invocando os atributos de uma substância absolutamente infinita: "À natureza de um ser que tem atributos infinitos pertence um atributo que é Ser".[18] Parece-nos que as diferenças entre o *Breve tratado* e a *Ética* são as seguintes: 1º) O *Breve tratado* começa por "Que Deus é", antes de qualquer definição real de Deus. Portanto, de direito, ele só dispõe da prova cartesiana. Então, ao enunciado ortodoxo dessa prova, ele é obrigado a justapor um enunciado totalmente distinto, que antecipa o que vem no segundo capítulo ("Aquilo que Deus é"); 2º) Ao invés de justapor dois enunciados,

[16] *BT*, I, cap. 1, 1.

[17] *BT*, I, cap. 1, 2 (Sobre a ambiguidade da fórmula e sua tradução, ver a nota de Appuhn, Paris, Garnier, s.d., p. 506). [NT: Eis a nota de Charles Appuhn: "A [premissa] menor do argumento, tal como apresentada pelo texto, é a seguinte: A existência de Deus é essência. É bastante natural acreditar que essa construção inusitada provém de um erro cometido pelo tradutor. Se o texto latino era: *existentia Dei est essentia*, estaríamos em direito de considerar o genitivo *Dei* em referência à *essentia*: a existência é a essência de Deus. Todavia, é possível, assim como Van Vloten e Sigwart supuseram, que o autor, para reconduzir seu raciocínio à forma clássica do silogismo, tenha realmente dito o que o tradutor faz com que ele diga. A forma habitual é esta: em Deus a essência e a existência são uma coisa só; ou ainda (*Pensamentos metafísicos*, II, 1): a existência de Deus é o próprio Deus e também sua essência".]

[18] *BT*, I, cap. I, 2, nota 2.

O absoluto

um que procede pelo infinitamente perfeito, o outro pelo absolutamente infinito, a *Ética* propõe uma prova que ainda procede pelo infinitamente perfeito, mas que está inteiramente subordinada à posição prévia e bem fundada do absolutamente infinito. Então, o segundo enunciado do *Breve tratado* perde sua necessidade e, ao mesmo tempo, seu caráter obscuro e desordenado. Ele terá seu equivalente na *Ética*: porém, não mais como prova da existência, mas simplesmente como prova da imutabilidade de Deus.[19]

Não podemos estabelecer, neste ponto, diferença alguma entre as exigências de Leibniz e as de Espinosa: mesma reivindicação de uma definição real para Deus, de uma natureza ou razão para o infinitamente perfeito. Mesma subordinação da prova ontológica a uma definição real de Deus e à demonstração de que essa definição é certamente real. Surpreenderá mais ainda a maneira pela qual Leibniz conta a história. Dispomos de dois textos a esse respeito. *[67]* Primeiro, uma nota acrescentada ao manuscrito *Quod ens perfectissimum existit* [Que o ser perfeitíssimo existe], na qual Leibniz fala sobre suas conversas com Espinosa, em 1676: "Mostrei a Espinosa, quando estive em Haia, essa argumentação que ele julgou sólida. Como ele a tinha inicialmente contradito, escrevi e li para ele estas páginas".[20] Por outro lado, as anotações de Leibniz relativas à *Ética*: ele critica a definição 6 por *não* ser uma definição real. Ela não mostra a equivalência entre os termos "absolutamente infinito" e "consistindo numa infinidade de atributos"; ela não mostra a compatibilidade dos atributos entre si; ela não mostra a possibilidade do objeto definido.[21] Ou Leibniz quer dizer que a definição 6 não mostra imediatamente a possibilidade do

[19] *E*, I, 20, dem. e cor.

[20] Ver Georges Friedmann, *Leibniz et Spinoza* (Paris, NRF, 1946, pp. 66-77).

[21] Leibniz, "Ad Ethicam...", em *Philosophische Schriften*, Carl Immanuel Gerhardt (org.), 7 vols., Berlim e Halle, 1849-1855, pp. 139-52.

definido; mas o próprio Leibniz, tanto quanto Espinosa, não acredita na existência de uma tal intuição de Deus. Ou então ele quer dizer que Espinosa não percebeu que era preciso demonstrar a realidade da definição; assim sendo, essa crítica desconhece inteiramente o projeto geral da *Ética* e o sentido das dez primeiras proposições. Com efeito, considerando-se as fórmulas pelas quais o próprio Leibniz demonstra a possibilidade de Deus, não se verá nelas, à primeira vista, diferença alguma com as de Espinosa.

Segundo Leibniz, Deus é possível porque o infinitamente perfeito é o próprio de um "Ser absoluto" que encerra em si todos os "atributos", "todas as formas simples tomadas absolutamente", todas as "naturezas que são suscetíveis ao último grau", "todas as qualidades positivas que exprimem uma coisa sem limite algum".[22] Como essas formas bastam para demonstrar a possibilidade de Deus? Cada uma delas é simples e irredutível, concebida por si, *index sui*. Leibniz diz: é a própria disparidade entre elas que assegura sua compatibilidade (a impossibilidade da sua contradição); é sua compatibilidade que assegura a possibilidade do Ser ao qual elas pertencem. Aqui, nada opõe Leibniz a Espinosa. Tudo lhes é literalmente comum, inclusive a utilização da ideia de expressão, aí compreendida a tese segundo a qual as formas expressivas são "a fonte das coisas". Pelo menos quanto a isso, Leibniz nada podia ensinar a Espinosa. Devemos pensar que Leibniz não contou exatamente como foi a conversa em Haia. Ou, então, Espinosa escutou e falou pouco, constatando por si mesmo a coincidência [68] das ideias de Leibniz com as suas. Ou, ainda, teria havido desacordo, mas sobre a respectiva maneira pela qual cada um interpretava as formas ou qualidades positivas infinitas. É que Leibniz as concebe como sendo primeiros possíveis no entendimento de Deus. Por outro lado, esses primeiros possíveis, "noções absolutamente simples", escapam ao nosso conhecimento: sabemos que eles são necessariamente compatíveis, sem saber o que eles são. Eles parecem anteriores e superiores a toda relação lógica: o conhecimento alcança apenas "noções relativamente sim-

---

[22] Ver *Quod ens...*, *Carta à princesa Elisabeth*, *Meditações sobre o conhecimento...*

O absoluto

ples", que servem de termos para o nosso pensamento e das quais diríamos talvez, na melhor das hipóteses, que entram em concordância com os primeiros simples.[23] Com isso, Leibniz escapa da necessidade absoluta, que ele denuncia como sendo o perigo do espinosismo, pois impede a necessidade "metafísica" de sair de Deus e comunicar-se com as criaturas. Esse perigo introduz uma espécie de finalidade, um princípio do máximo, na própria prova ontológica. Desde seus encontros com Espinosa, Leibniz pensa que a necessidade absoluta é o inimigo. Inversamente, porém, será que Espinosa não poderia pensar que, para salvar as criaturas e a criação, Leibniz conservasse todas as perspectivas da eminência, da analogia, do simbolismo em geral? Talvez Leibniz só ultrapasse o infinitamente perfeito em aparência, talvez só em aparência ele atinja uma natureza ou razão.

Espinosa pensa que a definição de Deus, tal como é dada por ele, é uma definição real. Por demonstração da realidade da definição, é preciso entender uma verdadeira gênese do objeto definido. É esse o sentido das primeiras proposições da *Ética*: *não hipotético, mas genético.* Por serem realmente distintos os atributos, irredutíveis uns aos outros, últimos em sua forma respectiva ou em seu gênero, e porque cada um deles é concebido por si, eles não podem se contradizer. São necessariamente compatíveis, e a substância que formam é possível. "É da natureza da substância que cada um dos seus atributos seja concebido por si, já que todos os atributos que ela possui sempre estiveram nela ao mesmo tempo, e que um não pôde ser produzido por outro, mas cada um exprime a realidade ou o ser da substância. *[69]* Não seria absurdo algum, portanto, atribuir vários atributos a uma única e mesma substância."[24] Com os atributos atingimos os elementos primei-

---

[23] Ver Leibniz, *Elementa calculi, Plan de la science générale, Introductio ad Encyclopaediam Arcanam*, em *Opuscules et fragments inédits de Leibniz* (ed. Louis Conturat, Paris, F. Alcan, 1913). Sobre os absolutamente simples, que são puros "disparates", anteriores às relações lógicas, ver Martial Gueroult, "La Constitution de la substance chez Leibniz", *Revue de Métaphysique et de Morale*, (Paris, 1947).

[24] *E*, I, 10, esc.

84   As tríades da substância

ros e substanciais, noções irredutíveis da substância única. Aparece aqui a ideia de uma constituição lógica da substância, "composição" que nada tem de físico. A irredutibilidade dos atributos não apenas prova, mas constitui a não impossibilidade de Deus como substância única tendo todos os atributos. Só pode haver contradição entre termos dos quais pelo menos um não é concebido por si. E, em Espinosa, a compatibilidade dos atributos não se funda em uma região do entendimento divino, superior às próprias relações lógicas, mas sim *em uma lógica própria à distinção real*. É a natureza da distinção real entre atributos que exclui qualquer divisão de substâncias; é essa natureza da distinção real que conserva para os termos distintos toda sua positividade respectiva, interditando defini-los em oposição um ao outro, e conectando todos eles a uma mesma substância indivisível. Espinosa parece ser aquele que vai mais longe na via dessa nova lógica: lógica da afirmação pura, da qualidade ilimitada e, através disso, da totalidade incondicionada que possui todas as qualidades, quer dizer, lógica do absoluto. Os atributos devem ser compreendidos como sendo os elementos dessa composição no absoluto.

Como expressões, os atributos não são apenas "espelhos". A filosofia expressionista nos traz duas metáforas tradicionais: a do espelho que reflete ou espelha uma imagem, e a do germe que "exprime" a árvore inteira. Conforme o ponto de vista em que nos situamos, os atributos são um e outro. De um lado, a essência se reflete e se multiplica nos atributos, os atributos são espelhos dos quais cada um exprime, em seu gênero, a essência da substância: eles remetem necessariamente ao entendimento, assim como os espelhos remetem ao olho que vê a imagem. Porém, o exprimido está envolvido na expressão, assim como a árvore no germe: a essência da substância é menos refletida nos atributos do que constituída pelos atributos que a exprimem; os atributos são menos espelhos que elementos dinâmicos ou genéticos. *[70]*

A natureza de Deus (*natureza naturante*) é expressiva. Deus se exprime nos fundamentos do mundo, que formam sua essência,

O absoluto

antes de se exprimir no mundo. E a expressão não é manifestação, sem ser também constituição do próprio Deus. A Vida, isto é, a expressividade, é levada ao absoluto. Na substância há uma unidade do diverso, nos atributos uma diversidade atual do Uno: a distinção real se aplica ao absoluto, porque ela reúne esses dois momentos e os liga um ao outro. Por isso, não basta dizer que Espinosa privilegia o *Ens necessarium* sobre o *Ens perfectissimum*. Na verdade, o essencial é o *Ens absolutum*. *Perfectissimum* é somente um próprio, próprio do qual se parte como que da modalidade de cada atributo. *Necessarium* é ainda um próprio, próprio ao qual se chega como que à modalidade da substância que tem todos os atributos. Entre os dois, porém, ocorre a descoberta da natureza ou do absoluto: substância à qual se conecta o pensamento, a extensão etc., todas as unívocas formas de ser. É por isso que, nas suas cartas, Espinosa insiste na necessidade de não perder de vista a definição 6, de voltar a ela constantemente.[25] Essa definição é a única que nos entrega uma natureza, essa natureza é a natureza expressiva do absoluto. Voltar a essa definição não é somente guardá-la na memória, mas voltar a ela como a uma definição que, nesse entretempo, demonstramos ser real. E essa demonstração não é como uma operação do entendimento, que ficaria exterior à substância; ela se confunde com a vida da própria substância, com a necessidade de sua constituição *a priori*.

"Quando defino Deus: o Ser soberanamente perfeito, e como essa definição não exprime a causa eficiente (entendo uma causa eficiente tanto interna quanto externa), eu não poderia deduzir dela todas as propriedades de Deus. Ao contrário, quando defino Deus: um Ser, etc. (ver *Ética*, parte I, definição 6)".[26] É essa a transformação da prova *a priori*: Espinosa ultrapassa o infinitamente perfeito em direção ao absolutamente infinito, no qual ele descobre a Natureza ou Razão suficiente. *Esse procedimento leva a uma segunda tríade da substância.* 1°) todas as formas de ser são iguais e igualmente perfeitas, não há desigualdade de perfeição en-

---

[25] *Carta 2, a Oldenburg* (III, p. 5); *Carta 4, a Oldenburg* (III, págs. 10-1); *Cartas 35 e 36, a Hudde*, pp. 129-32).

[26] *Carta 60, a Tschirnhaus* (III, p. 200).

tre os atributos; 2º) cada forma *[71]* é portanto ilimitada, cada atributo exprime uma essência infinita; 3º) todas as formas pertencem, portanto, a uma única e mesma substância, todos os atributos se afirmam igualmente, sem limitação, de uma substância absolutamente infinita. A primeira tríade era: atributo-essência-substância. A segunda: perfeito-infinito-absoluto. A primeira estava fundada num argumento polêmico: a distinção real não pode ser numérica. E num argumento positivo: a distinção real é uma distinção formal entre atributos que se afirmam de uma única e mesma substância. A segunda tríade tem como argumento polêmico o seguinte: os próprios não constituem uma natureza. E tem como argumento positivo o seguinte: tudo é perfeição na natureza. Não há "natureza" à qual falte alguma coisa; todas as formas de ser se afirmam sem limitação, logo, elas se atribuem a algo de absoluto, sendo o absoluto, em sua natureza, infinito sob todas as formas. Assim, a tríade do absoluto completa a da substância: ela reveza com esta última, levando-nos à descoberta de uma terceira e última determinação de Deus.

Capítulo V
A POTÊNCIA
[72]

[Descartes acusado de rapidez ou de facilidade. — As formulações da prova a posteriori *em Descartes: a noção de "fácil". — A quantidade de realidade ou de perfeição como nervo da prova* a posteriori *de Descartes. — Insuficiência da quantidade de realidade: a potência como razão.*

A prova a posteriori *no* Breve tratado. *— Formação de um argumento das potências. — As duas potências: de pensar e de conhecer, de existir e de agir. — A prova* a posteriori *na* Ética: *a potência de existir, considerada diretamente.*

Os atributos: condições sob as quais se atribui uma potência a alguma coisa. — Caso da substância absolutamente infinita, caso dos seres finitos. — Potência e essência. — As coisas são modos, isto é, têm uma potência.

Potência e poder de ser afetado. — Terceira tríade da expressão: a essência como potência, aquilo de que ela é a essência, o poder de ser afetado.]

Em todas as críticas de Leibniz contra Descartes, um tema retorna constantemente: Descartes vai "rápido demais". Descartes acreditou que a consideração do infinitamente perfeito fosse suficiente na ordem do ser, que a posse de uma ideia clara e distinta fosse suficiente na ordem do conhecimento, que o exame das quantidades de realidade ou de perfeição fosse suficiente para nos fazer passar do conhecimento ao ser. Leibniz costuma acusar Descartes de precipitação. Por sua rapidez, Descartes é sempre levado a confundir o relativo com o absoluto.[1] Se continuarmos buscando o que há de comum na reação anticartesiana, veremos que Espinosa, por sua vez, preocupa-se com a *facilidade* em Descartes. A complacência com que Descartes faz um uso filosófico das noções de "fácil" e "difícil" já havia inquietado muitos dos seus contemporâneos. Quando Espinosa esbarra no emprego cartesiano da palavra fácil, ele perde sua serenidade de professor que prometera a si mesmo expor os *Princípios* sem *[73]* dizer deles nada que se afastasse "um dedo"; ele chega a manifestar uma espécie de indignação.[2] Sem dúvida, não foi ele o primeiro a denunciar essa facilidade, assim como Leibniz não foi o primeiro a denunciar essa rapidez. Mas é com Leibniz e com Espinosa que a crítica ganha seu aspecto mais completo, mais rico e mais eficaz.

Descartes apresenta dois enunciados da prova *a posteriori* da existência de Deus: Deus existe porque sua ideia está em nós; e também porque nós mesmos, que temos a ideia dele, existimos. A primeira demonstração se funda, imediatamente, sobre a consideração de quantidades de perfeição ou de realidade. Uma causa deve ter pelo menos tanta realidade quanto seu efeito; a causa de uma ideia deve ter pelo menos tanta realidade formal quanto essa ideia contém de realidade objetiva. Ora, tenho a ideia de um ser infinitamente perfeito (isto é, uma ideia que contém "mais reali-

---

[1] Leibniz, *Carta à princesa Elisabeth*, 1678: "É preciso confessar que esses raciocínios [as provas cartesianas da existência de Deus] são um pouco suspeitos porque vão rápido demais e nos coagem sem nos esclarecer". O tema do "rápido demais" retorna constantemente: contra Descartes, Leibniz invoca seu próprio gosto pelo espírito lento e pesado, seu gosto pelo contínuo, que interdita os "saltos", seu gosto pelas definições reais e polissilogismos, seu gosto por uma arte de inventar que toma tempo. Quando Leibniz censura Descartes por ter acreditado que a quantidade de movimento se conservava, é preciso ver nessa crítica um caso particular (sem dúvida, particularmente importante) de uma objeção muito geral: Descartes, à força de ir rápido demais, toma o relativo pelo absoluto em todos os domínios.

[2] *PPD*, I, 7, escólio: "Não sei o que ele quer dizer com isso. Com efeito, o que é que ele chama de fácil e difícil? [...] A aranha tece facilmente uma teia que os homens não poderiam tecer sem grandíssimas dificuldades [...]".

dade objetiva que outra qualquer").[3] A segunda demonstração é mais complexa, porque procede de uma hipótese absurda: se eu tivesse o poder de me produzir, ser-me-ia mais fácil ainda dar-me as propriedades das quais tenho a ideia; e não me seria mais difícil conservar-me do que me produzir ou me criar.[4] Desta vez, o princípio é o seguinte: quem pode o mais, pode o menos. "O que pode fazer o mais ou o mais difícil, pode também fazer o menos."[5] Ora, se é mais difícil criar ou conservar uma substância do que criar ou conservar propriedades, é porque a substância tem mais realidade do que as propriedades. Em objeção a isso, dir-se-ia que a substância se confunde com suas propriedades consideradas coletivamente. "Distributivamente", porém, os atributos são como as partes de um todo; é nesse sentido que eles são mais fáceis de serem produzidos. A segunda objeção afirma que a comparação não pode ser feita entre uma substância (por exemplo, finita) e os atributos de outra substância (por exemplo, infinita). Mas, justamente, se eu tivesse o poder de me produzir como substância, *[74]* as perfeições das quais tenho a ideia fariam parte de mim mesmo, e, portanto, ser-me-ia mais fácil dar-me essas propriedades do que me produzir ou me conservar por inteiro. Objeta-se, por fim, que uma causa determinada, destinada por natureza a produzir determinado efeito, não pode produzir "mais facilmente" outro efeito, mesmo que de quantidade menor. Porém, do ponto de vista de uma causa primeira, as quantidades de realidade que correspondem aos atributos e aos modos entram em conexões do todo à parte, o que permite determinar o mais e o menos, o mais difícil e o mais fácil.[6]

[3] Descartes, *Méditation III* e *Principes*, I, 17-8.

[4] Descartes, *Méditation III* e *Principes*, I, 20-1 (o texto dos *Principes*, porém, evita toda referência explícita às noções de fácil e de difícil).

[5] Descartes, *Abrégé géométrique des secondes réponses*, axioma 8, AT, IX, p. 128.

[6] Sobre todas essas objeções feitas a Descartes por alguns dos seus correspondentes, e sobre as respostas de Descartes, ver *Entretien avec Burman* e também *Carta 347, à Mesland*, AT, IV, p. 111.

A potência

Está claro que um mesmo argumento anima as duas demonstrações. Ou Descartes conecta quantidades de realidade objetiva a quantidades de realidade formal, ou então ele faz com que as quantidades de realidade entrem nas conexões do todo à parte. Em todo caso, o conjunto da prova *a posteriori* opera por meio do exame das quantidades de realidade ou de perfeição tomadas como tais. Quando Espinosa expõe Descartes, ele não deixa de atacar a segunda demonstração; ele reencontra ou retoma as objeções contra a noção de "fácil". Mas a maneira pela qual faz isso deixa-nos pensar que, quando ele fala por conta própria, não está sendo mais indulgente quanto o foi relativamente à primeira demonstração. Na realidade, encontram-se na obra de Espinosa muitas versões de uma prova *a posteriori* da existência de Deus. Acreditamos que todas elas têm algo em comum, algumas envolvendo uma crítica da primeira demonstração cartesiana, outras envolvendo uma crítica da segunda, *mas todas tendo como objetivo substituir o argumento das quantidades de realidade por um argumento das potências.* Tudo se passa como se Espinosa, de diversas maneiras, sugerisse sempre uma mesma crítica: Descartes tomou o relativo pelo absoluto. Na prova *a priori*, Descartes confundiu o absoluto com o infinitamente perfeito; mas o infinitamente perfeito é apenas um relativo. Na prova *a posteriori*, Descartes toma a quantidade de realidade ou de perfeição por um absoluto; mas ainda esta é tão somente um relativo. O absolutamente infinito como razão suficiente e natureza do infinitamente perfeito; a potência como razão suficiente da quantidade de realidade: são essas as transformações correlativas que Espinosa impõe às provas cartesianas. *[75]*

O *Breve tratado* não contém vestígio algum do segundo enunciado cartesiano; mas conserva o primeiro em termos semelhantes aos de Descartes: "Se é dada uma ideia de Deus, a causa dessa ideia deve existir formalmente e conter nela tudo o que a ideia contém objetivamente; ora, uma ideia de Deus é dada".[7] Contudo, é a demonstração desse primeiro enunciado que se acha profundamente modificada. Assiste-se a uma multiplicação de silogismos que dão testemunho de um estado do pensamento de Es-

---

[7] *BT*, I, cap. 1, 3-9.

pinosa que, por mais obscuro que seja, já tenta ultrapassar o argumento da quantidade de realidade para substituí-lo por um argumento fundado na potência. O raciocínio é o seguinte: um entendimento finito não tem, por si mesmo, "o poder" de conhecer o infinito, nem de conhecer isto de preferência àquilo; ora, ele "pode" conhecer algo; logo, é preciso que um objeto exista formalmente, que o determine a conhecer isto de preferência àquilo; e ele "pode" conceber o infinito; logo, é preciso que o próprio Deus exista formalmente. Em outros termos, Espinosa pergunta: por que a causa da ideia de Deus deve conter formalmente tudo aquilo que essa ideia contém objetivamente? Isso quer dizer que o axioma de Descartes não o satisfaz. O axioma cartesiano era o seguinte: deve haver "pelo menos tanta" realidade formal na causa de uma ideia quanta realidade objetiva na própria ideia. (Isso bastava para garantir que não havia "mais", no caso de uma quantidade de realidade objetiva infinita.) Ora, podemos pressentir que Espinosa busca uma razão mais profunda. O texto do *Breve tratado* já prepara certos elementos que farão parte de um *axioma das potências*: o entendimento tem tanta potência para conhecer quanto seus objetos para existir e agir; a potência de pensar e de conhecer não pode ser maior do que uma potência de existir, necessariamente correlativa.

Isso seria, propriamente falando, um *axioma*? Um outro texto do *Breve tratado*, com certeza mais tardio, enuncia: "Não existe coisa alguma cuja ideia não esteja na coisa pensante, e ideia alguma pode ser sem que a coisa também seja".[8] Essa fórmula será fundamental em todo o espinosismo. Considerando que ela pode ser demonstrada, ela conduz à igualdade entre duas potências. É verdade que a primeira parte da fórmula é dificilmente demonstrável, se a existência de Deus já não nos for dada. Mas a *[76]* segunda parte deixa-se demonstrar facilmente. Uma ideia que não fosse a ideia de alguma coisa existente não teria distinção alguma, não seria a ideia disto ou daquilo. Melhor ainda é a demonstração à qual Espinosa chegará: conhecer é conhecer pela causa, logo, coisa alguma pode ser conhecida sem uma causa que a faça ser, em

[8] *BT*, II, cap. 20, 4, nota 3.

A potência

existência ou em essência. Desse argumento, já podemos concluir que a potência de pensar, da qual todas as ideias participam, não é superior a uma potência de existir e de agir, da qual todas as coisas participam. E isso é o essencial, do ponto de vista de uma prova *a posteriori*.

Temos uma ideia de Deus; devemos, portanto, afirmar uma potência infinita de pensar que corresponda a essa ideia; ora, a potência de pensar não é maior do que a potência de existir e de agir; devemos, portanto, afirmar uma potência infinita de existir que corresponda à natureza de Deus. Da ideia de Deus não mais inferimos, imediatamente, a existência de Deus; *passamos pelo desvio das potências* para encontrar, na potência de pensar, a razão da realidade objetiva contida na ideia de Deus e, na potência de existir, a razão da realidade formal no próprio Deus. Parece-nos que o *Breve tratado* já prepara os elementos de uma prova desse gênero. O *Tratado da reforma*, a seguir, fornece uma fórmula mais explícita.[9] Mas é em uma carta que Espinosa revela mais nitidamente aquilo que ele buscava desde o *Breve tratado*: substituir o axioma cartesiano das quantidades de realidade, considerado obscuro, por um axioma das potências. "A potência de pensar não é maior para pensar do que a potência da natureza para existir e agir. Esse é um axioma claro e verdadeiro, a partir do qual a existência de Deus segue de sua ideia de maneira clara e eficaz."[10]

Devemos assinalar, todavia, que só tardiamente Espinosa chega a entrar na posse de seu "axioma". Mais do que isso, não dá a ele seu pleno enunciado, o qual implicaria uma estrita igualdade das duas potências. E mais: ele apresenta, como axioma, uma proposição que ele sabe ser demonstrável apenas em parte. Há uma razão para todas essas ambiguidades. A igualdade das potências é

[9] *TER*, 76 e nota 2: "Como a fonte da Natureza... não pode, no entendimento, ir mais longe do que a realidade... não devemos temer confusão alguma a respeito de sua ideia"; "Se tal ser não existisse, ele nunca poderia ter sido produzido e o espírito poderia compreender mais do que a Natureza poderia apresentar".

[10] *Carta 40, a Jelles*, março de 1667 (III, p. 142).

bem melhor demonstrada quando se parte *[77]* de um Deus já existente. Logo, à medida que Espinosa chega a uma posse mais perfeita dessa fórmula de igualdade, ele a deixa de lado para estabelecer, *a posteriori*, a existência de Deus; reserva-lhe outro uso, outro domínio. Com efeito, a igualdade das potências terá um papel fundamental no livro II da *Ética*; mas esse papel será fator decisivo na demonstração do paralelismo, uma vez provada a existência de Deus.

Portanto, não devemos estranhar que a prova *a posteriori* da *Ética* seja de outra espécie que a do *Breve tratado* e a do *Tratado da reforma*. Ela também procede pela potência. Mas não passa mais pela ideia de Deus, nem por uma correspondente potência de pensar, para chegar, em conclusão, a uma potência infinita de existir. Ela opera imediatamente na existência pela potência de existir. Nesse sentido, a *Ética* se serve das indicações que Espinosa já dava em sua versão modificada dos *Princípios*. Nestes, Espinosa expunha a primeira demonstração cartesiana, sem comentários nem correções; mas era a segunda demonstração que se achava profundamente modificada. Espinosa se opunha de forma violenta ao emprego da palavra "fácil", em Descartes. Ele propunha um raciocínio totalmente diferente: 1º) Quanto mais uma coisa tem realidade ou perfeição, maior é a existência que ela envolve (existência possível correspondente aos graus finitos de perfeição, existência necessária correspondente ao infinitamente perfeito). 2º) Quem tem a *potência* (*potentiam* ou *vim*)[NT] de se conservar, não tem necessidade de causa alguma para existir, não só para existir "de existência possível", mas "de existência necessária". Quem tem a potência de se conservar existe, portanto, necessariamente. 3º) Sou imperfeito, logo, não tenho a existência necessária, logo, não tenho a potência de me conservar; sou conservado por outro, mas um outro que tem necessariamente o poder de conservar a si mesmo, logo, um outro que existe necessariamente.[11]

[NT] [*Vim*: palavra holandesa com muitos significados, dentre os quais "potência", "força", "vivacidade", "energia" etc.]

[11] *PPD*, I, 7, lemas 1 e 2, e dem. de 7.

No *Breve tratado*, não há vestígio do segundo enunciado de Descartes; o primeiro é conservado, mas demonstrado de maneira totalmente distinta. Na *Ética*, ao contrário, não há mais vestígio do primeiro (justamente porque o argumento das potências está reservado agora para um uso melhor). Porém, encontra-se na *Ética* uma versão da prova *a posteriori* que remete ao segundo enunciado de Descartes, ainda que seja pelas críticas implícitas e *[78]* pelos remanejamentos que ela propõe. Espinosa denuncia aqueles que pensam que quanto mais uma coisa tenha propriedades, mais dificilmente é ela produzida.[12] Mas ele vai mais longe do que nos *Princípios*. A exposição dos *Princípios* não dizia o mais importante: a existência, possível ou necessária, é ela mesma potência; *a potência é idêntica à própria essência*. É precisamente porque a essência é potência que a existência possível (na essência) é algo distinto de uma "possibilidade". A *Ética* apresentará, portanto, o seguinte argumento: 1°) Poder existir é potência (trata-se da existência possível envolvida na essência de uma coisa finita). 2°) Ora, um ser [*être*] finito já existe necessariamente (quer dizer, em virtude de uma causa exterior que o determina a existir). 3°) Se o Ser [*Être*] absolutamente infinito também não existisse necessariamente, ele seria menos potente que os seres finitos: o que é absurdo. 4°) Porém, a existência necessária do absolutamente infinito não pode ser em virtude de uma causa exterior; portanto, é por ele mesmo que o ser absolutamente infinito existe necessariamente.[13] Assim, fundada sobre a potência de existir, a prova *a posteriori* dá lugar a uma nova prova *a priori*: quanto mais realidade ou perfeição a natureza de uma coisa possuir, mais ela tem potência, quer dizer, forças para existir (*virium... ut existat*); "Portanto, Deus tem, por si mesmo, uma potência absolutamente infinita de existir, logo, ele existe absolutamente".[14]

[12] *E*, I, 11, esc.

[13] *E*, I, 11, 3ª dem.

[14] *E*, I, 11, esc.

O argumento da potência tem, portanto, dois aspectos em Espinosa: um referente à crítica do primeiro enunciado de Descartes; outro referente à crítica do segundo. Nos dois casos, porém, e principalmente no segundo, que representa o estado definitivo do pensamento de Espinosa, devemos buscar a significação desse argumento. Atribui-se a um ser finito uma potência de existir idêntica a sua essência. Sem dúvida, um ser finito não existe pela sua própria essência ou potência, mas em virtude de uma causa externa. Ele não deixa de ter uma potência que lhe é própria, embora essa potência seja necessariamente efetuada sob a ação de coisas exteriores. Uma razão a mais para perguntar: em que condição atribuímos a um ser finito, que não existe [79] por si, uma *potência de existir e de agir* idêntica a sua essência?[15] A resposta de Espinosa parece ser a seguinte: afirmamos essa potência de um ser finito, na medida em que consideramos esse ser como sendo a parte de um todo, como modo de um atributo, modificação de uma substância. Logo, essa substância tem, por sua vez, uma potência infinita de existir, tanto mais potência quanto mais atributos ela tem. O mesmo raciocínio vale para a potência de pensar: atribuímos a uma ideia distinta uma potência de conhecer, mas na medida em que consideramos essa ideia como a parte de um todo, o modo de um atributo pensamento, a modificação de uma substância pensante que, por sua vez, possui uma potência infinita de pensar.[16]

[15] Sem dúvida, Espinosa fala mais frequentemente de um esforço de perseverar no ser. Porém, esse *conatus* [esforço] é, ele próprio, *potentia agendi* [potência de agir]. Ver *E*, III, 57, dem.: *potentia seu conatus* [potência ou seja esforço], *E*, III, definição geral dos afetos: *agendi potentia sive existendi vis* [potência de agir ou força de existir], *E*, IV, 29, dem.: *hominis potentia qua existet et operatur* [*Cuiuscumque rei singularis, et consequenter hominis potencia, qua existit et operatur, non determinatur nisi ab alia re singulari cuius natura per idem attributum debet intelligi, per quod natura humana concipitur* ["A potência pela qual uma coisa singular qualquer, e consequentemente o homem, existe e opera, não é determinada senão por outra coisa singular, cuja natureza deve ser entendida pelo mesmo atributo pelo qual se concebe a natureza humana"].

[16] *BT*, II, cap. 20, 4, nota 4: "Essa ideia, isolada, considerada fora das

Vê-se mais claramente como a prova *a posteriori* da *Ética* dá lugar a uma prova *a priori*. Basta constatar que Deus, tendo todos os atributos, possui *a priori todas as condições* sob as quais é afirmada uma potência de alguma coisa: ele tem, portanto, uma potência "absolutamente" infinita de existir, ele *existe* "absolutamente" e por si. Mais do que isso, veremos que Deus, tendo um atributo que é o pensamento, possui igualmente uma potência absoluta infinita de pensar.[17] Em tudo isso os atributos parecem ter um papel essencialmente dinâmico. Não que eles próprios sejam potências. Porém, tomados coletivamente, eles são as condições sob as quais é atribuída à substância absoluta uma potência absolutamente infinita de existir e de agir, idêntica a sua essência formal. Tomados distributivamente, eles são as condições sob as quais é atribuída a seres finitos uma potência idêntica a sua essência formal, tendo em vista que essa essência está contida em determinados atributos. Por outro lado, tomado em si mesmo, o atributo pensamento é a *[80]* condição sob a qual se conecta à substância absoluta uma potência absolutamente infinita de pensar, idêntica a sua essência objetiva; condição também sob a qual é atribuída às ideias uma potência de conhecer, idêntica à essência objetiva que as define respectivamente. É nesse sentido que os seres finitos são condicionados, sendo necessariamente modificações da substância ou modos de um atributo; a substância é como a totalidade incondicionada, porque possui ou preenche *a priori* a infinidade das condições; os atributos são condições comuns, comuns à substância que os possui coletivamente, e aos modos que os implicam distributivamente. Como diz Espinosa, não é por meio de atribu-

---

outras ideias, não pode ser nada mais do que uma ideia de uma certa coisa, e ela não pode ter uma ideia dessa coisa; é esperado que uma ideia assim considerada, *sendo apenas uma parte*, não pode ter conhecimento algum claro e distinto de si mesma e de seu objeto; isso só é possível à coisa pensante que, sozinha, é a Natureza inteira, pois um fragmento considerado fora do todo ao qual ele pertence não pode etc.". [NT: A rigor, a referência precisa a esse trecho seria: *BT*, II, cap. 20, 4, nota 4, etapa 9 do desenvolvimento presente nessa nota.]

[17] *E*, II, 5, dem.

As tríades da substância

tos humanos (bondade, justiça, caridade...) que Deus "comunica" às criaturas humanas as perfeições que elas possuem.[18] Ao contrário, é por seus próprios atributos que Deus comunica a todas as criaturas a potência que lhes é própria.

O *Tratado político* expõe uma prova *a posteriori* da mesma família que a dos *Princípios* e da *Ética*; os seres finitos não existem nem se conservam por sua própria potência; para existir e se conservar, eles precisam da potência de um ser capaz de conservar a si mesmo e de existir por si; a potência pela qual um ser finito existe, se conserva e age é, portanto, a potência do próprio Deus.[19] Sob certos aspectos, poder-se-ia acreditar que um texto como esse tende a suprimir toda potência própria às criaturas. Mas não se trata disso. O espinosismo, em sua totalidade, concorda em reconhecer nos seres finitos uma potência de existir, de agir e de perseverar; e o próprio contexto do *Tratado político* sublinha que as coisas têm uma potência própria, idêntica a sua essência e constitutiva de seu "direito". Espinosa não quer dizer que um ser que não existe por si não tem potência; ele quer dizer que ele tem potência própria, mas enquanto parte de um todo, quer dizer, parte da potência de um ser que, este sim, existe por si. (Toda a prova *a posteriori* repousa sobre esse raciocínio, que vai do condicionado ao incondicionado.) Na *Ética*, Espinosa diz: a potência do homem é "uma parte da potência infinita de Deus".[20] Mas a parte se revela irredutível, grau de potência original e distinto de todos os outros. Somos uma parte da potência *[81]* de Deus, mas, precisamente, na medida em que essa potência é "explicada" por nossa própria essência.[21] Em Espinosa, a participação será sempre pensada como uma participação das potências. Mas a participação das potências nunca suprime a distinção das essências. Espinosa jamais confunde uma essência de modo e uma essência de substância: mi-

---

[18] *Carta 21, a Blyenbergh* (III, p. 86).

[19] *TP*, cap. 2, 2-3.

[20] *E*, IV, 4, dem.

[21] *E*, 4, dem.

nha potência continua sendo minha própria essência, a potência de Deus continua sendo sua própria essência, ao mesmo tempo em que minha potência é uma parte da potência de Deus.[22]

Como isso é possível? Como conciliar a distinção das essências e a participação das potências? Se a potência ou a essência de Deus pode ser "explicada" por uma essência finita, é porque os atributos são formas comuns a Deus, do qual constituem a essência, e às coisas finitas, das quais contêm as essências. A potência de Deus se divide ou se explica em cada atributo, segundo as essências compreendidas nesse atributo. *É nesse sentido que a conexão todo-parte tende a se confundir com a conexão atributo-modo, substância-modificação*. As coisas finitas são partes da potência divina, porque são os modos dos atributos de Deus. Mas a redução das "criaturas" ao estado de modos, longe de retirar delas toda potência própria, mostra, ao contrário, como uma parte de potência volta a elas como sendo própria, em conformidade com sua essência. Sob as mesmas condições, a identidade da potência e da essência é igualmente afirmada dos modos e da substância. Essas condições são os atributos pelos quais a substância possui uma onipotência idêntica a sua essência, sob os quais os modos possuem uma parte dessa potência, idêntica a sua essência. Eis por que se diz que os modos, que implicam esses mesmos atributos que constituem a essência de Deus, "explicam" ou "exprimem" a potência divina.[23] Reduzir as coisas a modos de uma substância única não é uma maneira de fazer delas aparências, fantasmas, como Leibniz acreditava ou fingia acreditar, mas, ao contrário, é o único meio, segundo Espinosa, de fazer delas seres "naturais", dotados de força ou de potência. *[82]*

---

[22] *E*, IV, 4, dem.: "E assim, a potência do homem, enquanto é explicada pela essência atual dele, é parte da potência infinita de Deus ou da Natureza, isto é, da essência infinita desta".

[23] *E*, I, 36, dem.

A identidade da potência e da essência significa o seguinte: a potência é sempre ato, ou, pelo menos, está em ato. Uma longa tradição teológica já afirmava a identidade entre a potência e o ato, não apenas em Deus, mas na natureza.[24] Por outro lado, uma longa tradição física e materialista afirmava, nas próprias coisas criadas, o caráter atual de toda potência: a distinção da potência e do ato era substituída pela correlação entre uma potência de agir e uma potência de padecer, ambas atuais.[25] Em Espinosa, as duas correntes se juntam, uma remetendo à essência da substância, a outra à essência do modo. É porque, no espinosismo, toda potência traz um poder de ser afetado que lhe corresponde e lhe é inseparável. Ora, esse poder de ser afetado é sempre e necessariamente exercido. À *potentia* corresponde uma *aptitudo* [aptidão] ou *potestas* [poder]; mas não há aptidão ou poder que não sejam efetuados, logo, não há potência que não seja atual.[26]

Uma essência de modo é potência; a ela corresponde, no modo, um certo poder de ser afetado. Mas, por ser o modo uma parte da natureza, seu poder é sempre preenchido, seja por afecções produzidas pelas coisas exteriores (afecções ditas passivas), seja

[24] A identidade da potência e do ato, pelo menos no *Noûs*, é um tema frequente no neoplatonismo. Reencontramo-lo no pensamento cristão, assim como no pensamento judaico. Nicolau de Cusa tira daí a noção de *Possest*, que ele aplica a Deus (*Oeuvres choisies*, Paris, Aubier, pp. 543-6; Maurice de Gandillac, *La Philosophie de Nicolas de Cues*, Paris, Aubier, 1941, pp. 298-306). Essa identidade do ato e da potência em Deus, Giordano Bruno a estende ao "simulacro", isto é, ao universo ou à Natureza (*Cause, Principe, Unité*, Paris, Alcan, 3º diálogo).

[25] Essa tradição culmina já em Hobbes (ver *De Corpore*, Londres, 1655, cap. X).

[26] Espinosa fala frequentemente de uma *aptidão* do corpo que corresponde a sua potência: o corpo é apto (*aptus*) para agir e para padecer (*E*, II, 13, esc.); ele *pode* ser afetado de um grande número de maneiras (*E*, III, postulado 1), a excelência do homem vem de estar seu corpo "apto para o maior número de coisas" (*E*, V, 39). Por outro lado, uma *potestas* corresponde à potência de Deus (*potentia*); Deus pode ser afetado de uma infinidade de maneiras e produz necessariamente todas as afecções das quais ele tem o poder (*E*, I, 35).

A potência

101

por afecções que se explicam por sua própria essência (afecções ditas ativas). Assim, a distinção da potência e do ato, no nível do modo, desaparece em benefício de uma correlação entre *[83]* duas potências igualmente atuais, potência de agir e potência de padecer, que variam em razão inversa, mas cuja soma é constante, e constantemente efetuada. Eis por que Espinosa pode apresentar a potência do modo, ora como um invariante idêntico à essência, pois que o poder de ser afetado permanece constante, ora como sujeita a variações, pois a potência de agir (ou força de existir) "aumenta" ou "diminui", segundo a proporção das afecções ativas que contribuem para preencher esse poder a cada instante.[27] De toda maneira, o fato é que o modo só tem uma potência atual: a cada instante, ele é tudo o que ele pode ser, sua potência é sua essência.

No outro polo, a essência da substância é potência. Essa potência absolutamente infinita de existir traz consigo um poder de ser afetado de uma infinidade de maneiras. Desta vez, porém, o poder de ser afetado só pode ser preenchido por afecções ativas. Como a substância absolutamente infinita poderia ter uma potência de padecer, no caso desta supor, evidentemente, uma limitação da potência de agir? Sendo onipotente em si mesma e por si mesma, a substância é necessariamente capaz de uma infinidade de afecções, e causa ativa de todas as afecções das quais ela é capaz. Dizer que a essência de Deus é potência, é dizer que Deus produz uma infinidade de coisas, em virtude dessa mesma potência pela qual ele existe. *Ele as produz, portanto, como ele existe.* Causa de todas as coisas "no mesmo sentido" em que é causa de si, ele produz todas as coisas nos seus atributos, pois seus atributos constituem, ao mesmo tempo, sua essência e sua existência. Portanto, não bastará dizer que a potência de Deus é atual: ela é necessariamente ativa, ela é ato. A essência de Deus não é potência sem que uma infinidade de coisas dela decorram, e decorram, precisamente, nesses atributos que a constituem. Da mesma maneira, os mo-

---

[27] Sobre as variações da *vis existendi* [força de existir], ver *E*, III, def. geral dos afetos.

dos são as afecções de Deus; mas Deus nunca padece dos seus modos, ele só tem afecções ativas.[28]

Toda essência é essência de algo. Distinguiremos, portanto: a essência como potência; aquilo do qual ela é essência; o poder de ser afetado que corresponde a ela. Aquilo de que a essência é essência é sempre uma quantidade de realidade ou de perfeição. Porém, uma coisa tem tanto mais realidade ou perfeição quanto ela pode ser afetada de um maior número de maneiras: *a quantidade de realidade encontra [84] sempre sua razão em uma potência idêntica à essência*. A prova *a posteriori* parte da potência própria aos seres finitos: busca-se a condição sob a qual um ser finito tem uma potência, ascende-se à potência incondicionada de uma substância absolutamente infinita. Com efeito, uma essência de ser finito só é potência em conexão com uma substância da qual esse ser é o modo. Mas esse procedimento *a posteriori* é apenas uma maneira, para nós, de chegar a um procedimento *a priori* mais profundo. A essência da substância absolutamente infinita é onipotente porque a substância possui *a priori* todas as condições sob as quais a potência é atribuída a algo. Ora, se é verdade que os modos, em virtude de sua potência, se dizem em conexão com a substância, esta, em virtude de sua potência, se diz em conexão com os modos: ela não tem uma potência absolutamente infinita de existir sem preencher, por uma infinidade de coisas em uma infinidade de modos, o poder de ser afetado que corresponde a essa potência.

É nesse sentido que Espinosa nos conduz a uma última tríade da substância. Partindo das provas da potência, a descoberta dessa tríade ocupa todo o final do primeiro livro da *Ética*. Ela se apresenta assim: a essência da substância como potência absolutamente infinita de existir; a substância como *ens realissimum* [ente realíssimo] existindo por si; um poder de ser afetado de uma *infinidade de maneiras*, poder correspondente a essa potência, necessariamente preenchido por afecções, das quais a própria substância é a causa ativa. Essa terceira tríade toma seu lugar ao lado das duas anteriores. Ela não significa, como a primeira, a necessidade

---

[28] *BT*, I, cap. 2, 22-25. *E*, I, 15, esc.

A potência   103

de uma substância que tenha todos os atributos; nem, como a segunda, a necessidade dessa substância existir absolutamente. Ela significa a necessidade, para essa substância existente, de produzir uma infinidade de coisas. E ela não se contenta em nos fazer passar aos modos, ela se aplica a eles ou se comunica com eles. De maneira que o próprio modo apresentará a seguinte tríade: essência de modo como potência; modo existente definido pela sua quantidade de realidade ou de perfeição; poder de ser afetado de um *grande número* de maneiras. Assim, o primeiro livro da *Ética* é como o desenvolvimento de três tríades que encontram seu princípio na expressão: a substância, o absoluto, a potência.

Segunda parte
O PARALELISMO E A IMANÊNCIA
[85]

Capítulo VI
A EXPRESSÃO NO PARALELISMO
[87]

[A produção como re-expressão. — Deus produz como ele se compreende, Deus produz como ele existe. — Univocidade da causa: Deus, causa de todas as coisas no mesmo sentido que causa de si. — Contra a analogia. — Lógica do sentido e re-expressão. Ordem de produção. — Exclusão de uma causalidade real entre modos de atributo diferente. — O paralelismo: identidade de ordem, identidade de conexão, identidade de ser. — A identidade de conexão e o princípio de igualdade. — A identidade de ser: modo e modificação. — Nova tríade da expressão: atributo, modo e modificação.]

Por que Deus produz? O problema de uma razão suficiente da produção não desaparece no espinosismo; ao contrário, ele ganha urgência. É que a natureza de Deus é expressiva em si mesma como natureza naturante. Essa expressão é tão natural ou essencial a Deus que ela não se contenta em refletir um Deus todo pronto, mas forma uma espécie de desenvolvimento do divino, uma constituição lógica e genética da substância divina. Cada atributo exprime uma essência formal; todas as essências formais são exprimidas como a essência absoluta de uma única e mesma substância da qual a existência decorre necessariamente; essa mesma existência é, portanto, exprimida pelos atributos. Esses momentos são os verdadeiros momentos da substância; a expressão é, em Deus, a própria vida de Deus. Então, não se poderá dizer que Deus produza o mundo, o universo ou a natureza naturada *para* se exprimir. Não é somente a razão suficiente que deve ser necessária,

A expressão no paralelismo

excluindo todo argumento de finalidade, mas é também Deus que se exprime em si mesmo, na sua própria natureza, nos atributos que o constituem. Ele não tem "necessidade" alguma de produzir, nada lhe falta. É preciso tomar ao pé da letra uma metáfora de Espinosa que mostra que o mundo produzido nada acrescenta à essência de Deus: quando um artesão esculpe cabeças e troncos e depois junta um tronco e uma cabeça, essa adição nada acrescenta à essência da cabeça.[1] Esta guarda a mesma essência, *a mesma expressão*. Se Deus se exprime em si mesmo, o universo só pode ser uma expressão em segundo grau. A substância já se exprime nos atributos que constituem a natureza naturante, mas os atributos se exprimem, por sua vez, nos modos, *[88]* que constituem a natureza naturada. Mais uma razão para perguntar: por que esse segundo nível? Por que Deus produz um universo modal?

Para dar conta *a priori* da produção, Espinosa invoca um primeiro argumento. Deus age, ou produz, tal como ele se compreende (*se ipsum intelligit*): compreendendo-se necessariamente, ele age necessariamente.[2] Um segundo argumento aparece, ora dependendo do primeiro, ora distinto e em conjunto. Deus produz como ele existe; existindo necessariamente, ele produz necessariamente.[3]

Qual o sentido do primeiro argumento? Que significa "compreender-se"? Deus não concebe *possibilidades* no seu entendimento, mas compreende a necessidade de sua própria natureza. O entendimento infinito não é o lugar dos possíveis, mas sim a forma da ideia que Deus tem necessariamente de si mesmo ou de sua própria essência. A ciência de Deus não é uma ciência dos possíveis, mas sim a ciência que Deus tem de si mesmo e de sua própria na-

[1] *BT*, I, segundo diálogo, 5.

[2] *E*, II, 3, esc.

[3] *E*, I, 25, esc.: "No sentido em que Deus é dito causa de si, ele deve também ser dito causa de todas as coisas". *E*, II, 3, esc.: "É tão impossível concebermos Deus não agindo quanto Deus não existindo". *E*, IV, prefácio: "Deus ou a natureza age pela mesma necessidade que existe".

tureza. Compreender se opõe, portanto, a conceber alguma coisa como sendo possível. Mas compreender, nesse sentido, é deduzir propriedades a partir do que se apreende como necessário. Assim, a partir da definição do círculo, deduzimos várias propriedades que realmente se seguem dessa definição. Deus compreende a si mesmo; segue-se disso uma infinidade de propriedades, as quais necessariamente caem sob o entendimento de Deus. Deus não pode compreender sua própria essência sem produzir uma infinidade de coisas que dela decorrem, *assim como as propriedades decorrem de uma definição*. Nesse argumento, vemos que os modos são assimilados a propriedades logicamente necessárias que se seguem da essência de Deus tal como ela é compreendida. Quando Espinosa felicita certos hebreus por terem percebido que Deus, o entendimento de Deus e as coisas por ele compreendidas eram uma única e mesma coisa, ele quer dizer, ao mesmo tempo, que o entendimento de Deus é a ciência que Deus tem da sua própria natureza, *[89]* e que essa ciência compreende uma infinidade de coisas que dela se seguem necessariamente.[4]

Mas por que Deus se compreende? Ocorre a Espinosa apresentar essa proposição como uma espécie de axioma.[5] Esse axioma remete a concepções aristotélicas: Deus pensa a si mesmo, ele próprio é objeto do seu pensamento, sua ciência não tem outro objeto a não ser ele próprio. É esse o princípio que se opõe à ideia de um entendimento divino que pensaria "possíveis". E muitos comentadores podiam reunir argumentos convincentes para mostrar que o Deus de Aristóteles, pensando a si mesmo, pensa também todas as outras coisas que disso decorrem necessariamente: assim, a tradição aristotélica tendia a um teísmo, e às vezes mesmo a um panteísmo, identificando o cognoscente, o conhecimento e o conhecido (os hebreus invocados por Espinosa são filósofos judeus aristotélicos).

Entretanto, a teoria espinosista da ideia de Deus é original demais para ser fundada sobre um simples axioma ou valer-se de

[4] *E*, II, 7, esc.

[5] *E*, II, 3, esc.: "Assim como todos o admitem em voz unânime [...]". (Assim também a *Carta 75, a Oldenburg*, III, p. 228.)

A expressão no paralelismo 109

uma tradição. Que Deus compreenda a si mesmo, isso deve se seguir da necessidade da natureza divina.[6] Ora, desse ponto de vista, a noção de expressão desempenha um papel determinante. Deus não se exprime sem se compreender enquanto se exprime. Deus não se exprime formalmente nos seus atributos sem se compreender objetivamente numa ideia. A essência de Deus não é exprimida nos atributos como essência formal, sem ser exprimida numa ideia como essência objetiva. Eis por que, desde a definição do atributo, Espinosa se referia a um entendimento capaz de perceber. Não que o atributo seja "atribuído" pelo entendimento: a palavra "perceber" indica suficientemente que o entendimento nada apreende que não esteja na natureza. Mas os atributos não exprimem a essência da substância sem se conectarem necessariamente a um entendimento que os compreenda objetivamente, isto é, que perceba aquilo que eles exprimem. Assim, a ideia de Deus encontra-se fundada na própria natureza divina: porque Deus tem por natureza uma infinidade de atributos, dos quais cada um "exprime" uma essência infinita; segue-se dessa [90] natureza expressiva que Deus se compreenda e que, ao se compreender, produza todas as coisas que "caem" sob um entendimento infinito.[7] As expressões são sempre explicações. Mas as explicações feitas pelo entendimento são somente percepções. Não é o entendimento que explica a substância, mas as explicações da substância remetem necessariamente a um entendimento que as compreende. Deus se compreende necessariamente, assim como ele se explica ou se exprime.

Consideremos o segundo argumento: Deus produz como ele existe. Os modos, aqui, não são mais assimilados a propriedades lógicas, mas antes a afecções físicas. O desenvolvimento autônomo desse argumento está, portanto, fundamentado na potência: quanto mais uma coisa tem potência, mais ela pode ser afetada por um grande número de maneiras; ora, já demonstramos, seja *a posteriori*, seja *a priori*, que Deus tinha uma potência absolutamente

---

[6] É isso que já aparece na demonstração de *E*, II, 3, que se vale de I, 16. E o próprio escólio sublinha essa referência ("*Segue-se da necessidade da natureza divina... que Deus compreenda a si mesmo*").

[7] *E*, I, 16, prop. e dem.

infinita de existir. Deus tem, portanto, um poder de ser afetado por uma infinidade de maneiras, *potestas* [poder] que corresponde à sua potência ou *potentia*. Esse poder é necessariamente preenchido, mas não pode sê-lo por afecções que viriam de outra coisa que não de Deus; logo, Deus produz necessária e ativamente uma infinidade de coisas que o afetam por uma infinidade de maneiras.

Que Deus produza necessariamente nos diz, ao mesmo tempo, como ele produz. Ao se compreender como substância composta de uma infinidade de atributos, existindo como substância composta de uma infinidade de atributos, Deus age como ele se compreende e como ele existe, logo, *nesses* atributos que exprimem, ao mesmo tempo, sua essência e sua existência. Ele produz uma infinidade de coisas, mas "numa infinidade de modos". Ou seja: as coisas produzidas não existem fora dos atributos que as contêm. Os atributos são as condições unívocas sob as quais Deus existe, mas também sob as quais ele age. Os atributos são formas unívocas e comuns: sob a mesma forma, eles se dizem das criaturas e do criador, dos produtos e do produtor, constituindo formalmente a essência de um, contendo formalmente a essência dos outros. O princípio da necessidade da produção remete, portanto, a uma dupla univocidade. Univocidade da causa: Deus é causa de todas as coisas, *no mesmo sentido* em que é causa de si. Univocidade dos atributos: Deus produz por meio desses atributos e nesses mesmos atributos que constituem sua essência. Eis por que Espinosa *[91]* mantém uma constante polêmica: ele mostra sem cessar o absurdo de um Deus que produziria por atributos morais, como bondade, justiça ou caridade, ou mesmo por atributos humanos, como entendimento e vontade.

Suponhamos, por *analogia* com o homem, que o entendimento e a vontade sejam atributos do próprio Deus.[8] Seria uma tentativa inútil, pois só de maneira equívoca é que atribuímos vontade e entendimento a Deus: em virtude da distinção de essência entre o homem e Deus, a vontade e o entendimento divinos só terão com o humano uma "comunidade de nome", como o Cão-constelação com o cão-animal que late. Surgem numerosos absurdos

---

[8] *E*, I, 17, esc.

A expressão no paralelismo

disso, segundo os quais Deus deverá conter eminentemente as perfeições sob as quais ele produz as criaturas. 1º) Do ponto de vista do entendimento, dir-se-á que Deus é "onipotente", precisamente porque ele "não pode" criar as coisas com as mesmas perfeições que ele entende, isto é, sob as mesmas formas que pertencem a ele. Assim, pretende-se provar a onipotência de Deus por sua impotência.[9] 2º) Do ponto de vista da vontade, dir-se-á que Deus teria podido querer outra coisa, ou que as coisas poderiam ter sido de outra natureza, se Deus o tivesse querido. Atribui-se a Deus a vontade, fazendo-se dela, portanto, a essência de Deus; mas supõe-se, ao mesmo tempo, que Deus poderia ter tido outra vontade, logo, outra essência (a menos que se fizesse da vontade divina um puro ente de razão, caso em que as contradições redobram); supõe-se, então, que dois ou mais deuses poderiam ser dados. Dessa vez, põe-se variabilidade e pluralidade em Deus para provar sua eminência.[10]

Simplificamos as críticas de Espinosa. Mas toda vez que ele critica a imagem de um Deus que seria essencialmente dotado de entendimento e vontade, acreditamos que ele desenvolve as implicações críticas de sua teoria da univocidade. Ele quer mostrar que o entendimento e a vontade só poderiam ser considerados como atributos de Deus por analogia. Mas a analogia não consegue esconder a equivocidade da qual ela parte, a eminência à qual ela chega. Ora, perfeições eminentes em Deus, assim como atributos equívocos, trazem consigo toda espécie de contradições. Somente são atribuídas a Deus essas formas que são tão perfeitas nas criaturas que as implicam quanto em Deus *[92]* que as compreende. Deus não produz porque quer, mas porque é. Não produz porque concebe, isto é, porque concebe coisas como possíveis, mas porque ele compreende a si mesmo, porque compreende necessariamente sua própria natureza. Em uma palavra, Deus age "unicamente segundo as leis da sua natureza": ele não teria podido produzir outra coisa, nem produzir as coisas em outra ordem, sem ter outra

---

[9] *E*, I, 17, esc., *E*, I, 33, esc. 2. *BT*, I, cap. 4, 1-5.

[10] *E*, I, 33, dem. e esc. 2. *BT*, I, cap. 4, 7-9.

natureza.[11] Notar-se-á que Espinosa, em geral, não precisa denunciar diretamente as incoerências da ideia de criação. Basta-lhe perguntar: como Deus produz, em quais condições? As próprias condições da produção fazem desta algo distinto de uma criação, e das "criaturas" algo distinto das criaturas. Como Deus produz necessariamente, e nos seus próprios atributos, os produtos são necessariamente modos desses atributos que constituem a natureza de Deus.

Tudo se passa como se a expressão tivesse uma lógica que a levasse a se redobrar. Espinosa é muito cuidadoso com a gramática para que pudesse ter negligenciado as origens linguísticas da "expressão". Vimos que os atributos eram nomes: são verbos, ao invés de adjetivos. Cada atributo é um verbo, uma oração primeira infinitiva, uma expressão dotada de um sentido distinto; mas todos os atributos designam a substância como uma única e mesma coisa. A distinção tradicional entre o sentido exprimido e o objeto designado (que se exprime) encontra no espinosismo, portanto, um campo de aplicação imediata. Essa distinção, porém, funda necessariamente certo movimento da expressão. Pois é preciso que o sentido de uma oração primária se torne, por sua vez, o designado de uma oração secundária, tendo ela mesma um novo sentido etc. Assim, a substância designada se exprimia nos atributos, os atributos exprimiam uma essência. Agora, os atributos, por sua vez, se exprimem: eles se exprimem nos modos que os designam, esses modos exprimem uma modificação. Os modos são verdadeiras orações "participiais", as quais derivam das orações infinitivas principais. É nesse sentido que a expressão, pelo seu próprio movimento, engendra uma expressão do segundo grau. A expressão [93] possui em si a razão suficiente de uma re-expressão. Esse segundo grau define a própria produção: diz-se que Deus produz, ao mesmo tempo em que seus atributos se exprimem. De modo que, em última instância, é sempre Deus que se acha designado

[11] *E*, I, 17 e 33, prop. e dem.

A expressão no paralelismo

por todas as coisas, exceto pela diferença de nível. Os atributos designam Deus, mas os modos ainda o designam sob o atributo de que dependem. "Isso é o que certos hebreus parecem ter visto, como que através de uma nuvem, pois admitem que Deus, o entendimento de Deus e as coisas compreendidas por ele são uma única e mesma coisa".[12]

Há uma *ordem* na qual Deus produz necessariamente. Essa ordem é da expressão dos atributos. Primeiro, cada atributo se exprime na sua natureza absoluta: um modo infinito imediato é, portanto, a primeira expressão do atributo. A seguir, o atributo modificado se exprime em um modo infinito mediato. Finalmente, o atributo se exprime "de uma maneira certa e determinada", ou antes de uma infinidade de maneiras que constituem os modos existentes finitos.[13] Esse último nível ficaria inexplicável se os modos infinitos, no gênero de cada atributo, não contivessem leis ou princípios de leis, segundo os quais os modos finitos correspondentes são eles mesmos determinados e ordenados.

Se existe uma ordem de produção, essa ordem é a mesma para todos os atributos. Com efeito, Deus produz, ao mesmo tempo, em todos os atributos que constituem sua natureza. Os atributos se exprimem, portanto, em uma única e mesma ordem: até aos

---

[12] *E*, II, 7, esc. Vimos anteriormente (cap. III) como Espinosa, em sua teoria da expressão, reencontrava certos temas de uma lógica das proposições, de origem estoica e renovada pela escola de Ockham. Mas seria preciso levar em conta outros fatores; e especialmente a língua hebraica. Em seu *Compendium grammatices linguae hebrae* [Compêndio de gramática da língua hebraica], Espinosa destaca certas características que formam uma verdadeira lógica da expressão em conformidade com as estruturas gramaticais do hebraico, e que fundam uma teoria das proposições. Por falta de uma edição comentada, esse livro é pouco compreensível para o leitor que não conhece a língua. Portanto, só podemos apreender alguns dados simples: 1º) o caráter intemporal do infinitivo (cap. 5, cap. 13); 2º) a característica participial dos modos (cap. 5, cap. 33); 3º) a determinação de diversas espécies de infinitivos, das quais uma exprime a ação conectada a uma causa principal (o equivalente de *constituere aliquem regnantem* [estabelecer alguma determinação] ou *constitui ut regnaret* [estabelece como ordena], ver. cap. 12).

[13] *E*, I, 21-33, prop. e dem.

modos finitos, que devem ter a mesma ordem nos diversos atributos. Essa identidade de ordem define uma correspondência dos modos: a cada modo de um atributo corresponde *[94]* necessariamente um modo de cada um dos outros atributos. Essa identidade de ordem exclui toda conexão de causalidade real. Os atributos são irredutíveis e realmente distintos; nenhum é causa do outro, nem de uma coisa qualquer no outro. Assim sendo, os modos envolvem exclusivamente o conceito de seu atributo, não o de um outro.[14] Portanto, a identidade de ordem, a correspondência entre modos de atributos diferentes, exclui toda conexão de causalidade real ativa entre esses modos, assim como entre esses atributos. Quanto a isso, não temos razão séria alguma para acreditar em uma mudança no pensamento de Espinosa: os célebres textos do *Breve tratado*, em que Espinosa fala de uma ação de um atributo sobre outro, de um efeito de um atributo em outro, de uma interação entre modos de atributos diferentes, não parece que devam ser interpretados em termos de causalidade real.[15] O contexto permite notar com precisão que dois atributos (o pensamento e a extensão) agem um sobre o outro quando "ambos são tomados em conjunto", ou que dois modos de atributos diferentes (a alma e o corpo) agem um sobre o outro, na medida em que formam "as partes de um todo". Aqui, nada ultrapassa realmente a afirmação de uma correspondência: sendo duas coisas partes de um todo, nada pode mudar em uma que não tenha seu correspondente na outra, e nenhuma pode mudar sem que o próprio todo também mude.[16] No máximo, o que se pode ver nesses textos é a marca de

---

[14] *E*, II, 6, dem.

[15] *BT*, II, cap. 19, 7 segts., cap. 20, 4-5. (Albert Léon já mostrava que os textos do *Breve tratado* não implicavam necessariamente a hipótese de uma causalidade real entre atributos, ou entre a alma e o corpo: ver *Les Éléments cartésiens de la doctrine spinoziste sur les rapports de la pensée et de son objet*, Paris, Alcan, 1907, p. 200.)

[16] *BT*, II, cap. 20, 4, nota 4: "O objeto só pode experimentar uma mudança caso a ideia também experimente uma, e vice-versa [...]" [NT: A rigor, a referência precisa a esse trecho é a seguinte: *BT*, II, cap. 20, 4, nota 4, etapa 10 do desenvolvimento presente nessa nota e requerido pelo § 3].

A expressão no paralelismo

um momento em que Espinosa ainda não exprime adequadamente a diferença de sua própria doutrina com doutrinas aparentemente vizinhas (causalidade ocasional, causalidade ideal). Não parece que Espinosa tenha, em qualquer momento, admitido uma causalidade real ativa para dar conta da conexão entre modos de atributos diferentes.

Os princípios anteriores levam a um resultado no qual se reconhecerá a primeira fórmula do paralelismo de Espinosa: há uma *identidade de ordem* ou *correspondência* entre modos de atributos diferentes. Pode-se denominar "paralelas", com efeito, duas coisas ou duas séries de coisas que estão numa conexão constante, de tal maneira que nada exista *[95]* em uma que não tenha na outra um correspondente, excluída toda causalidade real entre ambas. Mas a palavra "paralelismo", que não é de Espinosa, será motivo de desconfiança. Parece que Leibniz a criou, empregando-a por sua própria conta para designar essa correspondência entre séries autônomas ou independentes.[17] Devemos então pensar que a identidade de ordem não basta para distinguir o sistema espinosista; em certo sentido, ela reencontra mais ou menos em todas as doutrinas que recusam interpretar as correspondências em termos de causalidade real. Se a palavra "paralelismo" designa adequadamente a filosofia de Espinosa, é porque ela mesma implica outra coisa que não seja uma simples identidade de ordem, outra coisa que não seja uma correspondência. E, ao mesmo tempo, porque Espinosa não se contenta com essa correspondência ou com essa identidade para definir o liame que une os modos de atributos diferentes.

Espinosa vai apresentar, justamente, duas outras fórmulas que prolongam a primeira: *identidade de concatenação ou igualdade de princípio, identidade de ser ou unidade ontológica.* A teoria propriamente espinosista enuncia-se então da seguinte maneira:

---

[17] Por "paralelismo", Leibniz entende uma concepção da alma e do corpo que, de certa maneira, os torna inseparáveis, ao mesmo tempo em que exclui uma conexão de causalidade real entre ambos. Mas é *sua própria* concepção que ele designa assim. Ver *Considérations sur la doctrine d'un Esprit universel*, 1702, § 12.

"Uma única e mesma ordem, quer dizer, uma única e mesma concatenação de causas, isto é, as mesmas coisas se seguem umas após as outras".[18] Acima de tudo, não devemos considerar apressadamente a ordem e a concatenação (*connexio* ou *concatenatio*) como sendo estritamente sinônimas. É certo que, no texto que acabamos de citar, a afirmação de uma identidade de ser diz algo mais do que a simples identidade de concatenação; é verossímil, portanto, que a concatenação já implique algo mais do que a ordem. Com efeito, a identidade de concatenação não significa somente uma autonomia das séries correspondentes, mas uma isonomia, ou seja, uma igualdade de princípio entre séries autônomas ou independentes. Suponhamos duas séries correspondentes, mas cujos princípios sejam desiguais, o princípio de uma sendo, de alguma maneira, eminente relativamente ao da outra: entre um sólido e sua projeção, entre uma linha e a assíntota, há certamente identidade de ordem ou correspondência, mas não há, propriamente falando, "identidade [96] de concatenação". Os pontos de uma curva não se encadeiam (*concatenantur*) como os de uma reta. Nesses casos, só poderemos falar de paralelismo num sentido muito vago. As "paralelas", no sentido exato, exigem uma igualdade de princípio entre as duas séries de pontos correspondentes. Quando Espinosa afirma que os modos de atributos diferentes não têm apenas a mesma ordem, mas também a mesma concatenação, ele quer dizer que os princípios dos quais eles dependem são eles mesmos iguais. Já nos textos do *Breve tratado*, se dois atributos ou dois modos de atributos diferentes são "tomados em conjunto", é porque eles formam as partes iguais ou as metades de um todo. É a igualdade dos atributos que dá ao paralelismo seu sentido estrito, garantindo que a concatenação seja a mesma entre coisas cuja ordem é a mesma.

Leibniz cria a palavra "paralelismo", mas, por conta própria, ele a invoca de maneira muito geral e pouco adequada: é certo que o sistema de Leibniz implica uma correspondência entre séries autônomas, substâncias e fenômenos, sólidos e projeções, mas os princípios dessas séries são singularmente desiguais. (Da mesma maneira, quando Leibniz fala com mais precisão, ele invoca mais

[18] *E*, II, 7, esc.

A expressão no paralelismo

a imagem da projeção do que a das paralelas.) Inversamente, Espinosa não emprega a palavra "paralelismo"; contudo, essa palavra convém ao seu sistema, porque ele estabelece a igualdade dos princípios, de onde decorrem as séries independentes e correspondentes. Ainda aí, dá pra ver bem quais são as intenções polêmicas de Espinosa. Pelo seu estrito paralelismo, Espinosa recusa toda analogia, toda eminência, toda forma de superioridade de uma série sobre a outra, toda ação ideal que suporia uma preeminência: não há superioridade da alma sobre o corpo, como não há superioridade do atributo pensamento sobre o atributo extensão. E, nesse sentido, a terceira fórmula do paralelismo, aquela que afirma a identidade de ser, irá mais longe ainda: os modos de atributos diferentes não apenas têm a mesma ordem e a mesma concatenação, mas também o mesmo ser; são as *mesmas coisas* que se distinguem apenas pelo atributo cujo conceito elas envolvem. Os modos de atributos diferentes são uma única e mesma modificação que difere apenas pelo atributo. Por meio dessa identidade de ser, ou unidade ontológica, Espinosa recusa a intervenção de um Deus transcendente que colocaria cada termo de uma série em acordo com um termo da outra, ou ainda, que conciliaria as séries uma sobre a outra, em função de seus princípios desiguais. A doutrina *[97]* de Espinosa pode muito bem ser chamada de "paralelismo", mas porque exclui toda analogia, toda eminência, toda transcendência. O paralelismo, estritamente falando, não pode ser compreendido, nem do ponto de vista de uma causa ocasional, nem do ponto de vista de uma causalidade ideal, mas apenas do ponto de vista de um Deus imanente e de uma causalidade imanente.

A essência da expressão encontra-se em jogo nisso tudo. É que a conexão de expressão transborda a conexão de causalidade: isso vale para coisas independentes ou séries autônomas que não têm, uma com a outra, uma correspondência determinada, constante e regulada. Se a filosofia de Espinosa e a de Leibniz encontram um terreno de confronto natural, é na ideia de expressão, no uso que eles fazem, respectivamente, dessa ideia. Ora, veremos que o modelo "expressivo" de Leibniz é sempre o da assíntota ou da projeção. Totalmente distinto é o modelo expressivo que ressalta da teoria de Espinosa: modelo "paralelista", ele implica a igualdade de duas coisas que delas exprimem uma mesma terceira, e a identidade dessa terceira, tal como ela é exprimida nas outras duas. A ideia de expressão em Espinosa recolhe e funda, ao mesmo tempo, os três aspectos do paralelismo.

O paralelismo deve ser dito dos modos, e somente dos modos. Mas ele se funda na substância e nos atributos da substância. Deus produz, ao mesmo tempo, em todos os atributos: ele produz na mesma ordem, existe, portanto, correspondência entre modos de atributos diferentes. Porém, como esses atributos são realmente distintos, essa correspondência ou identidade de ordem exclui toda ação causal de uns sobre os outros. Como esses atributos são todos iguais, há identidade de concatenação entre esses modos que diferem pelo atributo. Como esses atributos constituem uma única e mesma substância, esses modos, que diferem pelo atributo, formam uma única e mesma modificação. De alguma maneira, vemos a tríade da substância "descer" para os atributos e se comunicar com os modos. A substância se exprimia nos atributos, cada atributo era uma expressão, a essência da substância era exprimida. Agora, cada atributo se exprime, os modos que deles dependem são expressões, uma modificação é exprimida. Lembramos que a essência exprimida não existia fora dos atributos, mas era exprimida como essência absoluta da substância, a mesma para todos os atributos. Acontece o mesmo aqui: a modificação não existe fora do modo que a exprime em cada atributo, [98] mas ela é exprimida como modificação da substância, a mesma para todos os modos que diferem pelo atributo. Uma única e mesma modificação se encontra, portanto, exprimida na infinidade dos atributos sob "uma infinidade de modos", que só diferem pelo atributo. Eis por que devemos dar importância aos termos "modo" e "modificação". Em princípio, o modo é uma afecção de um atributo, a modificação é uma afecção da substância. Um é compreendido formalmente, o outro ontologicamente. Todo modo é a forma de uma modificação num atributo, toda modificação é o ser em si dos modos que diferem pelo atributo (o ser em si não se opõe aqui a um ser para nós, mas a um ser formal). Sua correlação se enuncia assim: os modos que diferem pelo atributo exprimem uma única e mesma modificação, mas essa modificação não existe fora dos

A expressão no paralelismo

modos que se exprimem nos diversos atributos. Daí, uma fórmula que o próprio Espinosa apresenta como sendo obscura: "Deus é realmente causa das coisas como elas são em si (*ut in se sunt*), enquanto ele consiste numa infinidade de atributos; e não posso, por ora, explicar isso mais claramente".[19] "Em si" não significa, evidentemente, que as coisas produzidas por Deus sejam substâncias. A *res in se* é a modificação substancial; ora, Deus não produz essa modificação fora dos modos que o exprimem, ao mesmo tempo, em todos os atributos. Vemos, portanto, a tríade da substância prolongar-se numa tríade do modo (atributo-modo-modificação). E é dessa maneira que, no escólio de II, 7, Espinosa demonstra o paralelismo: assim como uma única e mesma substância está "compreendida" sob os diversos atributos, uma única e mesma coisa (modificação) é "exprimida" em todos os atributos; como essa coisa não existe fora do modo que a exprime em cada atributo, os modos que diferem pelo atributo têm uma mesma ordem, uma mesma concatenação, um mesmo ser em si.

[19] *E*, II, 7, esc.

Capítulo VII
AS DUAS POTÊNCIAS E A IDEIA DE DEUS
[99]

[Complexidade da demonstração do paralelismo: a ideia e seu objeto. — Paralelismo epistemológico e paralelismo ontológico. A toda ideia corresponde alguma coisa: influência de Aristóteles. — A toda coisa corresponde uma ideia. — Por que Deus se compreende necessariamente. — "Necessidade" da ideia de Deus. — A potência de pensar é necessariamente igual à potência de existir e de agir.

As duas potências e sua igualdade. — Distinção da potência e do atributo. — Os atributos e a potência de existir. — O atributo pensamento e a potência de pensar. — Fonte dos "privilégios" do atributo pensamento.

"Possibilidade" da ideia de Deus. — Por que o entendimento infinito é um produto. — Os três privilégios do atributo pensamento.

Por que era necessário passar pelo paralelismo epistemológico. — Só a ideia de Deus permite concluir, da unidade da substância, pela unidade de uma modificação. Transferência da expressão.]

Poderia parecer, portanto, que o paralelismo fosse fácil de demonstrar. Bastaria transferir a unidade da substância para a modificação, e o caráter expressivo dos atributos para os modos. Essa transferência estaria fundada na necessidade da produção (segundo nível de expressão). Considerando, porém, o conjunto da proposição 7 do livro II, ficamos desconcertados porque nos deparamos com uma operação muito mais complexa. 1°) O texto da proposição, a demonstração e o corolário afirmam certamente uma identidade de ordem, de concatenação e mesmo de ser; mas não entre modos que exprimiriam a mesma modificação em cada atributo. A tríplice identidade é afirmada apenas da ideia, que é um modo do pensamento, e da coisa representada, que é um modo de certo atributo. Esse paralelismo é, portanto, *epistemológico*: ele se estabelece entre a ideia e seu "objeto" (*res ideata, objectum ideae*). 2º) Em contrapartida, o escólio segue o procedimento indicado anteriormente: ele conclui por um paralelismo *ontológico* entre todos os modos que diferem pelo atributo. Porém, ele mesmo só chega a essa conclusão pela via da demonstração e do corolário: ele generaliza o caso da ideia e de seu objeto estendendo-o a *todos* os modos que diferem pelo atributo.[1]

Várias questões se colocam. De um lado, supondo que haja acordo entre os dois paralelismos, por que é preciso passar primeiro pelo desvio "epistemológico"? Será apenas um desvio? Qual é o seu sentido e sua importância no conjunto da *Ética*? Mas, principalmente, são conciliáveis os dois paralelismos? O ponto de vista epistemológico *[100]* significa o seguinte: sendo dado um modo num atributo, uma ideia corresponde a ele no atributo pensamento, a qual representa esse modo e apenas ele.[2] Ao invés de nos levar à unidade de uma "modificação" exprimida por todos os modos de atributos diferentes, o paralelismo epistemológico nos conduz à simples unidade de um "indivíduo" formado pelo modo de um certo atributo e pela ideia que representa exclusivamente esse modo.[3] Ao invés de nos levar à unidade de todos os modos que diferem por seu atributo, ele nos conduz à multiplicidade de ideias que correspondem aos modos de atributos diferentes. É nesse sentido que o paralelismo "psicofísico" é um caso particular do paralelismo epistemológico: a alma é a ideia do corpo, ou seja, a ideia de certo modo da extensão, e somente desse modo. O ponto

---

[1] *E*, II, 7, esc.: "E entendo o mesmo para os outros atributos...".

[2] Assim, a alma é uma ideia que representa exclusivamente certo modo da extensão: ver *E*, II, 13, prop.

[3] Sobre esse emprego da palavra "indivíduo" para significar a unidade de uma ideia e de seu objeto, ver *E*, II, 21, esc.

de vista epistemológico se apresenta, portanto, da seguinte maneira: um único e mesmo indivíduo é exprimido por um certo modo e pela ideia que corresponde a ele. Mas o ponto de vista ontológico defende que uma única e mesma modificação é exprimida por todos os modos correspondentes que diferem pelo atributo. De todos os alunos e amigos de Espinosa, Tschirnhaus é quem melhor sublinha essa dificuldade, ao perceber que ela está no coração do sistema da *expressão*.[4] Como conciliar os dois pontos de vista? A pergunta se impõe ainda mais porque a epistemologia nos força a conceder ao atributo pensamento um singular privilégio: esse atributo deve conter tantas ideias irredutíveis quantos são os modos de atributos diferentes e, mais do que isso, tantas ideias quantos são os atributos. Esse privilégio aparece em flagrante contradição com todas as exigências do paralelismo ontológico.

Portanto, é necessário examinar detalhadamente a demonstração e o corolário da proposição 7: "A ordem e a concatenação das ideias são as mesmas que a ordem e a concatenação das coisas". A demonstração é simples; ela se contenta em invocar um axioma, "o conhecimento do efeito depende do conhecimento da causa e o envolve". Isso nos remete ainda a um princípio aristotélico: conhecer é conhecer pela causa. Numa *[101]* perspectiva espinosista, conclui-se: 1°) a toda ideia corresponde alguma coisa (com efeito, coisa alguma pode ser conhecida sem uma causa que a faça ser, em essência ou em existência); 2°) a ordem das ideias é a mesma que a ordem das coisas (uma coisa só é conhecida pelo conhecimento de sua causa).

Entretanto, essa perspectiva propriamente espinosana não implica somente o axioma de Aristóteles. Não se compreenderia por que o próprio Aristóteles e tantos outros não chegaram à teoria do paralelismo. Espinosa reconhece isso de bom grado: "Mostramos que a ideia verdadeira [...] manifesta como e por que algo é ou foi feito, e que seus efeitos objetivos na alma procedem em

---

[4] *Carta 65, de Tschirnhaus* (III, p. 207).

As duas potências e a ideia de Deus

conformidade com a essência formal do objeto. O que vem a ser a mesma coisa que disseram os Antigos, a saber, que a verdadeira ciência procede da causa para os efeitos. Salvo que, até onde eu saiba, eles não conceberam, como fizemos aqui, a alma agindo de acordo com leis determinadas e como um autômato espiritual".[5] "Autômato espiritual" significa, primeiramente, que uma ideia, sendo um modo do pensamento, não encontra sua causa (eficiente e formal) em lugar algum que não no atributo pensamento. Assim também um objeto, seja qual for, só encontra sua causa eficiente e formal no atributo do qual ele é o modo e do qual ele envolve o conceito. Aí está, portanto, aquilo que separa Espinosa da tradição antiga: toda causalidade eficiente ou formal (e mais ainda material e final) está excluída dentre as ideias e as coisas, dentre as coisas e as ideias. Essa dupla exclusão não remete a um axioma, mas é objeto de demonstrações que ocupam o início do livro II da *Ética*.[6] Espinosa pode, portanto, afirmar a independência das duas séries, série das coisas e série das ideias. Que a toda ideia corresponda alguma coisa é, nessas condições, um primeiro elemento do paralelismo.

Mas apenas um primeiro elemento. Para que as ideias tenham a mesma concatenação que as coisas, é preciso ainda que a toda coisa corresponda uma ideia. Reencontramos aqui as duas fórmulas do *Breve tratado*: "Ideia alguma pode ser sem que a coisa seja", mas também, "não há coisa alguma cuja ideia não esteja na coisa pensante".[7] Ora, para demonstrar que toda coisa é o objeto de uma ideia, não mais nos confrontaremos com as dificuldades que nos *[102]* interromperam na prova *a posteriori*. Isso porque partimos agora de um Deus existente. Sabemos que esse Deus compreende a si mesmo: ele forma uma ideia de si mesmo, possui um entendimento infinito. E basta que esse Deus se compreenda

---

[5] *TRE*, 85.

[6] *E*, II, 5 e 6.

[7] *BT*, II, cap. 20, 4, nota 4. [NT: A rigor, a referência precisa a esse trecho é a seguinte: *BT*, II, cap. 20, 4, nota 4, etapa 10 do desenvolvimento presente nessa nota e requerido pelo § 3.]

para que ele produza e, ao produzir, compreenda tudo aquilo que ele produz.

Na medida em que Deus produz como ele se compreende, tudo o que ele produz "cai" necessariamente sob o seu entendimento infinito. Deus não se compreende, ele mesmo e sua própria essência, sem compreender também tudo o que decorre de sua essência. Eis por que o entendimento infinito compreende todos os atributos de Deus, mas também todas as afecções.[8] A ideia que Deus forma é a ideia de sua própria essência; mas é também a ideia de tudo o que Deus produz formalmente nos seus atributos. Portanto, há tantas ideias quanto coisas, cada coisa é o objeto de uma ideia. Com efeito, chama-se "coisa" tudo aquilo que deriva formalmente da substância divina; a coisa se explica pelo atributo do qual ela é o modo. Mas como Deus compreende tudo o que ele produz, uma ideia, no entendimento de Deus, corresponde a cada modo que se segue de um atributo. É nesse sentido que as próprias ideias decorrem da ideia de Deus, *assim como* os modos derivam ou decorrem de seu respectivo atributo; a ideia de Deus será, portanto, causa de todas as ideias, assim como o próprio Deus é causa de todas as coisas.

A toda ideia corresponde alguma coisa, e a toda coisa uma ideia. É bem esse o tema que permite a Espinosa afirmar uma *igualdade de princípio*: há em Deus duas potências iguais. Na proposição 7, o corolário se encadeia com a demonstração, reconhecendo precisamente essa igualdade de potências: "Segue-se daí que a potência de pensar de Deus é igual à sua potência atual de agir". Portanto, o argumento das potências não serve mais para provar *a posteriori* a existência de Deus, mas desempenha um papel decisivo na determinação do paralelismo epistemológico. Ele nos permite ir ainda mais longe, afirmar enfim uma *identidade de ser* entre os objetos e as ideias. Este é o fim do corolário: a mesma coisa se segue formalmente (quer dizer, em tal ou qual atributo) da natureza infinita de Deus, e se segue objetivamente da ideia de Deus. Um único e mesmo ser é formal no atributo do qual ele depende sob a potência de existir e de agir, e objetivo na ideia de Deus da

---

[8] *E*, I, 30, prop.

As duas potências e a ideia de Deus

qual ele depende sob a potência de pensar. Um modo de um atributo [103] e a ideia desse modo são uma única e mesma coisa exprimida de duas maneiras, sob duas potências. No conjunto da demonstração e do corolário, reencontramos, pois, os três tempos do paralelismo: identidade de ordem, identidade de concatenação ou igualdade de princípio, identidade de ser, que aqui, no entanto, só se aplicam às conexões entre a ideia e seu objeto.

O Deus de Espinosa é um Deus que é e que produz tudo, como o Uno-Todo dos platônicos; mas é também um Deus que se pensa e que pensa tudo, como o Primeiro motor de Aristóteles. Por um lado, devemos atribuir a Deus uma potência de existir e de agir idêntica a sua essência formal ou correspondente à sua natureza. Por outro lado, porém, devemos igualmente atribuir a ele uma potência de pensar, idêntica a sua essência objetiva ou correspondente a sua ideia. Ora, esse princípio de igualdade das potências merece um exame minucioso, porque nos arriscamos a confundi-lo com outro princípio de igualdade, aquele que diz respeito apenas aos atributos. Entretanto, *a distinção das potências e dos atributos tem uma importância essencial no espinosismo*. Deus, ou seja, o absolutamente infinito, possui duas potências iguais: potência de existir e de agir, potência de pensar e de conhecer. Se pudermos nos servir de uma fórmula bergsoniana, o absoluto tem dois "lados", duas metades. Assim, se o absoluto possui duas potências, é em si e por si, envolvendo-as em sua unidade radical. Não se pode dizer o mesmo dos atributos: o absoluto possui uma infinidade de atributos. Só conhecemos dois, a extensão e o pensamento, isso porque nosso conhecimento é limitado, porque somos constituídos por um modo da extensão e um modo do pensamento. A determinação das duas potências, ao contrário, não é, de maneira alguma, relativa aos limites do nosso conhecimento, como também não depende do estado da nossa constituição. A potência de existir que afirmamos de Deus é uma potência absolutamente infinita: Deus existe "absolutamente", e produz uma infinidade de coisas na "infinidade absoluta" de seus atributos (portanto em uma infinidade de modos).[9] Da mesma maneira, a potência de pensar é absolutamente infinita. Espinosa não se contenta em dizer que ela é infinitamente perfeita; *[104]* Deus se pensa absolutamente, e pensa uma infinidade de coisas numa infinidade de modos.[10] Donde a expressão *absoluta cogitatio*, para designar a potência de pensar; *intellectus absolute infinitus*, para designar o entendimento infinito; e a tese segundo a qual, da ideia de Deus, seguem-se (objetivamente) uma infinidade de coisas numa infinidade de modos.[11] As duas potências, portanto, nada têm de relativo: são as metades do absoluto, as dimensões do absoluto, as potências do absoluto. Schelling é espinosista quando desenvolve uma teoria do absoluto representando Deus pelo símbolo A^3, que compreende o real e o ideal como suas potências.[12]

Perguntaremos: *sob que condições* é afirmada, de Deus, uma potência absolutamente infinita de existir e de agir que corresponde à sua natureza? Sob a condição de que ele tenha uma infinidade de atributos formalmente distintos, os quais, em conjunto, constituem essa própria natureza. É verdade que conhecemos apenas dois atributos. Mas sabemos que a potência de existir não se confunde com o atributo extensão: uma ideia não tem menos existência do que um corpo, o pensamento, tanto quanto a extensão, é uma forma de existência ou "gênero". E o pensamento e a extensão, tomados em conjunto, não são suficientes para esgotar nem preencher uma potência absoluta de existir. Atingimos aqui a razão positiva pela qual Deus tem uma infinidade de atributos. Em um texto importante do *Breve tratado*, Espinosa afirma que "encontramos em nós algo que nos revela claramente a existência, não

[9] Ver *E*, I, 16, dem.: *infinita absolute attributa*.

[10] *E*, II, 3, prop., e dem.

[11] Ver *E*, I, 31, dem.: *absoluta cogitatio*. *Carta 64, a Schuller* (III, p. 206): *intellectus absolute infinitus*.

[12] Schelling, "Conférences de Stuttgart", em *Essais*, 1810 (trad. fr. em *Essais*, Aubier, pp. 309-10): "As duas unidades ou potências se encontram novamente unidas na Unidade absoluta, a posição comum da primeira e da segunda potências será, portanto, A^3 [...]. Doravante, as potências serão igualmente postas como períodos da revelação de Deus".

As duas potências e a ideia de Deus

apenas de um maior número, mas também de uma infinidade de atributos perfeitos"; os atributos desconhecidos "nos dizem que eles são sem nos dizer o que eles são".[13] Em outros termos: o próprio fato da nossa existência nos revela que a existência não se deixa esgotar pelos atributos que conhecemos. Já que o infinitamente perfeito não tem sua razão nele mesmo, Deus deve ter uma infinidade de atributos infinitamente perfeitos, todos iguais entre si, [105] cada um constituindo uma forma de existência última ou irredutível. Sabemos que coisa alguma esgota essa potência absoluta de existir, potência que compete a Deus como razão suficiente.

O absolutamente infinito consiste, primeiramente, numa infinidade de atributos formalmente ou realmente distintos. Todos os atributos são iguais, nenhum é superior ou inferior a outro, cada um exprime uma essência infinitamente perfeita. Todas essas essências formais são exprimidas pelos atributos como a essência absoluta da substância, isto é, identificando-se na substância ontologicamente una. A essência formal é a essência de Deus, tal qual ela existe em cada atributo. A essência absoluta é a mesma essência, tal qual ela se conecta a uma substância cuja existência decorre necessariamente, substância que possui, portanto, todos os atributos. A expressão se apresenta aqui como a conexão entre a forma e o absoluto: cada forma exprime, explica ou desenvolve o absoluto, mas o absoluto contém ou "complica" uma infinidade de formas. A essência absoluta de Deus é potência absolutamente infinita de existir e de agir; porém, ao afirmarmos essa primeira potência como sendo idêntica à essência de Deus, fazemo-lo, precisamente, *sob a condição* de uma infinidade de atributos formal ou realmente distintos. A potência de existir e de agir é, portanto, a essência formal-absoluta. E é assim que se deve compreender o princípio de igualdade dos atributos: todos os atributos são iguais relativamente a essa potência de existir e de agir que eles condicionam.

Mas o absoluto tem uma segunda potência, que é como uma segunda fórmula ou "período" da expressão: Deus se compreende ou se exprime objetivamente. A essência absoluta de Deus é formal nos atributos que constituem sua natureza, objetiva na ideia

---

[13] *BT*, I, cap. 1, 7, nota 3.

que representa necessariamente essa natureza. Eis por que a ideia de Deus representa todos os atributos formalmente ou realmente distintos, até o ponto em que uma alma ou uma ideia distinta corresponde a cada um.[14] Os mesmos atributos que se distinguem formalmente em Deus se distinguem objetivamente na ideia de Deus. Porém, essa ideia não deixa de ser absolutamente una, assim como a substância constituída por todos os atributos.[15] A essência objetiva-absoluta é, portanto, a segunda potência do próprio absoluto: não colocamos um ser como sendo a causa *[106]* de todas as coisas sem que sua essência objetiva também não seja a causa de todas as ideias.[16] Objetivamente, a essência absoluta de Deus é potência de pensar e de conhecer, assim como, formalmente, ela é potência de existir e de agir. Uma razão a mais para perguntar, nesse novo caso: sob quais condições podemos atribuir a Deus essa potência absolutamente infinita de pensar como sendo idêntica à essência objetiva?

Assim como o atributo extensão não se confunde com a potência de existir, o atributo pensamento não se confunde, de direito, com a potência de pensar. No entanto, um texto de Espinosa parece dizer exatamente o contrário, ao identificar o atributo pensamento com a *absoluta cogitatio*.[17] Espinosa, porém, indicará precisamente em que sentido essa identificação deve ser interpretada: é tão somente porque a potência de pensar não tem outra

[14] *BT*, Apêndice II, 9: "Todos os atributos infinitos que têm uma alma assim como a extensão [...]".

[15] *E*, II, 4, prop. e dem.

[16] *TRE*, 99: É preciso que "busquemos saber se há um Ser, e também qual é ele, que seja a causa de todas as coisas, de tal sorte que sua essência objetiva seja também a causa de todas as nossas ideias".

[17] *E*, I, 31, dem.: Sendo um modo de pensar, o entendimento "deve ser concebido por meio do *pensamento absoluto*, isto é, deve ser concebido por algum *atributo* de Deus que exprima a essência eterna e infinita de Deus, de maneira tal que sem esse atributo ele não possa ser nem ser concebido". [NT: Nessa nota, além dos destaques em itálico, Deleuze anota, no final da expressão "que exprima a essência eterna e infinita de", o termo "Deus" em substituição ao termo "pensamento" (*cogitationis*), presente no original latino.]

As duas potências e a ideia de Deus

condição que não o atributo pensamento. Com efeito, ocorre a Espinosa interrogar-se sobre a condição da potência de pensar ou, o que dá no mesmo, sobre a *possibilidade* da ideia de Deus: para que Deus possa pensar uma infinidade de coisas numa infinidade de modos, para que ele tenha a possibilidade de formar uma ideia de sua essência e de tudo que se segue, é preciso e é suficiente que ele tenha um atributo que é o pensamento.[18] Assim, o atributo pensamento basta para condicionar uma potência de pensar igual à potência de existir, a qual, todavia, está condicionada por todos os atributos (incluindo o pensamento). Não é o caso de se apressar para denunciar as incoerências do espinosismo. Pois só se encontra incoerência caso se confunda, em Espinosa, dois princípios de igualdade muito diferentes. De um lado, todos os atributos são iguais; mas isso deve ser compreendido relativamente à potência de existir e de agir. Por outro lado, essa potência de existir é apenas uma metade do absoluto; a outra metade, *[107]* igual a essa, é uma potência de pensar: é relativamente a esta segunda potência que o atributo pensamento goza de privilégios. Sozinho, ele condiciona uma potência igual àquela que todos os atributos condicionam. Parece que não há contradição alguma aí, mas antes um *fato último*. Esse fato não diz respeito, de maneira alguma, à nossa constituição, nem à limitação do nosso conhecimento. Ele seria, sobretudo, o fato da constituição divina ou do desenvolvimento do absoluto. "O fato é" que atributo algum basta para preencher a potência de existir: uma coisa qualquer pode existir e agir sem ser extensa nem pensante. Ao contrário, nada pode ser conhecido a não ser pelo pensamento; a potência de pensar e de conhecer é efetivamente preenchida pelo atributo pensamento. Haveria contradição se Espinosa pusesse, primeiramente, a igualdade de to-

---

[18] *E*, II, 1, esc.: "Um ser que possa pensar uma infinidade de coisas numa infinidade de modos é necessariamente infinito pela virtude de pensar". (Quer dizer: um ser que tem uma potência *absoluta* de pensar tem necessariamente um atributo *infinito*, que é o pensamento.) *E*, II, 5, dem.: "Concluímos que Deus pode formar a ideia de sua essência e de tudo o que dela necessariamente se segue, e concluímos isso apenas porque Deus é coisa pensante".

dos os atributos e, em seguida, do mesmo ponto de vista, desse ao atributo pensamento poderes e funções contrários a essa igualdade. Mas Espinosa não procede assim: é a igualdade das potências que confere ao atributo pensamento poderes particulares, num domínio que já não é aquele da igualdade dos atributos. *O atributo pensamento é para a potência de pensar aquilo que todos os atributos (inclusive o pensamento) são para a potência de existir e de agir.*

Da conexão (e também da diferença, portanto), entre a potência de pensar e o atributo pensamento, decorrem três consequências. Primeiro, a potência de pensar se afirma, por natureza ou participação, de tudo aquilo que é "objetivo". A essência objetiva de Deus é potência absolutamente infinita de pensar; e tudo o que decorre dessa essência participa dessa potência. *Mas o ser objetivo nada seria se ele mesmo não tivesse um ser formal no atributo pensamento.* Não só a essência objetiva do que é produzido por Deus, mas também as essências objetivas de atributos, a essência objetiva do próprio Deus, são submetidas à condição de serem "formadas" no atributo pensamento.[19] *É nesse sentido que a ideia de Deus é apenas um modo do pensamento* e faz parte da natureza naturada. O que é modo do atributo pensamento não é, propriamente falando, a essência objetiva ou o ser objetivo da ideia como tal. O que é modo ou produto é sempre a ideia tomada *[108]* no seu ser formal. Eis por que Espinosa toma muito cuidado ao dar ao primeiro modo do pensamento o nome de "entendimento infinito": pois o entendimento infinito não é a ideia de Deus sob qualquer ponto de vista; é precisamente o ser formal da ideia de Deus.[20] É verdade, e devemos insistir nesse ponto, que o ser objetivo nada seria se não houvesse esse ser formal pelo qual ele é um

[19] Ver *E*, II, 5, dem.: *Deum ideam suae essentiae... formare posse* [Deus pode formar a ideia de sua essência].

[20] É o entendimento infinito, e não a ideia de Deus, que é dito um modo: *E*, I, 31 prop. e dem.; *BT*, I, cap. 9, 3.

modo do atributo pensamento. Ou, caso se prefira, ele seria apenas em potência sem que essa potência fosse efetuada.

Devemos ainda distinguir dois pontos de vista: *segundo sua necessidade*, a ideia de Deus encontra-se fundada na natureza naturante. É que cabe a Deus, tomado em sua natureza absoluta, compreender-se necessariamente. Pertence-lhe uma potência absoluta de pensar idêntica à sua essência objetiva ou correspondente à sua ideia. A ideia de Deus é, portanto, princípio objetivo, princípio absoluto de tudo que se segue objetivamente em Deus. Porém, *segundo sua possibilidade*, a ideia de Deus está fundada apenas na natureza naturada à qual ela pertence. Ela só pode ser "formada" no atributo pensamento, ela encontra no atributo pensamento o princípio formal do qual depende, precisamente porque esse atributo é a condição sob a qual é afirmada, de Deus, a potência absolutamente infinita de pensar. A distinção dos dois pontos de vista, necessidade e possibilidade, parece-nos importante na teoria da ideia de Deus.[21] A natureza de Deus, à qual corresponde a potência de existir e de agir, está fundada, *ao mesmo tempo*, em necessidade e em possibilidade: sua possibilidade acha-se estabelecida pelos atributos formalmente distintos, e sua necessidade por esses mesmos atributos tomados em conjunto, ontologicamente "uno". O mesmo não acontece com a ideia de Deus: sua necessidade objetiva está estabelecida na natureza de Deus, mas sua possibilidade *[109]* formal unicamente no atributo pensamento, ao qual, então, ela pertence como um modo. A potência divina, como se recorda, é sempre ato; porém, justamente, a potência de

---

[21] Frequentemente, os comentadores distinguiram vários aspectos da ideia de Deus *ou* do entendimento infinito. Georg Busolt foi mais longe que todos, ao estabelecer que o entendimento infinito pertence à natureza naturada como princípio dos modos intelectuais finitos, mas também à natureza naturante, enquanto considerado nele mesmo (*Die Grundzüge der Erkenntnisstheorie und Metaphysik Spinozas*, Berlim, 1895, II, pp. 127 e ss.). Contudo, essa distinção nos parece mal fundada, pois enquanto princípio do que ocorre objetivamente em Deus, a ideia de Deus deveria, ao contrário, pertencer à natureza naturante. Por isso, acreditamos ser mais legítima uma distinção entre a ideia de Deus, tomada objetivamente, e o entendimento infinito, tomado formalmente.

pensar, que corresponde à ideia de Deus, não seria atual se Deus não produzisse o entendimento infinito como sendo o ser formal dessa ideia. Da mesma maneira, o entendimento infinito é chamado de filho de Deus, o Cristo.[22] Ora, na imagem muito pouco cristã que Espinosa propõe do Cristo, como Sabedoria, Palavra ou Voz de Deus, distingue-se um aspecto pelo qual ele concorda objetivamente com a natureza absoluta de Deus, um aspecto pelo qual ele decorre formalmente da natureza divina, considerada unicamente sob o atributo pensamento.[23] Por isso, saber se o Deus espinosista pensa a si mesmo, nele mesmo, é uma questão delicada, que só ficará resolvida se lembrarmos que o entendimento infinito é tão somente um modo.[24] Com efeito, se Deus tem uma sabedoria ou uma ciência, é uma ciência de si mesmo e de sua própria natureza; se ele se compreende necessariamente, é em virtude de sua própria natureza; a potência de pensar, e de pensar-se, pertence, portanto, a ele de maneira absolutamente própria. Mas essa potência permaneceria em potência se Deus não criasse, no atributo pensamento, o ser formal da ideia na qual ele se pensa. Por isso, o entendimento de Deus não pertence à sua natureza, ao passo que a potência de pensar pertence a essa natureza. Deus produz como ele se compreende objetivamente; mas compreender-se tem necessariamente uma forma que, por sua vez, é um produto.[25]

---

[22] Ver *BT*, I, cap. 9, 3. *Carta 73, a Oldenburg* (III, p. 226).

[23] Ver *BT*, II, cap. 22, 4, nota 1: "O entendimento infinito, que chamávamos de filho de Deus, deve estar por toda a eternidade na natureza, pois, já que Deus tem sido por toda a eternidade, também sua ideia deve estar eternamente na coisa pensante ou nele mesmo, *ideia essa que concorda* objetivamente com ele".

[24] Victor Brochard já manifestava dúvidas a esse respeito: Ver "Le Dieu de Spinoza", in *Études de philosophie ancienne et de philosophie moderne* (Paris, Vrin, pp. 332-70).

[25] Às duas teses expostas anteriormente — Deus produz assim como ele se compreende, Deus compreende tudo aquilo que produz —, é preciso juntar uma terceira: Deus produz a forma sob a qual ele se compreende e compreende tudo. As três concordam num ponto fundamental: o entendimento infinito não é um lugar que conteria possíveis.

É esse o primeiro privilégio do atributo pensamento: ele contém formalmente modos que, tomados objetivamente, representam os próprios atributos. É preciso não confundir esse primeiro privilégio com outro, que dele decorre. Um *[110]* modo, que depende de um atributo determinado, é representado por uma ideia no atributo pensamento; porém, um modo, que difere do anterior pelo atributo, deve ser representado por *uma outra ideia*. Com efeito, tudo aquilo que participa da potência de existir e de agir, sob tal ou qual atributo, também participa da potência de pensar, porém, no mesmo atributo pensamento. Como diz Schuller, "o atributo pensamento estende-se bem mais que os outros atributos".[26] Se supusermos uma modificação substancial, ela será exprimida uma única vez em cada um dos outros atributos, mas uma infinidade de vezes no entendimento infinito, logo, no atributo pensamento.[27] E cada ideia que a exprimirá no pensamento representará o modo de tal atributo, não de outro. Assim sendo, haverá entre essas ideias tanta distinção quanto entre os próprios atributos ou os modos de atributos diferentes: elas não terão "concatenação alguma".[28] Portanto, haverá uma distinção objetiva entre ideias, equivalente à distinção real-formal entre atributos ou modos de atributos diferentes. Mais do que isso, essa distinção entre ideias será ela mesma objetiva-formal, porque iremos conectá-la ao ser formal das próprias ideias. No pensamento, portanto, haverá modos que, embora pertencendo a um mesmo atributo, não se distinguirão modalmente, mas formalmente ou realmente. Ainda aí, esse privilégio permaneceria ininteligível caso não interviesse a conexão particular entre o atributo pensamento e a potência de pensar. *A distinção objetiva-formal é, na ideia de Deus, o correlato necessário da distinção real-formal*, tal como ela é na natureza de Deus; ela designa o ato do entendimento infinito, quando ele apreende atributos diversos ou modos correspondentes de atributos diversos.

[26] *Carta 70, de Schuller* (III, p. 221).

[27] *Carta 66, a Tschirnhaus* (III, p. 207).

[28] *Carta 66, a Tschirnhaus* (III, p. 208).

Em terceiro lugar, tudo o que existe formalmente tem uma ideia que lhe corresponde objetivamente. Mas o atributo pensamento é ele mesmo uma forma de existência, e toda ideia tem um ser formal nesse atributo. Por isso, toda ideia, por sua vez, é o objeto de uma ideia que a representa; essa outra ideia é objeto de uma terceira, ao infinito. Em outros termos: se é verdade que toda ideia que participa da potência de pensar pertence formalmente ao atributo pensamento, inversamente toda ideia que pertence ao atributo pensamento é o objeto de uma ideia que participa da potência *[111]* de pensar. Donde esse último privilégio aparente do atributo pensamento, que funda uma capacidade da ideia de se refletir ao infinito. Espinosa chega a dizer que a ideia da ideia tem, com a ideia, a mesma conexão que a ideia tem com seu objeto. Isso é surpreendente, na medida em que a ideia e seu objeto são uma mesma coisa concebida sob dois atributos, enquanto que a ideia da ideia e a ideia são uma mesma coisa sob um único atributo.[29] Porém, o objeto e a ideia não remetem apenas a dois atributos, eles também remetem a duas potências, potência de existir e de agir, potência de pensar e de conhecer. O mesmo acontece com a ideia e a ideia da ideia: sem dúvida, elas remetem a um único atributo, mas também a duas potências, já que o atributo pensamento é, de um lado, uma forma de existência e, de outro, a condição da potência de pensar.

Compreende-se, então, que a teoria da ideia da ideia se desenvolve em duas direções diferentes. É que a ideia e a ideia da ideia se distinguem quando consideramos uma no seu ser formal, relativamente à potência de existir, e a outra no seu ser objetivo, relativamente à potência de pensar: o *Tratado da reforma* apresen-

---

[29] Ver *E*, II, 21, esc. Albert Léon resume a dificuldade: "Como sair desse dilema? Ou a ideia e a ideia da ideia estão na mesma conexão que um objeto estranho ao pensamento tem com a ideia que o representa e, nesse caso, elas são duas expressões de um mesmo conteúdo sob atributos diferentes; ou seu conteúdo comum é exprimido sob um único e mesmo atributo e, nesse caso, a ideia da ideia é absolutamente idêntica à ideia considerada, a consciência absolutamente idêntica ao pensamento, e este não poderia ser definido fora daquela" (*Les Éléments cartésiens de la doctrine spinoziste sur les rapports de la pensée et de son objet*, p. 154).

tará a ideia da ideia como outra ideia, distinta da primeira.[30] Mas, por outro lado, toda ideia se conecta à potência de pensar: mesmo seu ser formal é apenas a condição sob a qual ela participa dessa potência. É desse ponto de vista que aparece a unidade da ideia e da ideia da ideia, enquanto dadas em Deus com a mesma necessidade, *da mesma potência de pensar*.[31] Então, há tão somente uma distinção de razão entre as duas ideias: a ideia da ideia é a forma da ideia, conectada como tal à potência de pensar. *[112]*

As pseudocontradições do paralelismo se esvaem quando são distinguidos dois argumentos bem diferentes: o das potências e sua igualdade, o dos atributos e sua igualdade. O paralelismo epistemológico decorre da igualdade das potências. O paralelismo ontológico decorre da igualdade dos atributos (relativamente à potência de existir). Todavia, ainda subsiste uma dificuldade. O escólio de II, 7 passa do paralelismo epistemológico ao paralelismo ontológico. Nessa passagem, ele procede por simples generalização: "E eu entendo o mesmo para os outros atributos". Mas como dar conta dessa passagem? Do fato de que um objeto (num atributo qualquer) e uma ideia (no atributo pensamento) são uma única e mesma coisa (indivíduo), Espinosa conclui que objetos, em todos os atributos, são uma única e mesma coisa (modificação). Ora, pareceria que a argumentação devesse nos conduzir, não à unidade de uma modificação, mas, ao contrário, a uma pluralidade irredutível e infinita de pares "ideia-objeto".

A dificuldade só é resolvida ao se levar em conta o estatuto complexo da ideia de Deus. Do ponto de vista de sua necessidade objetiva, a ideia de Deus é princípio absoluto e tem tanta unidade quanto a substância absolutamente infinita. Do ponto de vista de

[30] *TRE*, 34-35: *altera idea* ou *altera essentia objectiva* são usadas por três vezes. A distinção entre a ideia e a ideia da ideia é até mesmo assimilada à distinção entre a ideia de triângulo e a ideia de círculo.

[31] *E*, II, 21, esc. (sobre a existência de uma simples distinção de razão entre a ideia da ideia e a ideia, ver *E*, IV, 8, dem. e V, 3, dem.).

sua possibilidade formal, ela é apenas um modo que encontra seu princípio no atributo pensamento. Eis, portanto, que a ideia de Deus está apta a comunicar aos modos alguma coisa da unidade substancial. Com efeito, haverá uma unidade propriamente modal nas ideias que decorrem da própria ideia de Deus, isto é, nos modos de pensar que fazem parte do entendimento infinito. É, portanto, uma mesma modificação que se exprimirá numa infinidade de maneiras, no entendimento infinito de Deus. *Então*, os objetos que essas ideias representam serão objetos que só diferem pelo atributo: assim como suas ideias, eles exprimirão uma única e mesma modificação. Um modo, nesse atributo, forma com a ideia que o representa um "indivíduo" irredutível; como também uma ideia, no atributo pensamento, com o objeto que ela representa. Porém, nessa infinidade de indivíduos, estes se correspondem porque exprimem uma única modificação. Assim, a mesma modificação não existe apenas numa infinidade de modos, mas também numa infinidade de indivíduos, cada um dos quais é constituído por um modo e pela ideia desse modo.

Por que, então, seria preciso passar pelo paralelismo epistemológico? Por que não concluir diretamente, da *[113]* unidade da substância, pela unidade de uma modificação substancial? É que Deus produz nos atributos formalmente ou realmente distintos; é certo que os atributos se exprimem, mas cada um se exprime por conta própria, como forma última e irredutível. Sem dúvida, tudo nos faz pensar que a produção se beneficiará de uma unidade que deriva da própria substância. Pois, se cada atributo se exprime por conta própria, Deus também produzirá em todos os atributos ao mesmo tempo. Portanto, tudo permite prever que, nos diferentes atributos, haverá modos que exprimem a mesma modificação. Entretanto, não podemos ter certeza absoluta disso. No limite, poder-se-ia conceber tantos mundos quantos são os atributos. A Natureza seria una na sua substância, porém, múltipla nas suas modificações, e o que é produzido num atributo fica permanecendo absolutamente diferente daquilo que é produzido em outro. Por terem os modos uma consistência própria, uma especificidade, é que somos forçados a buscar uma razão particular da unidade de que são capazes. Kant censurava o espinosismo por não ter buscado um princípio específico para a unidade do diverso no modo.[32] (Ele pensava na unidade dos modos em um mesmo atributo, mas o mesmo problema é colocado para a unidade de uma modificação relativamente aos modos de atributos diferentes.) Ora, a objeção não parece legítima. Espinosa estava perfeitamente consciente de um problema particular da unidade dos modos, e da necessidade de apelar a princípios originais para dar conta da passagem da unidade substancial à unidade modal.

É certamente a ideia de Deus que nos dá tal princípio, em virtude do seu duplo aspecto. Passa-se da unidade da substância, constituída por todos os atributos que exprimem sua essência, à unidade de uma modificação compreendida no entendimento infinito, mas constituída por modos que a exprimem em cada atributo. À questão: por que não há tantos mundos quantos são os atributos de Deus?, Espinosa responde apenas remetendo o leitor ao escólio de II, 7.[33] Ora, é precisamente esse texto que implica um argumento que procede pelo entendimento infinito (donde a importância da alusão a "certos hebreus"): o entendimento de Deus tem tanta unidade quanto a substância divina, pois então as coisas compreendidas por ele têm tanta unidade quanto ele mesmo.

---

[32] Immanuel Kant, *Critique du jugement* (Paris, 1790, § 73).

[33] Schuller é quem levantava a questão na *Carta 63* (III, p. 203).

Capítulo VIII
EXPRESSÃO E IDEIA
[114]

[Primeiro aspecto do método, formal ou reflexivo: a ideia da ideia, a ideia que se explica pela nossa potência de compreender. — Forma e reflexão.

Passagem ao segundo aspecto. — Segundo aspecto do método, material ou genético: o conteúdo da ideia verdadeira, a ideia adequada, a ideia que exprime sua própria causa. — Ideia adequada e definição genética. — Papel da ficção. — Como a gênese nos conduz à ideia de Deus. — Passagem ao terceiro aspecto: chegar o mais rapidamente possível à ideia Deus. — Terceiro aspecto do método: unidade da forma e do conteúdo, o autômato espiritual, a concatenação. — Expressão e representação.

Definição material e definição formal da verdade. — A expressão, a ideia adequada e a ideia reflexiva. — Caráter adequado da ideia de Deus.]

A filosofia de Espinosa é uma "lógica". A natureza e as regras dessa lógica são o objeto do método. É importante a questão de saber se o método e a lógica do *Tratado da reforma* são conservados inteiramente na *Ética*; mas ela só pode ser resolvida através do exame do próprio *Tratado*. Ora, este nos apresenta duas partes distintas. A primeira parte diz respeito ao objetivo do método ou da filosofia, o objetivo final do pensamento: ela trata, em princípio, da forma da ideia verdadeira.[1] A segunda parte diz respeito, principalmente, aos meios de atingir esse objetivo; ela trata do con-

---

[1] Ver *TRE*, 39: *Una methodi pars* [Uma parte do método]; 106: *Prae-*

teúdo da ideia verdadeira.[2] A primeira parte antecipa necessariamente a segunda, assim como o objetivo predetermina os meios graças aos quais ele será atingido. É preciso analisar cada um desses pontos.

O objetivo da filosofia ou a primeira parte do método não consistem em nos fazer conhecer alguma coisa, mas em nos fazer conhecer nossa potência de compreender. Fazer-nos conhecer não a Natureza, mas fazer-nos conceber e adquirir uma natureza humana superior.[3] Isso quer dizer que o método, sob seu primeiro aspecto, é essencialmente reflexivo: ele consiste apenas no conhecimento do entendimento puro, de sua natureza, de suas leis e de suas forças.[4] "O método é *[115]* tão somente o conhecimento reflexivo ou a ideia da ideia."[5] Quanto a isso, não veremos diferença alguma entre a *Ética* e o *Tratado da reforma*. O objeto do método é também o objetivo final da filosofia. O livro V da *Ética* descreve esse objetivo, não como o conhecimento de alguma coisa, mas como o conhecimento da nossa potência de compreender ou do nosso entendimento; dele se deduz as condições da beatitude, como plena efetuação dessa potência. Donde o título do livro V: *De potentia intellectus seu de libertate humana* [*Da potência do intelecto ou da liberdade humana*].

"Uma vez que o método é o próprio conhecimento reflexivo, esse princípio que deve dirigir nossos pensamentos só pode ser o conhecimento daquilo que constitui a *forma* da verdade."[6] Em

---

cipua nostrae methodi pars [A parte principal do nosso método]. Segundo as declarações de Espinosa, a exposição dessa primeira parte termina em 91-4.

[2] *TRE*, 91: *Secundam partem*, e 94.

[3] *TRE*, 37 (e 13: *Naturam aliquam humanam sua multo firmiorem* [Outra natureza humana muito superior à sua]).

[4] *TRE*, 106: *Vires et potentiam intellectus* [Forças e potência do intelecto], *Carta 37, a Bouwmeester* (III, p. 135): "Vê-se claramente qual deve ser o verdadeiro método e em que ele consiste essencialmente, a saber, unicamente no conhecimento do entendimento puro, da sua natureza e das suas leis".

[5] *TRE*, 38.

[6] *TRE*, 105.

que consiste essa conexão da forma e da reflexão? O conhecimento reflexivo é a ideia da ideia. Vimos que a ideia da ideia se distinguia da ideia, desde que conectássemos esta, no seu ser formal, à potência de existir, e aquela, no seu ser objetivo, à potência de pensar. Porém, de um outro ponto de vista, a ideia tomada no seu ser formal já se conecta à potência de pensar. Com efeito, o ser formal da ideia é sua existência no atributo pensamento. Ora, esse atributo não é somente um gênero de existência, é também a condição sob a qual alguma coisa é conectada a uma potência de pensar, de compreender ou de conhecer. Deus, sob o atributo pensamento, tem uma potência absolutamente infinita de pensar. Uma ideia, no atributo pensamento, tem uma potência determinada de conhecer ou de compreender. A potência de compreender, que pertence a uma ideia, é a potência de pensar do próprio Deus, enquanto ela "se explica" por essa ideia. Vê-se, portanto, que a ideia da ideia é a ideia considerada em sua forma, enquanto possui uma potência de compreender ou de conhecer (como parte da potência absoluta de pensar). Nesse sentido, forma e reflexão se implicam.

A forma, portanto, é sempre forma de uma ideia que *temos*. Mais precisamente: só existe forma da verdade. Se a falsidade tivesse uma forma, ser-nos-ia impossível tomar o falso pelo verdadeiro, logo, *[116]* enganar-nos.[7] A forma, portanto, é sempre forma de uma ideia verdadeira que temos. Basta ter uma ideia verdadeira para que ela se reflita e reflita sua potência de conhecer; basta saber para saber que se sabe.[8] Por isso, o método supõe que se tenha uma ideia verdadeira qualquer. Supõe uma "força inata" do entendimento, ao qual não pode faltar, dentre todas as ideias que tem, *pelo menos uma que seja verdadeira*.[9] De maneira alguma o

---

[7] Ver *E*, II, 33, dem.

[8] *E*, II, 43, prop. (Esse texto se concilia perfeitamente com aquele do *Tratado da reforma*, 34-5, segundo o qual, inversamente, para saber, não é necessário saber que se sabe).

[9] *TRE*, 33: "A ideia verdadeira, pois temos uma ideia verdadeira [...]"; 39: "Antes de qualquer coisa deve existir em nós uma ideia verdadeira, como *instrumento inato* [...].". Essa ideia verdadeira, suposta pelo método, não traz problema particular algum: nós a temos e a reconhecemos pela "força inata

Expressão e ideia

método tem o objetivo de nos fazer adquirir tal ideia, mas de nos fazer "refletir" aquela que temos, ou de nos fazer compreender nossa potência de conhecer.

Mas em quê consiste essa reflexão? A forma não se opõe ao conteúdo em geral. O ser formal se opõe ao ser objetivo ou representativo: a ideia da ideia é a ideia em sua forma, independentemente do objeto que ela representa. Com efeito, como todos os atributos, o pensamento é autônomo; os modos do pensamento, as ideias, são, portanto, autômatos. Isso quer dizer que eles dependem unicamente do atributo pensamento no seu ser formal: são considerados "sem relação com um objeto".[10] A forma da ideia se opõe, portanto, ao seu conteúdo objetivo ou representativo. Mas de maneira alguma ela se opõe a outro conteúdo que a própria ideia possuiria, independentemente do objeto que representa. De fato, devemos evitar um duplo erro a respeito do conteúdo, mas também a respeito da forma da ideia. Consideremos a definição da verdade como correspondência entre uma ideia e seu objeto. Certamente, ela nada nos ensina sobre a forma da ideia verdadeira: de onde poderíamos saber se uma ideia convém com o objeto? Mas ela também nada nos ensina sobre o conteúdo da ideia verdadeira; pois uma ideia verdadeira, segundo essa definição, não teria mais realidade ou perfeição interna do que uma falsa.[11] *[117]* A concepção da verdade como correspondência não nos dá definição alguma do verdadeiro, nem material, nem formal; ela nos propõe apenas uma definição nominal, uma denominação extrínseca. Ora, talvez se pense que "o claro e o distinto" possam nos dar uma melhor determinação, isto é, uma característica interna do verdadeiro, tal como ele é *na* ideia. De fato, isso de nada adianta. Tomados neles mesmos, o claro e o distinto dizem respeito, sim, ao conteúdo da ideia, mas apenas ao seu conteúdo "objetivo" ou

---

do entendimento" (*TRE*, 31), motivo pelo qual Espinosa pode dizer que o método exige tão somente um "conhecimento muito pequeno do espírito" (*mentis historialam*), do gênero daquele ensinado por Bacon: ver *Carta 37, a Bouwmeester* (III, p. 135).

[10] *E*, II, 21, esc.

[11] Ver *BT*, II, cap. 15, 2.

"representativo". Eles também dizem respeito à forma, mas apenas à forma de uma "consciência psicológica" da ideia. *Assim, eles nos permitem reconhecer uma ideia verdadeira, precisamente aquela que o método supõe*, mas isso não nos dá conhecimento algum do conteúdo material dessa ideia nem de sua forma lógica. Mais do que isso, o claro e o distinto são incapazes de ultrapassar a dualidade da forma e do conteúdo. A clareza cartesiana não é una, mas dupla; o próprio Descartes nos convida a distinguir uma evidência material, que seria como que a clareza e a distinção do conteúdo objetivo da ideia, e uma evidência formal, clareza que diz respeito à "razão" de nossa crença na ideia.[12] É esse dualismo que se prolongará na divisão cartesiana do entendimento e da vontade. Resumindo, falta ao cartesianismo não só conceber o verdadeiro conteúdo como conteúdo material, e a verdadeira forma, como forma lógica da ideia, mas também elevar-se à posição do "autômato espiritual", implicando a identidade dos dois.

Há um formalismo lógico que não se confunde com a forma da consciência psicológica. Há um conteúdo material da ideia que não se confunde com um conteúdo representativo. Basta ter acesso a essa verdadeira forma e a esse verdadeiro conteúdo para conceber, ao mesmo tempo, a unidade dos dois: a alma ou o entendimento como "autômato espiritual". *A forma, enquanto forma de verdade, [118] coincide com o conteúdo de uma ideia verdadeira qualquer*: pensando o conteúdo de uma ideia verdadeira que temos, é que refletimos a ideia nessa forma e compreendemos nossa potência de conhecer. Podemos ver, então, por que o método comporta uma segunda parte, e por que a primeira necessariamente antecipa a segunda. A primeira parte do método, ou o objetivo fi-

---

[12] Em suas *Réponses aux secondes objections*, Descartes apresenta um princípio geral: "É preciso distinguir entre a *matéria*, ou a coisa à qual entregamos nossa crença, e a *razão formal*, que move nossa vontade de entregá-la" (AT, IX, p. 115). Esse princípio explica, segundo Descartes, que a matéria, sendo obscura (matéria de religião), não deixamos por isso de ter uma razão clara para dar nossa adesão (luz da graça). Mas esse princípio também se aplica ao caso do conhecimento natural: a matéria clara e distinta não se confunde com a razão formal, ela mesma clara e distinta, da nossa crença (luz natural).

Expressão e ideia

nal, diz respeito à forma da ideia verdadeira, a ideia da ideia ou a ideia reflexiva. A segunda parte diz respeito ao conteúdo da ideia verdadeira, isto é, a ideia adequada. Essa segunda parte é como que o meio subordinado ao objetivo, mas é também como que o meio do qual depende a realização do objetivo. Ela pergunta: em que consiste o conteúdo da ideia, ou seja, a ideia como adequada?

Do ponto de vista da forma, a ideia verdadeira é a ideia da ideia; e, do ponto de vista da matéria, ela é a ideia adequada. Assim como a ideia da ideia se define como *ideia reflexiva*, a ideia adequada se define como *ideia expressiva*. O termo "adequado", em Espinosa, nunca significa a correspondência da ideia com o objeto que ela representa ou designa, mas a conveniência interna da ideia com alguma coisa que ela exprime. O que ela exprime? Consideremos a ideia, primeiramente, como conhecimento de alguma coisa. Ela só é um verdadeiro conhecimento na medida em que diz respeito à essência da coisa: ela deve "explicar" essa essência. Mas ela só explica a essência na medida em que compreende a coisa pela sua causa próxima; ela deve "exprimir" essa mesma causa, isto é, "envolver" o conhecimento da causa.[13] Tudo é aristotélico nessa concepção do conhecimento. Espinosa não quer dizer simplesmente que os efeitos conhecidos dependem das causas. Ele quer dizer, à maneira de Aristóteles, que o conhecimento de um efeito depende, ele próprio, do conhecimento da causa. Mas esse princípio aristotélico encontra-se renovado pela inspiração paralelista: que o conhecimento vá assim da causa ao efeito deve ser compreendido como a lei de um pensamento autônomo, a expressão de uma potência absoluta da qual todas as ideias dependem. *[119]* Portanto, dá no mesmo dizer que o conhecimento do efeito, tomado objetivamente, "envolve" o conhecimento da causa, ou que a ideia,

---

[13] A definição (ou o conceito) *explica* a essência e *compreende* a causa próxima: *TRE*, 95-96. Ela *exprime* a causa eficiente: *Carta 60, a Tschirnhaus* (III, p. 200). O conhecimento do efeito (ideia) *envolve* o conhecimento da causa: *E*, I, axioma 4, e II, 7, dem.

tomada formalmente, "exprime" sua própria causa.[14] *A ideia adequada é precisamente a ideia que exprime sua causa.* É nesse sentido que Espinosa lembra que seu método se funda na possibilidade de encadear as ideias umas às outras, sendo uma a "causa completa" de uma outra.[15] Enquanto permanecermos em uma ideia clara e distinta, teremos apenas o conhecimento de um efeito; ou, caso se prefira, conheceremos apenas uma propriedade da coisa.[16] Somente a ideia adequada, enquanto expressiva, nos faz conhecer pela causa, ou nos faz conhecer a essência da coisa.

Então, podemos ver em que consiste a segunda parte do método. Somos sempre levados a supor que temos uma ideia verdadeira, nós a reconhecemos por sua clareza. No entanto, mesmo que a "força inata" do entendimento nos assegure, ao mesmo tempo, esse reconhecimento e essa posse, permanecemos ainda no mero elemento do acaso (*fortuna*). Ainda não temos uma ideia adequada. Todo o problema do método vem a ser este: como desprender do acaso nossos pensamentos verdadeiros? Quer dizer: como fazer de um pensamento verdadeiro uma ideia adequada, que se encadeie com outras ideias adequadas? Partimos, portanto, de uma ideia verdadeira. *Será até mesmo vantajoso para nós, em função do nosso desígnio, escolher uma ideia verdadeira, clara e distinta, que dependa, com toda evidência, da nossa potência de pensar, não tendo objeto algum na natureza, por exemplo a ideia de esfera (ou de círculo).*[17] Devemos tornar adequada tal ideia, reatá-la, portanto, à sua própria causa. Não se trata, como no método cartesiano, de conhecer a causa a partir do efeito; tal procedimento nada nos faria conhecer da causa, a não ser, precisamente, aquilo que consideramos no efeito. Trata-se, ao contrário, de compreender o co-

[14] *TRE*, 92: "O conhecimento do efeito consiste exclusivamente em adquirir um conhecimento mais perfeito da causa".

[15] *Carta 37, a Bouwmeester* (III, p. 135). Assim é a *concatenatio intellectus* (*TRE*, 95).

[16] *TRE*, 19 e 21 (sobre essa insuficiência da ideia clara e distinta, ver o cap. seguinte).

[17] *TRE*, 72.

Expressão e ideia

145

nhecimento que temos do efeito por um conhecimento da causa, que é mais perfeito.

Pode-se objetar que, de toda maneira, partimos *[120]* de um efeito conhecido, quer dizer, de uma ideia supostamente dada.[18] Não estamos indo, porém, das propriedades do efeito para certas propriedades da causa, que apenas seriam como que condições necessárias em função desse efeito. Partindo do efeito, determinamos a causa, *mesmo que seja por "ficção"*, como *razão suficiente* de todas as propriedades que concebemos possuídas por ele.[19] É nesse sentido que conhecemos *pela* causa, ou que a causa é melhor conhecida do que o efeito. O método cartesiano é um método regressivo e analítico. O método espinosista é um método reflexivo e sintético: reflexivo porque compreende o conhecimento do efeito pelo conhecimento da causa; sintético porque engendra todas as propriedades do efeito a partir da causa conhecida como razão suficiente. Temos uma ideia adequada, na medida em que, da coisa da qual concebemos claramente certas propriedades, damos uma definição *genética*, donde decorrem, pelo menos, todas as propriedades conhecidas (e até mesmo outras que não conhecíamos). Foi frequentemente ressaltado que a matemática, em Espinosa, desempenhava exclusivamente o papel de um tal processo genético.[20] A causa, como razão suficiente, é aquilo que, sendo dado, faz com

[18] Por exemplo, temos a ideia do círculo como sendo uma figura cujos raios são todos iguais: isso é apenas a ideia clara de uma "propriedade" do círculo (*TRE*, 95). Assim também, na busca final de uma definição do entendimento, devemos partir de *propriedades* do entendimento *claramente* conhecidas: *TRE*, 106-110. Como vimos, esse é o *requisito* do método.

[19] Assim, *a partir do* círculo como figura de raios iguais, formamos a *ficção* de uma causa, a saber, que uma linha reta se move em torno de uma de suas extremidades: *fingo ad libitum* (*TRE*, 72). [NT: *fingo ab libitum* = "invento à vontade": *Ex. Gr. ad formandum comceptum globi fingo ad libitum causam...* = "Por exemplo, para formar o conceito de esfera, invento uma causa à vontade...".]

[20] O que interessa a Espinosa na matemática não é, de maneira alguma, a geometria analítica de Descartes, mas o método sintético de Euclides e as concepções genéticas de Hobbes: Ver Lewis Robinson, *Kommentar zu Spinozas Ethik* (Leipzig, Felix Meiner, 1928, pp. 270-3).

146   O paralelismo e a imanência

que todas as propriedades da coisa também o sejam, e que, sendo suprimido, faz com que todas as propriedades o sejam igualmente.[21] Definimos o plano pelo movimento da linha, o círculo pelo movimento de uma linha cuja extremidade é fixa, a esfera pelo movimento de um semicírculo. Na medida em que a definição da coisa exprime a causa eficiente, ou a gênese do definido, a própria ideia da coisa é que exprime sua causa própria: fizemos da ideia algo de adequado. É nesse sentido que Espinosa diz que a segunda parte do método é, primeiramente, uma teoria da definição: "O [121] ponto principal de toda esta segunda parte do método se refere, exclusivamente, ao conhecimento das condições de uma boa definição [...]".[22]

De acordo com o que foi dito, o método espinosista já se distingue de todo procedimento analítico; entretanto, ele não deixa de ter uma aparência regressiva. A reflexão toma a mesma aparência da análise, já que "supomos", primeiramente, uma ideia, visto que partimos do suposto conhecimento de um efeito. Supomos conhecidas claramente certas propriedades do círculo; elevamo-nos à razão suficiente de onde todas as propriedades decorrem. Porém, ao determinar a razão do círculo como movimento de uma linha em torno de uma das suas extremidades, não atingimos ainda um pensamento que seria formado por si mesmo ou "absolutamente". É que tal movimento não está contido no conceito de linha; ele mesmo é *fictício* e requer uma causa que o determine. Eis por que, se a segunda parte do método consiste, primeiramente, na teoria da definição, ele não se reduz a essa teoria. Um último problema se apresenta: *como conjurar a suposição da qual se partiu?* Da mesma maneira, como sair de um encadeamento fictício? Como construir o próprio real, ao invés de permanecer no nível das coisas matemáticas ou dos seres de razão? Chegamos à posição de um princípio a partir de uma hipótese; *mas é preciso que o princípio seja de natureza tal que se libere inteiramente da hipótese*, que ele funde a si próprio e ao movimento pelo qual aí chegamos; é pre-

[21] *TRE*, 110.
[22] *TRE*, 94.

Expressão e ideia

ciso que ele torne caduco, *tão logo quanto possível*, o pressuposto do qual partimos para descobri-lo. O método espinosista, na sua oposição a Descartes, coloca um problema muito análogo ao de Fichte, em sua reação contra Kant.[23] *[122]*

Espinosa reconhece que não pode expor, de imediato, "as verdades da natureza" na ordem devida.[24] Ou seja: ele não pode, de imediato, encadear as ideias como devem ser encadeadas, para que o Real seja reproduzido unicamente pela potência do pensamento. Não se trata de ver nisso uma insuficiência do método, mas uma exigência do método espinosista, sua maneira própria de ganhar tempo. É que, em troca, Espinosa também reconhece que pode chegar *muito depressa* ao princípio absoluto do qual decorrem todas as ideias, na ordem devida: o método só será perfeito quando possuirmos a ideia do Ser perfeito; "portanto, desde o início, te-

---

[23] Fichte, não menos que Kant, parte de uma "hipótese". Contrariamente a Kant, porém, ele pretende chegar a um princípio absoluto que faz desaparecer a hipótese inicial: dessa maneira, assim que o princípio é descoberto, o dado tem que dar lugar a uma construção do dado, o "julgamento hipotético" a um "julgamento tético", a análise a uma gênese. Martial Gueroult diz muito bem: "Seja qual for o momento, [*A doutrina da ciência*] afirma sempre que, devendo o princípio valer por si só, o método analítico não deve perseguir outro fim que não sua própria supressão; ele entende muito bem, portanto, que toda eficácia deve caber unicamente ao método construtivo" (*L'Évolution et la structure de la Doctrine de la science chez Fichte*, Paris, Les Belles Lettres, 1930, t. I, p. 174).

[24] Espinosa invocou a "ordem devida" (*debito ordine*), *TRE*, 44. Em 46, ele acrescenta: "Se por acaso alguém perguntar por que eu mesmo, primeiro e antes de tudo, não expus nessa ordem as verdades da Natureza, uma vez dito que a verdade se manifesta a si própria, responderei a ele e, ao mesmo tempo, o aconselharei [...] a gentilmente considerar, primeiro, a ordem da nossa demonstração". (A maior parte dos tradutores supõe que haja uma lacuna nesse último texto, e consideram que o próprio Espinosa faz a si mesmo uma "objeção pertinente". Eles consideram que, mais tarde, na *Ética*, Espinosa teria encontrado o meio de expor as verdades "na ordem devida". [Ver Koyré, trad. do *TRE*, Paris, Vrin, p. 105]. Não nos parece que haja a menor lacuna: Espinosa diz que não pode, *desde o início*, seguir a ordem devida, porque essa ordem só pode ser alcançada *em certo momento* na ordem das demonstrações. E longe de corrigir esse ponto, a *Ética* o mantém rigorosamente, como veremos no capítulo XVIII).

mos que ficar atentos para chegar *o mais rapidamente possível* ao conhecimento de tal ser". É preciso que "comecemos, *tão logo quanto possível*, pelos primeiros elementos, isto é, pela fonte e origem da Natureza"; "em conformidade com a ordem, e para que todas as nossas percepções sejam ordenadas e unificadas, é preciso também que, *tão rapidamente quanto possível e tanto quanto a razão o exija*, busquemos se há um Ser, e também qual é ele, que seja a causa de todas as coisas, a fim de que sua essência objetiva seja também a causa de todas as nossas ideias".[25] Acontece que os intérpretes deformam esses textos. Acontece também que eles os explicam como se dissessem respeito a um momento imperfeito do pensamento de Espinosa. Mas não é assim: que não se possa partir da ideia de Deus, que não se possa instalar-se em Deus desde o início, isso é uma constante do espinosismo. As diferenças entre a *Ética* e o *Tratado da reforma* são reais, mas não *[123]* incidem sobre esse ponto (elas incidem apenas sobre os meios utilizados para chegar o mais depressa possível à ideia de Deus).

Qual é a teoria do *Tratado da reforma*? Se considerarmos uma regressão ao infinito, ou seja, um encadeamento infinito de coisas que não existem por sua própria natureza, ou cujas ideias não são formadas por elas mesmas, reconheceremos que o conceito dessa regressão nada tem de absurdo. Porém, ao mesmo tempo, e esse é o verdadeiro sentido da prova *a posteriori* clássica, seria absurdo não reconhecer o seguinte: que as coisas que não existem por sua natureza estão determinadas a existir (e a produzir seu efeito) por uma coisa que, esta sim, existe necessariamente e produz seus efeitos por si. É sempre Deus quem determina uma causa qualquer a produzir seu efeito; da mesma maneira que Deus nunca é, propriamente falando, causa "distante" ou "distanciada".[26] Não partimos, portanto, da ideia de Deus, mas a ela chegamos muito depressa, desde o início da regressão; caso contrário, não poderíamos nem mesmo compreender a possibilidade de uma sé-

[25] *TRE*, 49, 75, 99. (Também nesse último texto, muitos tradutores deslocam *et ratio postulat* ["e a razão exige"] para endereçá-lo ao conjunto da frase.)

[26] *E*, I, 26, prop.

Expressão e ideia

149

rie, sua eficiência e sua atualidade. *Pouco importa, então, que passemos por uma ficção*. Pode até ser vantajoso invocar uma ficção para chegar o mais depressa possível à ideia de Deus, sem cair nas armadilhas de uma regressão infinita. Por exemplo, concebemos a esfera, formamos uma ideia à qual, na natureza, objeto algum corresponde. Explicamos essa ideia pelo movimento do semicírculo: esta causa é bem fictícia, pois nada existe na natureza que seja produzido dessa maneira; ela não deixa de ser uma "percepção verdadeira", mas apenas na medida em que está ligada à ideia de Deus como ao princípio que determina idealmente o semicírculo a mover-se, isto é, que determina essa causa a produzir a ideia de esfera.

Ora, tudo muda desde que chegamos assim à ideia de Deus. Pois formamos essa ideia por ela mesma e absolutamente. "Se há um Deus, ou algum ser onisciente, ele não pode formar absolutamente ficção alguma."[27] A partir da ideia de Deus, deduzimos todas as ideias umas das outras, na "ordem devida". Não apenas a ordem é agora a de uma síntese progressiva, como também, tomadas nessa ordem, as ideias não podem mais consistir em seres *[124]* de razão e excluem toda ficção. São necessariamente ideias de "coisas reais ou verdadeiras", ideias às quais corresponde alguma coisa na natureza.[28] A partir da ideia de Deus, a produção das ideias é, nela mesma, uma reprodução das coisas da natureza; o encadeamento das ideias não tem que copiar o encadeamento das coisas; ele reproduz automaticamente esse encadeamento, na medida em que as ideias são produzidas, elas mesmas e por conta própria, a partir da ideia de Deus.[29]

É certo que as ideias "representam" alguma coisa, mas elas só representam precisamente alguma coisa porque "exprimem" sua própria causa, e exprimem a essência de Deus que determina essa causa. Todas as ideias, diz Espinosa, exprimem ou envolvem

[27] *TRE*, 54.

[28] Ver *E*, V, 30, dem.: "Conceber as coisas enquanto são concebidas pela essência de Deus como seres reais".

[29] *TRE*, 42.

a essência de Deus, e, enquanto tais, são ideias de coisas reais ou verdadeiras.[30] Não mais estamos no processo regressivo que ata uma ideia verdadeira a sua causa, mesmo que seja por ficção, para elevar-se tão depressa quanto possível, à ideia de Deus: esse processo determinava apenas de direito o conteúdo da ideia verdadeira. Seguimos agora um procedimento progressivo, que exclui toda ficção, indo de um ser real a outro, deduzindo as ideias umas das outras, a partir da ideia de Deus: então, as ideias se encadeiam em conformidade com seu conteúdo próprio; mas também seu conteúdo acha-se determinado por esse encadeamento; *apreendemos a identidade da forma e do conteúdo*, estamos certos de que o encadeamento das ideias reproduz a realidade como tal. Veremos mais tarde, em detalhe, como se faz essa dedução. Por ora, nos basta considerar que a ideia de Deus, como princípio absoluto, se liberta da hipótese da qual partimos para nos elevar a essa ideia, e funda um encadeamento das ideias adequadas idêntico à construção do real. Portanto, a segunda parte do método não se contenta com uma teoria da definição genética, mas deve completar-se na teoria de uma dedução produtiva. *[125]*

O método de Espinosa comporta, portanto, três grandes capítulos, cada um estreitamente implicado pelos outros. A primeira parte do método diz respeito ao fim do pensamento: este, mais do que conhecer alguma coisa, consiste em conhecer nossa potência de conhecer. Desse ponto de vista, o pensamento é considerado em sua forma: a forma da ideia verdadeira é a ideia da ideia ou a ideia reflexiva. A definição formal da verdade é a seguinte: a ideia verdadeira é a ideia *enquanto ela se explica pela nossa po-*

---

[30] *E*, II, 45, prop: "Toda ideia de algum corpo ou de coisa singular existente em ato envolve necessariamente a essência eterna e infinita de Deus". (No escólio, e também no escólio de V, 29, Espinosa realça que as coisas existentes em ato designam aqui as coisas como "verdadeiras ou reais", tal como elas decorrem da natureza divina, sendo suas ideias, portanto, ideias adequadas.)

Expressão e ideia

tência de conhecer. Sob esse primeiro aspecto, o método é, ele próprio, reflexivo.

A segunda parte do método diz respeito ao meio para realizar esse fim: supondo-se dada uma ideia verdadeira qualquer, devemos ainda fazer dela uma ideia adequada. A adequação constitui a matéria do verdadeiro. A definição da ideia adequada (definição material da verdade) se apresenta assim: a ideia *enquanto exprime sua própria causa e enquanto exprime a essência de Deus como determinante dessa causa*. A ideia adequada é, portanto, a ideia expressiva. Sob esse segundo aspecto, o método é genético: determina-se a causa da ideia como razão suficiente de todas as propriedades da coisa. É essa parte do método que nos leva ao mais elevado pensamento, isto é, que nos conduz o mais depressa possível à ideia de Deus.

A segunda parte completa-se num terceiro e último capítulo, que diz respeito à unidade da forma e do conteúdo, do objetivo e do meio. Em Espinosa acontece o mesmo que em Aristóteles, onde a definição formal e a definição material geralmente despedaçam a unidade real de uma definição completa. Entre a ideia e a ideia da ideia há tão somente uma distinção de razão: a ideia reflexiva e a ideia expressiva são, na realidade, uma única e mesma coisa.

Como compreender essa unidade última? Nunca uma ideia tem como causa o objeto que ela representa; ao contrário, ela representa um objeto porque exprime *sua própria* causa. Há, portanto, um conteúdo da ideia, conteúdo expressivo e não representativo, que se refere apenas à potência de pensar. Mas a potência de pensar é o que constitui a forma da ideia como tal. A unidade concreta das duas se manifesta quando todas as ideias se deduzem umas das outras, materialmente a partir da ideia de Deus, formalmente apenas sob a potência de pensar. Desse ponto *[126]* de vista, o método é dedutivo: a forma, como forma lógica, e o conteúdo, como conteúdo expressivo, reúnem-se no encadeamento das ideias. É preciso notar o quanto Espinosa insiste sobre essa unidade no encadeamento. No exato momento em que ele diz que o método não se propõe em nos fazer conhecer alguma coisa, mas em nos fazer conhecer nossa potência de compreender, ele acrescenta que só conhecemos esta na medida em que conhecemos o maior número possível de coisas ligadas umas às outras.[31] Inversamente, quando ele mostra que nossas ideias são causas umas das outras, conclui que todas têm como causa nossa potência de compreender ou de pensar.[32] Mas é sobretudo o termo "autômato espiritual" que dá testemunho da unidade. A alma é uma espécie de autômato espiritual, ou seja: pensando obedecemos apenas às leis do pensamento, leis que determinam ao mesmo tempo a forma e o conteúdo da ideia verdadeira, que nos fazem encadear as ideias a partir de suas próprias causas e de acordo com nossa própria potência, de maneira que não conhecemos nossa potência de compreender sem conhecer pelas causas todas as coisas que caem sob essa potência.[33]

Em que sentido a ideia de Deus é "verdadeira"? Não se trata de dizer que ela exprime sua própria causa: formada absolutamente, ou seja, sem ajuda de outras ideias, ela *exprime o infinito*. Portanto, é a propósito da ideia de Deus que Espinosa declara: "A forma do pensamento verdadeiro deve residir nesse próprio pensamento, sem conexão alguma com outros pensamentos".[34] Pode parecer estranho, entretanto, que Espinosa não reserve a aplicação desse princípio à ideia de Deus, mas o estenda a todos os pensamentos. A ponto de acrescentar: "Não é preciso dizer que a diferença (entre o verdadeiro e o falso) vem de que o pensamento verdadeiro consiste em conhecer as coisas pelas suas causas primeiras, *[127]* no que certamente ele já seria muito diferente do falso".

---

[31] *TRE*, 40, 41.

[32] *Carta 37, a Bouwmeester* (III, p. 135).

[33] O "autômato espiritual" aparece em *TRE*, 85. Quanto a Leibniz, que só vai usar a expressão depois do *Système nouveau* de 1695, é bem provável que ele a tenha tomado emprestado de Espinosa. E apesar da diferença das duas interpretações, o autômato espiritual tem um aspecto comum em Leibniz e em Espinosa: ele designa a nova forma lógica da ideia, o novo conteúdo expressivo da ideia, e a unidade dessa forma e desse conteúdo.

[34] Ver *TRE*, 70-1.

Expressão e ideia

Acreditamos que esse texto obscuro deva ser interpretado assim: Espinosa reconhece que o conhecimento verdadeiro se faz pela causa, mas estima que existe ainda aí apenas uma definição material do verdadeiro. A ideia adequada é a ideia que está exprimindo a causa; mas não sabemos ainda o que constitui a forma do verdadeiro, o que dá uma definição formal da própria verdade. Aí como alhures, não devemos confundir absolutamente *o que se exprime* e *o exprimido*: o exprimido é a causa, mas o que se exprime é sempre nossa potência de conhecer ou de compreender, a potência do nosso entendimento. É por isso que Espinosa diz: "O que constitui a forma do pensamento verdadeiro deve ser buscado nesse mesmo pensamento, e ser deduzido da natureza do entendimento".[35] É por isso também que ele dirá que o terceiro gênero de conhecimento tem como causa formal tão somente a alma ou o próprio entendimento.[36] O mesmo acontece com a ideia de Deus: o exprimido é o infinito, mas o que se exprime é a potência absoluta de pensar. Seria preciso, portanto, juntar o ponto de vista da forma ao da matéria para, finalmente, conceber a unidade concreta dos dois, assim como ela é manifestada pelo encadeamento das ideias. É somente dessa maneira que chegaremos à definição completa do verdadeiro, e compreenderemos o fenômeno total da expressão na ideia. Não apenas a ideia de Deus, mas todas as ideias se explicam formalmente pela potência de pensar. O conteúdo da ideia se reflete na forma, exatamente como o exprimido se conecta ou se atribui ao que se exprime. É ao mesmo tempo que todas as ideias decorrem materialmente da ideia de Deus, e formalmente da potência de pensar: seu encadeamento traduz a unidade das duas derivações.

Temos uma potência de conhecer, de compreender ou de pensar apenas na medida em que participamos da potência absoluta de pensar. Isso implica que nossa alma é, ao mesmo tempo, um modo do atributo pensamento e uma parte do entendimento infinito. Esses dois pontos dizem respeito a um problema clássico, que

[35] *TRE*, 71.

[36] *E*, V, 31, prop.

eles renovam: qual é a natureza da nossa ideia de Deus? Segundo Descartes, por exemplo, não "compreendemos" Deus, mas nem por isso deixamos de ter dele uma ideia clara e distinta; pois "entendemos" *[128]* a infinidade, ainda que negativamente, e "concebemos" a coisa infinita de maneira positiva, ainda que parcialmente. Logo, nosso conhecimento de Deus é apenas limitado de duas maneiras: porque não conhecemos Deus inteiramente, e porque não sabemos como aquilo que conhecemos dele se acha compreendido na sua eminente unidade.[37] Certamente não é o caso de se dizer que Espinosa suprime toda limitação. Mas embora ele se exprima, às vezes, de uma maneira próxima a de Descartes, ele interpreta os limites do nosso conhecimento num contexto inteiramente novo.

Por um lado, a concepção cartesiana apresenta essa mistura de negação e de afirmação que se encontra sempre nos métodos de analogia (basta lembrar das declarações explícitas de Descartes contra a univocidade). Em Espinosa, ao contrário, a crítica radical da eminência e a posição da univocidade dos atributos têm uma consequência imediata: nossa ideia de Deus não é somente clara e distinta, mas também adequada. Com efeito, as coisas que conhecemos de Deus pertencem a Deus sob essa mesma forma em que as conhecemos, ou seja, sob uma forma comum a Deus, que as possui, e às criaturas, que as implicam e as conhecem. Isso não impede notar que, tanto em Espinosa como em Descartes, só conhecemos uma parte de Deus: só conhecemos duas dessas formas, dois atributos apenas, já que nosso corpo implica tão somente o atributo extensão, e nossa ideia apenas o atributo pensamento. "Consequentemente, a ideia do corpo envolve o conhecimento de Deus, mas somente enquanto considerado sob o atributo da extensão...

---

[37] Sobre a distinção entre a infinidade (entendida negativamente) e a coisa infinita (concebida positivamente, mas não inteiramente), ver Descartes, *Réponses aux premières objections*, AT, IX, p. 90. A distinção cartesiana das *quartas respostas*, entre concepção completa e concepção inteira também se aplica, de certa maneira, ao problema do conhecimento de Deus: a *Méditation IV* falava da ideia de Deus como sendo a ideia de um "ser completo" (AT, IX, p. 42), embora não tenhamos dele um conhecimento inteiro.

Expressão e ideia

e, consequentemente, a ideia dessa ideia envolve o conhecimento de Deus enquanto considerado sob o atributo do pensamento e não sob um outro".[38] Mais do que isso, a própria ideia de partes de Deus, em Espinosa, é melhor fundamentada do que em Descartes, estando a unidade divina perfeitamente conciliada com uma distinção real entre atributos. *[129]*

Todavia, mesmo a respeito desse segundo ponto, a diferença entre Descartes e Espinosa permanece fundamental. Pois, antes de conhecer uma parte de Deus, nossa alma é ela mesma "uma parte do entendimento infinito de Deus": com efeito, só temos potência para compreender ou conhecer na medida em que participamos da potência absoluta de pensar, que corresponde à ideia de Deus. Sendo assim, *basta que haja algo em comum entre o todo e a parte para que esse algo nos dê uma ideia de Deus, não somente clara e distinta, mas adequada.*[39] Essa ideia que nos é dada não é a ideia inteira de Deus. Todavia, ela é adequada, porque está tanto na parte quanto no todo. Não nos surpreenderemos, portanto, que Espinosa venha a dizer que a existência de Deus não nos é conhecida por ela mesma: ele quer dizer que esse conhecimento nos é necessariamente dado pelas "noções comuns", sem as quais ela não seria nem mesmo clara e distinta, mas graças às quais ela é adequada.[40] Quando Espinosa lembra, ao contrário, que Deus se faz conhecer imediatamente, que ele é conhecido por si mesmo e não por outra coisa, ele quer dizer que o conhecimento de Deus não precisa nem de signos, nem de procedimentos analógicos: esse conhecimento é adequado porque Deus possui todas as coisas que sabemos pertencer a ele, e as possui sob a própria forma pela qual as

[38] *Carta 64, a Schuller* (III, p. 205).

[39] *E*, II, 46, dem.: "*O que dá* o conhecimento da essência eterna e infinita de Deus é comum a todas as coisas e está igualmente na parte e no todo; consequentemente, esse conhecimento será adequado".

[40] *TTP*, cap. 6 (II, p. 159): "A existência de Deus, não sendo conhecida por ela mesma, deve necessariamente ser concluída de noções cuja verdade seja tão firme e inabalável [...]" e a nota 6 do *TTP* (II, p. 315) lembra que essas noções são as noções comuns.

conhecemos.[41] Que conexão há entre essas noções comuns que nos dão o conhecimento de Deus e essas formas, elas mesmas comuns ou unívocas, sob as quais conhecemos Deus? Devemos ainda deixar para mais tarde essa última análise: ela transborda os limites do problema da adequação.

[41] Ver *BT*, II, cap. 24, 9-13.

Capítulo IX
O INADEQUADO
[130]

[Como "temos" ideias. — As condições sob as quais temos ideias não parecem permitir que essas ideias sejam adequadas. — Em que sentido "envolver" se opõe a "exprimir". — A ideia inadequada é inexpressiva. — Problema de Espinosa: como chegaremos a ter ideias adequadas? — Algo de positivo na ideia inadequada. A insuficiência do claro e do distinto. — O claro e o distinto servem somente à recognição. — Eles carecem de uma razão suficiente. — Descartes se atém ao conteúdo representativo, não atinge o conteúdo expressivo da ideia. Ele se atém à forma da consciência psicológica, não atinge a forma lógica. — O claro e o distinto deixam escapar a essência e a causa. — Leibniz e Espinosa, do ponto de vista da crítica da ideia clara e distinta.]

Quais são as consequências dessa teoria espinosista da verdade? Primeiramente, devemos buscar sua contraprova na concepção da ideia inadequada. *A ideia inadequada é a ideia inexpressiva.* Mas como é possível que tenhamos ideias inadequadas? Essa possibilidade só aparece se determinarmos as condições sob as quais temos ideias em geral.

Nossa própria alma é uma ideia. Nesse sentido, nossa alma é uma afecção ou modificação de Deus sob o atributo pensamento, assim como nosso corpo é uma afecção ou modificação de Deus sob o atributo extensão. Essa ideia, que constitui nossa alma ou nosso espírito, é dada em Deus. Ele a possui, mas a possui, precisamente, enquanto afetado por uma outra ideia, causa desta. Ele a tem, mas enquanto tem, "conjuntamente", uma outra ideia, isto é, a ideia de outra coisa. "A causa da ideia de uma coisa particular é uma outra ideia, vale dizer, Deus enquanto considerado como afetado por uma outra ideia, e ele ainda é causa dessa enquanto afetado por uma outra, e assim ao infinito".[1] Não apenas Deus possui todas as ideias, tantas quantas são as coisas, como também todas as ideias, tal como estão em Deus, exprimem sua própria causa e a essência de Deus que determina essa causa. "Todas as ideias estão em Deus, e, enquanto conectadas a Deus, são verdadeiras e adequadas".[2] Em contrapartida, já podemos pressentir que essa ideia, que constitui nossa alma, *nós não a temos*. Pelo menos, não a temos *[131]* de imediato; pois ela está em Deus, mas somente enquanto ele possui também a ideia de outra coisa.

O que é modo participa da potência de Deus: assim como nosso corpo participa da potência de existir, nossa alma participa da potência de pensar. O que é modo é, ao mesmo tempo, parte, parte da potência de Deus, parte da Natureza. Ele sofre, portanto, necessariamente, a influência das outras partes. Necessariamente, as outras ideias agem sobre nossa alma, assim como os outros corpos sobre nosso corpo. Aparecem aqui "afecções" de uma segunda espécie: não se trata mais do próprio corpo, mas do que acontece no corpo; não se trata mais da alma (ideia do corpo), mas sim do que acontece na alma (ideia do que acontece no corpo).[3] Ora, é nesse sentido que *temos* ideias; pois as ideias dessas afecções estão em Deus, mas enquanto ele se explica apenas pela nossa alma, independentemente das outras ideias que tiver; elas estão, portanto, em nós.[4] Se temos um conhecimento dos corpos exteriores,

---

[1] *E*, II, 9, dem. E ainda II, 11, cor.: Deus "enquanto possui *conjuntamente* com o espírito humano a ideia de uma outra coisa [...]"; III, 1, dem.: Deus "enquanto contém, ao mesmo tempo, os espíritos das outras coisas".

[2] *E*, II, 36, dem.

[3] *E*, II, 9, cor.: "o que acontece (*contingit*) no objeto singular de uma ideia qualquer...".

[4] *E*, II, 12, dem.: "O conhecimento de tudo o que acontece no objeto da ideia que constitui o espírito humano é dado necessariamente em Deus, enquanto este constitui a natureza do espírito humano; ou seja, o conhecimento dessa coisa estará necessariamente no espírito, quer dizer, o espírito a percebe".

do nosso próprio corpo, da nossa própria alma, é unicamente por tais ideias de afecções. Somente elas nos são dadas: só percebemos os corpos exteriores enquanto eles nos afetam, só percebemos nosso corpo enquanto ele é afetado, percebemos nossa alma pela ideia da ideia da afecção.[5] O que denominamos "objeto" é somente o efeito que um objeto tem sobre nosso corpo; o que denominamos "eu" [*moi*] é somente a ideia que temos do nosso corpo e da nossa alma, enquanto sofrem um efeito. O dado se apresenta aqui como a mais íntima e a mais vivida relação, e também a mais confusa, entre o conhecimento dos corpos, o conhecimento do corpo e o conhecimento de si.

Consideremos essas ideias que temos, e que correspondem ao efeito de um objeto sobre nosso corpo. Por um lado, elas dependem da nossa potência de conhecer, quer dizer, da nossa alma ou do nosso espírito, assim como de sua causa formal. Mas não temos a ideia do nosso corpo, nem da nossa alma, independentemente do efeito sofrido. *[132]* O estado em que nos encontramos não permite que nos compreendamos como causa formal das ideias que temos; elas aparecem, quando muito, como sendo o fruto do acaso.[6] Por outro lado, elas têm, por causas materiais, ideias de coisas exteriores. Mas tampouco temos essas ideias de coisas exteriores; elas estão em Deus, mas não enquanto ele constitui nossa alma ou nosso espírito. Portanto, não possuímos nossas ideias em condições tais que possam exprimir sua própria causa (material). Sem dúvida, nossas ideias de afecções "envolvem" sua própria causa, ou seja, a essência objetiva do corpo exterior; mas elas não a "exprimem" nem a "explicam". Da mesma maneira, elas envolvem nossa potência de conhecer, mas não se explicam por ela e remetem ao acaso. *Eis aí um caso em que a palavra "envolver" não é mais um correlativo de "explicar" ou de "exprimir"*, mas se opõe a eles ao designar a mistura do corpo exterior com o nosso corpo na afecção da qual temos a ideia. A fórmula empregada mais frequentemente por Espinosa é a seguinte: nossas ideias de afecções

[5] *E*, II, 19, 23 e 26.

[6] Sobre o papel do acaso (*fortuna*) nas percepções que não são adequadas, ver *Carta 37, a Bouwmeester* (III, p. 135).

O inadequado

indicam um estado do nosso corpo, mas não *explicam* a natureza ou a essência do corpo exterior.[7] Isso quer dizer que as ideias que temos são signos, imagens indicativas impressas em nós, e não ideias expressivas e formadas por nós; são percepções ou imaginações, e não compreensões.

No sentido mais preciso, a imagem é a marca, o vestígio ou a impressão física, a afecção do próprio corpo, o efeito de um corpo sobre as partes fluidas e moles do nosso; no sentido figurado, a imagem é a ideia da afecção, que nos faz conhecer o objeto apenas pelo seu efeito. Tal conhecimento, porém, não é um conhecimento, é no máximo uma recognição. Disso decorrem as características da indicação em geral: o primeiro "indicado" nunca é nossa essência, mas sim um estado momentâneo da nossa constituição variável; o indicado secundário (indireto) nunca é a essência ou a natureza de uma coisa exterior, mas sim a aparência *[133]* que só nos permite reconhecer a coisa a partir do seu efeito, logo, afirmar sua simples presença, com ou sem razão.[8] Frutos do acaso e dos encontros, servindo à recognição, puramente indicativas, as ideias que temos são inexpressivas, quer dizer, inadequadas. A ideia inadequada não é nem privação absoluta, nem ignorância absoluta: ela envolve uma privação de conhecimento.[9]

---

[7] *Indicare*: E, II, 16, cor. 2; IV, 1, esc. *Indicar* ou *envolver* se opõem, então, a *explicar*. Assim, a ideia de Pedro, tal como está em Paulo, "indica o estado do corpo de Paulo", ao passo que a ideia de Pedro nela mesma "explica diretamente a essência do corpo de Pedro" (II, 17, esc.). Da mesma maneira, as ideias "que apenas envolvem a natureza de coisas exteriores ao corpo humano" se opõem às ideias que "explicam a natureza dessas mesmas coisas" (II, 18, esc.).

[8] Sobre o indicado principal: nossas ideias de afecções indicam em primeiro lugar a constituição de nosso corpo, constituição *presente* e variável (*E*, II, 16, cor. 2; III, def. geral dos afetos; IV, 1, esc.). Sobre o indicado secundário ou indireto: nossas ideias de afecções envolvem a natureza de um corpo exterior, mas indiretamente, de tal maneira que só acreditamos na *presença* desse corpo enquanto durar nossa afecção (*E*, II, 16, dem.; II, 17, prop., dem. e cor.).

[9] E, II, 35, prop. e dem.

Esse conhecimento do qual somos privados é duplo: conhecimento de nós mesmos e do objeto que produz em nós a afecção da qual temos a ideia. A ideia inadequada é, portanto, uma ideia que envolve a privação do conhecimento de sua própria causa, tanto formalmente quanto materialmente. É nesse sentido que ela permanece inexpressiva: "truncada", como se fosse uma consequência sem suas premissas.[10] Ora, o essencial é que Espinosa tenha mostrado *como* uma consequência podia, assim, ser separada de suas duas premissas. Estamos, naturalmente, em uma situação tal que as ideias que nos são dadas são necessariamente inadequadas, porque não podem exprimir sua causa nem se explicar pela nossa potência de conhecer. Sobre todos os pontos, conhecimento das partes do nosso corpo e do nosso próprio corpo, conhecimento dos corpos exteriores, conhecimento da nossa alma ou do nosso espírito, conhecimento da nossa duração e da duração das coisas, só temos ideias inadequadas.[11] "Quando olhamos para o sol, imaginamos que ele está distante de nós cerca de duzentos pés; e esse erro não consiste apenas na imaginação, mas também no fato de que, ao imaginarmos assim o sol, ignoramos sua verdadeira distância, assim como *a causa dessa imaginação*.[12] A imagem, nesse sentido, é uma ideia que não pode exprimir sua própria causa, ou seja, a ideia da qual ela deriva em nós, que não nos é dada: trata-se da causa material. Mas a imagem tampouco exprime sua causa formal, e *[134]* não pode se explicar pela nossa potência de conhecer. Eis por que Espinosa diz que a imagem, ou a ideia de afecção, é como uma consequência sem suas premissas: tem-se, então, duas premissas, material e formal, cuja imagem envolve a privação de conhecimento.

[10] *E*, II, 28, dem.

[11] *E*, II, 24, 25, 27, 28, 29, 30, 31.

[12] *E*, II, 35, esc.

O inadequado

Nosso problema, portanto, se transforma. A questão não é mais: por que temos ideias inadequadas? Mas, ao contrário: como chegaremos a formar ideias adequadas? Em Espinosa, diz-se da verdade o que se diz da liberdade: elas não são dadas em princípio, mas aparecem como o resultado de uma longa atividade pela qual produzimos ideias adequadas, escapando ao encadeamento de uma necessidade externa.[13] Quanto a isso, a inspiração espinosista é profundamente empirista. É sempre espantoso constatar a diferença de inspiração entre os empiristas e os racionalistas. Uns se surpreendem com aquilo que não surpreende os outros. Dando ouvido aos racionalistas, a verdade e a liberdade são, antes de tudo, direitos; eles se perguntam como podemos decair desses direitos, tombar no erro ou perder a liberdade. É por isso que o racionalismo encontrou na tradição adâmica um tema que convinha particularmente às suas preocupações, pois estabelecia, em princípio, a imagem de um Adão livre e racional. Numa perspectiva empirista, tudo é invertido: o surpreendente é que os homens, às vezes, chegam a compreender o verdadeiro, às vezes, a se compreenderem mutuamente, às vezes, a se libertarem daquilo que os acorrenta. No vigor com o qual Espinosa se opõe, constantemente, à tradição adâmica, já se pode reconhecer a inspiração empirista, que concebe a liberdade e a verdade como derradeiros produtos que surgem no final. Um dos paradoxos de Espinosa, e este não será o único caso em que o veremos exercer-se, é ter reencontrado as forças concretas do empirismo para colocá-las a serviço de um novo racionalismo, um dos mais rigorosos já concebidos. Espinosa pergunta: como chegaremos a formar e produzir ideias adequadas, já que nos são necessariamente *[135]* dadas tantas ideias inadequadas, que extraviam nossa potência e nos separam daquilo que podemos?

Devemos distinguir dois aspectos na ideia inadequada: ela "envolve a privação" do conhecimento de sua causa, mas ela é

---

[13] Há, com efeito, um encadeamento (*ordo et concatenatio* [ordem e concatenação]) das ideias inadequadas entre si, que se opõe à ordem e ao encadeamento do entendimento. As ideias inadequadas se encadeiam na ordem pela qual se imprimem em nós. É a ordem da Memória. Ver *E*, II, 18, esc.

também um efeito que "envolve" essa causa de alguma maneira. Sob seu primeiro aspecto, a ideia inadequada é falsa; mas, sob o segundo, ela contém *alguma coisa de positivo*, logo, alguma coisa de verdadeiro.[14] Por exemplo, imaginamos que o sol está a duzentos pés de distância. Essa ideia de afecção não está em condições de exprimir sua própria causa: ela não explica a natureza ou a essência do sol. Mas acontece que ela envolve essa essência "enquanto o corpo é afetado por ela". Por mais que conheçamos a verdadeira distância do sol, ele continuará a nos afetar em condições tais que sempre o veremos a duzentos pés: como diz Espinosa, o erro será suprimido, mas não a imaginação. Portanto, há alguma coisa de positivo na ideia inadequada, uma espécie de indicação que se pode apreender claramente. E é assim mesmo que podemos ter alguma ideia da causa: depois de termos claramente apreendido as condições sob as quais vemos o sol, inferimos claramente que ele é um objeto afastado o suficiente para nos parecer pequeno, e não um objeto pequeno que estaria sendo visto de perto.[15] Quando não se leva em conta essa positividade, várias teses de Espinosa se tornam ininteligíveis: em primeiro lugar, que se possa ter naturalmente uma ideia verdadeira, de acordo com aquilo que o método exige antes do seu exercício. Mas, principalmente, como o falso não tem forma, não se compreenderia que a própria ideia inadequada dê lugar a uma ideia da ideia, quer dizer, que tenha uma forma que remete à nossa potência de pensar.[16] A faculdade de imaginar se define pelas condições sob as quais temos naturalmente ideias, logo, ideias inadequadas; ela não deixa de ser uma *virtude* por um de seus aspectos; ela envolve nossa potência de pensar, embora não se explique por ela; a imagem envolve sua própria causa, embora não a exprima.[17] *[136]*

---

[14] *E*, II, 33, prop. e dem.; *E*, II, 35, esc.; *E*, IV, 1, prop., dem. e esc.

[15] Exemplo análogo aparece em *TRE*, 21.

[16] Ver *E*, II, 22 e 23.

[17] *E*, II, 17, esc.: "Pois, se o espírito, quando imagina como lhe estando presentes coisas que não existem, soubesse, ao mesmo tempo, que essas coisas não existem realmente, ele certamente veria essa potência de imaginar

O inadequado

Certamente, para se ter uma ideia adequada, não basta apreender o que há de positivo numa ideia de afecção. Todavia, é esse o primeiro passo. Pois, a partir dessa positividade, poderemos formar a ideia *daquilo que é comum* ao corpo afetante e ao corpo afetado, ao corpo exterior e ao nosso. Ora, veremos que essa "noção comum" é necessariamente adequada: ela está na ideia do nosso corpo, assim como está na ideia do corpo exterior; logo, está em nós como está em Deus; ela exprime Deus e se explica pela nossa potência de pensar. Mas dessa noção comum decorre, por sua vez, uma ideia de afecção, ela mesma adequada: a noção comum é necessariamente causa de uma ideia adequada de afecção, que só por uma "razão" se distingue da ideia de afecção da qual havíamos partido. Esse mecanismo complexo não consistirá, portanto, em suprimir a ideia inadequada que temos, mas em utilizar aquilo que há de positivo nela para formar o maior número possível de ideias adequadas, e fazer com que as ideias inadequadas subsistentes ocupem, finalmente, apenas a menor parte de nós mesmos. Em suma, nós mesmos devemos ter acesso a condições tais que nos possibilitem produzir ideias adequadas.

Nosso objetivo ainda não é analisar esse mecanismo pelo qual chegamos às ideias adequadas. Nosso problema era apenas o seguinte: o que é a ideia adequada? E, como contraprova: o que é a ideia inadequada? A ideia adequada é a ideia que exprime sua própria causa e que se explica pela nossa própria potência. A ideia inadequada é a ideia inexpressiva e não explicada: a impressão que ainda não é expressão, a indicação que ainda não é explicação. Destaca-se, assim, a intenção que preside toda a doutrina espinosista da verdade: *trata-se de substituir a concepção cartesiana do claro e do distinto pela concepção do adequado.* E quanto a isso,

como uma virtude de sua natureza, e não como um vício, sobretudo se essa faculdade de imaginar dependesse apenas de sua natureza". (Ou seja: *se essa faculdade não se contentasse em envolver nossa potência de pensar, mas se explicasse por ela.*)

Espinosa utiliza, sem dúvida, uma terminologia variável: ora ele emprega a palavra "adequado" para marcar a insuficiência do claro e do distinto, sublinhando assim a necessidade de ultrapassar os critérios cartesianos; ora ele se serve por conta própria das *[137]* palavras "claro e distinto", mas aplicando-as somente a ideias que decorrem de uma ideia ela mesma adequada; ora, enfim, ele se serve delas para designar essa ideia adequada, mas dando-lhes, então, com mais forte razão, uma significação implícita totalmente diferente da de Descartes.[18]

De toda maneira, a doutrina da verdade em Espinosa é inseparável de uma polêmica, direta ou indireta, dirigida contra a teoria cartesiana. Considerados neles mesmos, o claro e o distinto nos permitem, no máximo, reconhecer uma ideia verdadeira que temos, ou seja, aquilo que há de positivo numa ideia ainda inadequada. Porém, formar uma ideia adequada nos arrasta para além do claro e do distinto. Por si mesma, a ideia clara e distinta não constitui um verdadeiro conhecimento, mesmo porque não contém nela mesma sua própria razão: o claro e o distinto só encontram sua razão suficiente no adequado; a ideia clara e distinta só forma um verdadeiro conhecimento na medida em que decorre de uma ideia ela mesma adequada.

Encontramos novamente um ponto comum entre Espinosa e Leibniz, que contribui para definir a reação anticartesiana. A frase de Leibniz: *o conhecimento é uma espécie da expressão*, poderia ser assinada por Espinosa.[19] Sem dúvida, eles não concebem da mesma maneira a natureza do adequado, porque não compreen-

---

[18] Ver *Carta 37, a Bouwmeester*, na qual Espinosa se serve das palavras "claro e distinto" para designar o próprio adequado. Em um sentido mais preciso, Espinosa entende por "claro e distinto" aquilo que se segue do adequado, portanto aquilo que deve encontrar sua razão no adequado: "Compreendemos clara e distintamente tudo o que se segue de uma ideia que é, em nós, adequada" (*E*, V, 4, esc.). Mas essa passagem se apoia explicitamente em *E*, II, 40, que dizia que tudo o que se segue de uma ideia adequada é também adequado.

[19] Leibniz, *Carta a Arnauld* (Janet, t. I, p. 593): "A expressão é comum a todas as formas, e é um gênero do qual a percepção natural, o sentimento animal e o conhecimento intelectual são espécies".

O inadequado

dem nem utilizam da mesma maneira o conceito de expressão. Mas, em três capítulos essenciais, seu acordo involuntário é real. Por um lado, Descartes, em sua concepção do claro e do distinto, ateve-se ao conteúdo representativo da ideia; ele não se elevou até um conteúdo expressivo, infinitamente mais profundo. Ele não concebeu o adequado como razão necessária e suficiente do claro e do distinto: isto é, a expressão como fundamento da representação. Por outro lado, Descartes não ultrapassou a forma de uma [138] consciência psicológica da ideia; ele não atingiu a forma lógica pela qual a ideia se explica e segundo a qual as ideias também vão se encadear umas nas outras. Enfim, Descartes não concebeu a unidade da forma e do conteúdo, isto é, o "autômato espiritual" que reproduz o real ao produzir suas ideias na ordem devida. Descartes nos ensinou que o verdadeiro estava presente na ideia. Mas de que nos serve esse saber, enquanto não soubermos o que está presente na ideia verdadeira? A ideia clara e distinta ainda é inexpressiva, e continua inexplicada. Boa para a recognição, mas incapaz de fornecer um verdadeiro princípio de conhecimento.

Vimos as três principais aquisições da teoria da ideia em Espinosa: o conteúdo representativo é apenas uma aparência, em função de um conteúdo expressivo mais profundo; a forma de uma consciência psicológica é superficial, relativamente à verdadeira forma lógica; o autômato espiritual, tal como ele se manifesta no encadeamento das ideias, é a unidade da forma lógica e do conteúdo expressivo. Ora, esses três pontos formam também as grandes teses de Leibniz. Eis por que Leibniz gosta do termo "autômato espiritual" de Espinosa. À sua maneira, ele o interpreta no sentido de uma autonomia das substâncias pensantes individuais. Porém, mesmo para Espinosa, o automatismo de um modo do pensamento não exclui uma espécie de autonomia da sua potência de compreender (com efeito, a potência de compreender é uma parte da potência absoluta de pensar, mas enquanto esta se explica por aquela). Todas as diferenças entre Leibniz e Espinosa nada suprimem do seu acordo sobre essas teses fundamentais, as quais constituem a revolução anticartesiana por excelência.

É célebre a crítica que Leibniz faz a Descartes: em si mesmos, o claro e o distinto só nos permitem *reconhecer* um objeto, mas não nos dão desse objeto um verdadeiro conhecimento; eles não atingem a essência, mas se apoiam apenas nas aparências externas ou nas características extrínsecas, através das quais só podemos "conjecturar" a essência; eles não atingem a causa que nos mostra por que a coisa é necessariamente aquilo que ela é.[20] Apesar de menos renomada, a crítica espinosista não deixa de proceder da mesma maneira, denunciando, antes de tudo, a insuficiência da *[139]* ideia cartesiana: tomados neles mesmos, o claro e o distinto nos dão apenas um conhecimento indeterminado; não atingem a essência da coisa, mas se apoiam apenas nos *propria*; não atingem uma causa da qual todas as propriedades da coisa decorreriam ao mesmo tempo, mas nos fazem apenas reconhecer um objeto, a presença de um objeto, segundo o efeito que ele tem sobre nós; a ideia clara e distinta não exprime sua própria causa; ela nada nos faz compreender da causa "fora daquilo que consideramos no efeito".[21] Nisso tudo, Espinosa e Leibniz travam um combate comum, continuação daquele que já os opunha à prova ontológica cartesiana, a busca de uma razão suficiente que falta singularmente em todo o cartesianismo. Um e outro, através de processos diferentes, descobrem *o conteúdo expressivo da ideia, a forma explicativa da ideia.*

---

[20] Ver Leibniz, *Meditações sobre o conhecimento...*, *Discurso de metafísica*, § 24.

[21] A crítica da ideia clara é conduzida por Espinosa de maneira explícita no *TRE*, 19 e nota, 21 e nota. É verdade que Espinosa não diz "claro e distinto". É que ele faz um uso próprio dessas palavras, empregando-as num sentido distinto daquele de Descartes. No capítulo seguinte, veremos como a crítica espinosista se refere de fato ao conjunto da concepção cartesiana.

O inadequado

Capítulo X
ESPINOSA CONTRA DESCARTES
[140]

[Em que sentido o método de Descartes é analítico. — Insuficiência desse método, segundo Espinosa. — Método sintético. — Aristóteles e Espinosa: conhecer pela causa. — Como a própria causa é conhecida.
Deus como causa de si, segundo Descartes: equivocidade, eminência, analogia. — Deus como causa de si, segundo Espinosa: univocidade. — Univocidade e imanência. — Os axiomas cartesianos e sua transformação em Espinosa.]

O cartesianismo repousa em certa suficiência da ideia clara e distinta. Essa suficiência funda o método de Descartes, mas, por outro lado, ela é provada pelo exercício desse próprio método. Descartes afirma sua preferência pela *análise*. Num texto importante, ele diz que o método analítico tem o mérito de nos fazer ver "como os efeitos dependem das causas".[1] Ao atribuir à análise o que cabe à síntese, essa declaração poderia parecer paradoxal se não medíssemos seu exato alcance. Segundo Descartes, temos um conhecimento claro e distinto de um efeito *antes* de termos um conhecimento claro e distinto da causa. Por exemplo, sei que existo como ser pensante antes de conhecer a causa pela qual existo. Sem

---

[1] Descartes, *Réponses aux secondes objections*, AT, IX, p. 121. Esse texto, que só existe na tradução francesa de Clerselier, suscita grandes dificuldades: F. Alquié as sublinha em sua edição de Descartes (Paris, Garnier, t. II, p. 582). Perguntamos, todavia, nas páginas que seguem, se o texto não pode ser interpretado ao pé da letra.

Espinosa contra Descartes   171

dúvida, o conhecimento claro e distinto do efeito supõe certo conhecimento da causa, mas somente um conhecimento confuso. "Se digo 4 + 3 = 7, esta concepção[NT] é necessária, porque não concebemos distintamente o número 7 sem nele incluir 3 e 4 *confusa quadam ratione [numa conexão de certo modo confusa]*".[2] *[141]* O conhecimento claro e distinto do efeito supõe, portanto, um conhecimento confuso da causa, mas em caso algum depende de um conhecimento mais perfeito da causa. Ao contrário, é o conhecimento claro e distinto da causa que depende do conhecimento claro e distinto do efeito. Esta é a base das *Meditações*, da sua ordem em particular e do método analítico em geral: método de inferência ou de implicação.

Então, se esse método nos faz ver como os efeitos dependem das causas, isso ocorre da seguinte maneira: a partir de um conhecimento claro do efeito, trazemos à luz o conhecimento da causa que ele implicava confusamente, e com isso mostramos que o efeito não seria aquilo que conhecemos dele se não tivesse essa causa, da qual ele depende necessariamente.[3] Em Descartes, portanto, dois temas estão fundamentalmente ligados: a suficiência teórica da ideia clara e distinta, e a possibilidade prática de ir de um conhecimento claro e distinto do efeito para um conhecimento claro e distinto da causa.

[NT] [No original, *compositio*, equivalente a "composição".]

[2] Descartes, *Regulae, Règle 12* (AT, X, p. 421) ["*Ita etiam si dico, 4 et 3 sunt 7, haec compositio necessaria est, neque enim septenarium distincte concipimus, nisi in illo ternarium et quaternarium confusa quadam ratione includamus*"]. Constantemente, em Descartes, um conhecimento claro e distinto implica, enquanto tal, uma percepção confusa da causa ou do princípio. Laporte dá toda sorte de exemplos em *Le Rationalisme de Descartes* (Paris, PUF, 1945, pp. 98-9). Quando Descartes diz: "*de alguma maneira*, tenho primeiramente em mim a noção do infinito do que a do finito" (*Méditation III*), é preciso entender que a ideia de Deus está implicada por aquela do eu [*moi*], mas confusamente ou implicitamente; mais ou menos como 4 e 3 estão implicados em 7.

[3] Por exemplo, *Méditation III*, AT, IX, p. 41: "[...] reconheço que não seria possível que minha natureza fosse tal como é, ou seja, que eu tivesse em mim a ideia de um Deus, se Deus não existisse verdadeiramente".

Que o efeito dependa da causa não está em questão. A questão incide sobre a melhor maneira de mostrar isso. Espinosa diz: podemos partir de um conhecimento claro de um efeito; mas, assim, chegaremos apenas a um conhecimento claro da causa, nada conheceremos da causa fora daquilo que consideramos no efeito, jamais obteremos um conhecimento adequado. O *Tratado da reforma* contém uma crítica fundamental ao método cartesiano, ao procedimento de inferência ou de implicação do qual ele se serve, à pretensa suficiência do claro e do distinto de que ele se reivindica. A ideia clara nada nos dá, a não ser certo conhecimento das propriedades da coisa, e a nada nos leva, a não ser a um conhecimento negativo da causa. "Há uma percepção na qual a essência de uma coisa é inferida de outra coisa, mas não de maneira adequada"; "Nada compreendemos da causa fora daquilo que consideramos no efeito: o que se pode ver suficientemente pelo fato de que a causa só é então designada pelos termos mais gerais como: *há, portanto, alguma coisa, há, portanto, alguma potência*, etc. Ou também pelo fato de que ela é designada de maneira negativa: *por conseguinte, não é [142] isso ou aquilo* etc."; "Inferimos uma coisa de outra da seguinte maneira: depois de ter claramente percebido que sentimos tal corpo e nenhum outro, inferimos disso claramente, digo eu, que a alma está unida ao corpo, e que essa união é a causa de tal sensação. Mas por esse meio não podemos compreender, de maneira absoluta, qual é essa sensação e essa união"; "Uma conclusão como essa, apesar de correta, não é muito segura".[4] Nessas citações, não há uma só linha que não seja dirigida contra Descartes e seu método. Espinosa não acredita na suficiência do claro e do distinto, porque não acredita que possamos, de maneira satisfatória, ir de um conhecimento do efeito a um conhecimento da causa.

[4] *TRE*, 19 (§ III) e 21 (e notas correspondentes). Todos esses textos descrevem uma parte daquilo que Espinosa chama de terceiro "modo de percepção". *Não se trata de um procedimento de indução*: a indução pertence ao segundo modo e acha-se descrita e criticada em *TRE*, 20. Aqui, ao contrário, trata-se de um procedimento de inferência ou de implicação de tipo cartesiano.

Espinosa contra Descartes

Uma ideia clara e distinta não basta, é preciso ir até a ideia adequada. Quer dizer, não basta mostrar como os efeitos dependem das causas, é preciso mostrar como o próprio conhecimento verdadeiro do efeito depende do conhecimento da causa. É esta a definição do método *sintético*. Em todos esses pontos, vemos que Espinosa se reconhece aristotélico, contra Descartes: "O que é a mesma coisa que disseram os Antigos, ou seja, que a ciência verdadeira procede da causa aos efeitos".[5] Aristóteles mostrava que o conhecimento científico se dá pela causa. Ele não dizia apenas que o conhecimento deve descobrir a causa, elevar-se até a causa da qual depende um efeito conhecido; ele dizia que o efeito só é conhecido na medida em que a própria causa é, primeiramente, melhor conhecida. A causa não é apenas anterior ao efeito por ser a causa dele; ela é anterior também do ponto de vista do conhecimento, devendo ser mais conhecida que o efeito.[6] Espinosa retoma essa tese: "Na realidade, o conhecimento do efeito é tão somente a aquisição de um conhecimento mais perfeito da causa".[7] Entendamos isso: não "mais perfeito" do que aquele que tínhamos primeiro, porém, mais perfeito do que aquele que temos do próprio efeito, anterior àquele que temos do efeito. *[143]* O conhecimento do efeito pode ser chamado de claro e distinto, mas o conhecimento da causa é mais perfeito, ou seja, adequado; e o claro e o distinto são fundamentados apenas porque decorrem do adequado enquanto tal.

Conhecer pela causa é o único meio de conhecer a essência. A causa é como o meio termo que funda a concatenação do atributo com o sujeito, o princípio ou a razão de que decorrem todas as propriedades que voltam para a coisa. Eis por que, segundo Aristóteles, a busca da causa e a busca da definição se confundem. Daí a importância do silogismo científico, do qual as premissas nos dão a causa ou a definição formais de um fenômeno, e a conclusão nos dá a causa ou a definição materiais. A definição total é aquela

[5] *TRE*, 85.

[6] Ver Aristóteles, *Segundos analíticos*, I, 2, 71 b, 30.

[7] *TRE*, 92.

que reúne a forma e a matéria numa enunciação contínua, de tal maneira que a unidade do objeto não seja mais fragmentada, mas, pelo contrário, afirmada num conceito intuitivo. Em todos esses pontos, Espinosa continua sendo, aparentemente, aristotélico: ele sublinha a importância da teoria da definição, estabelece a identidade da busca da definição e da busca das causas, afirma a unidade concreta de uma definição total que engloba a causa formal e a causa material da ideia verdadeira.

Descartes não ignora as pretensões de um método sintético de tipo aristotélico: a prova que esse método contém, diz ele, é frequentemente a "dos efeitos pelas causas".[8] Descartes quer dizer: o método sintético pretende sempre conhecer pela causa, mas nem sempre consegue isso. A objeção fundamental é a seguinte: como seria conhecida a própria causa? Na geometria, podemos conhecer *pela* causa, mas porque a matéria é clara e convém com os sentidos. Descartes admite isso (daí seu emprego da palavra "frequentemente").[9] Também Aristóteles: o ponto, a linha, até mesmo a unidade, são princípios ou "gêneros-sujeitos", indivisíveis alcançados pela intuição; sua existência é conhecida, ao mesmo tempo em que é compreendida sua significação.[10] O que se passa, porém, nos outros casos, por exemplo na metafísica, quando se trata de seres reais? Como são encontrados a causa, o princípio *[144]* ou o meio-termo? Parece que o próprio Aristóteles nos remete a um processo indutivo, que não se distingue tanto de uma abstração e que encontra seu ponto de partida numa percepção confusa do efeito. Nesse sentido, o efeito é o mais conhecido, mais conhecido por nós, por oposição ao "mais conhecido absolutamente". Quando Aristóteles detalha os meios para chegar ao meio-termo ou à definição causal, ele parte de um conjunto confuso para dele abstrair um universal "proporcionado". Por isso, a causa formal é sempre uma característica específica abstrata, que

---

[8] Descartes, *Réponses aux secondes objections*, AT, IV, p. 122 (também nesse caso a tradução é de Clerselier).

[9] *Ibidem.*

[10] Ver Aristóteles, *Segundos analíticos*, I, 32, 88 b, 25-30.

encontra sua origem numa matéria sensível e confusa. Desse ponto de vista, a unidade da causa formal e da causa material permanece como um puro ideal em Aristóteles, tanto quanto a unidade do conceito intuitivo.

A tese de Descartes, portanto, se apresenta assim: o método sintético tem uma ambição desmedida; mas ele não nos dá meio algum de conhecer as causas reais. De fato, ele parte de um conhecimento confuso do efeito, e se eleva a abstratos, os quais nos apresenta, sem razão, como causas; por isso, apesar das suas pretensões, ele se contenta em examinar as causas pelos efeitos.[11] O método analítico, ao contrário, tem uma intenção mais modesta. Porém, como destaca, primeiramente, uma percepção clara e distinta do efeito, ele nos dá o meio de inferir dessa percepção um conhecimento verdadeiro da causa; por isso, ele está apto para mostrar como os próprios efeitos dependem das causas. O método sintético, portanto, só é legítimo sob uma condição: quando não está entregue a ele mesmo, quando vem depois do método analítico, quando se apoia em um conhecimento prévio das causas reais. O método sintético não nos faz conhecer nada por ele mesmo, não é um método de invenção; ele encontra sua utilidade na exposição do conhecimento, na exposição daquilo que já está "inventado".

É de se notar que nunca se trata, para Descartes, de separar os dois métodos, conectando a síntese à ordem do ser e a análise à ordem do conhecimento. Espinosa também não. Logo, seria insuficiente e inexato opor Descartes a Espinosa, dizendo que o primeiro segue a ordem do conhecimento e o segundo a ordem do ser. *[145]* Sem dúvida, da definição do método sintético decorre que ele coincide com o ser. Mas essa consequência tem pouca importância. O único problema é saber se o método sintético é capaz, primeiramente, e por ele mesmo, de nos fazer conhecer os princípios que ele supõe. Será que ele pode, na verdade, nos *fazer conhecer* aquilo que é? Portanto, o único problema é o seguinte: qual é

---

[11] Descartes, *Réponses aux secondes objections*, AT, IX, p. 122: "A síntese, ao contrário, por uma via totalmente distinta, e como que examinando as causas pelos seus efeitos (se bem que a prova que ela contém seja, também frequentemente, a dos efeitos pelas causas) [...]".

o verdadeiro método, do ponto de vista do conhecimento?[12] Então, o anticartesianismo de Espinosa se manifesta plenamente: segundo Espinosa, o método sintético é o único método de invenção verdadeira, o único método válido na ordem do conhecimento.[13] Ora, essa posição só é sustentável se Espinosa achar que tem os meios, não apenas de revidar as objeções de Descartes, mas também de transpor as dificuldades do aristotelismo. No *Tratado da reforma*, precisamente quando apresenta o que denomina terceiro "modo de percepção", ele agrupa nesse modo ou nesse gênero *imperfeito* dois procedimentos muito diversos, cuja insuficiência ele denuncia igualmente.[14] O primeiro consiste em inferir uma causa a partir de um efeito percebido claramente: reconhecemos aqui o método analítico de Descartes e seu processo de implicação. O segundo, porém, consiste em "tirar uma conclusão de um universal que está sempre acompanhado de uma certa propriedade": reconhecemos o método sintético de Aristóteles, seu processo dedutivo a partir do meio-termo, concebido como característica específica. Se Espinosa, não sem ironia, pode reunir desse modo Descartes e Aristóteles, *é porque dá mais ou menos no mesmo abstrair um universal a partir de um conhecimento confuso do efeito, ou inferir uma causa a partir de um conhecimento claro do efeito.* Nenhum desses procedimentos leva ao adequado. O método analítico de Descartes é insuficiente, mas Aristóteles também não soube conceber a suficiência do método sintético. *[146]*

O que falta aos Antigos, diz Espinosa, é conceber a alma como uma espécie de autômato espiritual, ou seja, o pensamento co-

---

[12] Ferdinand Alquié, em uma intervenção oral a respeito de Descartes, esclarece bem esse ponto: "não vejo em parte alguma que a ordem sintética seja a ordem da coisa... A coisa é verdadeiramente a unidade; é o ser, é a unidade confusa; sou eu [*moi*] que coloco uma ordem quando conheço. E o que é preciso estabelecer, é que a ordem do meu conhecimento, que é sempre uma ordem de conhecimento, *quer seja ele sintético ou analítico*, é verdadeira" (*Descartes — Cahiers de Royaumont*, Paris, Minuit, 1957, p. 125).

[13] *TRE*, 94: A via correta da invenção consiste em formar os pensamentos partindo de alguma definição dada.

[14] *TRE*, 19, § III.

Espinosa contra Descartes

mo sendo determinado por suas próprias leis.[15] Portanto, é o paralelismo que dá a Espinosa o meio de ultrapassar as dificuldades do aristotelismo. A causa formal de uma ideia nunca é um universal abstrato. Os universais, gêneros ou espécies, remetem certamente a uma potência de imaginar, mas essa potência diminui à medida que compreendemos mais coisas. A causa formal da ideia verdadeira é nossa potência de compreender; e quanto mais coisas compreendemos, menos formamos essas ficções de gêneros e de espécies.[16] Se Aristóteles identifica a causa formal com o universal específico, é porque ele permanece *no mais baixo grau* da potência de pensar, sem descobrir as leis que permitem a essa potência ir de um ser real a um outro real "sem passar pelas coisas abstratas". Por outro lado, a causa material de uma ideia não é uma percepção sensível confusa: uma ideia de coisa particular encontra sempre sua causa numa outra ideia de coisa particular, determinada a produzi-la.

Em face do modelo aristotélico, Descartes não podia apreender as possibilidades do método sintético. É verdade que este, sob um dos seus aspectos, não nos faz conhecer alguma coisa; mas seria um erro concluir a partir disso que ele tem somente um papel de exposição. Sob seu primeiro aspecto, o método sintético é reflexivo, quer dizer, nos faz conhecer nossa potência de compreender. É também verdade que o método sintético *forja* ou *simula* uma causa em função de um efeito; porém, longe de ver nisso uma contradição, devemos reconhecer aqui o mínimo de regressão que nos permite, *o mais depressa possível*, atingir a ideia de Deus como se atingíssemos a fonte de todas as outras ideias. Sob este segundo aspecto, o método é construtivo ou genético. Enfim, as ideias que decorrem da ideia de Deus são ideias de seres reais: sua produção é, ao mesmo tempo, a dedução do real; a forma e a matéria do

[15] *TRE*, 85.

[16] *TRE*, 58: "O espírito possui uma potência tanto maior de formar ficções quanto menos ele compreende... e quanto mais ele compreende, mais diminui essa potência". Com efeito, quanto mais o espírito imagina, mais sua potência de compreender permanece *envolvida*, logo, menos ele compreende efetivamente.

verdadeiro se identificam no encadeamento das ideias. O método, sob esse terceiro aspecto, é dedutivo. Reflexão, gênese e dedução, esses três momentos constituem, *[147]* em conjunto, o método sintético. Espinosa conta com eles para, ao mesmo tempo, ultrapassar o cartesianismo e atenuar as insuficiências do aristotelismo.

Consideremos agora a teoria do ser: vemos que a oposição de Espinosa a Descartes se desloca, mas continua sendo radical. Seria também surpreendente que o método analítico e o método sintético implicassem uma mesma concepção do ser. A ontologia de Espinosa é dominada pelas noções de *causa de si, em si* e *por si*. Esses termos estavam presentes no próprio Descartes; mas as dificuldades que ele encontrava no emprego deles devem nos esclarecer a respeito das incompatibilidades entre o cartesianismo e o espinosismo.

Contra Descartes, Caterus e Arnauld já objetavam: "por si" se diz negativamente e significa apenas a ausência da causa.[17] Mesmo admitindo, com Arnauld, que, se Deus não tem causa, é em razão da plena positividade de sua essência, e não em função da imperfeição do nosso entendimento, não se concluirá que ele é por si "positivamente como por uma causa", isto é, que ele é causa de si. É verdade que Descartes considera que essa polêmica é acima de tudo verbal. Ele pede apenas que lhe seja concedida a plena positividade da essência de Deus: então, reconheceremos que essa essência desempenha um papel *análogo* ao de uma causa. Existe uma razão positiva para a qual Deus não tem causa, logo, uma causa formal pela qual ele não tem causa eficiente. Descartes torna sua tese mais precisa nos seguintes termos: Deus é causa de si, mas *num outro sentido*, distinto daquele pelo qual uma causa eficiente é causa de seu efeito; ele é causa de si no sentido em que sua essência é causa formal; e sua essência é dita causa formal, não diretamente,

---

[17] Ver *Premières objections*, AT, IX, p. 76; *Quatrièmes objections*, AT, IX, pp. 162-6.

Espinosa contra Descartes

mas por analogia, na medida em que ela desempenha, relativamente à existência, um papel análogo àquele de uma causa eficiente, relativamente ao seu efeito.[18] *[148]*

Essa teoria repousa sobre três noções intimamente ligadas: *a equivocidade* (Deus é causa de si, mas num sentido distinto daquele pelo qual ele é causa eficiente das coisas que cria; logo, o ser não se diz no mesmo sentido de tudo o que é, substância divina e substâncias criadas, substâncias e modos etc.); *a eminência* (Deus contém, portanto, toda a realidade, mas eminentemente, sob outra forma que a das coisas que ele cria); *a analogia* (Deus como causa de si não é, portanto, alcançado nele mesmo, mas por analogia: é por analogia com a causa eficiente que Deus pode ser dito causa de si, ou por si "como" por uma causa). Essas teses são menos explicitamente formuladas por Descartes do que recebidas e aceitas como uma herança escolástica e tomista. Porém, apesar de nunca discutidas, não deixam de ter uma importância essencial, estando presentes por toda parte em Descartes, sendo indispensáveis à sua teoria do ser, de Deus e das criaturas. Sua metafísica não encontra seu sentido nelas; mas, sem elas, perderia muito desse sentido. Por isso, os cartesianos apresentam de bom grado uma teoria da analogia: mais do que tentar reconciliar a obra do mestre com o tomismo, eles desenvolvem, então, uma peça essencial do cartesianismo que permanecia implícita no próprio Descartes.

É sempre possível imaginar filiações fantasiosas entre Descartes e Espinosa. Por exemplo, numa definição cartesiana da substância ("o que só tem necessidade de si mesmo para existir"), pretende-se descobrir uma tentação monista e mesmo panteísta. Isso é negligenciar o papel implícito da analogia na filosofia de Descar-

---

[18] Descartes, *Réponses aux premières objections*, AT, IX, pp. 87-8: Aqueles que só se ligam "à própria e estreita significação de eficiente", "não observam aqui gênero algum de causa que tenha *conexão e analogia* com a causa eficiente". Eles não observam que "nos é totalmente permitido pensar que (Deus) faz, *de certa maneira*, a mesma coisa, a respeito de si mesmo, que a causa eficiente faz, a respeito do seu efeito. *Réponses aux quatrièmes objections*, AT, IX, pp. 182-8 ("todas essas maneiras de falar que têm conexão e analogia com a causa eficiente...").

tes, suficiente para premuni-la contra toda tentação desse gênero: como em São Tomás, o ato de existir será, relativamente às substâncias criadas, algo de análogo ao que ele é relativamente à substância divina.[19] Parece mesmo que o método analítico desemboca naturalmente numa concepção analógica do ser; seu próprio procedimento conduz espontaneamente à posição de um ser análogo. Não é de surpreender, portanto, que o cartesianismo reencontre, à sua maneira, uma dificuldade já *[149]* presente no mais ortodoxo tomismo: apesar dessas ambições, a analogia não chega a se destacar da equivocidade de que ela parte, nem da eminência a que ela chega.

Segundo Espinosa, Deus não é causa de si num outro sentido de que é causa de todas as coisas. *Ao contrário, ele é causa de todas as coisas no mesmo sentido que causa de si.*[20] Sobre isto, Descartes diz demasiado ou não diz o bastante: demasiado para Arnauld, mas não o bastante para Espinosa. Pois não é possível empregar "por si" positivamente, quando se está usando "causa de si" por simples analogia. Descartes reconhece que, se a essência de Deus é causa de sua existência, é no sentido de causa formal, e não de causa eficiente. A causa formal é, precisamente, a essência imanente, coexistente ao seu efeito, inseparável do seu efeito. É preciso ainda uma razão positiva para a qual a existência de Deus não tem causa eficiente e coincide com a essência. Ora, Descartes encontra essa razão numa simples propriedade: a imensidão de Deus, sua superabundância ou sua infinidade. Mas tal propriedade só pode desempenhar o papel de uma regra de proporcionalidade num juízo analógico. Como essa propriedade nada designa da na-

---

[19] Descartes, *Principes*, I, 51 ("O que é a substância; e o que é um nome que não se pode atribuir a Deus e às criaturas no mesmo sentido").

[20] *E*, I, 25, esc. É curioso que Pierre Lachièze-Rey, ao citar esse texto de Espinosa, inverta a ordem. Ele faz como se Espinosa tivesse dito que Deus era causa de si no sentido em que era causa das coisas. Na citação assim deformada, não há um simples lapso, mas a sobrevivência de uma perspectiva "analógica", invocando *primeiramente* a causalidade eficiente. (Ver *Les Origines cartésiennes du Dieu de Spinoza, op. cit.*, pp. 33-4.)

Espinosa contra Descartes

tureza de Deus, Descartes se atém a uma determinação indireta da causa de si: esta é dita num sentido distinto da causa eficiente, mas é dita também por analogia a ela. O que falta em Descartes é, portanto, uma razão sob a qual a causa de si possa ser alcançada nela mesma, e diretamente fundada no conceito ou na natureza de Deus. É essa razão que Espinosa descobre quando distingue a natureza divina e os próprios, o absoluto e o infinito. Os atributos são os elementos formais imanentes que constituem a natureza absoluta de Deus. Esses atributos não constituem a essência de Deus sem constituir sua existência; eles não exprimem a essência sem exprimir a existência que dela decorre necessariamente; eis por que a existência coincide com a essência.[21] Assim, os atributos constituem a razão formal que faz da substância nela mesma uma causa de si, diretamente, não mais por analogia. *[150]*

A causa de si é primeiramente alcançada nela mesma; é nessa condição que "em si" e "por si" tomam uma significação perfeitamente positiva. Daí decorre a seguinte consequência: a causa de si não é mais dita *em um outro sentido* que a causa eficiente, mas é a causa eficiente, ao contrário, que é dita no mesmo sentido que a causa de si. Deus produz, portanto, tal como existe: de uma parte, ele produz necessariamente, de outra parte, ele produz necessariamente nesses mesmos atributos que constituem sua essência. Reencontram-se aqui os dois aspectos da univocidade espinosista, univocidade da causa e univocidade dos atributos. Desde o começo de nossas análises, pareceu-nos que o espinosismo não era separável da luta que ele travava contra a teologia negativa, mas também contra todo método que procedia por equivocidade, eminência e analogia. Espinosa denuncia não apenas a introdução do negativo no ser, mas também todas as falsas concepções da afirmação, nas quais o negativo sobrevive. São essas sobrevivências que Espinosa reencontra e combate, em Descartes e nos cartesianos. O conceito espinosista de imanência não tem outro sentido: ele exprime a dupla univocidade da causa e dos atributos, quer dizer, a unidade da causa eficiente com a causa formal, a identida-

---

[21] *E*, I, 20, dem.

de do atributo tal como ele constitui a essência da substância e tal como ele é implicado pelas essências de criaturas.

Não se tem de acreditar que Espinosa, ao reduzir assim as criaturas a modificações ou a modos, retire-lhes toda essência própria ou toda potência. A univocidade da causa não significa *que a causa de si e a causa eficiente tenham um único e mesmo sentido, mas que ambas se digam no mesmo sentido do que é causa*. A univocidade dos atributos não significa que a substância e os modos tenham o mesmo ser ou a mesma perfeição: a substância é em si, as modificações estão na substância como em outra coisa. O que está em outra coisa e o que é em si não se dizem no mesmo sentido, mas o ser se diz formalmente no mesmo sentido do que é em si e do que está em outra coisa: os mesmos atributos, tomados no mesmo sentido, constituem a essência de um e são implicados pela essência do outro. Mais do que isso, esse ser comum não é, em Espinosa, como é em Duns Escoto, um Ser neutralizado, indiferente ao finito e ao infinito, ao *in-se* e ao *in-alio*. Ao contrário, é o Ser qualificado da substância, no qual a substância permanece em si, mas também no qual os modos permanecem como em outra coisa. A imanência é, portanto, a nova figura que a teoria da univocidade ganha em Espinosa. O método *[151]* sintético conduz, naturalmente, à posição desse ser comum ou dessa causa imanente.

Na filosofia de Descartes, certos axiomas voltam constantemente. O principal é que o nada não tem propriedades. Decorre daí, do ponto de vista da quantidade, que toda propriedade é propriedade de um ser: portanto, tudo é ser ou propriedade, substância ou modo. Além disso, do ponto de vista da qualidade, toda realidade é perfeição. Do ponto de vista da causalidade, deve haver pelo menos tanta realidade na causa quanto no efeito; senão alguma coisa seria produzida pelo nada. Finalmente, do ponto de vista da modalidade, não pode haver acidente propriamente falando, sendo o acidente uma propriedade que não implicaria necessariamente o ser ao qual a conectamos. Cabe a Espinosa dar de todos esses axiomas uma nova interpretação, de acordo com a teoria da imanência e as exigências do método sintético. E para Espinosa, parece mesmo que Descartes não apreendeu o sentido e as consequências da proposição: o nada não tem propriedades. Por um lado, toda pluralidade de substâncias torna-se impossível: nem há substâncias desiguais e limitadas, nem substâncias ilimitadas iguais, pois "elas deveriam tirar alguma coisa do nada".[22] Por outro lado, não basta dizer que toda realidade é perfeição. Deve-se também reconhecer que tudo na natureza de uma coisa é realidade, ou seja, perfeição; "dizer, a esse respeito, que a natureza de uma coisa exigia (a limitação) e, em seguida, dizer que não poderia ser de outra maneira, é o mesmo que dizer nada, pois a natureza de uma coisa nada pode exigir enquanto ela não é".[23] Há de se evitar, portanto, acreditar que uma substância sofra uma limitação de natureza em virtude de sua própria possibilidade.

Assim como não há possibilidade de uma substância em função de seu atributo, também não há contingência dos modos relativamente à substância. Não basta mostrar, com Descartes, que os acidentes não são reais. Os modos de uma substância permanecem acidentais em Descartes, porque eles têm necessidade de uma causalidade externa que, de alguma maneira, os "coloque" nessa própria substância. Na verdade, porém, a oposição entre o modo e o acidente já mostra que a necessidade é a única afecção do ser, sua única modalidade: Deus é causa de todas as coisas no mesmo sentido que causa de si; logo, tudo é necessário, *[152]* por sua essência ou por sua causa. Enfim, é verdade que a causa é mais perfeita que o efeito, a substância é mais perfeita que os modos; porém, se bem que a causa tenha mais realidade, ela jamais contém a realidade de seu efeito sob outra forma, nem de outra maneira do que aquela da qual depende o próprio efeito. Com Descartes, passa-se da superioridade da causa à superioridade de certas formas de ser sobre outras, logo, à equivocidade ou à analogia do real (já que Deus contém a realidade sob uma forma superior àquela que se acha implicada nas criaturas). É essa passagem que funda o conceito de eminência; mas essa passagem é radicalmente ilegítima. Contra Descartes, Espinosa põe a igualdade de todas as formas de ser e a univocidade do real que decorre dessa igualdade. De todos

[22] *BT*, I, cap. 2, 2, nota 2.

[23] *BT*, I, cap. 2, 5, nota 3.

os pontos de vista, a filosofia da imanência aparece como sendo teoria do Ser-uno, do Ser-igual, do Ser unívoco e comum. Ela busca as condições de uma verdadeira afirmação, denunciando todos os tratamentos que retiram do ser a plena positividade, ou seja, sua comunidade formal.

Capítulo XI
A IMANÊNCIA E OS ELEMENTOS HISTÓRICOS
DA EXPRESSÃO
[153]

[Problema da participação no neoplatonismo. — Dom e emanação. — Dupla diferença entre a causa emanativa e a causa imanente. Como, no neoplatonismo, uma causa imanente se junta à causa emanativa: o ser ou a inteligência. — Complicare-explicare. — Imanência e princípio de igualdade. — A ideia de expressão na emanação. — A ideia de expressão na criação: expressão e similitude. — Como, na teoria da criação, uma causa imanente se junta à causa exemplar.

A expressão, segundo Espinosa, deixa de ser subordinada às hipóteses da criação e da emanação. — Oposição entre a expressão e o signo. — Imanência: distinção e univocidade dos atributos. — Teoria espinosista da hierarquia. — A expressão e os diferentes sentidos do princípio de igualdade.]

Dois problemas se colocam. Quais são os liames lógicos entre a imanência e a expressão? E como se formou historicamente, em certas tradições filosóficas, a ideia de uma imanência expressiva? Não está excluído que essas tradições sejam complexas e reúnam elas mesmas inspirações muito diversas.

Parece que tudo começa com o problema platônico da participação. Platão apresentava, a título de hipóteses, vários esquemas de participação: participar é tomar parte; mas é também imitar; e, ainda, é receber de um demônio... Segundo esses esquemas, a participação se acha interpretada, ora de maneira material, ora de maneira imitativa, ora de maneira "demoníaca". Mas em todos os casos as dificuldades parecem ter uma mesma razão: em Platão, o princípio de participação é buscado, antes de tudo, do lado do participante. A participação aparece mais frequentemente como uma aventura que sobrevém de fora ao participado, como uma violência sofrida pelo participado. Se a participação consiste em tomar parte, vê-se mal como o participado não sofreria uma divisão ou uma separação. Se participar é imitar, é preciso um artista exterior que tome a Ideia como modelo. Vê-se mal, enfim, qual é o papel de um intermediário, de um modo geral, artista ou demônio, senão o de forçar o sensível a reproduzir o inteligível, mas também forçar a Ideia a se deixar participar por alguma coisa que repugna à sua natureza. Mesmo quando Platão trata da participação das Ideias entre si, a potência correspondente é apreendida mais como potência de participar do que de ser participado.

A tarefa pós-platônica, por excelência, exige uma inversão do problema. Busca-se um princípio que torne possível a participação, mas que a torne possível do *[154]* ponto de vista do próprio participado. Os Neoplatônicos não partem mais das características do participante (múltiplo, sensível etc.) para se perguntar sob qual violência a participação se torna possível. Eles tentam descobrir, ao contrário, o princípio e o movimento interno que fundam a participação no participado como tal, do lado do participado como tal. Plotino censura Platão por ter visto a participação pelo lado menor.[1] Na verdade, não é o participado que passa no participante. O participado permanece em si; ele é participado, uma vez que produz; ele produz, uma vez que doa. Mas ele não tem que

---

[1] Plotino, VI, 4, § 2, 27-32: "Nós [isto é, os Platônicos], colocamos o ser no sensível, depois colocamos *aqui embaixo* o que deveria estar em toda parte; então, imaginando o sensível como alguma coisa de grande, perguntamo-nos como essa natureza que está aqui embaixo pode vir a estender-se numa coisa tão grande. Mas, de fato, o que se denomina grande é pequeno; e o que se crê pequeno é grande, pois ele, por inteiro, é o primeiro a chegar perto de cada parte do sensível [...]". Plotino sublinha aqui a necessidade de inverter o problema platônico e de partir do participado, e mesmo do que funda a participação no participado. [NT: Indicaremos, após cada referência às *Enéadas* de Plotino, o título do texto em questão, tal como Porfírio os designou. VI, 4 se refere a: "O Ser uno e idêntico está inteiramente presente, ao mesmo tempo e em todo lugar, I".]

sair de si nem para dar nem para produzir. O programa formulado por Plotino é o seguinte: partir do mais alto, subordinar a imitação a uma gênese ou produção, substituir a ideia de uma violência pela de um *dom*. O participado não se divide, não é imitado de fora, nem coagido por intermediários que violentariam sua natureza. A participação não é nem material, nem imitativa, nem demoníaca: ela é emanativa. Emanação significa, ao mesmo tempo, causa e dom: causalidade por doação, mas também doação produtora. A verdadeira atividade é a do participado; o participante é apenas um efeito, e recebe o que a causa lhe dá. A causa emanativa é a Causa que doa, o Bem que doa, a Virtude que doa.

Quando buscamos o princípio interno de participação *do lado* do participado, vamos necessariamente encontrá-lo "além" ou "acima". Não se trata de fazer com que o princípio, que torna a participação possível, seja ele mesmo participado ou participável. Desse princípio tudo emana; ele doa tudo. Mas ele mesmo não é participado, pois a participação se faz somente segundo o que ele doa, e ao que ele doa. É nesse sentido que Proclo elaborava sua profunda teoria do Imparticipável; só há participação por um princípio ele mesmo imparticipável, mas que dá a participar. Já Plotino mostrava que o Uno é necessariamente superior aos seus dons, quer ele doe *[155]* o que ele não tem, quer ele não seja o que ele doa.[2] Em geral, a emanação se apresentará sob a forma de uma tríade: o doador, o que é doado, o que recebe. Participar é sempre participar segundo o que é doado. Logo, não devemos falar apenas de uma gênese do participante, mas de uma gênese do próprio participado, que dê conta do fato de que ele é participado. Dupla gênese, do doado e do que recebe: o efeito que recebe determina sua existência quando possui plenamente o que lhe é doado; mas ele só o possui plenamente se voltar-se ao doador. O doador é superior a seus dons, assim como a seus produtos, participável se-

---

[2] Ver Plotino, VI, 7, § 17, 3-6. A teoria do Imparticipável, do doador e do dom, é constantemente desenvolvida e aprofundada por Proclo e por Damáscio, nos seus comentários do *Parmênides*. [NT: Da multidão das Ideias. Do Bem.]

A imanência e os elementos históricos da expressão

gundo aquilo que doa, imparticipável nele mesmo, ou segundo ele mesmo; fundando, por isso, a participação.

Já podemos determinar características segundo as quais a causa emanativa e a causa imanente têm, logicamente, algo em comum, mas também diferenças profundas. Sua característica comum é que elas não saem de si: *permanecem em si* para produzir.[3] Quando Espinosa define a causa imanente, ele insiste nessa definição que funda certa assimilação da imanência e da emanação.[4] Mas a diferença incide sobre a maneira pela qual as duas causas produzem. *Se a causa emanativa permanece em si, o efeito produzido não está nela nem permanece nela.* Do Uno, como primeiro princípio ou como causa das causas, Plotino diz o seguinte: "É porque *[156] nada está nele* que tudo vem dele".[5] Quando lembra que o efeito nunca está separado da causa, ele pensa na continuidade de um fluxo e de uma irradiação, não na inerência atual de um conteúdo. A causa emanativa produz segundo o que ela doa,

[3] Sobre a Causa ou Razão que "permanece em si" para produzir, e sobre a importância desse tema em Plotino, ver R. Arnou, *Praxis et theoria: étude sur le vocabulaire et la pensée des Ennéades de Plotin* (Paris, Alcan, 1921, pp. 8-12).

[4] O *Breve tratado* define a causa imanente como agindo *nela mesma* (I, cap. 2, 24). Quanto a isso, ela é semelhante a uma causa emanativa, e Espinosa aproxima as duas em seu estudo das categorias da causa (*BT*, I, cap. 3, 2). Mesmo na *Ética*, ele empregará *effluere* para indicar a maneira pela qual os modos se seguem da substância (I, 17, esc.); e na *Carta 43, a Osten* (III, p. 161) *omnia necessario a Dei natura emanare* [Tudo o que é necessário emana da natureza de Deus]. Espinosa parece estar retirando-se de uma definição tradicional que ele conhecia bem: diz-se que a causa imanente tem uma causalidade que se distingue de sua existência, ao passo que a causa emanativa não se distingue da existência da causa (ver Heereboord, *Meletemata philosophica*, Amstelodami, t. II, p. 229). Mas é precisamente essa diferença que Espinosa não pode aceitar.

[5] Plotino, V, 2, § 1, 5. [NT: Da Geração e da Ordem das coisas que estão após o Primeiro.]

mas está além do que doa: de modo que o efeito sai da causa, só existe saindo da causa, e só determina sua existência ao voltar-se para a causa da qual saiu. *Eis por que* a determinação da existência do efeito não é separável de uma conversão, em que a causa aparece como Bem, numa perspectiva de finalidade transcendente. Uma causa é imanente, ao contrário, quando o próprio efeito é "imanado" na causa, ao invés de emanar dela. O que define a causa imanente é que o efeito está nela, sem dúvida como em outra coisa, mas está e permanece nela. O efeito permanece na causa, assim como a causa permanece nela mesma. Desse ponto de vista, a distinção de essência entre a causa e o efeito nunca será interpretada como uma degradação. Do ponto de vista da imanência, a distinção de essência não exclui, mas implica uma igualdade de ser: é o mesmo ser que permanece em si na causa, mas também no qual o efeito permanece como em outra coisa.

Plotino diz ainda: O Uno "nada tem em comum" com as coisas que vêm depois dele.[6] É que a causa emanativa não só é superior ao efeito, mas também ao que ela doa ao efeito. Mas por que a causa primeira é precisamente o Uno? Ao doar o ser a tudo o que é, ela está necessariamente além do ser ou da substância. Assim, a emanação, no seu estado puro, é inseparável de um sistema do Uno-superior ao ser; a primeira hipótese do *Parmênides* domina todo o neoplatonismo.[7] E a emanação é também inseparável de uma teologia negativa, ou de um método de analogia que respeite a eminência do princípio ou da causa. Proclo mostra *[157]* que, no caso do próprio Uno, a negação é geradora das afirmações que

---

[6] Plotino, V, 5, § 4. Sem dúvida, segundo Plotino, há uma forma comum a todas as coisas; mas é uma forma de finalidade, a forma do Bem, que deve ser interpretada em um sentido analógico. [NT: Os Inteligíveis não estão fora da Inteligência. Do Bem.]

[7] Ver Étienne Gilson, *L'Être et l'essence*, (Paris, Vrin, 1948, p. 42): "Numa doutrina do Ser, o inferior só é em virtude do ser do superior. Numa doutrina do Uno, ao contrário, é um princípio geral que o inferior só é em virtude do que o superior não é; com efeito, o superior nunca doa o que ele não tem, pois, para poder doar essa coisa, é preciso que ele esteja acima dela".

se aplicam ao que o Uno doa e ao que procede do Uno. Mais do que isso, a cada estágio da emanação, deve-se reconhecer a presença de um imparticipável do qual as coisas procedem e ao qual elas se convertem. A emanação serve, portanto, de princípio para um universo hierarquizado; nisso, a diferença dos seres em geral é concebida como diferença hierárquica; cada termo é como que a imagem do termo superior que o precede, e se define pelo grau de distanciamento que o separa da causa primeira ou do primeiro princípio.

Portanto, entre a causa emanativa e a causa imanente, aparece uma segunda diferença. Por si própria, a imanência implica uma pura ontologia, uma teoria do Ser na qual o Uno é apenas a propriedade da substância e daquilo que é. E ainda, a imanência no estado puro exige o princípio de uma igualdade do ser ou a posição de um Ser-igual: não só o ser é igual em si, mas o ser aparece presente, igualmente, em todos os seres. E a Causa está igualmente próxima, em toda a parte: não há causa distanciada. Os seres não são definidos pelo seu lugar numa hierarquia, não estão nem mais nem menos distanciados do Uno, mas cada um deles depende diretamente de Deus, participando da igualdade do ser, recebendo imediatamente tudo que se pode receber, de acordo com a aptidão da sua essência, independentemente de toda proximidade e de todo distanciamento. E mais, a imanência no estado puro exige um Ser unívoco que forma uma Natureza, e que consiste em formas positivas, comuns ao produtor e ao produto, à causa e ao efeito. Sabemos que a imanência não suprime a distinção das essências; mas é preciso formas comuns que constituam a essência da substância como causa, ao passo que elas contêm as essências de modos enquanto efeitos. Eis por que a superioridade da causa subsiste do ponto de vista da imanência, mas não acarreta eminência alguma, isto é, posição alguma de um princípio para além das formas que estão presentes no efeito. A imanência se opõe a toda eminência da causa, a toda teologia negativa, a todo método de analogia, a toda concepção hierárquica do mundo. Tudo é afirmação na imanência. A Causa é superior ao efeito, mas não é superior ao que ela doa ao efeito. Melhor dizendo, ela nada "doa" ao efeito. A participação deve ser pensada de maneira inteiramente positiva,

O paralelismo e a imanência

não a partir de um dom eminente, mas a partir de uma comunidade formal que deixa subsistir a distinção das essências. *[158]*

Se há tanta diferença entre a emanação e a imanência, como se pode assimilá-las historicamente, mesmo que de maneira parcial? É que no próprio neoplatonismo, e sob influências estoicas, uma causa verdadeiramente imanente se junta de fato à causa emanativa.[8] Já no nível do Uno, a metáfora da esfera e da irradiação corrige singularmente a estrita teoria da hierarquia. Mas a primeira emanação, sobretudo, nos dá a ideia de uma causa imanente. Do Uno emana a Inteligência ou o Ser; ora, não há somente imanência mútua entre o ser e a inteligência, mas a inteligência contém todas as inteligências e todos os inteligíveis, assim como o ser contém todos os seres e todos os gêneros de ser. "Plena dos seres que engendrou, a inteligência os engole de certa forma, conservando-os nela mesma."[9] Sem dúvida, da inteligência, por sua vez, emana uma nova hipóstase. Mas a inteligência só age assim como causa emanativa, na medida em que atinge seu ponto de perfeição; e ela só o atinge como causa imanente. O ser e a inteligência são ainda o Uno, mas o Uno que é e que conhece, o Uno da segunda hipótese do *Parmênides*, Uno no qual o múltiplo está presente e que está, ele mesmo, presente no múltiplo. Plotino mostra que o ser é idêntico ao número no estado de união, e os seres idênticos ao número no estado de desenvolvimento (isto é, ao número "explicado").[10] Já em Plotino há uma igualdade do Ser que se conjuga com a sobreeminência do Uno.[11] Damáscio leva mais longe a

---

[8] Maurice de Gandillac analisou esse tema em *La Philosophie de Nicolas de Cues* (Paris, Aubier, 1941).

[9] Plotino, V, 1, § 30. [NT: Das três Hipóstases principais.]

[10] Plotino, VI, 6, § 9. O termo *exelittein* [ἐξελίττειν] (explicar, desenvolver) tem uma grande importância em Plotino e seus sucessores, no nível de uma teoria do Ser e da Inteligência. [NT: Dos Números.]

[11] Ver Plotino, VI, 2, § 11, 15: "Uma coisa pode não ter menos ser que

descrição desse estado do Ser, no qual o múltiplo está reunido, concentrado, *compreendido* no Uno, mas no qual também o Uno *se explica* nos vários.

Essa é a origem de um par de noções que terão uma importância cada vez maior, através das filosofias da Idade Média e da Renascença: *[159] complicare-explicare.*[12] Todas as coisas estão presentes em Deus, que as complica; Deus está presente em todas as coisas, que o explicam e o implicam. A série das emanações sucessivas e subordinadas é substituída pela copresença de dois movimentos correlativos. Pois as coisas não deixam de permanecer em Deus, enquanto elas o explicam ou o implicam, quanto Deus permanece em si para complicar as coisas. A presença das coisas em Deus constitui a inerência, assim como a presença de Deus nas coisas constitui a implicação. A hierarquia das hipóstases é substituída pela igualdade do ser; pois é o mesmo ser, ao qual as coisas estão presentes, que está presente nas coisas. A imanência se define pelo conjunto da complicação e da explicação, da inerência e da implicação. As coisas permanecem inerentes ao Deus que as complica, assim como Deus permanece implicado pelas coisas que o explicam. Complicando, é que Deus se explica através de todas as coisas: "Deus é a complicação universal, no sentido de que tudo está nele; e a universal explicação, no sentido de que ele está em tudo".[13] A participação encontra seu princípio, não mais numa emanação, da qual o Uno seria a fonte mais ou menos próxi-

uma outra, tendo ao mesmo tempo menos unidade". [NT: Dos Gêneros do Ser, II.]

[12] Boécio aplica ao Ser eterno os termos *comprehendere, complectiri* (compreender, apreender) (ver *Consolação da filosofia*, prosa 6). O par de substantivos *complicatio-explicatio* [complicação-explicação], ou de advérbios *complicative-explicative* [complicador-explicativo] ganha uma grande importância junto aos comentadores de Boécio, e notadamente na escola de Chartres, no século XII. Mas é sobretudo com Nicolau de Cusa e com Giordano Bruno que essas noções adquirem um estatuto filosófico rigoroso (ver Maurice de Gandillac, *op. cit.*).

[13] Nicolau de Cusa, "Douta Ignorância", in *Oeuvres choisies*, tomo II (Paris, Aubier, 1942, cap. 3).

ma, mas na expressão imediata e adequada de um Ser absoluto, que compreende todos os seres e se explica pela essência de cada um. A expressão compreende todos esses aspectos: complicação, explicação, inerência, implicação. Esses aspectos da expressão são também as categorias da imanência; a imanência se revela expressiva, a expressão se revela imanente, num sistema de relações lógicas em que as duas noções são correlativas.

Desse ponto de vista, a ideia de expressão dá conta da verdadeira atividade do participado e da possibilidade da participação. É na ideia de expressão que o novo princípio de imanência se afirma. A expressão aparece como a unidade do múltiplo, como a complicação do múltiplo e a explicação do Uno. Deus exprime a si mesmo no mundo; o mundo é a expressão, a explicação [160] de um Deus-ser ou do Uno que é. O mundo é promovido em Deus, de tal maneira que ele perde seus limites ou sua finitude, e participa, imediatamente, da infinidade divina. A metáfora do círculo, cujo centro está em toda a parte e a circunferência em parte alguma, convém ao próprio mundo. Entre Deus e o mundo a conexão de expressão funda, não uma identidade de essência, mas uma igualdade de ser. Pois o mesmo ser está presente em Deus, que complica todas as coisas segundo sua própria essência, e nas coisas que o explicam segundo sua própria essência ou seu modo. Assim sendo, Deus deve ser definido como idêntico à Natureza *complicadora*, e a Natureza como idêntica a Deus *explicativo*. Mas essa igualdade, ou identidade na distinção, constitui dois momentos para o conjunto da expressão: Deus se exprime no seu Verbo, seu Verbo exprime a essência divina; mas o Verbo se exprime, por sua vez, no universo, o universo que exprime todas as coisas segundo o modo que cabe essencialmente a cada uma. O Verbo é a expressão de Deus, a expressão-linguagem; o Universo é a expressão dessa expressão, expressão-figura ou fisionomia. (Esse tema clássico de uma dupla expressão se reencontra em Eckhart: Deus se exprime no Verbo, que é palavra interior e silenciosa; o Verbo se exprime no mundo, que é figura ou palavra exteriorizada.)[14]

---

[14] Sobre a categoria da expressão em Eckhart, ver Lossky, *Théologie négative et connaissance de Dieu chez maître Eckhart* (Paris, Vrin, 1960).

A imanência e os elementos históricos da expressão

Tentamos mostrar como uma imanência expressiva do Ser se implantava na transcendência emanativa do Uno. Contudo, em Plotino e seus sucessores, essa causa imanente permanece subordinada à causa emanativa. É verdade que o ser ou a inteligência "se explicam"; mas só se explica o que já é múltiplo, e que não é primeiro princípio. "A inteligência se explica. É que ela quer possuir todos os seres; mas teria sido melhor para ela não querer isso, pois assim ela se torna segundo princípio."[15] O ser imanente, o pensamento imanente não podem formar um absoluto, mas supõem um primeiro princípio, causa emanativa e fim transcendente do qual tudo decorre e ao qual tudo se converte. Sem dúvida, *[161]* esse primeiro princípio, o Uno superior ao ser, contém virtualmente todas as coisas: *ele é explicado*, mas *não explica a si mesmo*, contrariamente à inteligência, contrariamente ao ser.[16] Ele não é afetado pelo que o exprime. Assim, foi preciso esperar pela extrema evolução do neoplatonismo durante a Idade Média, o Renascimento e a Reforma, para ver a causa imanente ganhar uma importância cada vez maior, o Ser rivalizar com o uno, a expressão rivalizar com a emanação e tender, às vezes, a suplantá-la. Buscou-se frequentemente saber o que fazia da filosofia do Renascimento uma filosofia moderna; seguimos plenamente a tese de Alexandre Koyré, para quem a categoria específica da expressão caracteriza o modo de pensar dessa filosofia.

Todavia, é certo que essa tendência expressionista não foi plenamente bem-sucedida. É o cristianismo que a favorece, pela sua teoria do Verbo, e, sobretudo, pelas suas exigências ontológicas que fazem do primeiro princípio um Ser. Mas é ele que a recalca, pela exigência ainda mais potente de manter a transcendência do

[15] Plotino, III, 8, § 8. E V, 3, § 10: "O que se explica é múltiplo". [NT: Da Natureza, da Contemplação e do Uno (III) e Das Hipóstases que conhecem e do Princípio superior (V).]

[16] Plotino, VI, 8, § 18, 18: "O centro se manifesta através dos raios, tal como ele é, tal como ele é explicado, mas sem explicar a si mesmo". [NT: Da liberdade e da vontade do Uno.]

ser divino. É assim que vemos sempre a acusação de imanência e de panteísmo ameaçar os filósofos, e os filósofos se preocuparem, antes de tudo, em escapar a essa acusação. Já em João Escoto Erígena é preciso admirar as combinações filosoficamente sutis, nas quais se acham conciliados os direitos de uma imanência expressiva, de uma transcendência emanativa e de uma criação exemplar *ex nihilo* [do nada]. De fato, a transcendência de um Deus criador é salva graças a uma concepção analógica do Ser, ou, pelo menos, graças a uma concepção eminente de Deus, que limita o alcance do Ser-igual. O próprio princípio de igualdade do Ser é interpretado de maneira analógica; todos os recursos do simbolismo preservam a transcendência. O inexprimível é, portanto, mantido no seio da própria expressão. Não para que se retorne a Plotino; não para que se retorne à posição do Uno inefável e superior ao Ser. Pois é o mesmo Deus, o mesmo ser infinito, que se afirma e se exprime no mundo como causa imanente, e que permanece inexprimível e transcendente como objeto de uma teologia negativa que nega dele tudo o que se afirmava de sua imanência. Ora, mesmo nessas condições, a imanência aparece como uma teoria-limite, corrigida pelas *[162]* perspectivas da emanação e da criação. A razão disso é simples: a imanência expressiva não pode bastar a si mesma, enquanto não for acompanhada por uma concepção plena da univocidade, por uma plena afirmação do Ser unívoco.

A imanência expressiva vem inserir-se no tema da emanação, tema que em parte a favorece e em parte a recalca. Mas, em condições análogas, ela não deixa de interferir no tema da criação. A Criação, sob um dos seus aspectos, parece responder à mesma preocupação da Emanação; trata-se sempre de encontrar um princípio de participação do lado do próprio participado. Colocamos as Ideias em Deus: ao invés de remetê-las a uma instância inferior que as tomaria como modelos ou as forçaria a descer no sensível, elas próprias têm um valor exemplar. Representando o ser infinito de Deus, elas representam também tudo o que Deus quer e pode fazer. As Ideias em Deus *são similitudes exemplares*; as coisas criadas *ex nihilo* são *similitudes imitativas*. A participação é uma imitação, mas o princípio da imitação encontra-se do lado do modelo ou do imitado: as Ideias não se distinguem relativamente a Deus,

A imanência e os elementos históricos da expressão

mas se distinguem relativamente às coisas das quais elas fundam a participação possível ao próprio Deus. (Malebranche definirá as Ideias em Deus como princípios de expressão que representam Deus participável ou imitável.)

Essa via foi traçada por Santo Agostinho. Ora, ainda nesse caso, o conceito de expressão surge para determinar, ao mesmo tempo, o estatuto da similitude exemplar e da similitude imitativa. São Boaventura, depois de Santo Agostinho, é quem dá a maior importância a essa dupla determinação: as duas similitudes formam o conjunto concreto da similitude "expressiva". Deus se exprime em seu Verbo ou na Ideia exemplar; mas a Ideia exemplar exprime a multiplicidade das coisas criáveis e criadas. É esse o paradoxo da expressão como tal: intrínseca e eterna, ela é una relativamente ao que se exprime, múltipla relativamente ao que é exprimido.[17] A expressão *[163]* é como uma radiação que nos conduz de Deus, que se exprime, às coisas exprimidas. Sendo ela mesma exprimente[NT] (e não exprimida), estende-se igualmente a tudo,

---

[17] São Boaventura desenvolve uma tríade da expressão, que compreende a Verdade que se exprime, a coisa exprimida, a própria expressão: "*In hac autem expressione est tria intelligere, scilicet ipsam veritatem. ipsam expressionem et ipsam rem. Veritas exprimens una sola est et re et ratione; ipsae autem res quae exprimuntur habent multiformitatem vel actualem vel possibilem; expressio vero, secundum id quod est, nihil aliud est quam ipsa veritas; sed secundum id ad quod est, tenet se ex parte rerum quae exprimuntur*" (*De Scientia Christi, Opera omnia*, V, 14 a). ["Mas nessa expressão há três pontos a serem compreendidos, a saber, a própria verdade, a própria expressão, e a própria coisa. A verdade que se exprime é uma só, na coisa e na razão; mas essas coisas que são exprimidas têm uma multiformidade, ou atual ou possível; a expressão verdadeira, conforme àquilo que é, não é tão somente a própria verdade; mas, conforme àquilo para o qual é, ela se refere à parte exprimida das coisas".] Sobre as palavras "exprimir, "expressão" em Santo Agostinho e São Boaventura, ver Étienne Gilson, *La Philosophie de Saint Bonaventure* (Paris, Vrin, 3ª ed., pp. 124-5).

[NT] [Empregamos uma palavra portuguesa não usual, "exprimente", para traduzir o adjetivo verbal francês *exprimante*, aqui em sua forma feminina. Sua importância conceitual obriga a justificar o seu emprego, o que será feito em sua outra ocorrência decisiva, lá em sua forma masculina, *exprimant*, na NT apensa à p. 310 da edição francesa.]

sem limitação, como a própria essência divina. Reencontramos um princípio de igualdade segundo o qual são Boaventura nega toda hierarquia entre as Ideias, tais como estão em Deus. Com efeito, a teoria de uma similitude expressiva implica uma certa imanência. As ideias estão em Deus; logo, as coisas estão em Deus, segundo suas similitudes exemplares. Mas não seria preciso ainda que as próprias coisas estivessem em Deus, como imitações? Não há uma certa inerência da cópia ao modelo?[18] Só podemos escapar dessa consequência se mantivermos uma concepção estritamente analógica do ser. (O próprio são Boaventura opõe, constantemente, a similitude expressiva e a similitude unívoca ou de univocação.)

A maioria dos autores invocados anteriormente está ligada às duas tradições ao mesmo tempo: emanação e imitação, causa emanativa e causa exemplar, Pseudo-Dionísio e Santo Agostinho. O importante, porém, é que essas duas vias se juntam no conceito de expressão. Já podemos ver isso em Duns Escoto, que forja uma filosofia da expressão, ora "similitudinária", ora "emanativa". *A emanação nos leva a uma expressão-explicação. A criação nos leva a uma expressão-similitude.* E a expressão, com efeito, tem esse duplo aspecto: por um lado, ela é espelho, modelo e semelhança; por outro, germe, árvore e galho. Mas nunca essas metáforas são bem-sucedidas. A ideia de expressão é recalcada assim que suscitada. É que os temas da criação ou da emanação não podem se livrar de um mínimo de transcendência, o que impede [164] o "expressionismo" de ir até o fim da imanência que ele implica. A imanência é, precisamente, a vertigem filosófica, inseparável do

---

[18] É nesse sentido que Nicolau de Cusa observa: "É preciso que a imagem esteja contida em seu modelo, sem o que ela não seria verdadeiramente imagem... O modelo, por conseguinte, está em todas as imagens, e nele estão todas as imagens. Assim, imagem alguma é nem mais nem menos que o modelo. Eis por que todas as imagens são imagens de um único modelo" ("Le Jeu de la boule", *Oeuvres choisies*, Paris, Aubier, p. 530).

conceito de expressão (dupla imanência da expressão no que se exprime, e do exprimido na expressão).

A significação do espinosismo nos parece ser a seguinte: afirmar a imanência como princípio; retirar a expressão de toda subordinação com respeito a uma causa emanativa ou exemplar. *A própria expressão deixa de emanar, assim como também de se assemelhar.* Ora, esse resultado só pode ser obtido em uma perspectiva de univocidade. Deus é causa de todas as coisas, no mesmo sentido que causa de si; ele produz como ele existe formalmente, ou como ele se compreende objetivamente. Ele produz, portanto, as coisas nas próprias formas que constituem sua própria essência, e as ideias na ideia de sua própria essência. Mas os mesmos atributos que constituem formalmente a essência de Deus contêm todas as essências formais de modos, a ideia da essência de Deus compreende todas as essências objetivas ou todas as ideias. As coisas em geral são modos do ser divino, isto é, implicam os mesmos atributos que aqueles que constituem a natureza desse ser. Nesse sentido, toda similitude é de univocação, definindo-se pela presença de uma qualidade comum à causa e ao efeito. As coisas produzidas não são imitações, assim como as ideias não são modelos. Até mesmo a ideia de Deus nada tem de exemplar, sendo ela mesma produzida no seu ser formal. Inversamente, as ideias não imitam as coisas. No seu ser formal elas derivam do atributo pensamento; e se elas são representativas, é apenas na medida em que participam de uma potência absoluta de pensar que, por ela mesma, é igual à potência absoluta de produzir ou de agir. Assim, toda similitude imitativa ou exemplar está excluída da conexão expressiva. Deus se exprime nas formas que constituem sua essência, assim como na Ideia que reflete essa essência. A expressão se diz ao mesmo tempo do ser e do conhecer. Mas só o ser unívoco, só o conhecimento unívoco é expressivo. A substância e os modos, a causa e os efeitos não são, nem são conhecidos, a não ser pelas formas comuns que constituem atualmente a essência de uma, e que contêm atualmente a essência das outras.

Por isso, Espinosa opõe dois domínios, sempre confundidos nas tradições precedentes: o da expressão e o do conhecimento expressivo, o único adequado; *[165]* o dos signos e o do conhecimento pelos signos, por apófase ou por analogia. Espinosa distingue diferentes tipos de signos: signos indicativos, que nos levam a concluir algo segundo o estado do nosso corpo; signos imperativos, que nos fazem apreender as leis como leis morais; signos de revelação, que nos fazem obedecer a eles próprios e que, no máximo, nos permitem descobrir certos "próprios" de Deus. De qualquer maneira, porém, o conhecimento através de signos nunca é expressivo, e continua sendo do primeiro gênero. A indicação não é uma expressão, mas sim um estado confuso de envolvimento no qual a ideia permanece impotente para se explicar ou para exprimir sua própria causa. O imperativo não é uma expressão, mas sim uma impressão confusa que nos leva a acreditar que as verdadeiras expressões de Deus, as leis da natureza, são outros tantos mandamentos. A revelação não é uma expressão, mas sim uma cultura do inexprimível, um conhecimento confuso e relativo pelo qual atribuímos a Deus determinações análogas às nossas (Entendimento, Vontade), com o risco de salvar a superioridade de Deus numa eminência em todos os gêneros (o Uno sobreeminente, etc.). Graças à univocidade, Espinosa dá um conteúdo positivo à ideia de expressão, opondo-a aos três tipos de signos. A oposição entre as expressões e os signos é uma das teses fundamentais do espinosismo.

Era preciso ainda liberar a expressão de todo rastro de emanação. O neoplatonismo tirava uma parte da sua força da seguinte tese: que a produção não se faz por composição (adição de espécie ao gênero, recepção de uma forma numa matéria), mas sim por distinção e diferenciação. O neoplatonismo, porém, estava preso a diversas exigências: era preciso que a distinção fosse produzida a partir do Indistinto ou do absolutamente Uno e que ela, todavia, fosse atual; era preciso que ela fosse atual e, todavia, não numérica. Essas exigências explicam os esforços do neoplatonismo para definir o estado de distinções indistintas, de divisões indivisas, de pluralidades impluralizáveis. Espinosa, ao contrário, acha outra via na sua teoria das distinções. Em conexão com a univocidade, a ideia de uma distinção formal, isto é, de uma distinção real que não é e não pode ser numérica, permite a ele conciliar imediatamente a unidade ontológica da substância com a plurali-

A imanência e os elementos históricos da expressão   201

dade qualitativa dos atributos. Longe de emanar de uma Unidade eminente, os atributos realmente distintos constituem a essência da substância absolutamente una. A substância não é como o Uno do qual procederia uma distinção paradoxal; os atributos [166] não são emanações. A unidade da substância e a distinção dos atributos são correlativos que constituem a expressão no seu conjunto. A distinção dos atributos coincide com a composição qualitativa de uma substância ontologicamente una; a substância se distingue numa infinidade de atributos, que são como suas formas atuais ou suas qualidades componentes. Portanto, antes de qualquer produção, há uma distinção, mas essa distinção também é composição da própria substância.

É verdade que a produção dos modos se faz por diferenciação. Mas trata-se então de uma diferenciação puramente quantitativa. Se a distinção real nunca é numérica, a distinção numérica, inversamente, é essencialmente modal. Sem dúvida, o número convém melhor aos seres de razão do que aos próprios modos. Só que a distinção modal é quantitativa, mesmo que o número exprima mal a natureza dessa quantidade. Vê-se bem isso na concepção espinosista da participação.[19] As teorias da emanação e da criação concordavam em recusar à participação todo sentido material. Em Espinosa, ao contrário, é o próprio princípio da participação que nos obriga a interpretá-la como uma participação material e quantitativa. Participar é ter parte, é ser uma parte. Os atributos são como qualidades dinâmicas às quais corresponde a potência absoluta de Deus. Um modo, na sua essência, é sempre um certo grau, uma certa quantidade de uma qualidade. Por isso mesmo, no atributo que o contém, ele é como uma parte da potência de Deus. Sendo formas comuns, os atributos são as condições sob as quais a substância possui uma onipotência idêntica a sua essência, sob as quais os modos também possuem uma parte dessa potência idêntica a sua essência. A potência de Deus se exprime ou se explica modalmente, mas somente por essa e nessa diferenciação

[19] A palavra e a noção de Participação (participação na natureza de Deus, na potência de Deus) formam um tema constante da *Ética* e das *Cartas*.

quantitativa. Eis por que, no espinosismo, o homem perde todos aqueles privilégios que tinha, mas que lhe eram devidos graças a uma pretensa qualidade própria, privilégios que pertenciam a ele apenas, do ponto de vista de uma participação imitativa. Os modos se distinguem quantitativamente: cada modo exprime ou explica a essência de Deus, à medida que essa mesma essência *[167]* se explica pela essência do modo, ou seja, se divide segundo a quantidade correspondente a esse modo.[20]

Os modos de um mesmo atributo não se distinguem pelo seu nível, pela sua proximidade ou pelo seu distanciamento de Deus. Eles se distinguem quantitativamente, pela quantidade ou capacidade de sua essência respectiva, que participa sempre diretamente da substância divina. Sem dúvida, em Espinosa parece subsistir uma hierarquia entre o modo infinito imediato, o modo finito mediato e os modos finitos. Mas Espinosa lembra constantemente que *Deus nunca é, propriamente falando, causa distante.*[21] Deus, considerado sob tal atributo, é causa próxima do modo infinito imediato correspondente. Quanto ao modo infinito, que Espinosa chama de mediato, ele decorre do atributo já modificado; *mas a primeira modificação não intervém como uma causa intermediária num sistema de emanações*, apresentando-se, isto sim, como modalidade sob a qual o próprio Deus produz em si mesmo a segunda modificação. Se considerarmos as essências de modos finitos, veremos que elas não formam um sistema hierárquico, em que as menos potentes dependeriam das mais potentes, mas sim uma coleção atualmente infinita, um sistema de implicações mútuas, em que cada essência convém a todas as outras, e em que todas as essências estão compreendidas na produção de cada uma. Assim, Deus produz diretamente cada essência com todas as outras. Finalmente, os próprios modos existentes têm Deus como causa direta. Sem dúvida, um modo existente finito remete a outra coisa que não o atributo; ele acha uma causa em outro modo existente;

[20] Ver *E*, IV, 4, dem.

[21] Toda vez que Espinosa fala de "causa última ou distante", ele deixa claro que a fórmula não deve ser tomada literalmente: ver *BT*, I, cap. 3, 2; *E*, I, 28, esc.

A imanência e os elementos históricos da expressão

este, por sua vez, em outro, e assim ao infinito. Mas, para cada modo, Deus é a potência que determina que a causa tenha tal efeito. Nunca entramos numa regressão ao infinito; basta considerar um modo juntamente com sua causa, para chegar diretamente a Deus como princípio que determina essa causa a ter tal efeito. É nesse sentido que Deus nunca é causa distante, nem mesmo dos modos existentes. Donde a célebre fórmula espinosista "enquanto..." [*quatenus*]. É sempre Deus que produz diretamente, mas sob modalidades diversas: enquanto ele é infinito, enquanto ele é modificado por uma modificação, ela mesma infinita; *[168]* enquanto ele é afetado por uma modificação particular. A hierarquia das emanações é substituída por uma hierarquia das modalidades no próprio Deus; mas Deus se exprime imediatamente sob cada modalidade, ou produz diretamente seus efeitos. Por isso, todo efeito está em Deus e permanece em Deus, razão pela qual o próprio Deus está presente em cada um dos seus efeitos.

A substância se exprime primeiramente em si mesma. Essa primeira expressão é formal ou qualitativa. A substância se exprime nos atributos formalmente distintos, qualitativamente distintos, realmente distintos; cada atributo exprime a essência da substância. Reencontramos aqui o duplo movimento da complicação e da explicação: a substância "complica" os atributos, cada atributo explica a essência da substância, a substância se explica por todos os atributos. Essa primeira expressão, antes de toda produção, é como a constituição da própria substância. Aparece aqui a primeira aplicação de um princípio de igualdade: não só a substância é igual a todos os atributos, mas todo atributo é igual aos outros, nenhum é superior ou inferior. *A substância se exprime por si mesma.* Ela se exprime na ideia de Deus, que compreende todos os atributos. Deus não se exprime, não se explica sem se compreender. Essa segunda expressão é objetiva. Ela implica um novo uso do princípio de igualdade: a potência de pensar, que corresponde à ideia de Deus, é igual à potência de existir, que corresponde aos atributos. A ideia de Deus (o Filho ou o Verbo) tem um estatuto complexo: objetivamente igual à substância, ela é apenas um produto no seu ser formal. Dessa maneira, ela nos conduz a uma terceira expressão: *A substância se re-exprime, os atributos se expri-*

mem por sua vez nos modos. Essa expressão é a produção dos próprios modos: Deus produz como ele se compreende; ele não se compreende sem produzir uma infinidade de coisas, sem compreender também tudo o que produz. Deus produz nesses mesmos atributos que constituem sua essência, ele pensa tudo aquilo que produz nessa mesma ideia que compreende sua essência. Assim, todos os modos são expressivos, e também as ideias que correspondem a esses modos. Os atributos "complicam" as essências de modos, e se explicam por elas, como a Ideia de Deus compreende todas as ideias e se explica por elas. Essa terceira expressão é quantitativa. Ela terá então duas formas, como a própria quantidade: intensiva nas essências de modos, extensiva quando os modos passam à existência. O princípio de igualdade encontra *[169]* aqui sua última aplicação: não é que os modos sejam iguais à própria substância, mas a superioridade da substância não acarreta nenhuma eminência. Os modos são precisamente expressivos enquanto implicam as mesmas formas qualitativas daquelas que constituem a essência da substância.

A imanência e os elementos históricos da expressão

Terceira parte
TEORIA DO MODO FINITO
[171]

Capítulo XII
A ESSÊNCIA DE MODO:
PASSAGEM DO INFINITO AO FINITO
[173]

[Sentido da palavra "parte". — Qualidade, quantidade intensiva, quantidade extensiva. — Os dois infinitos modais, na Carta a Meyer. *A essência de modo como realidade física: grau de potência ou quantidade intensiva. — Estatuto do modo não-existente. — Essência e existência. — Essência e existência da essência. — Problema da distinção das essências de modos. — Teoria da distinção ou da diferenciação quantitativa. — A produção das essências: essência de modo e complicação. A expressão quantitativa.]*

Reencontra-se em Espinosa a identidade clássica do atributo e da qualidade. Os atributos são qualidades eternas e infinitas: é nesse sentido que eles são indivisíveis. A extensão é indivisível, enquanto qualidade substancial ou atributo. Cada atributo é indivisível, enquanto qualidade. Mas cada atributo-qualidade tem também uma quantidade infinita que é divisível sob certas condições. Essa quantidade infinita de um atributo forma uma matéria, mas uma matéria somente modal. Portanto, um atributo se divide modalmente, e não realmente. Ele tem partes que se distinguem modalmente: partes modais, e não reais ou substanciais. Isso é válido tanto para a extensão quanto para os outros atributos: "Não há partes, na extensão, antes que haja modos? De maneira alguma, digo eu".[1]

---

[1] *BT*, I, cap. 2, 19, nota 6.

Porém, na *Ética*, parece que a palavra "parte" deve ser compreendida de duas maneiras. Ora se trata de partes de potência, isto é, partes intrínsecas ou intensivas, verdadeiros graus, graus de potência ou de intensidade. Assim, as essências de modos se definem como graus de potência (Espinosa reencontra uma longa tradição escolástica, segundo a qual *modus intrinsecus = gradus = intensio*).[2] Ora se trata, também, de partes extrínsecas ou extensivas, exteriores umas às outras, agindo de fora umas sobre as outras. É assim que *[174]* os corpos mais simples são as últimas divisões modais extensivas da extensão. (É preciso evitar a crença de que o extenso seja um privilégio da extensão: os modos da extensão se definem essencialmente por graus de potência e, inversamente, um atributo como o pensamento tem ele mesmo partes modais extensivas, ideias que correspondem aos corpos mais simples.)[3]

Tudo se passa, então, como se cada atributo estivesse afetado por duas quantidades elas mesmas infinitas, mas divisíveis sob certas condições, cada uma à sua maneira: uma quantidade intensiva, que se divide em partes intensivas ou em graus; uma quantidade extensiva, que se divide em partes extensivas. Não é de surpreender, portanto, que Espinosa, além de referir-se ao infinito qualitativo dos atributos que se conectam à substância, faça alusão a dois infinitos quantitativos propriamente modais. Na carta a Meyer, ele escreve: "Certas coisas são (infinitas) em virtude da causa de que elas dependem e, no entanto, quando as concebemos abstratamente, elas podem ser divididas em partes e consideradas como finitas; *certas outras*, enfim, podem ser chamadas de infinitas ou, se você preferir, indefinidas, porque não podem ser igualadas por número algum, ainda que se possa concebê-las como

---

[2] O problema da intensidade ou do grau desempenha um papel importante, especialmente nos séculos XIII e XIV: será que uma quantidade, sem mudar de razão formal ou de essência, pode ser afetada por graus diversos? E essas afecções, será que elas pertencem à própria essência, ou somente à existência? A teoria do modo intrínseco ou do grau é particularmente desenvolvida no escotismo.

[3] Ver *E*, II, 15, prop. e dem.

maiores ou menores".[4] Mas, então, muitos problemas se colocam: em que consistem esses dois infinitos? Como e sob quais condições eles se deixam dividir em partes? Quais são suas conexões, e quais são as conexões de suas respectivas partes?

O que Espinosa chama de uma essência de modo, essência particular ou singular? Sua tese se resume assim: as essências de modos não são possibilidades lógicas, nem estruturas matemáticas, nem entidades metafísicas, mas realidades físicas, *res physicae*. Espinosa quer dizer que a essência, enquanto essência, tem uma existência. *Uma essência de modo tem uma existência que não se confunde com a existência do modo correspondente.* Uma essência de modo existe, é real e atual, mesmo se não existe atualmente o modo do qual ela é a essência. Donde a concepção que Espinosa tem do modo *[175]* não-existente: este nunca é alguma coisa de possível, mas sim um objeto, cuja ideia está necessariamente compreendida na ideia de Deus, assim como sua essência está necessariamente contida num atributo.[5] A ideia de um modo inexistente é, portanto, o correlato objetivo necessário de uma essência de modo. Toda essência é essência de alguma coisa; uma essência de modo é a essência de alguma coisa que deve ser concebida no entendimento infinito. Da própria essência, não diremos que ela seja um possível; também não diremos que a tendência do modo não-existente seja passar à existência em virtude de sua essência. Sobre esses dois pontos, a oposição entre Espinosa e Leibniz é radical: em Leibniz, a essência, ou a noção individual, é uma possibilidade lógica, e não se separa de certa realidade metafísica, ou seja, de uma "exigência de existência", de uma tendência à existência.[6]

[4] *Carta 12, a Meyer* (III, p. 42).

[5] *E*, II, 8, prop. e cor. (e também I, 8, esc. 2: temos ideias verdadeiras das modificações não-existentes, porque "sua essência está compreendida numa outra coisa, de tal sorte que elas podem ser concebidas por essa coisa").

[6] Leibniz, *Da origem radical das coisas*: "Nas coisas possíveis, ou seja, na própria possibilidade ou na essência, há certa exigência de existência ou,

Não é assim em Espinosa: a essência não é uma possibilidade, mas possui uma existência real que lhe cabe particularmente; o modo não-existente de nada carece e nada exige, mas é concebido, no entendimento de Deus, como o correlato da essência real. Nem realidade metafísica, nem possibilidade lógica, *a essência de modo é pura realidade física.*
Eis por que, como os modos existentes, as essências de modos também têm uma causa eficiente. "Deus não é apenas causa eficiente da existência das coisas, mas também de sua essência."[7] Quando Espinosa mostra que a essência de um modo não envolve a existência, certamente ele quer dizer, primeiro, que a essência não é causa da existência do modo. Mas ele quer dizer, também, que a essência não é causa de sua própria existência.[8] *[176]*

---

por assim dizer, certa pretensão à existência, e, para resumir numa palavra, a própria essência tende à existência". [NT: *De l'origine radicale des choses* (1697) in *Oeuvres philosophiques de Leibniz*, t. II, Paris, Librairie Philosophique de Ladrange, 1866, p. 546-53, § 3. Nesse texto, no lugar do termo *exigence* (exigência) aparece o termo *besoin* (necessidade)].

[7] *E*, I, 26, prop.

[8] Em *E*, I, 24, prop. e dem., Espinosa diz que "a essência das coisas produzidas por Deus não envolve a existência". Ou seja: a essência de uma coisa não envolve a existência dessa coisa. Mas, no corolário de I, 24, ele acrescenta: "Quer as coisas existam, quer elas não existam, todas as vezes que prestamos atenção em sua essência, descobrimos que ela não envolve a existência e nem a duração; por conseguinte, *sua essência não pode ser causa de sua própria existência e nem de sua própria duração (neque suae existentiae neque suae durationis)*". Parece que os tradutores cometem um surpreendente contrassenso quando levam Espinosa a dizer: "por conseguinte, sua essência (a essência das coisas) não pode ser causa nem de *sua* existência nem de *sua* duração". Mesmo que essa versão fosse possível, o que ela absolutamente não é, não mais se compreenderia o que o corolário traz de novo relativamente à demonstração. Sem dúvida, esse contrassenso foi provocado pela alusão à duração. Como poderia Espinosa falar da duração da essência, já que a essência não dura? Porém, que a essência não dure, disso ainda não sabemos, em I, 24. E mesmo quando Espinosa tiver dito isso, ele ainda empregará a palavra "duração" de uma maneira muito geral, num sentido literalmente inexato: ver *E*, V, 20, esc. O conjunto de I, 24, portanto, parece-nos organizar-se assim: 1°) a essência de uma coisa produzida não é causa da existên-

Não que haja uma distinção real entre a essência e *sua própria* existência; a distinção da essência e da existência fica suficientemente fundada desde que se admita que a essência tem uma causa ela mesma distinta. Então, com efeito, a essência existe necessariamente, mas existe em virtude da sua causa (e não por si). Reconhece-se aqui o princípio de uma tese célebre de Duns Escoto e, mais longinquamente, de Avicena: a existência acompanha necessariamente a essência, mas em virtude da causa desta; portanto, ela não está incluída ou envolvida na essência; ela se junta a esta. Ela não se junta a esta como um ato realmente distinto, mas somente como um tipo de determinação última que resulta da causa da essência.[9] Numa palavra, a essência tem sempre a existência que merece em virtude da sua causa. Eis por que, em Espinosa, unem-se as duas seguintes proposições: *As essências têm uma existência ou realidade física; Deus é causa eficiente das essências.* A existência da essência coincide com o ser-causado da essência. Portanto, não confundiremos a teoria espinosista com uma teoria cartesiana, aparentemente análoga: quando Descartes diz que Deus produz até mesmo as essências, ele quer dizer que Deus não está sujeito a lei alguma, que ele cria tudo, até mesmo o possível. Espinosa quer dizer, ao contrário, que as essências não são possíveis, mas que elas têm uma existência plenamente atual, que lhes [177] é fornecida em virtude de sua causa. As essências de modos só podem ser assimiladas a possíveis, na medida em que as considerarmos de maneira abstrata, isto é, separando-as da causa que as põem como coisas reais ou existentes.

cia da coisa (demonstração); 2°) mas ela também não é causa de sua própria existência enquanto essência (corolário); 3°) *donde* I, 25: Deus é causa, até mesmo da essência das coisas. [Ao pé da letra, eis a demonstração de I, 25: "Deus é causa eficiente não apenas da existência das coisas, mas também de sua essência".]

[9] Em páginas definitivas, a propósito de Avicena e de Duns Escoto, Étienne Gilson mostrou como a distinção da essência e da existência não era necessariamente uma distinção real (ver *L'Être et l'essence, op. cit.,* pp. 134 e 159).

A essência de modo: passagem do infinito ao finito   213

Se todas as essências *convêm*, é precisamente porque elas não são causas umas das outras, mas todas têm Deus como causa. Quando as consideramos concretamente, conectando-as à causa da qual dependem, estamos colocando-as todas juntas, coexistentes e convenientes.[10] Todas as essências convêm pela existência ou realidade que resulta da sua causa. Uma essência só pode ser separada das outras de maneira abstrata, quando consideradas independentemente do princípio de produção que compreende todas. Eis por que as essências formam um sistema total, um conjunto atualmente infinito. Dir-se-á desse conjunto, como na *Carta a Meyer*, que ele é infinito pela sua causa. Devemos, portanto, perguntar: como distinguir as essências de modos se elas são inseparáveis umas das outras? Como elas podem ser singulares, sendo que formam um conjunto infinito? O que é o mesmo que perguntar: em que consiste a realidade física das essências enquanto tais? Sabe-se que esse problema, ao mesmo tempo da individualidade e da realidade, suscita muitas dificuldades no espinosismo.

Não parece que Espinosa tenha tido, desde o início, uma solução clara, nem mesmo uma clara colocação do problema. Dois textos célebres do *Breve tratado* sustentam que, enquanto os próprios modos não existirem, suas essências não se distinguirão do atributo que as contém, nem tampouco se distinguirão umas das outras; elas não terão, portanto, nelas mesmas, princípio algum de individualidade.[11] *[178]* A individuação se faria apenas pela exis-

---

[10] Sobre a conveniência das essências, ver *E*, I, 17, esc.

[11] a) *BT*, Ap. II, 1: "Esses modos, enquanto não existem realmente, estão todos, entretanto, contidos em seus atributos; e como não há entre os atributos tipo algum de desigualdade, como também não há desigualdade entre as essências de modos, não pode haver na Ideia distinção alguma, pois ela não estaria na natureza. Mas se alguns desses modos revestem sua existência particular e assim se distinguem de alguma maneira de seus atributos (porque a existência particular que eles têm no atributo é, então, sujeito de sua essência), então uma distinção se produz entre as essências dos modos e, por conseguinte, também entre suas essências objetivas que estão necessariamente contidas na Ideia". [NT: A rigor, o parágrafo é o de número 11 da segunda parte do apêndice, a dedicada à mente humana.]

b) *BT*, II, cap. 20, 4, nota 3: "Enquanto, ao designar uma coisa, se con-

tência do modo, não por sua essência. (Entretanto, o *Breve trata-do* já precisa da hipótese de essências de modos singulares em si mesmas, e utiliza plenamente essa hipótese.)

Porém, talvez os dois textos do *Breve tratado* sejam ambíguos, sobretudo porque não excluem radicalmente toda singularidade e toda distinção das essências enquanto tais. Com efeito, o primeiro texto parece dizer o seguinte: enquanto um modo não existe, sua essência só existe como conteúdo *no* atributo; ora, a própria ideia da essência não pode ter uma distinção que não esteja na natureza; não pode, portanto, representar o modo não--existente como se ele se distinguisse *do* atributo e dos outros modos. Assim também o segundo texto: enquanto um modo não existe, a ideia da sua essência não pode envolver uma existência distinta; enquanto a muralha for toda branca, não poderemos apreender nada que se distinga dela ou que nela se distinga. (Mesmo na *Ética*, essa tese não é abandonada: enquanto um modo não existe, sua essência estará contida no atributo, sua ideia estará compreendida na ideia de Deus; essa ideia não pode, portanto, envolver uma existência distinta, nem se distinguir das outras ideias.)[12]

Em tudo isso, "distinguir-se" opõe-se brutalmente a "estar contido". Estando apenas contidas no atributo, as essências de modos não se distinguem dele. *A distinção, portanto, é tomada no sentido de distinção extrínseca.* A argumentação é a seguinte. As essências de modos estão contidas no atributo; enquanto um modo não existir, distinção alguma extrínseca será possível entre sua essência e o atributo, nem entre sua essência e as outras essências; logo, ideia alguma poderá representar ou apreender as essências de modos como partes extrínsecas do atributo, nem como partes exteriores umas às outras. Essa tese pode parecer estranha, já que

cebe a essência sem a existência, a ideia da essência não pode ser considerada como alguma coisa de particular; isso só é possível quando a existência é dada com a essência, e isso porque existe, então, um objeto que não existia antes. Se, por exemplo, a muralha é toda branca, não se distingue nela nem isto nem aquilo".

[12] *E*, II, 8, prop. e esc.

A essência de modo: passagem do infinito ao finito 215

ela supõe, inversamente, que a distinção extrínseca não é recusada pelo modos existentes, sendo até mesmo exigida por eles. Deixaremos para mais tarde a análise desse ponto. Observemos apenas que o modo existente tem *[179]* uma duração; e enquanto dura, ele deixa de estar simplesmente contido no atributo, assim como sua ideia deixa de estar simplesmente compreendida na ideia de Deus.[13] É pela duração (e também, no caso dos modos da extensão, pela figura e pelo lugar) que os modos existentes têm uma individuação propriamente extrínseca.

Enquanto a muralha for branca, figura alguma se distinguirá dela nem nela. Quer dizer: nesse estado, a qualidade não é afetada por alguma coisa que dela se distinguiria extrinsecamente. Mas subsiste a questão de saber se não há outro tipo de distinção modal, como um princípio intrínseco de individuação. Mais do que isso, tudo faz pensar que uma individuação pela existência do modo é insuficiente. Só podemos distinguir as coisas existentes na medida em que supomos que suas essências são distintas; assim também, toda distinção extrínseca parece certamente supor uma distinção intrínseca prévia. É então provável que uma essência de modo seja singular nela mesma, mesmo quando o modo correspondente não existe. Mas como? Voltemos a Duns Escoto: a brancura, diz ele, tem intensidades variáveis; estas não se juntam à brancura como uma coisa se junta à outra, como uma figura se junta à muralha sobre a qual ela é traçada; os graus de intensidade são determinações intrínsecas, modos intrínsecos da brancura, que permanece univocamente a mesma seja qual for a modalidade sob a qual ela é considerada.[14]

---

[13] *E*, II, 8, cor.: "Quando se diz que coisas singulares existem, não só enquanto estão elas compreendidas nos atributos de Deus, mas também enquanto se diz que duram, suas ideias também envolvem a existência pela qual se diz que elas duram". (E também II, 8, esc.: Quando se traça efetivamente certos lados de ângulos retos, compreendidos no círculo, "então suas ideias também existem, não só enquanto estão compreendidas na ideia do círculo, mas também enquanto envolvem a existência desses lados de ângulos retos; o que faz com que elas se distingam das outras ideias dos outros lados de ângulos retos".

[14] Ver Duns Escoto, *Opus oxoniense*, I, D3, q. 1 e 2, a. 4, n. 17. Aqui,

Em Espinosa parece ser assim: as essências de modos são modos intrínsecos ou quantidades intensivas. O atributo-qualidade permanece univocamente o que ele é, contendo todos os graus que o afetam, sem modificar a sua razão formal; as essências de modos se *[180]* distinguem, portanto, do atributo assim como a intensidade da qualidade, e se distinguem entre elas assim como os diversos graus de intensidade. Podemos pensar que, sem desenvolver explicitamente essa teoria, Espinosa se oriente na direção da ideia de uma distinção ou de uma singularidade própria às essências de modos enquanto tais. A diferença dos seres (essências de modos) é ao mesmo tempo intrínseca e puramente quantitativa; pois a quantidade de que se trata aqui é a quantidade intensiva. Só uma distinção quantitativa dos seres se concilia com a identidade qualitativa do absoluto. Mas essa distinção quantitativa não é uma aparência, é uma diferença interna, uma diferença de intensidade. De modo que se deve dizer de cada ser finito que ele *exprime o absoluto*, de acordo com a quantidade intensiva que constitui sua essência, ou seja, segundo seu grau de potência.[15] Em Espinosa, a individuação não é nem qualitativa nem extrínseca, ela é quantitativa-intrínseca, intensiva. Nesse sentido, há certamente uma distinção entre as essências de modos relativamente aos atributos que as contêm e, ao mesmo tempo, relativamente umas às outras. Estando contidas no atributo, as essências de modos não se distinguem de maneira extrínseca; mas, no atributo que as contém, elas não deixam de ter um tipo de distinção ou de singularidade que lhes é própria.

A quantidade intensiva é uma quantidade infinita, o sistema das essências é uma série atualmente infinita. Trata-se de um infi-

a aproximação de Espinosa a Duns Escoto é relativa apenas ao tema das quantidades intensivas ou dos graus. A teoria da individuação, que expomos no parágrafo seguinte como dizendo respeito a Espinosa, é totalmente distinta daquela de Duns Escoto.

[15] Encontraríamos em Fichte e em Schelling um problema análogo, o da *diferença quantitativa e da forma de quantitabilidade* em suas conexões com a manifestação do absoluto (ver *Carta de Fichte a Schelling*, outubro de 1801, in *Fichte's Leben II*, Zweite Abth. IV, 28, p. 357).

A essência de modo: passagem do infinito ao finito

nito "pela causa". É nesse sentido que o atributo contém, isto é, complica todas as essências de modos; ele as contém como a série infinita dos graus que correspondem à sua quantidade intensiva. Ora, vê-se bem que esse infinito, em certo sentido, não é divisível: não se pode dividi-lo em partes extensivas ou extrínsecas, salvo por abstração. (Porém, por abstração, separamos as essências de sua causa e do atributo que as contém, nós as consideramos como simples possibilidades lógicas, retiramos delas toda realidade física.) Na verdade, as essências dos modos são, portanto, inseparáveis, elas se definem pela sua total conveniência. Mas elas não deixam de ser singulares ou particulares, e distintas umas das outras por uma distinção intrínseca. Em seu sistema concreto, todas as essências estão compreendidas *[181]* na produção de cada uma: não apenas as essências de grau inferior, mas também as de grau superior, já que a série é atualmente infinita. Entretanto, nesse sistema concreto, cada essência é produzida como sendo um grau irredutível, necessariamente apreendido como unidade singular. Assim é o sistema da "complicação" das essências.

As essências de modos são, certamente, as partes de uma série infinita. Mas em um sentido muito especial: são partes intensivas ou intrínsecas. Evitaremos dar às essências particulares espinosistas uma interpretação leibniziana. As essências particulares não são microcosmos. Elas não estão todas contidas em cada uma, mas todas estão contidas na produção de cada uma. Uma essência de modo é uma *pars intensiva*, não uma *pars totalis*.[16] Como tal, ela tem um poder expressivo, mas esse poder expressivo deve ser compreendido de uma maneira muito diferente daquela de Leibniz. É que o estatuto das essências de modos remete a

[16] Por várias vezes foram dadas interpretações leinizianas das essências tratadas por Espinosa. Por exemplo, Gabriel Huan, *Le Dieu de Spinoza* (Paris, F. Alcan, 1914, p. 277): as essências "abrangem, cada qual de um ponto de vista particular, a infinidade do real e apresentam, em sua natureza íntima, uma imagem microscópica do Universo inteiro".

um problema propriamente espinosista, na perspectiva de uma substância absolutamente infinita. Esse problema é o da passagem do infinito ao finito. A substância é como que a identidade ontológica absoluta de todas as qualidades, a potência absolutamente infinita, potência de existir sob todas as formas e de pensar todas as formas; os atributos são as formas ou qualidades infinitas e, como tais, indivisíveis. O finito não é, portanto, nem substancial nem qualitativo. Mas também não é aparência: ele é modal, isto é, quantitativo. Cada qualidade substancial tem uma quantidade modal-intensiva, ela mesma infinita, que se divide atualmente numa infinidade de modos intrínsecos. Esses modos intrínsecos, contidos todos juntos no atributo, são as partes intensivas do próprio atributo. E com isso, eles são as partes da potência de Deus, sob o atributo que os contém. Já foi nesse sentido que vimos que os modos de um atributo divino participavam necessariamente da potência de Deus: sua própria essência é uma parte da potência de Deus, *[182]* isto é, um grau de potência ou parte intensiva. Ainda nesse ponto, a redução das criaturas ao estado de modos aparece como a condição sob a qual sua essência é potência, isto é, parte irredutível da potência de Deus. Assim, em sua essência, os modos são expressivos: eles exprimem a essência de Deus, cada um segundo o grau de potência que constitui sua essência. A individuação do finito, em Espinosa, não vai do gênero ou da espécie ao indivíduo, do geral ao particular; vai da qualidade infinita à quantidade correspondente, que se divide em partes irredutíveis, intrínsecas ou intensivas.

A essência de modo: passagem do infinito ao finito

Capítulo XIII
A EXISTÊNCIA DO MODO
[183]

[Em que consiste a existência do modo: existência e partes extensivas. — A quantidade extensiva, segunda forma da quantidade. — Diferença entre a quantidade e o número. — Os corpos simples. — Não convém buscar essências que correspondam aos corpos mais simples.

Primeira tríade da expressão no modo finito: essência, conexão característica, partes extensivas. — Leis de composição e decomposição das conexões.

Sentido da distinção da essência e da existência do modo. — Problema da distinção dos modos existentes. — Como o modo existente se distingue do atributo de maneira extrínseca. — Modo existente e explicação.]

Sabemos que a existência de uma essência de modo não é a existência do modo correspondente. Uma essência de modo existe sem que o próprio modo exista: a essência não é causa da existência do modo. Logo, a existência do modo tem outro modo existente como causa.[1] Mas essa regressão ao infinito não nos diz, de maneira alguma, em que consiste a existência. Todavia, se é verdade que um modo existente "tem necessidade" de um grande número de outros modos existentes, já podemos pressentir que ele mesmo é composto de um grande número de partes, partes que lhe chegam de alhures, que começam a lhe pertencer desde que ele existe em virtude de uma causa exterior, que se renovam sob o jo-

---

[1] E, I, 28, prop. e dem.

A existência do modo

go das causas, enquanto ele existe, e que deixam de lhe pertencer assim que ele morre.[2] Então, podemos dizer em que consiste a existência do modo: *existir é ter atualmente um número muito grande de partes (plurimae)*. Essas partes componentes são exteriores à essência do modo, exteriores umas às outras: são partes extensivas.

Acreditamos que, em Espinosa, não há modo existente que não seja atualmente composto de um número muito grande de partes extensivas. Não há corpo existente, na extensão, que não seja composto de um número muito grande de corpos simples. E a alma, enquanto ideia de um corpo existente, é ela mesma composta por um grande número de ideias que correspondem às partes componentes *[184]* do corpo, e que se distinguem extrinsecamente.[3] Mais do que isso, as faculdades que a alma possui, enquanto ela é a ideia de um corpo existente, são verdadeiras partes extensivas, que deixam de pertencer à alma assim que o próprio corpo deixa de existir.[4] Parece que aí estão, portanto, os primeiros elementos do esquema espinosista: uma essência de modo é um grau determinado de intensidade, um grau de potência irredutível; o modo existe, quando ele possui atualmente um número muito grande de partes extensivas que correspondem a sua essência ou grau de potência.

Que significa "um número muito grande"? A *Carta a Meyer* dá uma preciosa indicação: há grandezas denominadas infinitas, ou melhor, indefinidas, porque "não se pode determinar nem re-

---

[2] A ideia de um grande número de causas exteriores, e a de um grande número de partes componentes, formam dois temas que se encadeiam. Ver *E*, II, 19, dem.

[3] *E*, II, 15, prop. e dem. É esse ponto, entre outros, que incomoda Blyenbergh (*Carta 24, de Blyenbergh*, III, p. 107): a alma, sendo um composto, também se dissolveria depois da morte, assim como o corpo. Isso é esquecer que a alma, assim como o corpo, tem uma essência intensiva de natureza totalmente distinta daquela de suas partes extensivas.

[4] É o caso da imaginação, da memória, da paixão: ver *E*, V, 21 e 34; *E*, V, 40, cor.: "Quanto a essa *parte* que mostramos que perece...". [NT: a continuação da frase é: "é a própria imaginação".]

presentar suas partes por número algum"; "elas não podem ser igualadas a número algum, mas ultrapassam qualquer número consignável".[5] Reconhecemos aqui o segundo infinito modal-quantitativo, do qual fala a carta a Meyer: trata-se de um infinito propriamente extensivo. Espinosa dá um exemplo geométrico: a soma das desigualdades de distância compreendidas entre dois círculos não concêntricos ultrapassa qualquer número consignável. Essa quantidade infinita tem três características originais, é verdade que mais negativas do que positivas. Em primeiro lugar, ela não é constante nem igual a si mesma: pode-se concebê-la como maior ou menor (Espinosa, num outro texto, tornará isso mais preciso: "No espaço total compreendido entre dois círculos que têm centros diferentes, concebemos uma multidão de partes duas vezes maior do que na metade desse espaço e, no entanto, o número das partes, também da metade do espaço total, é maior que qualquer número consignável").[6] O infinito extensivo é, portanto, um infinito necessariamente concebido como maior ou menor. *[185]* Em segundo lugar, porém, propriamente falando, ele não é "ilimitado": com efeito, ele se conecta a alguma coisa de limitado; há um máximo e um mínimo das distâncias compreendidas entre os dois círculos não concêntricos, essas distâncias são conectadas a um espaço perfeitamente limitado e determinado. Finalmente, em terceiro lugar, essa quantidade não é infinita pela multidão de suas partes; pois, "se a infinidade fosse concluída da multidão das partes, não poderíamos conceber uma multidão maior, sendo que sua multidão deveria ser maior do que toda multidão dada". Não é pelo número de suas partes que essa quantidade é infinita; ao contrário, é por ser sempre infinita que ela se divide numa multidão de partes que ultrapassam qualquer número.

Pode-se observar que o número nunca exprime adequadamente a natureza dos modos. Pode ser útil identificar a quantidade

---

[5] *Carta 12, a Meyer* (III, pp. 41-2).

[6] *Carta 81, a Tschirnhaus* (III, p. 241). Sobre esse exemplo dos círculos não concêntricos e a soma das "desigualdades de distância", ver M. Gueroult, "La Lettre de Spinoza sur l'infini", *Revue de Métaphysique et de Morale*, out. de 1966, n° 4.

A existência do modo

modal e o número; isso é até mesmo necessário, por oposição à substância e às qualidades substanciais. Fizemos isso cada vez que apresentamos a distinção modal como uma distinção numérica. Mas, na verdade, o número é apenas uma maneira de imaginar a quantidade, ou uma maneira de pensar abstratamente os modos. Os modos, enquanto decorrem da substância e dos atributos, são outra coisa que não fantasmas da imaginação, outra coisa também que não seres de razão. Seu ser é quantitativo, e não numérico, propriamente falando. Se se considera o primeiro infinito modal, o infinito intensivo, ele não é divisível em partes extrínsecas. As partes intensivas que ele comporta intrinsecamente, as essências de modos, não são separáveis umas das outras; o número as separa umas das outras e do princípio de sua produção, apreendendo--as, portanto, abstratamente. Se se considera o segundo infinito, o infinito extensivo, ele é sem dúvida divisível em partes extrínsecas que compõem as existências. Mas essas partes extrínsecas operam sempre por conjuntos infinitos; sua soma ultrapassa sempre qualquer número consignável. Quando as explicamos pelo número, deixamos escapar o ser real dos modos existentes, só apreendemos ficções.[7]

A *Carta a Meyer*, portanto, expõe, entre outras coisas, o caso especial de um infinito modal extensivo, variável e divisível. Essa exposição é importante em si mesma; a esse respeito Leibniz felicitava Espinosa por ter ido mais longe do que *[186]* muitos matemáticos.[8] Porém, do ponto de vista do próprio espinosismo, a pergunta é a seguinte: a que se conecta essa teoria do segundo infinito modal no conjunto do sistema? A resposta nos parece ser esta: o infinito extensivo diz respeito à existência dos modos. Com efeito, quando Espinosa afirma, na *Ética*, que o modo composto tem um *número muito grande* de partes, ele certamente entende por

[7] Ver *Carta 12, a Meyer* (III, pp. 40-1).

[8] Leibniz conhecera a maior parte da *Carta a Meyer*. Ele faz críticas detalhadas; mas a respeito do infinito maior ou menor, ele comenta: "Isso, que a maior parte dos matemáticos ignora, particularmente Cardan, é notavelmente observado e muito cuidadosamente inculcado pelo nosso autor". (Ver Gerhardt, I, p. 137, nº 21).

"número muito grande" um número inconsignável, isto é, uma multidão que ultrapassa qualquer número. A essência de um modo como esse é, ela própria, um grau de potência; mas, seja qual for o grau de potência que constitui sua essência, o modo não existe sem ter atualmente uma infinidade de partes. Se se considera um modo cujo grau de potência é o dobro do anterior, sua existência é composta de uma infinidade de partes, ela mesma o dobro da anterior. No limite, há uma infinidade de conjuntos infinitos, um conjunto de todos os conjuntos, que é como que o conjunto de todas as coisas existentes, simultâneas e sucessivas. Em suma, as características que Espinosa consigna ao segundo infinito modal, na *Carta a Meyer*, só encontram sua aplicação na teoria do modo existente, tal como ela aparece na *Ética*; e lá, elas encontram sua plena aplicação. É o modo existente que tem uma infinidade de partes (um número muito grande); é sua essência ou grau de potência que forma sempre um limite (um máximo e um mínimo); é o conjunto dos modos existentes, não apenas simultâneos mas sucessivos, que constitui o maior infinito, ele próprio divisível em infinitos maiores ou menores.[9] *[187]*

Faltaria ainda saber de onde vêm essas partes extensivas e em que elas consistem. Não são átomos: estes não só implicam o vazio, como também uma infinidade deles não poderia conectar-se a alguma coisa de limitado. Também não são os termos virtuais de uma divisibilidade ao infinito: estes não poderiam formar infi-

[9] O exemplo geométrico da *Carta a Meyer* (soma das desigualdades de distância compreendidas entre dois círculos) não é da mesma natureza que aquele da *Ética*, II, 8, esc. (conjunto dos lados de ângulos retos compreendidos num círculo). No primeiro caso, trata-se de ilustrar o *estado dos modos existentes*, cujas partes formam infinitos maiores ou menores, sendo que o conjunto de todos esses infinitos corresponde à Figura do Universo. Eis por que a *Carta a Meyer* assimila a soma das desigualdades de distância à soma das variações da matéria (III, p. 42). Mas no segundo caso, o da *Ética*, trata-se de ilustrar o *estado das essências* de modos tal como elas estão contidas no atributo.

nitos maiores ou menores. Passar da hipótese da infinita divisibilidade para a hipótese dos átomos é "cair em Cila ao tentar evitar Caríbdes".[10] Na verdade, as últimas partes extensivas são as partes infinitamente pequenas atuais de um infinito, ele mesmo atual. A posição de um infinito atual na Natureza é tão importante em Espinosa quanto em Leibniz: não há contradição alguma entre a ideia de partes últimas absolutamente simples e o princípio de uma divisão infinita, por menos que essa divisão seja *atualmente*

---

[10] *Carta 12, a Meyer* (III, p. 41). A *Carta 6, a Oldenburg* também recusa, ao mesmo tempo, o progresso ao infinito e a existência do vazio ("De la fluidité", III, p. 22).

[NT: Eis um dos trechos da *Carta 12*, no qual Espinosa retoma a imagem virgiliana do duplo perigo que ameaçava os antigos marinheiros no estreito de Messina, entre o rochedo de Cila e os redemoinhos de Caríbdes: "Se se conceber abstratamente a duração, confundindo-a com o tempo, começa-se a dividi-la em partes e torna-se impossível compreender, por exemplo, como uma hora pode passar. Para que passe, com efeito, é preciso que primeiro passe a metade, depois a metade do resto e em seguida a metade do novo resto; e se continuarmos retirando infinitamente a metade do resto, nunca poderemos chegar ao fim da hora. Por isso muitos que não costumam distinguir entre os entes de Razão e os entes reais ousaram asseverar que a duração é composta de momentos e caíram em Silas ao tentarem evitar Caríbdes. Compor a duração com momentos é o mesmo que compor o número apenas pela adição de zeros", trad. br. de Marilena de Souza Chauí em *Espinosa*, Col. Os Pensadores, São Paulo, Abril Cultural, 1983, p. 375. A cautela de Espinosa, sugerindo evitar que se fique entre alternativas danosas, equivale a sugerir que se "vire a vela aos ventos favoráveis", sugestão presente no alerta atribuído ao "Heleno" nestes versos da *Eneida*: "Urge o medo a soltar cabos e velas,/ E ir à feição dos ventos. Mas Heleno/ Entre Cila e Caríbdes proibiu-nos/ Seguir a letal via: à orça o linho,/ Toca a virar. Eis Bóreas venta amigo,/ Do estreito do Peloro: a foz transponho". Públio Virgílio Maro (70-19 a.C.), *Eneida*, livro III, 710-14, trad. br. de Manuel Odorico Mendes (1799-1864); 1ª ed., 1854; nova ed. com estabelecimento do texto, notas e glossário feito por Luiz Alberto Machado Cabral (Campinas, Unicamp, 2005, p. 91). "Urge o medo a soltar cabos e velas,/ Dos ventos à feição; mas, como Heleno/ Entre Cila e Caríbdis proibiu-nos/ A letífica via, à orça o linho,/ Toca a virar. Eis Bóreas venta amigo/ Do estreito do Peloro: a foz transponho". Ver também trad. br. de Manuel Odorico Mendes, *Eneida brasileira: tradução poética da epopeia de Públio Virgílio Maro*, org. Paulo Sérgio de Vasconcellos *et al.* (Campinas, Unicamp, 2008, p. 125).]

infinita.[11] Devemos pensar que um atributo não tem apenas uma quantidade intensiva, mas uma quantidade extensiva infinita. É essa quantidade extensiva que é atualmente dividida numa infinidade de partes extensivas. Essas partes são partes extrínsecas, que agem do exterior umas sobre as outras e se distinguem de fora. *Todas em conjunto e sob todas as suas conexões, elas formam um universo infinitamente mutável, correspondente à onipotência de Deus. Porém, sob tal ou qual conexão determinada, elas formam conjuntos infinitos maiores ou menores que correspondem a tal ou qual grau de potência, isto é, a tal ou qual essência de modo.* Elas operam sempre por infinidades: uma infinidade de partes corresponde sempre a um grau de potência, por menor que seja; o conjunto [188] do universo corresponde à Potência que compreende todos os graus.

É nesse sentido que devemos compreender a análise dos modos da extensão. O atributo extensão tem uma quantidade extensiva modal que se divide atualmente numa infinidade de corpos simples. Esses corpos simples são partes extrínsecas que só se distinguem umas das outras e só se conectam umas às outras através do movimento e do repouso. Movimento e repouso são, precisamente, a forma da distinção extrínseca e das conexões exteriores entre os corpos simples. Os corpos simples são determinados de fora ao movimento e ao repouso, ao infinito, e se distinguem pelo movimento ou pelo repouso ao qual são determinados. Eles sempre se agrupam por conjuntos infinitos, *sendo que cada conjunto é definido por uma certa conexão de movimento e de repouso.* É sob essa conexão que um conjunto infinito corresponde a tal es-

---

[11] Não compreendemos por que Albert Rivaud, no seu estudo sobre a física de Espinosa, via aqui uma contradição: "Como falar de corpos muito simples, numa extensão onde a divisão atual é infinita! Esses corpos só podem ser reais sob o olhar da nossa percepção" ("La physique de Spinoza", *Chronicon Spinozanum*, 1926, IV, p. 32). 1°) Só haveria contradição entre a ideia de corpos simples e o princípio de uma divisibilidade ao infinito. 2°) Os corpos simples apenas são reais aquém de toda percepção possível. Pois a percepção só pertence a modos compostos de uma infinidade de partes, e ela mesma só abrange esses compostos. As partes simples não são percebidas, mas apreendidas pelo raciocínio: ver *Carta 6, a Oldenburg* (III, p. 21).

A existência do modo

sência de modo (isto é, a tal grau de potência), logo, constitui na extensão a existência do próprio modo. Se se considera o conjunto de todos os conjuntos infinitos sob todas as conexões, tem-se "a soma de todas as variações da matéria em movimento", ou "a figura do universo inteiro" sob o atributo extensão. Essa figura ou essa soma correspondem à onipotência de Deus enquanto esta compreende todos os graus de potência ou todas as essências de modos nesse mesmo atributo da extensão.[12]

Esse esquema parece estar apto a dissipar certas contradições que se acreditou ver na física de Espinosa, ou que se acreditou ver, sobretudo na *Ética*, entre a física dos corpos e a teoria das essências. Assim, Rivaud observava que um corpo simples é determinado ao movimento e ao repouso, mas determinado sempre e somente de fora: esse corpo remete a um conjunto infinito de corpos simples. Mas então, como conciliar esse estado dos corpos simples com o estatuto das essências? "Um corpo particular, pelo menos um corpo simples, não tem, portanto, essência eterna. Sua realidade parece se reabsorver na do sistema infinito das causas"; "Buscávamos uma essência particular, *[189]* mas só encontramos uma cadeia infinita de causas das quais nenhum termo parece ter realidade essencial própria"; "Essa solução, ao que parece, imposta pelos textos que acabamos de citar, parece estar em contradição com os princípios mais certos do sistema de Espinosa. O que vem a ser, então, a eternidade das essências, tantas vezes afirmada sem restrição? Como pode um corpo, por menor que seja, por mais fugidio que seja seu ser, existir sem uma natureza própria, sem a qual ele não poderia nem parar nem transmitir o movimento que recebe? Aquilo que não tem essência alguma não pode existir e toda essência é, por definição, imutável. A bolha de sabão, que existe

---

[12] A exposição da física aparece em *E*, II, após a proposição 13. (Para evitar qualquer confusão, nossas referências a essa exposição estão precedidas de um asterisco.) A teoria dos corpos simples ocupa: * axiomas 1 e 2, lemas 1, 2, e 3, axiomas 1 e 2. Espinosa insiste aí na determinação puramente extrínseca; é verdade que ele fala da "natureza" do corpo, no nível dos corpos simples, mas, aqui, a "natureza" significa apenas o estado anterior.

num momento dado, tem necessariamente uma essência eterna, sem o que ela não seria".[13]

Parece-nos, ao contrário, que não é o caso de buscarmos uma essência para cada parte extensiva. Uma essência é um grau de intensidade. Ora, de maneira alguma as partes extensivas e os graus de intensidade (partes intensivas) se correspondem termo a termo. A cada grau de intensidade, por menor que seja, corresponde uma infinidade de partes extensivas, tendo e devendo ter entre elas conexões unicamente extrínsecas. As partes extensivas operam por infinidades maiores ou menores, mas sempre por infinidade; não se trata de haver uma essência em cada uma, pois que uma infinidade de partes corresponde à menor essência. A bolha de sabão tem certamente uma essência, mas não cada parte do conjunto infinito que a compõe sob certa conexão. Em outros termos, em Espinosa, *não há modo existente que não seja atualmente composto ao infinito*, qualquer que seja sua essência ou seu grau de potência. Espinosa diz que os modos compostos têm um "número muito grande" de partes; mas o que ele diz do modo composto deve ser entendido de todo modo existente, pois só há modo existente composto, toda existência é por definição composta. Então, será dito que as partes simples extensivas existem? Será dito que os corpos simples existem na extensão? Se se quer dizer que eles existem um por um, ou por um número, o absurdo é evidente. Estritamente falando, as partes simples não têm nem essência nem existência que lhes sejam próprias. Elas não têm essência ou natureza interna; elas se distinguem extrinsecamente umas das outras, conectam-se extrinsecamente umas com as outras. Elas não têm existência própria, mas *[190]* compõem a existência: existir é ter atualmente uma infinidade de partes extensivas. Por infinidades maiores ou menores, elas compõem, sob conexões diversas, a existência de modos cuja essência é de um grau maior ou menor. Tornam-se ininteligíveis não só a física de Espinosa, mas o espinosismo inteiro se não se distingue o que cabe às essências, o que cabe às existências, e o tipo de correspondência entre elas, que de modo algum é termo a termo.

[13] Albert Rivaud, *op. cit.*, pp. 32-4.

A existência do modo

Temos elementos para responder à questão: como uma infinidade de partes extensivas compõe a existência de um modo? Por exemplo, um modo existe na extensão quando uma infinidade de corpos simples, que correspondem à sua essência, atualmente lhe pertence. Mas como essas partes podem corresponder à sua essência ou pertencer-lhe? Desde o *Breve tratado*, a resposta de Espinosa é constante: *sob certa conexão de movimento e de repouso*. Esse modo "vem a existir", passa à existência, quando uma infinidade de partes extensivas entra sob *tal* conexão; ele continua a existir enquanto essa conexão for efetuada. Portanto, é sob conexões graduadas que as partes extensivas se agrupam em conjuntos variados, correspondendo a diferentes graus de potência. Partes extensivas formam um conjunto infinito maior ou menor, enquanto entram em tal ou qual conexão; sob essa conexão, elas correspondem a tal essência de modo e compõem a existência desse próprio modo; tomadas sob outra conexão, elas fazem parte de outro conjunto, correspondem a outra essência de modo, compõem a existência de outro modo. Essa já é a doutrina do *Breve tratado*, que diz respeito à passagem dos modos à existência.[14] A *Ética* diz ainda mais claramente: pouco importa que as partes componentes de um modo existente se renovem a cada instante; o conjunto permanece o mesmo, enquanto for definido por uma conexão sob a qual quaisquer de suas partes pertencem a tal essência de modo. O modo existente está, portanto, sujeito a variações consideráveis e contínuas: pouco importa também que a repartição do movimento e do repouso, da velocidade e da lentidão, mude entre as partes. Tal modo continua a existir enquanto a mesma conexão subsiste no conjunto infinito de suas partes.[15] *[191]*

Portanto, é preciso reconhecer que uma essência de modo (grau de potência) se exprime eternamente numa certa conexão graduada. Mas o modo não passa à existência antes que uma infinidade de partes extensivas seja atualmente determinada a entrar sob essa mesma conexão. Essas partes podem ser determinadas a

[14] *BT*, II, prefácio, nota 1, §§ VII-XIV.

[15] *E*, II, * lemas 4, 6 e 7.

entrar sob uma outra conexão; então, elas se integram a um conjunto infinito, maior ou menor, que corresponde a uma outra essência de modo e compõe a existência de um outro modo. A teoria da existência em Espinosa comporta, portanto, três elementos: *a essência singular*, que é um grau de potência ou de intensidade; *a existência particular*, sempre composta de uma infinidade de partes extensivas; *a forma individual*, isto é, a conexão característica ou expressiva, que corresponde eternamente à essência do modo, mas também sob a qual uma infinidade de partes se conecta temporariamente a essa essência. Num modo existente, a essência é um grau de potência; esse grau se exprime numa conexão; essa conexão subsume uma infinidade de partes. Donde a fórmula de Espinosa: as partes estão como que "sob a dominação de uma única e mesma natureza, obrigadas a se ajustarem umas às outras, segundo exige essa natureza".[16]

Uma essência de modo se exprime eternamente em uma conexão, mas não devemos confundir a essência e a conexão na qual ela se exprime. Uma essência de modo não é causa da existência do próprio modo: essa proposição retoma, em termos espinosistas, um velho princípio segundo o qual a existência de um ser finito não decorre da sua essência. Mas qual é o novo sentido desse princípio nas perspectivas de Espinosa? Significa o seguinte: por mais que uma essência de modo se exprima numa conexão característica, não é ela que determina uma infinidade de partes extensivas a entrar sob essa conexão. (Não é a natureza simples que estabelece por si mesma sua dominação, nem é ela que obriga as partes a se ajustarem em conformidade com a conexão na qual ela se exprime.) Pois é de fora e ao infinito que as partes extensivas se determinam umas às outras; sua única determinação é extrínseca. Um modo passa à existência, não em virtude de sua essência, mas em virtude de leis, puramente mecânicas, que determinam uma infinidade de partes extensivas quaisquer a entrar sob tal conexão precisa, na qual sua essência se exprime. Um modo deixa de existir *[192]* desde que suas partes sejam determinadas a entrar em outra conexão, correspondendo a outra essência. Os modos pas-

[16] *Carta 32, a Oldenburg* (III, pp. 120-1).

A existência do modo 231

sam à existência, e deixam de existir, em virtude de leis exteriores às suas essências.

Quais são essas leis mecânicas? No caso da extensão, trata--se, em última instância, das leis da comunicação do movimento. Se considerarmos a infinidade dos corpos simples, veremos que eles se agrupam em conjuntos infinitos sempre variáveis. Mas o conjunto de todos esses conjuntos permanece constante, definindo--se essa constância pela quantidade de movimento, isto é, pela proporção total que contém uma infinidade de conexões particulares, conexões de movimento e de repouso. Os corpos simples nunca são separáveis de uma dessas conexões quaisquer, sob a qual eles pertencem a um conjunto. Ora, permanecendo constante à proporção total, essas conexões se fazem e se desfazem, segundo leis de composição e de decomposição.

Suponhamos dois corpos compostos; cada um possui, sob certa conexão, uma infinidade de corpos simples ou de partes. Quando esses corpos se encontram, pode acontecer que as duas conexões sejam diretamente componíveis. Então, as partes de uma se ajustam às partes da outra sob uma terceira conexão, composta das duas precedentes. Há aqui a formação de um corpo ainda mais composto do que aqueles dos quais partimos. Num texto célebre, Espinosa mostra como o quilo e a linfa compõem sua conexão respectiva para formar, sob uma terceira conexão, o sangue.[17] Mas, em condições mais ou menos complexas, esse processo é o mesmo de todo nascimento ou de toda formação, isto é, de toda passagem à existência: partes se encontram sob duas conexões diferentes; cada uma dessas conexões já corresponde a uma essência de modo; as duas conexões se compõem de tal maneira que as partes que se encontram entram sob uma terceira conexão, que corresponde a outra essência de modo; o modo correspondente passa então à existência. Mas pode acontecer que as duas conexões não sejam diretamente componíveis. Os corpos que se encontram, ou são indiferentes um ao outro, ou então um deles, sob sua conexão, decompõe a conexão do outro, destruindo-o, portanto. É o que acontece com um tóxico ou um veneno que destrói o homem ao de-

[17] *Carta 32, a Oldenburg.*

compor o sangue. É assim com a alimentação, *[193]* mas em sentido inverso: o homem força as partes do corpo do qual ele se alimenta a entrarem sob uma nova conexão que convenha com a sua, mas que supõe a destruição da conexão na qual esse corpo existia anteriormente.

Há, portanto, leis de composição e de decomposição de conexões que determinam a passagem à existência dos modos e, também, o fim de sua existência. Essas leis eternas não afetam, de maneira nenhuma, a verdade eterna de cada conexão: cada conexão tem uma verdade eterna, enquanto uma essência se exprime nela. Mas as leis de composição e de decomposição determinam as condições sob as quais uma conexão é efetuada, isto é, subsume atualmente partes extensivas ou, ao contrário, deixa de ser efetuada. Eis por que não devemos confundir, principalmente, as essências e as conexões, nem a lei de produção das essências e a lei de composição das conexões. Não é a essência que determina a efetuação da conexão na qual ela se exprime. As conexões se compõem e se decompõem segundo leis que são as suas. A ordem das essências se define por uma conveniência total. Não acontece o mesmo na ordem das conexões: é certo que todas as conexões se combinam ao infinito, mas não de qualquer maneira. Uma conexão qualquer não se compõe com não importa qual outra. Essas leis de composição, que são próprias às conexões características, e que regulam a passagem dos modos à existência, suscitam múltiplos problemas. Essas leis não estão contidas nas próprias essências. Será que Espinosa estava pensando nelas quando já falava, no *Tratado da reforma*, de leis inscritas nos atributos e nos modos infinitos "como nos seus verdadeiros códigos"?[18] A complexidade desse texto nos impede de utilizá-lo nesse momento. Por outro lado, será que conhecemos essas leis? E como? Espinosa parece mesmo admitir que devemos passar por um estudo empírico dos corpos para saber quais são suas conexões e como elas se compõem.[19] Seja como

[18] *TRE*, 101.

[19] *Carta 30, a Oldenburg*: "[...] Ignoro como cada uma dessas partes concorda com o todo, como ela se prende às outras" (III, p. 119).

A existência do modo

for, basta-nos provisoriamente marcar a irredutibilidade de uma ordem das conexões à ordem das próprias essências. *[194]*

A existência de um modo não decorre, portanto, de sua essência. Quando um modo passa à existência, ele é determinado a fazê-lo por uma lei mecânica que compõe a conexão na qual ele se exprime, isto é, que obriga uma infinidade de partes extensivas a entrar sob essa conexão. Em Espinosa, a passagem à existência nunca deve ser compreendida como uma passagem do possível ao real: assim como uma essência de modo não é um "possível", um modo existente não é a realização de um possível. As essências existem necessariamente, em virtude de sua causa; os modos dos quais elas são as essências passam necessariamente à existência, em virtude de causas que determinam partes a entrarem sob as conexões que correspondem a essas essências. Há por toda parte a necessidade como única modalidade do ser, mas essa necessidade tem duas etapas. Vimos que a distinção entre uma essência e sua própria existência não deveria ser interpretada como uma distinção real; tampouco a distinção entre uma essência e a existência do próprio modo. O modo existente é a própria essência enquanto ela possui atualmente uma infinidade de partes extensivas. Assim como a essência existe em virtude de sua causa, o próprio modo existe em virtude da causa que determina partes a lhe pertencerem. Mas as duas formas de causalidade, que fomos levados a considerar, nos forçam a definir dois tipos de posição modal, dois tipos de distinção modal.

Enquanto considerávamos as essências de modos, nós as definíamos como realidades intensivas. Elas não se distinguiam do atributo, não se distinguiam umas das outras, salvo sob um tipo de distinção muito especial (distinção intrínseca). Elas só existiam como contidas no atributo, suas ideias só existiam como compreendidas na ideia de Deus. Todas as essências estavam "complicadas" no atributo; é sob essa forma que elas existiam e que elas exprimiam a essência de Deus, cada uma de acordo com seu grau de potência. Mas quando os modos passam à existência, eles adquirem partes extensivas. Adquirem uma grandeza e uma duração: cada modo dura enquanto as partes permanecem sob a conexão que o caracteriza. Assim sendo, é preciso reconhecer que os modos existentes se distinguem *extrinsecamente* do atributo, e se distinguem *extrinsecamente* uns dos outros. Os *Pensamentos metafísicos* definiam o "ser da existência" como "a própria essência das coisas fora de Deus", por oposição ao "ser da essência", que designava as coisas tal como elas estão "compreendidas *[195]* nos atributos de Deus".[20] Talvez essa definição corresponda, mais do que se possa crer, ao pensamento do próprio Espinosa. A esse respeito, ela apresenta várias características importantes.

Ela nos lembra, primeiramente, que a distinção entre a essência e a existência nunca é uma distinção real. O ser da essência (existência da essência) é a posição da essência num atributo de Deus. O ser da existência (existência da própria coisa) é ainda uma posição da essência, mas uma posição extrínseca, *fora do* atributo. Ora, não nos parece que a *Ética* renuncie a essa tese. A existência de uma coisa particular é a própria coisa, não mais apenas enquanto contida no atributo, não mais apenas enquanto compreendida em Deus, mas enquanto ela dura, enquanto está em relação com um certo tempo e um certo lugar distintos extrinsecamente.[21] Objetar-se-á que essa concepção se opõe radicalmente à imanência. É que, do ponto de vista da imanência, quando os modos passam à existência não deixam de pertencer à substância e de estar contidos nela. Esse ponto é tão evidente que é preciso buscar mais longe. Espinosa não diz que os modos existentes deixam de estar contidos na substância, mas sim que eles "já não estão somente" contidos na substância ou no atributo.[22] Resolve-se facilmente a dificuldade *se considerarmos que a distinção extrínseca é ainda e*

[20] *PM*, I, cap. 2.

[21] *E*, II, 8, cor.: distinção entre "existir enquanto dura" e "existir enquanto *apenas* contido no atributo". *E*, V, 29, cor.: distinção entre "existir em relação com um certo tempo e um certo lugar" e "existir como contido em Deus e decorrendo da necessidade de sua natureza".

[22] Ver *E*, II, 8, cor. e esc.: *non tantum... sed etiam...* ["não apenas... mas também..."].

A existência do modo

235

sempre será uma distinção modal. Os modos não deixam de ser modos quando colocados fora do atributo, pois essa posição extrínseca é puramente modal e não substancial. Se nos for permitida uma aproximação acidental com Kant, lembraremos que Kant explica que o espaço é a forma da exterioridade, mas que essa forma de exterioridade não é menos interior ao eu do que a forma de interioridade: ela apresenta objetos como exteriores a nós mesmos e como exteriores uns aos outros, sem ilusão alguma, mas ela própria nos é interior e permanece interior a nós.[23] Acontece o mesmo em Espinosa, *[196]* mas em um contexto totalmente distinto e a respeito de um tema também distinto: a quantidade extensiva pertence tanto ao atributo quanto à quantidade intensiva; mas ela é como que uma forma de exterioridade propriamente modal. Ela apresenta os modos existentes como exteriores ao atributo, como exteriores uns aos outros. Assim como todos os modos existentes, ela não deixa de estar contida no atributo que ela modifica. A ideia de uma distinção modal-extrínseca não contradiz, de maneira nenhuma, o princípio da imanência.

Então, que significa essa distinção modal extrínseca? Quando os modos são o objeto de uma posição extrínseca, eles deixam de existir sob a forma *complicada* que é a deles enquanto suas essências estiverem apenas contidas no atributo. Sua nova existência é uma *explicação*: eles explicam o atributo, cada um o explica "de uma maneira certa e determinada". Quer dizer: cada modo existente explica o atributo sob a conexão que o caracteriza, de uma maneira que se distingue extrinsecamente das outras maneiras sob outras conexões. É nesse sentido que o modo existente não é menos expressivo que a essência de modo, mas ele é expressivo de

---

[23] Ver Immanuel Kant, *Crítica da razão pura*, 1ª ed. ("crítica do quarto paralogismo..."): a matéria "é uma espécie de representações (intuições) que chamamos de *exteriores*, não porque elas se conectem a objetos exteriores em si, mas porque elas conectam as percepções ao espaço, onde todas as coisas existem umas fora das outras, *ao passo que o próprio espaço está em nós...* O próprio espaço, com todos os seus fenômenos como representações, só existe em mim; nesse espaço, todavia, o real, ou a matéria de todos os objetos da intuição exterior me é dada verdadeiramente e independentemente de toda ficção".

outra maneira. O atributo não mais se exprime nas essências de modo que ele complica ou contém, conforme aos seus graus de potência; ele se exprime, além disso, nos modos existentes, que o explicam de uma maneira certa e determinada, ou seja, conforme às conexões que correspondem às suas essências. A expressão modal inteira é constituída por esse duplo movimento da complicação e da explicação.[24]

---

[24] As essências de modos, enquanto compreendidas no atributo, já são "explicações". Assim Espinosa fala da essência de Deus enquanto ela *se explica* pela essência de tal ou qual modo: *E*, IV, 4, dem. Mas há dois regimes de explicação, e a palavra "explicar" convém particularmente ao segundo.

A existência do modo

Capítulo XIV
QUE PODE UM CORPO?
[197]

[Segunda tríade da expressão no modo finito: essência, poder de ser afetado, afecções que preenchem esse poder. — Afecções da substância e afecções do modo. — Afecções ativas e afecções passivas. — Os afetos ou sentimentos. — Parecemos condenados às ideias inadequadas e aos sentimentos passivos. — As variações existenciais do modo finito. — Força ativa e força passiva, em Leibniz, potência de agir e potência de padecer, em Espinosa. — Em que a potência de agir é positiva e real. — Inspiração física: nosso poder de ser afetado é sempre preenchido. — Inspiração ética: estamos separados do que podemos.
Crítica do espinosismo por Leibniz, caráter ambíguo dessa crítica. — O que é comum a Leibniz e a Espinosa: o projeto de um novo naturalismo, contra Descartes. — Os três níveis em Leibniz e em Espinosa. — A verdadeira oposição entre Leibniz e Espinosa: o conatus. — A afecção como determinação do conatus. — Em que sentido a paixão nos separa do que podemos. — A natureza expressiva: naturalismo finalizado ou naturalismo sem finalidade?]

A tríade expressiva do modo finito se apresenta assim: a essência como grau de potência; a conexão característica na qual ela se exprime; as partes extensivas subsumidas sob essa conexão, e que compõem a existência do modo. Na *Ética*, porém, vemos que um estrito sistema de equivalências nos conduz a uma segunda tríade do modo finito: a essência como grau de potência; um certo poder de ser afetado, no qual ela se exprime; afecções que preenchem, a cada instante, esse poder.

Quais são essas equivalências? Um modo existente possui atualmente um número muito grande de partes. Ora, a natureza das partes extensivas é tal que elas "se afetam" umas às outras ao infinito. Conclui-se daí que o modo existente é afetado de um número muito grande de maneiras. Espinosa vai das partes às suas afecções, de suas afecções às afecções do modo existente inteiro.[1] É apenas sob certa conexão que as partes extensivas pertencem a tal modo. Da mesma maneira, as afecções de um modo se dizem em função de certo poder de ser afetado. Um cavalo, um peixe, um homem, ou mesmo dois homens comparados um com o outro, não têm o mesmo poder de ser afetado: eles não são afetados pelas mesmas coisas, ou não são afetados pela mesma coisa da mesma maneira.[2] Um modo deixa de existir quando não pode mais manter entre suas partes a conexão que o caracteriza; assim também, ele deixa de existir quando "não está mais apto para poder ser afetado de um grande número de maneiras".[3] Em suma, uma conexão [198] não é separável de um poder de ser afetado. Dessa maneira, Espinosa pode considerar como equivalentes duas questões fundamentais: *Qual é a estrutura (fabrica) de um corpo? Que pode um corpo?* A estrutura de um corpo é a composição da sua conexão. O que pode um corpo é a natureza e os limites do seu poder de ser afetado.[4]

Essa segunda tríade do modo finito mostra bem como é que o modo exprime a substância, participa da substância e, até mesmo, a reproduz à sua maneira. Deus se definia pela identidade da sua essência e de uma potência absolutamente infinita (*potentia*); como tal, ele tinha uma *potestas*, isto é, um poder de ser afetado por uma infinidade de maneiras; esse poder era eternamente e ne-

---

[1] Ver *E*, II, 28, dem.: "As afecções são as maneiras pelas quais as partes do corpo humano e, consequentemente, o corpo inteiro, é afetado". Ver igualmente II, * postulado 3.

[2] *E*, III, 51, prop. e dem., e III, 57, esc.

[3] *E*, IV, 39, dem.

[4] *E*, III, 2, esc.: "Ninguém, com efeito, determinou até o presente *o que pode* o corpo... Pois ninguém, até o presente, conheceu a *estrutura* do corpo".

cessariamente preenchido, sendo Deus causa de todas as coisas no mesmo sentido que causa de si. O modo existente, por sua vez, tem uma essência idêntica a um grau de potência; como tal, ele tem uma aptidão para ser afetado, um poder de ser afetado por um número muito grande de maneiras; enquanto ele existe, esse poder é preenchido de maneira variável, mas sempre e necessariamente preenchido sob a ação de modos exteriores.

Qual é, de todos esses pontos de vista, a diferença entre o modo existente e a substância divina? Em primeiro lugar, não se há de confundir "infinidade de maneiras" e "número muito grande de maneiras". Um número muito grande é uma infinidade, mas de um tipo especial: infinito maior ou menor que se conecta a alguma coisa de limitado. Deus, ao contrário, é afetado por uma infinidade de maneiras: é um infinito pela causa, pois Deus é causa de todas as suas afecções; é um infinito propriamente ilimitado, que compreende todas as essências de modos e todos os modos existentes.

Segunda diferença: Deus é causa de todas as suas afecções, logo, não pode padecer delas. Não seria correto, com efeito, confundir afecção e paixão. Uma afecção só é uma paixão quando ela não se explica pela natureza do corpo afetado: sem dúvida, ela é envolvida por esta, mas só se explica pela influência de outros corpos. Se supusermos afecções que se expliquem inteiramente pela natureza do corpo afetado, essas afecções serão ativas, serão elas mesmas ações.[5] Apliquemos a Deus o princípio *[199]* dessa distinção: não há causas exteriores a Deus; Deus é necessariamente causa de todas as suas afecções, todas as suas afecções se explicam pela sua natureza, logo, são ações.[6] Não acontece o mesmo com os modos existentes. Estes não existem em virtude de sua própria natureza; sua existência é composta de partes extensivas que são determinadas e afetadas de fora, ao infinito. Forçosamente, cada modo existente é afetado por modos exteriores, e sofre mudanças que não se explicam unicamente pela sua natureza. Primeiro e an-

[5] *E*, III, def. 1-3.
[6] *BT*, II, cap. 26, 7-8.

Que pode um corpo?

tes de tudo, suas afecções são paixões.[7] Espinosa observa que a infância é um estado miserável, mas um estado comum no qual dependemos "das causas exteriores no mais elevado grau".[8] Portanto, a grande questão que se impõe a propósito do modo existente finito é a seguinte: chegará ele às afecções ativas, e como? Essa questão, propriamente falando, é a questão "ética". Porém, mesmo supondo que o modo chegue a produzir afecções ativas, ele não suprimirá em si toda paixão enquanto existir, mas só poderá fazer com que suas paixões ocupem apenas uma pequena parte dele mesmo.[9]

Uma última diferença diz respeito ao próprio conteúdo da palavra "afecção", segundo o conectemos a Deus ou aos modos. Pois as afecções de Deus são os próprios modos, essências de modos e modos existentes. Suas ideias exprimem a essência de Deus como causa. Mas as afecções dos modos são como afecções em segundo grau, afecções de afecções: por exemplo, uma afecção passiva que sentimos é tão somente o efeito de um corpo sobre o nosso. A ideia dessa afecção não exprime a causa, isto é, a natureza ou a essência do corpo exterior: o que ela indica é, sobretudo, a constituição presente de nosso corpo, logo, a maneira pela qual nosso poder de ser afetado acha-se preenchido naquele momento. A afecção de nosso corpo é apenas uma imagem corporal, e a ideia de afecção, tal como ela está em nosso espírito, é uma ideia inadequada ou uma imaginação. Temos ainda outra espécie de afecções. De uma ideia de afecção que nos é dada decorrem necessariamente "afetos" ou sentimentos (*affectus*).[10] Esses sentimentos são eles mesmos afecções, *[200]* ou melhor, ideias de afecções de natureza original. Evitaremos atribuir a Espinosa teses intelectualistas que nunca foram suas. De fato, uma ideia que temos indica o estado atual da constituição do nosso corpo; enquanto nosso corpo exis-

---

[7] *E*, IV, 4, prop., dem. e cor.

[8] *E*, V, 6, esc.; e 39, esc.

[9] Ver *E*, V, 20, esc.

[10] O afeto, o sentimento, supõe uma ideia e dela decorre: *BT*, Apêndice II, 7; *E*, II, axioma 3.

te, ele dura e se define pela duração; seu estado atual não é, portanto, separável de um estado precedente com o qual ele se encadeia numa duração contínua. Por isso, *a toda ideia que indica um estado do nosso corpo está necessariamente ligada uma outra espécie de ideia que envolve a conexão desse estado com o estado passado.* Espinosa torna isso preciso: não acreditar que se trata de uma operação intelectual abstrata, pela qual o espírito compararia dois estados.[11] Nossos sentimentos, por si mesmos, são ideias que envolvem a conexão concreta do presente com o passado numa duração contínua: eles envolvem as variações de um modo existente que dura.

As afecções dadas de um modo são, portanto, de dois tipos: estados do corpo ou ideias que indicam esses estados; variações do corpo ou ideias que envolvem essas variações. As segundas se encadeiam com as primeiras, variam ao mesmo tempo que elas: adivinha-se como, a partir de uma primeira afecção, nossos sentimentos se encadeiam com nossas ideias, de maneira a preencher, a cada instante, todo nosso poder de ser afetado. Mas, principalmente, somos sempre levados a certa condição do modo, que é a do homem em particular: as ideias que lhe são dadas primeiramente são afecções passivas, ideias inadequadas ou imaginações; os afetos ou sentimentos que decorrem disso são, portanto, paixões, sentimentos eles mesmos passivos. Não se vê como é que um modo finito, sobretudo no começo da sua existência, poderia ter outra coisa que não ideias inadequadas; não vemos, então, como é que ele poderia experimentar outra coisa que não sentimentos passivos. O liame entre os dois é bem marcado por Espinosa: a ideia inadequada é uma ideia da qual não somos causa (ela não se explica formalmente pela nossa potência de compreender); essa ideia inadequada é, ela própria, causa (material e eficiente) de um sentimento; não podemos, portanto, ser causa adequada desse sentimento; ora, um sentimento do qual não somos *[201]* causa adequada é, neces-

---

[11] *E*, III, definição geral dos afetos: "Não entendo que o espírito compare a presente constituição do corpo com uma passada, mas sim que a ideia que constitui a forma do afeto afirme do corpo alguma coisa que envolva, na verdade, mais ou menos realidade do que antes".

sariamente, uma paixão.[12] Portanto, nosso poder de ser afetado acha-se preenchido, desde o início de nossa existência, por ideias inadequadas e sentimentos passivos.

Um liame também profundo se verificaria entre ideias supostamente adequadas e sentimentos ativos. Uma ideia adequada em nós se definiria formalmente como uma ideia da qual seríamos causa; ela seria causa material e eficiente de um sentimento; nós seríamos causa adequada desse próprio sentimento; ora, um sentimento do qual somos causa adequada é uma ação. É nesse sentido que Espinosa pode dizer: "Na medida em que nosso espírito tem ideias adequadas, ele é necessariamente ativo em certas coisas, e na medida em que ele tem ideias inadequadas, ele é necessariamente passivo em certas coisas"; "As ações do espírito nascem apenas das ideias adequadas; e as paixões dependem apenas das ideias inadequadas".[13] Então, a questão propriamente ética acha-se ligada à questão metodológica: como chegaremos a ser ativos? Como chegaremos a produzir ideias adequadas?

Já se pode pressentir a importância extrema de um domínio da *Ética*, aquele das variações existenciais do modo finito, variações expressivas. Essas variações são de vários tipos, e devem ser interpretadas em vários níveis. Tomemos um modo que tem determinada essência e determinado poder de ser afetado. Suas afecções passivas (ideias inadequadas e sentimentos-paixões) mudam constantemente. Entretanto, enquanto seu poder de ser afetado estiver preenchido por afecções passivas, esse mesmo poder se apresentará como sendo uma *força ou potência de padecer*. Chama-se potência de padecer o poder de ser afetado, enquanto estiver atualmente preenchido por afecções passivas. A potência de padecer do

[12] *Adequado* e *inadequado* qualificam primeiramente ideias. Mas, em segundo lugar, são qualificações de uma causa: somos "causa adequada" de um sentimento que se segue de uma ideia adequada que temos.

[13] *E*, III, 1 e 3.

corpo tem como equivalente na alma a potência de imaginar e experimentar sentimentos passivos.

Vamos supor agora que o modo, à medida que dura, consiga preencher (pelo menos parcialmente) seu poder *[202]* de ser afetado por afecções ativas. Sob esse aspecto, esse poder se apresenta como sendo *força ou potência de agir*. A potência de compreender ou de conhecer é a potência de agir própria da alma. Mas, precisamente, *o poder de ser afetado permanece constante, qualquer que seja a proporção das afecções passivas e das afecções ativas.* Chegamos então à seguinte hipótese: a proporção das afecções passivas e ativas seria suscetível de variar, para um mesmo poder de ser afetado. Se chegarmos a produzir afecções ativas, nossas afecções passivas diminuirão na mesma proporção. Enquanto permanecermos em afecções passivas, nossa potência de agir é "impedida" tanto quanto. Em suma, para uma mesma essência, para um mesmo poder de ser afetado, a potência de padecer e a potência de agir seriam suscetíveis de variar em razão inversamente proporcional. Ambas constituem o poder de ser afetado, em proporções variáveis.[14]

Em segundo lugar, é preciso fazer intervir outro nível de variações possíveis. É que o poder de ser afetado não permanece sempre constante, nem sob todos os pontos de vista. Com efeito, Espinosa sugere que a conexão que caracteriza um modo existente no seu conjunto é dotada de um tipo de elasticidade. Mais do que isso, sua composição passa por tantos momentos, e também sua decomposição, que quase se pode dizer que um modo muda de corpo ou de conexão ao sair da infância ou ao entrar na velhice. Crescimento, envelhecimento, doença: é difícil reconhecer o mesmo indivíduo. Mais do que isso, será que é o mesmo indivíduo? Essas mudanças, insensíveis ou bruscas, na conexão que caracteriza um corpo são também constatáveis no seu poder de ser afeta-

---

[14] O poder de ser afetado se define como a aptidão de um corpo tanto para padecer quanto para agir: ver *E*, II, 13, esc. ("mais um corpo está apto, relativamente aos outros, para agir e para padecer de um maior número de maneiras ao mesmo tempo..."); IV, 38, prop. ("mais o corpo tornou-se apto a ser afetado e a afetar outros corpos de várias maneiras...").

Que pode um corpo?

do, como se poder e conexão gozassem de uma margem, de um limite, no qual se formam e se deformam.[15] Certas passagens da *Carta a Meyer*, que fazem alusão à existência de um máximo e de um mínimo, adquirem aqui todo o seu sentido. *[203]*

Anteriormente, procedemos como se a potência de padecer e a potência de agir formassem dois princípios distintos, cujo exercício era inversamente proporcional para um mesmo poder de ser afetado. E isso é verdade, mas apenas no âmbito dos limites extremos desse poder. É verdade, enquanto considerarmos as afecções abstratamente, sem considerar concretamente a essência do modo afetado. Por quê? Estamos no limiar de um problema que é desenvolvido tanto em Leibniz quanto em Espinosa. Não é por acaso que Leibniz, na sua primeira leitura da *Ética*, declara admirar a teoria das afecções em Espinosa, a concepção espinosista da ação e da paixão. Mais do que numa influência de Espinosa sobre Leibniz, é preciso pensar numa coincidência no desenvolvimento de suas respectivas filosofias.[16] Essa coincidência é ainda mais notável. Em certo nível, Leibniz apresenta a seguinte tese: a força de um corpo, chamada "força derivativa", é dupla; ela é força de agir e força de padecer, força ativa e força passiva; a força ativa permanece "morta" ou torna-se "viva", conforme os obstáculos ou as solicitações que ela encontra, registrados pela força passiva. Em um nível mais profundo, porém, Leibniz pergunta: a força passiva deve ser concebida como distinta da força ativa? Será ela autônoma no seu princípio? Terá ela uma positividade qualquer? Será que ela afirma alguma coisa? A resposta é a seguinte: de direito, só a

[15] *E*, IV, 39, esc.: "Acontece às vezes que um homem sofre tais transformações que eu não diria facilmente que ele é o mesmo. É o que eu ouvi dizer de certo poeta espanhol... E se isso parece inacreditável, que diríamos das crianças? Um homem de idade avançada acredita que a natureza delas é tão diferente da sua que não poderia ser persuadido de que foi uma vez criança, se não chegasse a essa conclusão pelos outros".

[16] As notas de Leibniz atestam um interesse constante pela teoria da ação e da paixão em Espinosa: ver, por exemplo, um texto posterior a 1704, ed. Grua, t. II, pp. 667 ss. Leibniz se exprimirá com frequência em termos análogos aos de Espinosa: Georges Friedmann mostrou bem isso em *Leibniz et Spinoza* (Paris, NRF, 1946, p. 201).

força ativa é real, positiva e afirmativa. A força passiva nada afirma, nada exprime, a não ser a imperfeição do finito. Tudo se passa como se a força ativa tivesse herdado de tudo o que é real, positivo ou perfeito no próprio finito. A força passiva não é uma força autônoma, mas a simples limitação da força ativa. Ela não seria uma força sem a força ativa que ela limita. Ela significa a limitação inerente à força ativa; e, finalmente, a limitação de uma força ainda mais profunda, isto é, uma *essência* que se afirma e se exprime unicamente na força ativa enquanto tal.[17] *[204]*

Espinosa apresenta também uma primeira tese: a potência de padecer e a potência de agir são duas potências que variam correlativamente, sendo que o poder de ser afetado permanece o mesmo; a potência de agir está morta ou viva (Espinosa diz: impedida ou ajudada) conforme os obstáculos ou as ocasiões que ela encontra por parte das afecções passivas. Mas essa tese, fisicamente verdadeira, não é verdadeira metafisicamente. Já em Espinosa, em um nível mais profundo, a potência de padecer nada exprime de positivo. Em toda afecção passiva, há algo de imaginário que a impede de ser real. Apenas somos passivos e apaixonados em razão da nossa imperfeição, pela nossa própria imperfeição. "Pois é certo que o agente age pelo que ele tem, e o paciente padece pelo que ele não tem"; "O padecer, no qual o agente e o paciente são distintos, é uma imperfeição palpável".[18] Padecemos de uma coisa exterior, distinta de nós mesmos; nós mesmos, portanto, temos uma força de padecer e uma força de agir distintas. Mas nossa força de padecer é somente a imperfeição, a finitude ou a limitação de nossa própria força de agir. Nossa força de padecer nada *afirma*, porque ela, absolutamente, nada *exprime*: ela apenas "envolve" nossa impotência, ou seja, a limitação de nossa potência de agir. Na verda-

---

[17] Ver Leibniz, *Da natureza em si própria...* (1698), § 11. Essa conexão da força passiva e da força ativa é analisada por Martial Gueroult, *Dynamique et métaphysique leibniziennes*, Paris, Les Belles Lettres, 1934, pp. 166-9.

[18] *BT*, II, cap. 26, 7; e I, cap. 2, 23. Ver *E*, III, 3, esc.: "As paixões só se conectam ao espírito enquanto este tem alguma coisa que envolve uma negação".

de, nossa potência de padecer é nossa impotência, nossa servidão, isto é, *o mais baixo grau de nossa potência de agir*: donde o título do livro IV da *Ética*, "Da servidão do homem". A potência de imaginar é certamente uma potência ou uma virtude, diz Espinosa, mas o seria ainda mais se ela dependesse da nossa natureza, isto é, se estivesse ativa, ao invés de significar apenas a finitude ou a imperfeição de nossa potência de agir, ou seja, nossa impotência.[19]

Não sabemos ainda como chegaremos a produzir afecções ativas; não sabemos, portanto, qual é nossa potência de agir. E, todavia, podemos dizer o seguinte: a potência de agir é a única forma real, positiva e afirmativa de um poder de ser afetado. Enquanto nosso poder de ser afetado estiver preenchido por afecções passivas, ele fica reduzido ao seu mínimo, e manifesta apenas nossa finitude ou nossa limitação. Tudo se passa como se na existência do modo finito *[205]* se produzisse uma disjunção: o negativo cai do lado das afecções passivas, enquanto as afecções ativas exprimem todo o positivo do modo finito. Com efeito, as afecções ativas são as únicas a preencher real e positivamente o poder de ser afetado. A potência de agir, por si só, é idêntica ao poder de ser totalmente afetado; a potência de agir, por si só, exprime a essência, e as afecções ativas, por si sós, afirmam a essência. No modo existente, a essência e a potência de agir são uma só coisa, a potência de agir e o poder de ser afetado são também uma só coisa.

Vemos, em Espinosa, duas inspirações fundamentais se conciliarem. Segundo a inspiração física: um poder de ser afetado permanece constante para uma mesma essência, quer seja preenchido pelas afecções ativas, quer pelas afecções passivas; o modo, portanto, é sempre tão perfeito quanto pode ser. Mas segundo a inspiração ética, o poder de ser afetado só é constante nos limites extremos. Enquanto preenchido pelas afecções passivas, ele é reduzido ao seu mínimo; permanecemos então imperfeitos e impotentes, estamos de alguma maneira separados da nossa essência ou do nosso grau de potência, separados do que podemos. É bem verdade que o modo existente é sempre tão perfeito quanto pode ser: mas isso apenas em função das afecções que pertencem atualmen-

[19] *E*, II, 17, esc.

te a sua essência. É bem verdade que as afecções passivas que experimentamos preenchem nosso poder de ser afetado; mas, primeiramente, elas o reduziram ao seu mínimo, elas nos separaram, primeiramente, daquilo que podíamos (potência de agir). As variações expressivas do modo finito não consistem, portanto, apenas em variações mecânicas das afecções experimentadas, elas consistem também em variações dinâmicas do poder de ser afetado, e em variações "metafísicas" da própria essência: enquanto o modo existe, sua própria essência é suscetível de variar, segundo as afecções que pertencem a ele em determinado momento.[20]

Donde a importância da questão ética. *Nem mesmo sabemos o que pode um corpo*, diz Espinosa.[21] Ou seja: *Nem mesmo sabemos de quais afecções somos capazes, nem até onde vai nossa potência.* Como poderíamos sabê-lo de antemão? Desde o início *[206]* da nossa existência, somos necessariamente preenchidos por afecções passivas. O modo finito nasce em condições tais que, de antemão, ele está separado da sua essência ou do seu grau de potência, separado daquilo que ele pode, da sua potência de agir. Podemos saber pelo raciocínio que a potência de agir é a única expressão da nossa essência, a única afirmação do nosso poder de ser afetado. Mas esse saber permanece abstrato. Não sabemos qual é essa potência de agir, nem como adquiri-la ou reencontrá-la. E sem dúvida nunca o saberemos se não tentarmos devir ativos. A *Ética* termina lembrando o seguinte: os homens, em sua maioria, só se sentem existir quando padecem. Só padecendo é que suportam a existência; "tão logo deixa de padecer, (o ignorante) deixa ao mesmo tempo de ser".[22]

---

[20] Eis por que Espinosa, em *E*, III (definição do desejo), emprega as palavras *affectionem humanae essentiae* [afecção *da* essência].

[21] *E*, III, 2, esc.: "Não se sabe o que pode o corpo, nem o que pode ser deduzido exclusivamente da consideração de sua natureza".

[22] *E*, V, 42, esc.

Leibniz se habituou a caracterizar o sistema de Espinosa pela impotência na qual as criaturas se achariam reduzidas: a teoria dos modos seria tão somente um meio de retirar das criaturas toda atividade, todo dinamismo, toda individualidade, toda realidade autêntica. Os modos seriam apenas fantasmagorias, fantasmas, projeções fantásticas de uma Substância única. Leibniz se serve dessa caracterização, apresentada como critério, para interpretar outras filosofias, para denunciar nelas seja os preparativos de um esboço do espinosismo, seja as sequelas de um espinosismo velado: dessa maneira, Descartes é o pai do espinosismo porque ele crê na existência de uma extensão inerte e passiva; os ocasionalistas são espinosistas sem o querer, na medida em que retiram das coisas toda ação e todo princípio de agir. Essa crítica de um espinosismo generalizado é habilidosa; mas não é certo que o próprio Leibniz tenha acreditado nisso. (Senão, por que teria admirado tanto a teoria espinosista da ação e da paixão no modo?)

Em todo caso, fica claro que tudo, na obra de Espinosa, desmente essa interpretação. Espinosa lembra constantemente que não podemos, sem desnaturá-los, confundir os modos com seres de razão ou com "auxiliares da imaginação". Quando fala de modificações, ele procura princípios especificamente modais, seja para concluir, da unidade da substância à unidade ontológica, *[207]* por modos que difiram pelo atributo, seja para concluir, da unidade da substância à unidade sistemática, por modos contidos em um único e mesmo atributo. E, sobretudo, a própria ideia de modo nunca é um meio de retirar toda potência própria à criatura: ao contrário, segundo Espinosa, essa ideia é o único meio de mostrar como as coisas "participam" da potência de Deus, isto é, são partes da potência divina, mas partes singulares, quantidades intensivas ou graus irredutíveis. Como diz Espinosa, a potência do homem é uma "parte" da potência ou da essência de Deus, mas apenas enquanto a própria essência de Deus *se explica* pela essência do homem.[23]

De fato, Leibniz e Espinosa têm um projeto comum. Suas filosofias constituem os dois aspectos de um novo "naturalismo".

[23] *E*, IV, 4, dem.

Esse naturalismo é o verdadeiro sentido da reação anticartesiana. Em páginas de grande beleza, Ferdinand Alquié mostrou como Descartes tinha dominado a primeira metade do século XVII, levando ao extremo o empreendimento de uma ciência matemática e mecanicista; o primeiro efeito desta era desvalorizar a Natureza, retirando dela toda virtualidade ou potencialidade, todo poder imanente, todo ser inerente. A metafísica cartesiana completa esse mesmo empreendimento, porque busca o ser fora da natureza, num sujeito que a pensa e num Deus que a cria.[24] Na reação anticartesiana, ao contrário, trata-se de restaurar os direitos de uma Natureza dotada de forças ou de potência. Mas trata-se também de conservar o que foi adquirido pelo mecanicismo cartesiano: toda potência é atual e em ato; as potências da natureza já não são virtualidades que apelam a entidades ocultas, a almas ou espíritos que as realizam. Leibniz formula perfeitamente esse programa: contra Descartes, voltar a dar à Natureza sua força de agir e de padecer, mas sem recair numa visão pagã do mundo, numa idolatria da Natureza.[25] O programa de Espinosa é totalmente semelhante (exceto por não contar com o cristianismo [208] para nos salvar da idolatria). Espinosa e Leibniz criticam Boyle por ser o representante de um mecanicismo contente de si. Se Boyle queria apenas nos ensinar que tudo, nos corpos, é feito por figura e movimento, a lição seria franzina, sendo bem conhecida desde Descartes.[26] Para um corpo tal, porém, quais seriam as figuras e quais

---

[24] Ver Ferdinand Alquié, *Descartes, l'homme et l'oeuvre* (Paris, Hatier--Boivin, 1956, pp. 54-5). É verdade que Descartes, em suas últimas obras, volta a considerações naturalistas, porém mais negativas do que positivas (*La Découverte métaphysique de l'homme chez Descartes* (Paris, PUF, 1950, pp. 271-2).

[25] Leibniz, *Da natureza nela mesma...* § 2. E ainda § 16: fazer uma filosofia "igualmente distante do formalismo e do materialismo".

[26] Ver a crítica de Boyle feita por Leibniz: *Da natureza nela mesma...* § 3. Por Espinosa: *Cartas 6 e 13, a Oldenburg* ("Quanto a mim, nunca pensei, e na verdade ser-me-ia impossível acreditar, que esse homem, cientista tão erudito, tivesse outro desígnio, em seu *Tratado sobre o Nitro*, a não ser mostrar a fragilidade dessa doutrina infantil e ridícula das formas substanciais [...]". Ver *Carta 13*, III, p. 45). [NT: O texto de Robert Boyle (1627-1691),

seriam os movimentos? Por que *tal* figura, *tal* movimento? Veremos, então, que o mecanicismo não exclui a ideia de uma natureza ou essência de cada corpo, mas, ao contrário, exige isso como razão suficiente de tal figura, de tal movimento, de tal proporção de movimento e de repouso. Por toda a parte, a reação anticartesiana busca uma razão suficiente: razão suficiente para o infinitamente perfeito, razão suficiente para o claro e o distinto e, finalmente, razão suficiente para o próprio mecanicismo.

Em Leibniz, o novo programa se realiza por meio de três níveis distintos. Primeiro, tudo se passa nos corpos, mecanicamente, por figura e movimento. Mas os corpos são "agregados", atualmente e infinitamente compostos, regidos por leis. Ora, o movimento não contém marca distintiva alguma de um corpo em dado momento; as figuras que ele constitui tampouco são, portanto, discerníveis em diversos momentos. São os próprios movimentos que supõem forças, de padecer e de agir, sem as quais os corpos, não mais que suas figuras, se distinguiriam. Ou, caso se prefira, são as próprias leis mecanicistas que supõem uma natureza íntima dos corpos que elas regem. Pois essas leis não seriam "executáveis" caso conferissem aos corpos uma simples determinação extrínseca e se impusessem a eles, independentemente do que eles são: é nesse sentido que o efeito de uma lei não pode estar somente compreendido na vontade de Deus, como acreditavam os ocasionalistas, mas deve estar compreendido também *no próprio corpo*. É preciso, então, atribuir forças derivativas aos agregados como tais: "a natureza inerente às coisas não se distingue da força de agir e de padecer".[27] Mas a força derivativa, *[209]* por sua vez, não contém sua própria razão: ela é puramente instantânea, embora ligue novamente o instante aos precedentes e aos futuros. Ela remete, então, a uma lei de série dos instantes, que é como uma força primitiva ou *essência* individual. Simples e ativas, essas essências são a fonte das forças derivativas que se atribuem aos corpos. Elas for-

físico e químico irlandês, foi escrito em 1660 sob o título: *A physico-chymical essay, containing an experiment, with some considerations touching the differing parts and redintegration of salt-petre.*]

[27] Leibniz, *Da natureza nela mesma...* § 9.

mam, enfim, uma verdadeira metafísica da natureza, que não intervém na física, mas que corresponde a essa própria física.

Ora, em Espinosa, a realização do programa naturalista é bastante análoga. O mecanicismo rege corpos existentes, infinitamente compostos. Mas esse mecanicismo remete, primeiramente, a uma teoria dinâmica do poder de ser afetado (potência de agir e de padecer); e, em última instância, a uma teoria da essência particular, que se exprime nas variações dessa potência de agir e de padecer. Em Espinosa, como em Leibniz, três níveis se distinguem: mecanicismo, força, essência. Eis por que a verdadeira oposição entre os dois filósofos não deve ser procurada na crítica muito geral de Leibniz, quando ele sustenta que o espinosismo priva as criaturas de todo poder e de toda atividade. O próprio Leibniz revela as verdadeiras razões de sua oposição, ainda que ele as ligue novamente a esse pretexto. Trata-se, na verdade, de razões práticas, versando sobre o problema do mal, da providência e da religião, versando sobre a concepção prática do papel da filosofia no seu conjunto.

Entretanto, é certo que essas divergências têm também uma forma especulativa. Acreditamos que o essencial sobre isso diga respeito à noção de *conatus*, em Espinosa e em Leibniz. Segundo Leibniz, *conatus* tem dois sentidos: fisicamente, designa a tendência de um corpo ao movimento; metafisicamente, designa a tendência de uma essência à existência. Em Espinosa, não pode ser assim. As essências de modos não são "possíveis"; nada lhes falta, elas são tudo o que são, mesmo quando os modos correspondentes não existem. Elas não envolvem, portanto, tendência alguma para passar à existência. O *conatus* é, certamente, a essência do modo (ou grau de potência), *mas uma vez que o modo tenha começado a existir*. Um modo vem a existir quando partes extensivas são determinadas de fora a entrar sob a conexão que o caracteriza: então, e somente então, sua própria essência é determinada como *conatus*. Portanto, o *conatus* em Espinosa é tão somente o esforço para perseverar na existência, uma vez que esta foi dada. Ele designa a função existencial da essência, *[210]* isto é, a afirmação da essência na existência do modo. Por isso, se considerarmos um corpo existente, o *conatus* tampouco pode ser uma tendência ao movimento. Os corpos simples são determinados de fora ao movimento; não poderiam sê-lo se não fossem igualmente determináveis ao repouso. Encontra-se constantemente em Espinosa a antiga tese, segundo a qual o movimento nada seria se o repouso também não fosse alguma coisa.[28] O *conatus* de um corpo simples só pode ser um esforço para conservar o estado ao qual ele foi determinado; o *conatus* de um corpo composto, um esforço para conservar a conexão de movimento e de repouso que o define, isto é, para manter partes sempre novas sob essa conexão que define sua existência.

As características dinâmicas do *conatus* se encadeiam com as características mecânicas. O *conatus* de um corpo composto é também o esforço para manter esse corpo apto a ser afetado por um grande número de maneiras.[29] Ora, como as afecções passivas preenchem, à sua maneira, nosso poder de ser afetado, esforçamo-nos para perseverar na existência, não apenas enquanto se supõe que temos ideias adequadas e sentimentos ativos, mas também enquanto temos ideias inadequadas e experimentamos paixões.[30] Portanto, o *conatus* de um modo existente não é separável das afecções que o modo experimenta a cada instante. Seguem-se disso duas consequências.

É dito, de uma afecção, qualquer que seja, que ela determina o *conatus* ou a essência. O *conatus*, enquanto determinado por uma afecção ou um sentimento que nos é dado atualmente, chama-se "desejo"; como tal, ele é acompanhado necessariamente de

[28] *BT*, II, cap. 19, 8, nota 3: "[...] dois modos porque o repouso não é um puro nada". Se é possível falar em uma "tendência" ao movimento, segundo Espinosa, é somente no caso em que um corpo é impedido de seguir um movimento ao qual ele está determinado de fora por outros corpos, não menos exteriores, que contrariam essa determinação. Já é nesse sentido que Descartes falava de um *conatus*: ver *Principes*, III, 56 e 57.

[29] *E*, IV, 38 e 39 (as duas expressões: "o que dispõe o corpo humano para que ele possa ser afetado por um maior número de maneiras", e "o que faz com que seja conservada a conexão de movimento e de repouso que têm entre si as partes do corpo humano").

[30] *E*, III, 9, prop. e dem.

consciência.[31] À ligação dos *[211]* sentimentos com as ideias, devemos juntar uma nova ligação, a dos desejos com os sentimentos. Enquanto nosso poder de ser afetado permanece preenchido por afecções passivas, o *conatus* é determinado por paixões ou, como diz Espinosa, nossos próprios desejos "nascem" de paixões. Porém, mesmo nesse caso, nossa potência de agir é posta em jogo. Com efeito, devemos distinguir o que nos determina e ao que estamos determinados. Dada uma afecção passiva, ela nos determina a fazer isso ou aquilo, a pensar nisso ou naquilo, pelo que nos esforçamos para conservar nossa conexão ou manter nosso poder. Ora nos esforçamos para afastar uma afecção que não nos convém, ora para reter uma afecção que nos convém, e sempre com um desejo tanto maior quanto maior for a própria afecção.[32] Mas "isso a que" estamos assim determinados se explica por nossa natureza ou nossa essência, e remete à nossa potência de agir.[33] É verdade que a afecção passiva dá testemunho de nossa impotência e nos separa daquilo que podemos; mas também é verdade que ela *envolve* um grau, por mais baixo que seja, da nossa potência de agir. Se estivermos de alguma maneira separados do que podemos, é porque nossa potência de agir está imobilizada, fixada, determinada a investir a afecção passiva. Nesse sentido, porém, o *conatus* é sempre idêntico à própria potência de agir. As variações do *conatus*, enquanto determinado por tal ou qual afecção, são as variações dinâmicas da nossa potência de agir.[34]

[31] Sobre essa determinação da essência e do *conatus* por uma afecção *qualquer*, ver *E*, III, 56, fim da dem; e III, definição do desejo. Em III, 9, esc., Espinosa tinha simplesmente definido o desejo como o *conatus* ou o apetite "com consciência de si". Era uma *definição nominal*. Ao contrário disso, quando mostra que o *conatus* é necessariamente determinado por uma afecção *da qual temos a ideia* (mesmo inadequada), ele dá uma definição real, que implica "a causa da consciência".

[32] *E*, III, 37, dem.

[33] *E*, III, 54, prop.

[34] *E*, III, 57, dem.: *potentia seu conatus* [potência ou *conatus*]; III, definição geral dos afetos, explicação: *Agendi potentia sive existendi vis* [Potência de agir ou força de existir]; IV, 24, prop.: *Agere, vivere, suum esse conser-*

Qual é a verdadeira diferença entre Leibniz e Espinosa, da qual decorrem também todas as oposições práticas? Em Espinosa, não menos que em Leibniz, a ideia de uma Natureza expressiva está na base do novo naturalismo. Em Espinosa, não menos que em Leibniz, a expressão na Natureza significa que o mecanicismo é ultrapassado de duas maneiras. O mecanicismo remete, por um lado, a um dinamismo do poder de ser afetado, definido pelas variações *[212]* de uma potência de agir e de padecer; por outro lado, à posição de essências singulares definidas como graus de potência. Porém, de modo algum os dois filósofos procedem da mesma maneira. Se Leibniz reconhece nas coisas uma força inerente e própria, é fazendo das essências individuais outras tantas substâncias. Ao contrário, em Espinosa, tal reconhecimento ocorre definindo as essências particulares como essências de modos e, mais geralmente, fazendo das próprias coisas os modos de uma substância única. Mas essa diferença permanece imprecisa. Na verdade, em Leibniz, o mecanicismo remete ao que o ultrapassa por exigência de uma finalidade que permanece em parte transcendente. Se as essências são determinadas como substâncias, se elas não são separáveis de uma tendência para passar à existência, é porque estão presas numa ordem de finalidade, em função da qual são escolhidas por Deus, ou até simplesmente submetidas a essa escolha. E a finalidade, que preside assim à constituição do mundo, se reencontra no detalhe desse mundo: as forças derivativas atestam uma harmonia análoga, em virtude da qual o mundo é o melhor até nas suas próprias partes. E não só há princípios de finalidade que regem as substâncias e as forças derivativas, como há também um acordo final entre o próprio mecanicismo e a finalidade. Então, a Natureza expressiva, em Leibniz, é uma natureza cujos diferentes níveis se hierarquizam, se harmonizam e, principalmente, "simbolizam entre si". A expressão, segundo Leibniz, nunca será separada de uma simbolização cujo princípio é sempre a finalidade ou o acordo final.

vare, haec tria idem significant [Agir, viver, conservar o seu ser, essas três coisas têm o mesmo significado].

Em Espinosa, o mecanicismo remete àquilo que o ultrapassa, mas por exigência de uma causalidade pura absolutamente imanente. Apenas a causalidade nos faz pensar a existência; ela é suficiente para nos fazer pensá-la. Do ponto de vista da causalidade imanente, os modos não são aparências desprovidas de força e de essência. Espinosa conta com essa causalidade bem compreendida para dotar as coisas de uma força ou potência própria, que lhes cabe precisamente enquanto elas são modos. Diferentemente de Leibniz, o dinamismo e o "essencialismo" de Espinosa excluem deliberadamente toda finalidade. A teoria espinosista do *conatus* só tem uma função: mostrar o que é o dinamismo, retirando dele toda significação finalista. Se a Natureza é expressiva, não é no sentido em que seus diferentes níveis simbolizariam uns com os outros; signo, símbolo, harmonia estão excluídos das verdadeiras potências da Natureza. *A tríade completa do modo se apresenta assim*: [213] uma essência de modo se exprime numa conexão característica; essa conexão exprime um poder de ser afetado; esse poder é preenchido por afecções variáveis, como essa conexão, efetuada por partes que se renovam. Entre esses diferentes níveis da expressão não se encontrará correspondência final alguma, harmonia moral alguma. Será encontrado apenas o encadeamento necessário dos diferentes efeitos de uma causa imanente. Da mesma maneira, não há em Espinosa uma metafísica das essências, uma dinâmica das forças, uma mecânica dos fenômenos. Tudo é "física" na Natureza: física da quantidade intensiva que corresponde às essências de modos; física da quantidade extensiva, isto é, mecanicismo pelo qual os próprios modos passam à existência; física da força, isto é, dinamismo segundo o qual a essência é afirmada na existência, esposando as variações da potência de agir. Os atributos se explicam nos modos existentes; as essências de modos, elas mesmas contidas nos atributos, se explicam nas conexões ou poderes; essas conexões são efetuadas por partes, esses poderes por afecções que, por sua vez, os explicam. A expressão na natureza nunca é uma simbolização final, mas sempre e em toda a parte uma *explicação* causal.

Capítulo XV
AS TRÊS ORDENS E O PROBLEMA DO MAL
[214]

[Facies totius universi. — *Em que sentido duas conexões podem não se compor.* — *As três ordens, que correspondem à tríade do modo: a ordem das essências, a ordem das conexões, a ordem dos encontros.* — *Importância do tema do encontro fortuito em Espinosa.*

Encontro entre corpos cujas conexões se compõem. — *Aumentar ou ajudar a potência de agir.* — *Como a distinção entre as paixões alegres e as paixões tristes vem se juntar à distinção entre as afecções ativas e passivas.* — *Encontro entre corpos cujas conexões não se compõem.* — *Paixão triste e estado de natureza.* — *Como chegaremos a experimentar paixões alegres?*

Nem bem nem mal, mas bom e ruim. — *O mal como encontro ruim ou decomposição de uma conexão.* — *Metáfora do envenenamento.* — *O mal nada é na ordem das conexões; o primeiro contrassenso de Blyenbergh.* — *O mal nada é na ordem das essências: segundo contrassenso de Blyenbergh.* — *O mal e a ordem dos encontros; o exemplo do cego e o terceiro contrassenso de Blyenbergh.*

Sentido da tese: o mal nada é. — *Substituição da oposição moral pela diferença ética.*]

Um atributo se exprime de três maneiras: ele se exprime na sua natureza absoluta (modo infinito imediato), ele se exprime enquanto modificado (modo infinito mediato), ele se exprime de uma maneira certa e determinada (modo infinito existente).[1] O

[1] E, I, 21-5.

próprio Espinosa cita os dois modos infinitos da extensão: o movimento e o repouso, a figura do universo inteiro.[2] Qual é o significado disso?

Sabemos que as próprias conexões de movimento e de repouso devem ser consideradas de duas maneiras: enquanto exprimem eternamente essências de modos; enquanto subsumem temporariamente partes extensivas. Do primeiro ponto de vista, o movimento e o repouso não compreendem todas as conexões sem também conterem as essências, assim como elas estão no atributo. Eis por que Espinosa, no *Breve tratado*, afirma que o movimento e o repouso compreendem as próprias essências de coisas que não existem.[3] Ainda mais nitidamente, ele sustenta que o movimento afeta a extensão antes que ela tenha partes modais extrínsecas. Para admitir que o movimento está bem no "todo infinito", basta se lembrar de que não há movimento sozinho, mas movimento e repouso, ao mesmo tempo.[4] Essa lembrança é platônica: *[215]* os neoplatônicos insistiam com frequência na imanência simultânea do movimento e do repouso, sem a qual o próprio movimento seria impensável no todo.

Do segundo ponto de vista, as diversas conexões agrupam conjuntos infinitos variáveis de partes extensivas. Elas determinam, então, as condições sob as quais os modos passam à existência. Cada conexão efetuada constitui a forma de um indivíduo existente. Ora, não há conexão que não se componha numa outra para formar, sob uma terceira conexão, um indivíduo de grau superior. Ao infinito: de maneira que o universo inteiro é um único indiví-

---

[2] *Carta 64, a Schuller* (III, p. 206).

[3] *BT*, Apêndice I, 4, dem.: "[...] Todas as essências de coisas que vemos, que antes, quando não existiam, eram compreendidas na extensão, o movimento e o repouso [...]".

[4] *BT*, I, cap. 2, nota 6: "Todavia, podereis objetar, se há movimento na matéria, esse movimento deve estar numa parte da matéria, não no todo, pois o todo é infinito; com efeito, em que direção poderia ele mover-se, posto que nada existe fora dele? Logo, ele está numa parte. Respondemos: não há movimento sozinho, mas movimento e repouso, ao mesmo tempo, e esse movimento está no todo [...]".

duo existente, definido pela proporção total do movimento e do repouso, compreendendo todas as conexões que se compõem ao infinito, subsumindo o conjunto de todos os conjuntos, sob todas as conexões. Esse indivíduo, segundo sua forma, é a *"facies totius universi*, que permanece sempre a mesma, embora mude numa infinidade de maneiras".[5]

Todas as conexões se compõem ao infinito para formar essa *facies*. Mas elas se compõem segundo leis que lhes são próprias, leis contidas no modo infinito mediato. Isso quer dizer que as conexões não se compõem de qualquer maneira; não é uma conexão qualquer que se compõe com qualquer outra. Nesse sentido, as leis de composição nos pareceram anteriormente ser também leis de decomposição; e quando Espinosa diz que a *facies* permanece a mesma, mudando numa infinidade de maneiras, ele não está fazendo alusão apenas às composições entre conexões, mas também às suas destruições ou decomposições. Entretanto, essas decomposições (tanto quanto as composições) não afetam a verdade eterna das conexões; uma conexão é composta, quando começa a subsumir partes; ela se decompõe, quando deixa de ser assim efetuada.[6] Portanto, decompor, destruir significam apenas: quando duas conexões não se compõem diretamente, as partes subsumidas por uma determinam (de acordo com uma lei) as partes da outra *[216]*

---

[5] *Carta 64, a Schuller* (III, p. 296). [NT: Corrigimos a edição original dessa frase para adequá-la ao gênero feminino de *facies*, conforme, aliás, a tradução que Appuhn faz dessa passagem da carta: "a figura do universo inteiro, que permanece sempre a mesma [*toujours la même*], embora ela mude [*elle change*] numa infinidade de maneiras".]

[6] Com efeito, as partes que entram sob uma conexão existiam antes sob outras conexões. Foi preciso que essas conexões se compusessem para que as partes que elas próprias viessem a subsumir fossem submetidas à nova conexão. Nesse sentido, esta é, portanto, *composta*. Inversamente, ela se *decompõe* quando perde suas partes, que entram necessariamente em outras conexões.

a entrar sob uma nova conexão que, esta sim, se compõe com a primeira.

Vemos que, de certa maneira, tudo é composição na ordem das conexões. Tudo é composição na Natureza. Quando o veneno decompõe o sangue, isso se dá apenas segundo a lei que determina as partes do sangue a entrar sob uma nova conexão que se compõe com a do veneno. A decomposição é apenas o inverso de uma composição. Mas a questão se coloca sempre: por que esse inverso? Por que as leis de composição são também exercidas como leis de destruição? A resposta deve ser: porque os corpos existentes não se encontram *na ordem* em que suas conexões se compõem. Em todo encontro, há composição de conexões, mas as conexões que se compõem não são necessariamente aquelas dos corpos que se encontram. As conexões se compõem *segundo leis*; mas os corpos existentes, eles mesmos compostos de partes extensivas, se encontram *de próximo em próximo*. As partes de um dos corpos podem ser determinadas, portanto, a tomar uma nova conexão exigida pela lei, perdendo aquela pela qual elas pertenciam a esse corpo.

Se considerarmos a ordem das conexões em si mesma, veremos que é uma pura ordem de composição. Se ela também determina destruições, é porque os corpos se encontram de acordo com uma ordem que não é a das conexões. Donde a complexidade da noção espinosista de "ordem da Natureza". Em um modo existente, teríamos que distinguir três coisas: a essência como grau de potência; a conexão na qual ela se exprime; as partes extensivas subsumidas sob essa conexão. A cada um desses níveis corresponde uma ordem da Natureza.

Em primeiro lugar, há uma ordem das essências, determinada pelos graus de potência. Essa ordem é uma ordem de total conveniência: cada essência convém com todas as outras, todas estando compreendidas na produção de cada uma. Elas são eternas, e uma não poderia perecer sem que as outras também perecessem. A ordem das conexões é muito diferente: é uma ordem de composição que segue leis. Ela determina as condições eternas sob as quais os modos passam à existência, e continuam a existir enquanto conservarem a composição de sua conexão. Todas as conexões se compõem ao infinito, mas não toda conexão com qualquer outra. Devemos considerar, em terceiro lugar, uma ordem dos encontros. É uma ordem de conveniências e desconveniências *[217]* parciais, locais e temporárias. Os corpos existentes se encontram pelas suas partes extensivas, de próximo em próximo. Pode ser que os corpos que se encontram tenham precisamente conexões que se compõem de acordo com a lei (conveniência); porém, no caso das duas conexões não se comporem, pode ser que um dos dois corpos seja determinado a destruir a conexão do outro (desconveniência). Portanto, essa ordem dos encontros determina, efetivamente, o momento em que um modo passa à existência (quando as condições fixadas pela lei são preenchidas), a duração ao longo da qual ele existe, o momento em que ele morre ou é destruído. Espinosa define isso, ao mesmo tempo, como "a ordem comum da Natureza", como a ordem das "determinações extrínsecas" e dos "encontros fortuitos", como a ordem das paixões.[7]

Ela é, com efeito, a ordem comum, já que todos os modos existentes estão submetidos a ela. É a ordem das paixões e das determinações extrínsecas, já que ela determina, a cada instante, as afecções que experimentamos, produzidas pelos corpos exteriores que encontramos. Finalmente, ela é dita "fortuita" (*fortuitus occursus*) [encontro fortuito], sem que Espinosa reintroduza aqui a menor contingência. A ordem dos encontros, por sua vez, é perfeitamente determinada: sua necessidade é a das partes extensivas e da sua determinação externa *ao* infinito. Mas ela é fortuita relativamente à ordem das conexões; assim como as essências não determinam as leis segundo as quais suas conexões se compõem, assim também as próprias leis de composição não determinam os

---

[7] *E*, II, 29, cor.: *ex communi Naturae ordine* [segundo a ordem comum da Natureza]. II, 29, esc.: *Quoties (mens) ex communi Naturae ordine res percipit, hoc est quoties externe, ex rerum nempe fortuito occursu, determinatur...* [Sempre que (a mente) percebe as coisas segundo a ordem comum da Natureza, isto é, sempre que está exteriormente determinada, pelo encontro fortuito com as coisas, a considerar isto ou aquilo]. Ferdinand Alquié sublinhou a importância desse tema do encontro (*occursus*) na teoria espinosista das afecções: ver *Servitude et liberté chez Spinoza* (Paris, CDU Sorbonne, p. 42).

As três ordens e o problema do mal

corpos que se encontram e a maneira pela qual se encontram. A existência dessa terceira ordem suscita todo tipo de problemas em Espinosa. É que, tomada em seu conjunto, ela coincide com a ordem das conexões. Se se considera o conjunto infinito dos encontros na duração infinita do universo, cada encontro arrasta uma composição de conexões, e todas as conexões se compõem com todos os encontros. Mas as duas ordens de maneira alguma coincidem no detalhe: se considerarmos um corpo que tenha uma precisa conexão, ele encontra necessariamente corpos cuja conexão não se compõe com a sua, e acabará sempre por encontrar um cuja conexão *[218]* destruirá a sua. Assim, não há morte que não seja *brutal, violenta e fortuita*; precisamente porque ela é inteiramente *necessária* nessa ordem dos encontros.

Dois casos de "encontros" devem ser distinguidos. No primeiro caso, encontro um corpo cuja conexão se compõe com a minha. (Mesmo isso pode ser entendido de várias maneiras: ora o corpo encontrado tem uma conexão que se compõe naturalmente com uma das minhas conexões componentes, e por isso mesmo contribui para manter minha conexão global; ora, as conexões de dois corpos convêm tão bem em seu conjunto que formam uma terceira conexão sob a qual os dois corpos se conservam e prosperam.) Seja como for, o corpo cuja conexão se conserva com a minha é dito "convir com minha natureza": ele me é "bom", isto é, "útil".[8] Ele produz em mim uma afecção que é, ela mesma, boa ou convém com minha natureza. Essa afecção é passiva porque ela se explica pelo corpo exterior; a ideia dessa afecção é uma paixão, um sentimento passivo. Mas é um sentimento de alegria, pois é produzido pela ideia de um objeto que nos é bom ou que convém com nossa natureza.[9] Ora, quando Espinosa se propõe a definir "formalmente" essa alegria-paixão, ele diz: ela aumenta ou ajuda

[8] *E*, IV, def., 1; IV, 31, prop.; e sobretudo IV, 38 e 39, prop.

[9] *E*, IV, 8.

nossa potência de agir, ela é nossa própria potência de agir enquanto aumentada ou ajudada por uma causa exterior.[10] (E só conhecemos o bom enquanto percebemos que uma coisa nos afeta de alegria.)[11]

O que Espinosa quer dizer? Certamente, ele não esquece que nossas paixões, quaisquer que sejam, são sempre a marca da nossa impotência: elas não se explicam pela nossa essência ou potência, mas pela potência de uma coisa exterior; é assim que elas envolvem nossa impotência.[12] *[219]*

Toda paixão nos separa da nossa potência de agir; enquanto nosso poder de ser afetado estiver preenchido por paixões, estaremos separados do que podemos. Por isso Espinosa diz: a alegria-paixão só é uma paixão enquanto "a potência de agir do homem não estiver aumentada até o ponto em que ele conceba a si mesmo e suas ações de maneira adequada".[13] Ou seja: nossa potência de agir ainda não está aumentada a um ponto tal que sejamos ativos. Ainda somos impotentes, ainda estamos separados de nossa potência de agir.

Nossa impotência, porém, é somente a limitação de nossa essência e de nossa própria potência de agir. Envolvendo nossa impotência, nossos sentimentos passivos envolvem um grau, por mais baixo que seja, da nossa potência de agir. Com efeito, um sentimento, qualquer que seja, determina nossa essência ou *conatus*. Ele nos determina, portanto, a desejar, *ou seja, a imaginar e a fazer alguma coisa que decorra da nossa natureza*. Quando o próprio sentimento que nos afeta convém com nossa natureza, nossa potência de agir fica necessariamente aumentada ou ajudada. Pois essa própria alegria *se junta* ao desejo que dela se segue, de manei-

---

[10] Ver *E*, III, 57, dem.

[11] *E*, IV, 8, prop.: "O conhecimento do bom e do ruim é tão somente um sentimento de alegria ou de tristeza, enquanto dele estamos conscientes".

[12] *E*, IV, 5, prop.: "A força e o crescimento de uma *paixão qualquer*, e sua perseverança em existir, não são definidos pela potência pela qual nos esforçamos em perseverar em nossa existência, mas pela potência de uma causa exterior comparada com a nossa".

[13] *E*, IV, 59, dem.

As três ordens e o problema do mal

ra que a potência da coisa exterior favorece e aumenta nossa própria potência.[14] O *conatus*, sendo nosso esforço para perseverar na existência, é sempre busca daquilo que nos é útil ou bom; ele compreende sempre um grau da nossa potência de agir, ao qual se identifica: essa potência aumenta, portanto, quando o *conatus* é determinado por uma afecção que nos é útil ou boa. Não deixamos de ser passivos, não deixamos de estar separados de nossa potência de agir, mas tendemos a ficar menos separados dela, aproximamo-nos dessa potência. Nossa alegria passiva é e continua sendo uma paixão: ela não "se explica" pela nossa potência de agir, mas "envolve" um grau mais elevado dessa potência.

Enquanto o sentimento de alegria aumenta a potência de agir, ele nos determina a desejar, a imaginar, a fazer tudo o que está em nosso poder para conservar essa mesma alegria e o objeto que a proporciona.[15] É nesse sentido que o amor se encadeia com a alegria, e outras paixões com o amor, *[220]* de maneira que nosso poder de ser afetado é inteiramente preenchido. Se supusermos assim uma linha de afecções alegres, decorrendo umas das outras, a partir de um primeiro sentimento de alegria, veremos que nosso poder de ser afetado fica de tal maneira preenchido que nossa potência de agir aumenta sempre.[16] Mas ela nunca aumenta o suficiente para que possamos realmente possuí-la, para que sejamos ativos, isto é, causa adequada das afecções que preenchem nosso poder de ser afetado.

Passemos agora ao segundo caso de encontro. Encontro um corpo cuja conexão não se compõe com a minha. Esse corpo não convém com a minha natureza, é contrário a minha natureza, é ruim ou nocivo. Ele produz em mim uma afecção passiva que é,

---

[14] *E*, IV, 18, dem.: "O desejo que nasce da alegria é ajudado ou aumentado por esse próprio sentimento de alegria... Por conseguinte, a força do desejo que nasce da alegria deve ser definida ao mesmo tempo pela potência humana e pela potência de uma causa exterior".

[15] *E*, III, 37, dem.

[16] Com efeito, o próprio amor é uma alegria que se junta à alegria da qual ele procede... (ver *E*, III, 37, dem.).

ela mesma, ruim ou contrária a minha natureza.[17] A ideia dessa afecção é um sentimento de tristeza; essa tristeza-paixão se define pela diminuição da minha potência de agir. E só conhecemos o que é ruim ao percebermos uma coisa que nos afeta de tristeza. Entretanto, objetar-se-á que é necessário distinguir vários casos. Parece que, num encontro como esse, tudo depende da essência ou da potência respectiva dos corpos que se encontram. Se meu corpo possui essencialmente um maior grau de potência, é ele que destruirá o outro ou decomporá a conexão do outro. O contrário acontecerá, se meu corpo tiver um menor grau. Parece que os dois casos não podem ser remetidos ao mesmo esquema.

Na verdade, a objeção permanece abstrata. É que, na existência, não podemos levar em conta graus de potência absolutamente considerados. Quando consideramos as essências ou os graus de potência neles mesmos, sabemos que nenhum pode destruir um outro e que todos convêm. Quando, ao contrário, consideramos as lutas e as incompatibilidades entre modos existentes, devemos fazer intervir todo tipo de fatores concretos, que nos impeçam de dizer que certamente ganhará o modo cuja essência ou grau de potência é o mais forte. Com efeito, os corpos existentes que se encontram não são apenas definidos pela conexão global que lhes é própria: ao se encontrarem, partes por partes, de próximo em próximo, eles se encontram necessariamente *[221]* sob algumas de suas conexões parciais ou componentes. Pode ser que um corpo menos forte que o meu seja mais forte do que um dos meus componentes: isso bastará para me destruir, por menos que esse componente me seja vital.

É nesse sentido que Espinosa lembra que a luta dos modos, *segundo* seu grau de potência, não deve ser entendida como sendo desses graus tomados neles mesmos: não há luta entre essências como tais.[18] Inversamente, porém, quando Espinosa mostra que sempre há na existência corpos mais potentes que o meu, que podem me destruir, não se trata de acreditar necessariamente que es-

---

[17] Ver *E*, V, 10, prop. e dem.: "afetos contrários a nossa natureza".

[18] *E*, V, 37, esc.

ses corpos tenham uma essência cujo grau de potência seja maior, ou que eles tenham maior perfeição. Um corpo pode ser destruído por um corpo de essência menos perfeita, se as condições do encontro (isto é, a conexão parcial sob a qual ele se dá) forem favoráveis a essa destruição. Para saber com antecedência o resultado de uma luta, seria preciso saber exatamente sob qual conexão os dois corpos se encontram, sob qual conexão se confrontam as conexões incomponíveis. Seria preciso um saber infinito da Natureza, que não possuímos. Em todo caso, em todo encontro com um corpo que não convém com a minha natureza, intervém sempre um sentimento de tristeza, pelo menos parcial, que advém do fato de que o corpo sempre me lesa numa das minhas conexões parciais. Mais do que isso, esse sentimento de tristeza é a única maneira de sabermos que o outro corpo não convém com a nossa natureza.[19] Que venhamos a triunfar ou não, isso nada muda: não o sabemos com antecedência. Triunfaremos, se conseguirmos afastar esse sentimento de tristeza, destruir, portanto, o corpo que nos afeta. Seremos vencidos se a tristeza nos ganhar cada vez mais sob todas as nossas conexões componentes, marcando assim a destruição da nossa conexão global.

Ora, como, a partir de um primeiro sentimento de tristeza, nosso poder de ser afetado fica preenchido? Não menos que a alegria, a tristeza determina o *conatus* ou a essência. Ou seja: da tristeza nasce um desejo, que é o ódio. Esse desejo se encadeia com outros desejos, outras paixões: antipatia, escárnio, menosprezo, inveja, cólera etc. Mas ainda assim, enquanto determina nossa essência ou *conatus*, a tristeza envolve alguma coisa da nossa potência de agir. Determinado pela tristeza, o *conatus* [222] não deixa de ser a busca daquilo que nos é útil ou bom: esforçamo-nos para triunfar, isto é, para fazer com que as partes do corpo que nos afeta de tristeza ganhem uma nova conexão que se concilie com a nossa. Somos portanto determinados a fazer tudo para descartar a tristeza e destruir o objeto que é sua causa.[20] Entretanto, nesse

---

[19] *E*, IV, 8, prop. e dem.

[20] *E*, III, 13, prop.; III, 28, prop. E também III, 37, dem.: "A potência

caso, diz-se "diminuir" nossa potência de agir. É que o sentimento de tristeza não se junta ao desejo que se segue: ao contrário, esse desejo é impedido por esse sentimento, de maneira que a potência da coisa exterior *se subtrai* da nossa.[21] As afecções à base de tristeza se encadeiam, portanto, umas nas outras e preenchem nosso poder de ser afetado. Mas elas o fazem de tal maneira que nossa potência de agir diminui cada vez mais e tende ao seu mais baixo grau.

Procedemos até agora como se duas linhas de afecções, alegres e tristes, correspondessem aos dois casos de encontros, bons encontros e encontros ruins. Mas essa visão permanece ainda abstrata. Levando-se em conta fatores concretos da existência, vê-se bem que as duas linhas interferem constantemente: as relações extrínsecas são tais que um objeto pode sempre ser causa de tristeza ou de alegria por acidente.[22] Não só em virtude dessas relações, mas em virtude da complexidade das conexões que nos compõem intrinsecamente, podemos, ao mesmo tempo, amar e odiar um mesmo objeto.[23] Mais do que isso: uma linha de alegria pode sempre ser interrompida pela destruição, ou mesmo pela simples tristeza do objeto amado. Inversamente, a linha de tristeza será interrompida pela tristeza ou destruição da coisa odiada: "Aquele que imagina que é destruído o que ele odeia se regozijará", "Aquele que imagina que está afetado de tristeza o que ele odeia se regozijará".[24] Estamos *[223]* sempre determinados a buscar a destrui-

de agir pela qual o homem, em contrapartida, se esforçará para afastar a tristeza...".

[21] *E*, IV, 18, dem.: "O desejo que nasce da tristeza é diminuído ou impedido por esse mesmo sentimento de tristeza".

[22] *E*, III, 15 e 16. Tanto quanto "fortuito", "acidental" não se opõe aqui a "necessário".

[23] Ver a "flutuação da alma", *E*, III, 17, prop. e esc. (Há dois casos de flutuação: um, definido na demonstração dessa proposição 17, se explica pelas relações extrínsecas e acidentais entre objetos; o outro, definido no escólio, se explica pela diferença das conexões que nos compõem intrinsecamente.)

[24] *E*, III, 20 e 23, prop.

ção do objeto que nos torna tristes; porém, destruir é dar às partes do objeto uma nova conexão que convém com a nossa; experimentamos, então, uma alegria que aumenta nossa potência de agir. É assim que, com a interferência constante das duas linhas, nossa potência de agir varia sem cessar.

Devemos ainda levar em conta outros fatores concretos. Pois o primeiro caso de encontros, os bons encontros com corpos cuja conexão se compõe diretamente com a nossa, continua completamente hipotético. A questão é a seguinte: uma vez que existimos, *teríamos chances de fazer naturalmente bons encontros e experimentar as afecções alegres que deles se seguem?* Na verdade, essas chances são pouco numerosas. Quando falamos da existência, não devemos considerar de maneira absoluta as essências ou graus de potência; não devemos tampouco considerar de maneira abstrata as conexões nas quais elas se exprimem. Pois um modo existente sempre existe como já afetado por objetos, sob conexões parciais e particulares; ele existe como já determinado a isso ou àquilo. Já foi feito um arranjo das conexões parciais entre as coisas exteriores e ele mesmo, de tal maneira que sua conexão característica mal pode ser apreendida ou pode estar singularmente deformada. É assim que, em princípio, o homem deveria convir perfeitamente com o homem. Mas, na realidade, os homens convêm muito pouco em natureza uns com os outros; e isso porque se acham tão determinados por suas paixões, por objetos que os afetam de diversas maneiras, que não se encontram naturalmente sob as conexões que se compõem de direito.[25] "Como são submetidos a sentimentos que sobrepassam em muito a potência ou a virtude humana, eles estão, portanto, diversamente arrastados e são contrários uns aos outros."[26] Esses arrastos vão tão longe que, de alguma maneira, um homem pode ser contrário a si mesmo: suas conexões parciais podem ser o objeto de tais arranjos, podem ter tantas transformações pela ação das causas exteriores insensíveis que "ele

[25] *E*, IV, 32, 33 e 34.
[26] *E*, IV, 37, esc. 2.

Teoria do modo finito

é revestido por uma outra natureza contrária à primeira", outra natureza que o determina a suprimir a primeira.[27] *[224]*

Temos, portanto, muito poucas chances de fazer, naturalmente, bons encontros. Parece que estamos determinados a lutar muito, odiar muito, e a experimentar somente alegrias parciais ou indiretas, que não bastam para romper o encadeamento de nossas tristezas e ódios. As alegrias parciais são "cócegas" que aumentam nossa potência de agir num ponto, mas a diminuem em todos os outros lugares.[28] As alegrias indiretas são as que experimentamos ao ver o objeto odiado triste ou destruído; mas essas alegrias permanecem envenenadas pela tristeza. O ódio, com efeito, é uma tristeza, ele envolve a tristeza da qual procede; as alegrias do ódio recobrem essa tristeza, podem impedi-la, mas nunca a suprimem.[29] Eis então que parece estarmos cada vez mais distantes de conseguir a posse da nossa potência de agir: nosso poder de ser afetado é preenchido, não apenas pelas afecções passivas, mas sobretudo pelas paixões tristes, que envolvem um grau cada vez mais baixo da potência de agir. Isso não é de surpreender, pois a Natureza não foi feita para nossa utilidade, mas em função de uma "ordem comum" à qual o homem está submetido como parte da Natureza.

No entanto, fizemos um progresso, mesmo se esse progresso continua abstrato. Havíamos partido de um primeiro princípio do Espinosismo: a oposição entre paixões e ações, entre afecções passivas e afecções ativas. Esse próprio princípio se apresentava sob dois aspectos. Sob um primeiro aspecto, tratava-se quase de uma oposição real: afecções passivas e afecções ativas, logo, potência

---

[27] Ver *E*, IV, 20, esc., a interpretação espinosista do suicídio: "[...] ou então, finalmente, é porque causas exteriores ocultas dispõem da imaginação e afetam o corpo, de maneira que ele é revestido por uma outra natureza contrária à primeira, cuja ideia não pode ser dada ao espírito".

[28] *E*, IV, 43, prop. e dem.

[29] *E*, III, 45, dem.: "A tristeza que envolve o ódio". III, 47, prop.: "A alegria que nasce por imaginarmos que uma coisa foi destruída ou afetada por um outro mal, não nasce sem alguma tristeza da alma".

de padecer e potência de agir, variavam em razão inversa, para um mesmo poder de ser afetado. Mais profundamente, porém, a oposição real era uma simples negação: as afecções passivas atestavam apenas a limitação da nossa essência, elas envolviam nossa impotência, elas só diziam respeito ao espírito enquanto este envolvia uma negação. Sob esse aspecto, as afecções ativas eram as únicas capazes de preencher efetivamente ou positivamente nosso poder de ser afetado; [225] a potência de agir era, portanto, idêntica a esse mesmo poder: quanto às afecções passivas, elas nos separavam daquilo que podíamos.

As afecções passivas se opõem às afecções ativas porque elas não se explicam pela nossa potência de agir. Porém, envolvendo a limitação da nossa essência, elas envolvem, de alguma maneira, os mais baixos graus dessa potência. À sua maneira, elas são nossa potência de agir, mas no estado envolvido, não exprimido, não explicado. À sua maneira, elas preenchem nosso poder de ser afetado, mas reduzindo-o ao mínimo: quanto mais passivos somos, menos aptos estamos para ser afetados por um grande número de maneiras. Se as afecções passivas nos separam daquilo que podemos, *é porque nossa potência de agir fica reduzida a investir apenas o vestígio delas*, seja para conservá-las, quando são alegres, seja para afastá-las, quando são tristes. Ora, enquanto elas envolvem uma potência de agir reduzida, às vezes aumentam essa potência, às vezes a diminuem. Mesmo que o aumento continue indefinidamente, nunca estaremos na posse formal de nossa potência de agir enquanto não tivermos afecções ativas. Mas a oposição entre ações e paixões não deve nos ocultar essa outra oposição, que constitui o segundo princípio do Espinosismo: entre afecções passivas alegres e afecções passivas tristes, umas aumentando nossa potência, as outras a diminuindo. Aproximamo-nos da nossa potência de agir enquanto estivermos afetados pela alegria. A questão ética, em Espinosa, fica então desdobrada: *como chegaremos a produzir afecções ativas?* Mas, antes de tudo: *como chegaremos a experimentar um máximo de paixões alegres?*

Que é o mal? Não existem outros males, a não ser a diminuição de nossa potência de agir e a decomposição de uma conexão. Pode-se dizer ainda que a diminuição de nossa potência de agir só é um mal porque ela ameaça e reduz a conexão que nos compõe. Então, reteremos a seguinte definição do mal: é a destruição, a decomposição da conexão que caracteriza um modo. Então, o mal só pode ser dito do ponto de vista particular de um modo existente: não há nem Bem nem Mal na Natureza em geral, mas há *o que é bom e o que é ruim, [226]* o que é útil e o que é nocivo, para cada modo existente. O mal é o ruim do ponto de vista de tal ou qual modo. Nós mesmos sendo homens, julgamos o mal do nosso ponto de vista; e Espinosa lembra, frequentemente, que ele está falando do bom e do ruim, por considerar unicamente sua utilidade para o homem. Por exemplo, não pensamos tanto em falar de um mal quando, para nos alimentar, destruímos a conexão sob a qual um animal existe. Em dois casos, porém, falamos de "mal": quando nosso corpo é destruído, quando nossa conexão é decomposta, sob a ação de outra coisa; ou então, quando nós mesmos destruímos um ser semelhante a nós, ou seja, um ser cuja semelhança basta para nos fazer pensar que, em princípio, ele convinha conosco, e cuja conexão, em princípio, era componível com a nossa.[30]

Quando o mal é assim definido do nosso ponto de vista, vemos que ele é a mesma coisa, de todos os outros pontos de vista: *o mal é sempre um encontro ruim,* o mal é sempre uma decomposição de conexão. O tipo dessas decomposições é a ação de um veneno sobre o nosso corpo. Segundo Espinosa, o mal sofrido por um homem é sempre *do tipo indigestão, intoxicação, envenenamento.* E o mal que alguma coisa faz ao homem, ou que um homem faz a outro homem, age sempre como um veneno, como um elemento tóxico ou indigesto. Espinosa insiste nesse ponto, quando interpreta um exemplo célebre: Adão comeu o fruto proibido. Não é preciso acreditar, diz Espinosa, que Deus tenha proibido alguma coisa a Adão. Ele simplesmente lhe revelou que aquele fruto era capaz de destruir seu corpo e decompor sua conexão: "É assim

[30] Ver *E*, III, 47, dem.

que sabemos, por luz natural, que um veneno mata".[31] A teoria do mal, em Espinosa, ficaria obscura se as perguntas de um de seus correspondentes, Blyenbergh, não o tivessem levado a tornar seus temas mais precisos. Não que Blyenbergh deixe de cometer contrassensos; esses contrassensos impacientam Espinosa, que renuncia a dissipá-los. Porém, a respeito de um ponto essencial, Blyenbergh compreende muito bem o pensamento de Espinosa: "Você se abstém disso que chamo de vícios... assim como se deixa de lado um alimento do qual nossa *[227]* natureza tem horror".[32] O *encontro mal-ruim*, o *mal-envenenamento*, constituem o fundo da teoria espinosista.

Então, ao se perguntar: em que consiste o mal na ordem das conexões? Deve-se responder que o mal nada é. É que, na ordem das conexões, há tão somente composições. Não se dirá que uma composição de conexões quaisquer seja um mal: toda composição de conexões é boa, do ponto de vista das conexões que se compõem, ou seja, unicamente do ponto de vista positivo. Quando um veneno decompõe meu corpo, isso acontece porque uma lei natural determina as partes de meu corpo, em contato com o veneno, a entrarem numa nova conexão que se compõe com a do corpo tóxico. Aqui, nada é um mal, do ponto de vista da Natureza. Na medida em que o veneno é determinado por uma lei a ter um efeito, esse efeito não é um mal, pois ele consiste numa conexão que se compõe, ela mesma, com a conexão do veneno. O mesmo se dá quando destruo um corpo, mesmo que semelhante ao meu, pois *sob a conexão e nas circunstâncias em que o encontro*, ele não convém com minha natureza: portanto, sou determinado a fazer tudo que está em meu poder para impor às partes desse corpo uma nova conexão, sob a qual elas me convirão. Portanto, o malvado,

---

[31] *Carta 19, a Blyenbergh* (III, 65). Mesmo argumento em *TTP*, cap. 4 (II, p. 139). A única diferença entre essa revelação divina e a luz natural é que Deus revelou a Adão a *consequência*, ou seja, o envenenamento que resultaria da ingestão do fruto, mas não revelou a *necessidade* dessa consequência; ou pelo menos, Adão não tinha o intelecto suficientemente forte para compreender essa necessidade.

[32] *Carta 22, de Blyenbergh* (III, p. 96).

tanto quanto o virtuoso, busca aquilo que lhe é útil ou bom (se há uma diferença entre os dois, ela não está aí). Donde um primeiro contrassenso de Blyenbergh, que consiste em acreditar que, segundo Espinosa, o malvado está determinado ao mal. É verdade que somos sempre determinados; nosso próprio *conatus* é determinado pelas afecções que experimentamos. Mas nunca somos determinados ao mal; somos determinados a buscar o que nos é bom, segundo os encontros que temos e as circunstâncias desses encontros. Na medida em que somos determinados a ter um efeito, esse efeito se compõe necessariamente com sua causa, e nada contém que se possa chamar de "mal".[33] Em suma, o mal nada é, porque não exprime composição alguma de conexões, lei alguma de composição. Em todo encontro, quer eu destrua quer seja destruído, é feita uma composição de conexões que, enquanto tal, é boa. Então, *[228]* se se considera a ordem total dos encontros, dir-se-á que ela coincide com a ordem total das conexões. E dir-se-á que o mal nada é na ordem das próprias conexões.

Em segundo lugar, perguntamos: em que consiste o mal, na ordem das essências? Ainda aí, ele nada é. Consideremos nossa morte ou destruição: nossa conexão é decomposta, isto é, deixa de subsumir partes extensivas. Mas as partes extensivas nada constituem de nossa essência; nossa própria essência, tendo nela mesma sua plena realidade, nunca apresentou a menor tendência a passar à existência. Sem dúvida, uma vez que existimos, nossa essência é um *conatus*, um esforço para perseverar na existência. Mas o *conatus* é apenas o estado que a essência é *determinada* a tomar na existência, enquanto essa essência não determina a própria existência nem a duração da existência. Portanto, sendo esforço para perseverar na existência indefinidamente, o *conatus* não envolve tempo algum definido: a essência não será nem mais nem menos perfeita, conforme o modo tenha conseguido perseverar mais ou menos tempo na existência.[34] De nada carecendo quando o modo

[33] O que Espinosa chama de "obras", na correspondência com Blyenbergh, são precisamente os efeitos aos quais estamos determinados.

[34] *E*, III, 8, prop.: "O esforço pelo qual cada coisa se esforça para perseverar em seu ser não envolve tempo finito algum, mas um tempo indefini-

ainda não existe, a essência de nada é privada quando ele deixa de existir.

Ao contrário disso, consideremos o mal que fazemos, quando destruímos um corpo semelhante ao nosso. Se considerarmos a ação de bater (por exemplo, erguer o braço, cerrar o punho, mover o braço de cima para baixo), veremos que ela exprime alguma coisa de uma essência, na medida em que o corpo humano pode fazê-la, conservando a conexão que o caracteriza. Nesse sentido, porém, essa ação "é uma virtude que se concebe pela estrutura do corpo humano".[35] Agora, se essa ação é agressiva, se ela ameaça ou destrói a conexão que define um outro corpo, isso manifesta, é certo, um encontro entre dois corpos cujas conexões são incompatíveis sob esse aspecto, mas nada exprime de uma essência. Há quem dirá que a própria intenção era malvada. Mas a *maldade da intenção consiste apenas no fato de que juntei a imagem dessa ação à imagem de um corpo cuja conexão é destruída por essa ação.*[36] [229] Só existe "mal" na medida em que essa ação toma por objeto alguma coisa ou alguém cuja conexão não combina com aquele do qual ela depende. Trata-se sempre de um caso análogo ao de um veneno.

A diferença entre dois matricídios célebres, Nero que mata Agripina, e Orestes que mata Clitemnestra, pode nos esclarecer. Estima-se que Orestes não seja culpável porque a própria Clitemnestra, tendo no começo matado Agamêmnon, colocou-se numa conexão que não podia mais compor-se com a de Orestes. Estima-se que Nero seja culpável porque lhe foi preciso maldade para submeter Agripina a uma conexão absolutamente incomponível com a sua, e para ligar a imagem de Agripina à imagem de uma ação que a destruiria. Em tudo isso, porém, nada exprime uma

do". *E*, IV, prefácio: "*Coisa singular alguma pode ser dita mais perfeita por ter perseverado mais tempo na existência*".

[35] *E*, IV, 59, esc.

[36] *E*, IV, 59, esc.: "Se um homem, movido pela cólera ou pelo ódio, é determinado a cerrar o punho ou a mover o braço, *isso provém do fato de que uma única e mesma ação pode ser juntada a não importa quais imagens de coisas*".

essência.[37] Aparece apenas o encontro de dois corpos sob conexões incomponíveis, aparece apenas a ligação da imagem de um ato com a imagem de um corpo cuja conexão não se compõe com a do ato. O mesmo gesto é uma virtude caso tome como objeto alguma coisa cuja conexão se compõe com a sua (é assim que existem bênçãos que têm um ar de agressão). Daí o segundo contrassenso de Blyenbergh. Ele acredita que, segundo Espinosa, o mal torna-se um bem, o crime uma virtude, porque ele exprime uma essência, ainda que seja a de Nero. E Espinosa não o desmente totalmente. Não só porque Espinosa se impacienta com as exigências desajeitadas ou até mesmo insolentes de Blyenbergh, mas sobretudo porque uma tese "amoralista" como a de Espinosa só pode ser compreendida com a ajuda de um certo número de provocações.[38] Na verdade, o crime nada exprime de uma essência, não exprime essência alguma, nem mesmo a de Nero. *[230]*

O Mal só aparece, então, na terceira ordem, a ordem dos encontros. Ele significa tão somente que as conexões que se compõem não são sempre as dos corpos que se encontram. Ademais, vimos que o mal nada era na ordem total dos encontros. Assim também, ele nada é no caso extremo em que a conexão é decomposta, pois

[37] *Carta 23, a Blyenbergh* (III, p. 99): *nihil horum aliquid essentiae exprimere.* É aí que Espinosa comenta o caso de Orestes e o de Nero.

[38] Ver a objeção de Blyenbergh, *Carta 22* (III, p. 96): "Impõe-se, portanto, a questão de saber se, no caso de haver uma alma para cuja natureza singular conviria a busca de prazeres e crimes, ao invés de recusá-los, se em tal caso, digo, existiria um argumento de virtude que pudesse determinar um ser como esse a agir virtuosamente e abster-se do mal?". Resposta de Espinosa, *Carta 23* (III, p. 101): "Aos meus olhos, é como se perguntássemos: pode convir melhor à natureza de alguém enforcar-se ou será que podemos expor razões para que ele não se enforque? Suponhamos, no entanto, que tal natureza possa existir... afirmo então que, se alguém vê que pode viver mais comodamente pendurado na forca do que sentado à mesa, ele agiria como insensato caso não se enforcasse; da mesma maneira, quem pudesse ver com clareza que gozaria de uma vida ou de uma essência melhor cometendo crimes, ao invés de se ater à virtude, seria também insensato se não o fizesse. Pois os crimes, a respeito de uma natureza humana tão perversa, seriam virtudes".

As três ordens e o problema do mal   277

essa destruição não afeta nem a própria realidade da essência, nem a verdade eterna da conexão. Então, só resta um caso em que o mal parece ser alguma coisa. Durante sua existência, segundo os encontros que tem, tal modo existente passa por variações que são as da sua potência de agir; ora, quando a potência de agir diminui, o modo existente *passa a uma menor perfeição*.[39] Não estaria o mal nesse "ato de passar a uma perfeição menor"? Como diz Blyenbergh, há de existir o mal, quando se é privado de uma condição melhor.[40] A célebre resposta de Espinosa é a seguinte: Não há privação alguma na passagem para uma menor perfeição, a privação é uma simples negação. O mal nada é, mesmo nessa última ordem. Um homem fica cego; um homem, há pouco animado pelo desejo do bem, é tomado por um apetite sensual. Não temos razão alguma para dizer que ele foi privado de um estado melhor, pois, no instante considerado, esse estado não pertence à sua natureza mais que à natureza da pedra ou do diabo.[41]

Pressente-se as dificuldades dessa resposta. Blyenbergh critica vivamente Espinosa por ter confundido dois tipos muito distintos de comparação: a comparação entre coisas que não têm a mesma natureza e a comparação entre diferentes estados de uma única e mesma coisa. É verdade que ver não pertence à natureza da pedra; mas a visão pertencia à natureza do homem. Portanto, a objeção principal é esta: Espinosa atribui à essência de um ser uma instantaneidade que ela não poderia ter; "segundo sua opinião, só pertence à essência de uma coisa aquilo que, *[231] no momento considerado*, percebe-se que está nela".[42] Então, toda progressão, toda regressão no tempo tornam-se ininteligíveis.

Blyenbergh age como se Espinosa dissesse que um ser é sempre tão perfeito quanto pode ser, *em função da essência que ele possui em tal momento*. Mas esse é, precisamente, seu terceiro contrassenso. Espinosa diz uma coisa totalmente distinta: Um ser é

[39] Ver *E*, III, definição da tristeza.

[40] *Carta 20, de Blyenbergh* (III, p. 72).

[41] *Carta 21, a Blyenbergh* (III, pp. 87-8).

[42] *Carta 22, de Blyenbergh* (III, p. 94).

sempre tão perfeito quanto ele pode ser, *em função das afecções que, naquele momento, pertencem à sua essência*. Está claro que Blyenbergh confunde "pertencer à essência" e "constituir a essência". A cada momento, as afecções que experimento pertencem à minha essência, enquanto preenchem meu poder de ser afetado. Enquanto um modo existe, sua própria essência é tão perfeita quanto ela pode ser em função das afecções que preenchem, em tal momento, o poder de ser afetado. Se tais afecções preenchem, em tal momento, meu poder, este não pode, no mesmo momento, estar preenchido por outras afecções: há incompatibilidade, exclusão, negação, e não privação. Retomemos o exemplo do cego. Ou se imagina um cego que ainda teria sensações luminosas; mas ele é cego por não poder mais agir segundo essas sensações; suas afecções luminosas subsistentes são inteiramente passivas. Nesse caso, só teria variado a proporção das afecções ativas e das afecções passivas para um mesmo poder de ser afetado. Ou então, imagina-se um cego que perdeu toda afecção luminosa; nesse caso, seu poder de ser afetado encontra-se efetivamente reduzido. Mas a conclusão é a mesma: um modo existente é tão perfeito quanto pode sê-lo, em função das afecções que preenchem seu poder de ser afetado, e que o fazem variar dentro de limites compatíveis com a existência. Resumindo, em Espinosa não aparece contradição alguma entre a inspiração "necessitarista", segundo a qual o poder de ser afetado encontra-se preenchido a cada instante, e a inspiração "ética", segundo a qual, a cada instante, ele é preenchido de tal maneira que a potência de agir aumenta ou diminui, e ele próprio varia com essas variações. Como diz Espinosa, não há privação alguma, mas não deixa de haver passagens para perfeições maiores ou menores.[43] *[232]*

---

[43] *E*, III, definição da tristeza, explic.: "E não podemos dizer que a tristeza consiste na privação de uma maior perfeição, pois uma privação nada é, ao passo que o sentimento de tristeza é um ato que, por essa razão, só pode ser o ato de passar a uma perfeição menor".

Em sentido algum o Mal é alguma coisa. Ser *é exprimir-se, ou exprimir, ou ser exprimido*. Não sendo expressivo em nada, o mal nada é. E, sobretudo, ele nada exprime. Ele não exprime lei alguma de composição, composição alguma de conexões; não exprime essência alguma; não exprime privação alguma de um estado melhor na existência. Para avaliar a originalidade dessa tese, é preciso opô-la a outras maneiras de *negar* o mal. Podemos chamar de "moralismo racionalista" (otimismo) uma tradição que encontra suas fontes em Platão, e seu pleno desenvolvimento na filosofia de Leibniz; o Mal nada é, porque só o Bem é, ou, melhor ainda, porque o Bem, superior à existência, determina tudo aquilo que é. O Bem, ou o Melhor *fazem ser*. A tese espinosista nada tem a ver com essa tradição: ela forma um "amoralismo" racionalista. Pois, segundo Espinosa, o Bem não tem mais sentido do que o Mal: na Natureza não há nem Bem nem Mal. Espinosa lembra isso constantemente: "se os homens nascessem livres, não formariam conceito algum do bem e do mal durante todo o tempo em que fossem livres".[44] A questão do ateísmo de Espinosa carece singularmente de interesse enquanto depender do arbitrário das definições teísmo-ateísmo. Então, essa questão só pode ser levantada em função daquilo que a maior parte das pessoas chama de Deus, do ponto de vista da religião: isto é, um Deus inseparável de uma *ratio boni*, que procede pela lei moral, agindo como um juiz.[45] Nesse sentido, Espinosa, evidentemente, é ateu: a pseudolei moral mede apenas nossos contrassensos sobre as leis da natureza; a ideia das recompensas e dos castigos atesta somente nossa ignorância da verdadeira conexão entre um ato e suas consequências; o Bem e o Mal são ideias inadequadas, e são concebidos por nós apenas na medida em que temos ideias inadequadas.[46] *[233]*

Que não haja nem Bem nem Mal não significa, porém, que toda diferença desapareça. Não há Bem nem Mal na Natureza,

[44] *E*, IV, 68, prop.

[45] Eram os critérios de Leibniz e de todos os que criticaram Espinosa por seu ateísmo.

[46] *E*, IV, 68, dem.

mas há bom e ruim para cada modo existente. A oposição moral entre o Bem e o Mal desaparece, mas esse desaparecimento não torna todas as coisas iguais, nem todos os seres. Como dirá Nietzsche, *"Para além de Bem e Mal,* isso pelo menos não quer dizer *para além do bom e do ruim"*.[47] Há aumentos da potência de agir, diminuições da potência de agir. A distinção entre o bom e o ruim servirá de princípio para uma verdadeira diferença ética, que deve substituir a falsa oposição moral.

[47] Nietzsche, *Genealogia da moral,* I, 17.

Capítulo XVI
VISÃO ÉTICA DO MUNDO
[234]

[Princípio da conexão inversa entre a ação e a paixão na alma e no corpo. — Oposição de Espinosa a esse princípio: a significação prática do paralelismo.
O direito natural: poder e direito. — As quatro oposições do direito natural à lei natural antiga. — Estado de natureza e acaso dos encontros. — A razão sob seu primeiro aspecto: esforço para organizar os encontros. — A diferença ética: o homem racional, livre ou forte. — Adão. — Estado de natureza e razão. — Necessidade de uma instância que favoreça o esforço da razão. — A cidade: diferenças e semelhanças entre o estado civil e o estado de razão.
A ética levanta os problemas em termos de poder e de potência. — Oposição entre a ética e a moral. — Ir até o fim daquilo que podemos. — Significação prática da filosofia. — Denunciar a tristeza e suas causas. — Afirmação e alegria.]

Quando Espinosa diz: Nem sequer sabemos o que pode um corpo, essa fórmula é quase um grito de guerra. Ele acrescenta: Falamos da consciência, do espírito, da alma, do poder, do poder da alma sobre o corpo. Tagarelamos, mas nem sequer sabemos o que pode um corpo.[1] A tagarelice moral substitui a verdadeira filosofia.

---

[1] *E*, III, 2, esc. Esse texto fundamental não deve ser separado de II, 13, esc., que o prepara, e de V, prefácio, que desenvolve suas consequências.

Essa declaração é importante sob vários aspectos. Enquanto falamos de um poder da alma sobre o corpo, não pensamos verdadeiramente em termos de poder ou de potência. Queremos dizer, com efeito, que a alma, em função de sua natureza eminente e de sua finalidade particular, tem "deveres" superiores: ela deve fazer o corpo obedecer em conformidade com leis às quais ela mesma está submetida. Quanto ao poder do corpo, ou é um poder de execução, ou é um poder de distrair a alma e desviá-la de seus deveres. Em tudo isso, pensamos moralmente. A visão moral do mundo aparece num princípio que domina a maior parte das teorias da união da alma e do corpo: um dos dois não agiria sem que o outro padecesse. É esse, notadamente, o princípio da ação real em Descartes: o corpo padece quando a alma age, o corpo não age sem que a alma, por sua vez, padeça.[2] Ora, embora neguem a ação real, os sucessores de Descartes não renunciam à ideia desse princípio: a harmonia preestabelecida, por exemplo, mantém entre a alma e o corpo uma "ação ideal", segundo a qual, *[235]* um sempre padece quando o outro age.[3] Em tais perspectivas, não temos meio algum para *comparar* a potência do corpo com a potência da alma; como não temos o meio de compará-las, não temos possibilidade alguma de *avaliá-las* respectivamente.[4]

Se o paralelismo é uma doutrina original, não é porque ele nega a ação real da alma e do corpo. É porque ele inverte o princípio moral, segundo o qual as ações de um são as paixões do outro. "A ordem das ações e das paixões de nosso corpo vai, por natureza, de par com a ordem das ações e das paixões do espírito."[5]

[2] Descartes, *Tratado das paixões*, I, 1 e 2.

[3] Leibniz explica frequentemente que sua teoria da *ação ideal* respeita "os sentimentos estabelecidos", e deixa subsistir inteiramente a repartição da ação ou da paixão na alma e no corpo segundo a regra da conexão inversa. Pois, de duas substâncias que "simbolizam", tais como a alma e o corpo, deve-se atribuir a ação àquela cuja *expressão* é mais distinta, e a paixão à outra. É um tema constante das *Cartas a Arnauld*.

[4] *E*, II, 13, esc.

[5] *E*, III, 2, esc. [O segmento "vai, por natureza, de par com" traduz a

O que é paixão na alma é *também* paixão no corpo, o que é ação na alma é *também* ação no corpo. É nesse sentido que o paralelismo exclui toda eminência da alma, toda finalidade espiritual e moral, toda transcendência de um Deus que regularia uma série pela outra. É nesse sentido que o paralelismo se opõe, praticamente, não somente à doutrina da ação real, mas também às teorias da harmonia pré-estabelecida e do ocasionalismo. Perguntamos: O que pode um corpo? De quais afecções ele é capaz, tanto passivas quanto ativas? Até onde vai sua potência? Então, e somente então, poderemos saber o que pode uma alma em si mesma e qual é sua potência. Teremos os meios para "comparar" a potência da alma com a potência do corpo; teremos, então, os meios para avaliar a potência da alma considerada nela mesma.

Para chegar à *avaliação* da potência da alma nela mesma, era preciso passar pela *comparação* das potências: "para determinar em quê o espírito humano difere dos outros e em quê ele é superior aos outros, é necessário conhecer a natureza do seu objeto, isto é, do corpo humano [...]. Digo, em geral, que quanto mais um corpo está apto, relativamente aos outros, para agir e para padecer de um maior número de maneiras ao mesmo tempo, mais seu espírito está apto para perceber mais coisas ao mesmo tempo; e quanto mais as ações de um corpo dependem apenas dele, e menos outros corpos *[236]* concorrem com ele para uma ação, mais seu espírito está apto para compreender distintamente".[6] Para pensar verdadeiramente em termos de potência, era preciso, primeiro, levantar a questão a propósito do corpo, era preciso, em primeiro lugar, liberar o corpo da conexão inversamente proporcional que torna impossível toda comparação de potências, que torna, portanto, também impossível toda avaliação da potência da alma tomada nela mesma. Era preciso tomar como modelo a pergunta: O

---

expressão francesa *va par nature de pair avec*, que se lê tanto na tradução de Guérinot, usada por Deleuze, como na de Pautrat. Mas Espinosa escreve: *simul sit natura cum* (é simultânea, em natureza, à).]

[6] *E*, II, 13 esc.

que pode um corpo? *Esse modelo não implica desvalorização alguma do pensamento relativamente à extensão, mas apenas uma desvalorização da consciência relativamente ao pensamento.* Lembramos que Platão dizia que os materialistas, se fossem inteligentes, falariam de potência ao invés de falar do corpo. Mas, inversamente, é também verdade que os dinamistas, quando são inteligentes, falam primeiro do corpo para "pensar" a potência. A teoria da potência, segundo a qual as ações e paixões do corpo vão de par com as ações e paixões da alma, forma uma visão ética do mundo. A substituição da moral pela ética é a consequência do paralelismo, e manifesta sua verdadeira significação.

A questão "O que pode um corpo?" tem um sentido nela mesma, porque implica uma nova concepção do indivíduo corpóreo, da espécie e do gênero. Veremos que sua significação biológica não deve ser negligenciada. Porém, *tomada como modelo*, ela tem, primeiramente, uma significação jurídica e ética. Tudo o que pode um corpo (sua potência) é também seu "direito natural". Se conseguirmos levantar o problema do direito no nível dos corpos, transformaremos toda a filosofia do direito relativamente às próprias almas. Corpo e alma, cada um busca aquilo que lhe é útil ou bom. Se ocorre a alguém encontrar um corpo que se compõe com o seu sob uma conexão favorável, ele procura se unir a tal corpo. Quando alguém encontra um corpo cuja conexão não se compõe com a sua, um corpo que o afeta de tristeza, ele faz tudo o que está em seu poder para afastar a tristeza ou destruir esse corpo, ou seja, para impor às partes desse corpo uma nova conexão que convenha com sua própria natureza. A cada instante, portanto, as afecções *[237]* determinam o *conatus*; mas a cada instante o *conatus* é a busca daquilo que é útil em função das afecções que o determinam. *É por isso que um corpo vai sempre tão longe quanto pode, tanto na paixão quanto na ação*; e aquilo que ele pode é seu direito. A teoria do direito natural implica a dupla identidade do poder e de seu exercício, desse exercício e do direito. "O direito de cada um se estende até os limites da potência limitada da qual ele dispõe."[7] A palavra "lei" não tem outro sentido: a lei de natureza nunca é uma regra de deveres, mas sim a norma de um poder, a unidade do direito, do poder e de sua efetuação.[8] A esse respeito, não é o caso de fazer diferença alguma entre o sábio e o insensato, o racional e o demente, o forte e o fraco. Sem dúvida, eles diferem pelo gênero de afecções que determinam seu esforço para perseverar na existência. Mas uns e outros se esforçam igualmente para se conservar, e têm tanto direito quanto potência, em função das afecções que preenchem atualmente seu poder de ser afetado. O próprio insensato pertence à natureza, cuja ordem ele de forma alguma perturba.[9]

Essa concepção do direito natural é herdada diretamente de Hobbes. (A questão das diferenças essenciais entre Espinosa e Hobbes aparece em outro nível.) O que Espinosa deve a Hobbes é uma concepção do direito de natureza que se opõe profundamente à teoria clássica da lei natural. Se seguirmos Cícero, que recolhe ao mesmo tempo tradições platônicas, aristotélicas e estoicas, vemos que a teoria antiga da lei natural apresenta várias características: 1°) Ela define a natureza de um ser pela sua perfeição, de acordo com uma ordem dos fins (assim, o homem é "naturalmente" racional e sociável); 2°) Segue-se disso que o estado de natureza não é para o homem um estado que precederia a sociedade, mesmo que fosse de direito, mas, ao contrário, uma vida de acordo com a natureza numa "boa" sociedade civil; 3°) Logo, aquilo que é prioritário e incondicional nesse estado são os "deveres"; pois os poderes naturais existem apenas em potência, e não são separáveis de um ato da razão que os determina e os realiza em função de fins aos quais eles devem servir; 4°) É nisso que está fundamentada a competência do sábio; pois o sábio é o melhor juiz [238] da ordem e dos fins, dos deveres que daí decorrem, dos serviços e das ações que cabem a cada um fazer e executar. Podemos

---

[7] *TTP*, cap. 16 (II, p. 258).

[8] Sobre a identidade da "lei de instituição natural" com o direito de natureza, ver *TTP*, cap. 16 e *TP*, cap. 2, 4.

[9] *TTP*, cap. 16 (II, pp. 258-9); *TP*, cap. 2, 5.

Visão ética do mundo

adivinhar que partido o cristianismo iria tirar dessa concepção da lei de natureza. Com ele, essa lei tornou-se inseparável da teologia natural e até da Revelação.[10]

Coube a Hobbes ter destacado quatro teses fundamentais que se opõem a essas. Essas teses originais transformam o problema filosófico do direito, mas exatamente porque tomam o corpo como modelo mecânico e dinâmico. Espinosa adota essas teses, integrando-as em seu próprio sistema, onde elas encontram novas perspectivas. 1°) A lei de natureza não é mais conectada a uma perfeição final, mas sim ao primeiro desejo, ao "apetite" mais forte; dissociada de uma ordem dos fins, ela se deduz do apetite como de sua causa eficiente. 2°) Desse ponto de vista, a razão não goza de privilégio algum: o insensato se esforça tanto quanto o ser racional para perseverar no seu ser, e os desejos ou as ações que nascem da razão manifestam esse esforço tanto quanto os desejos ou as paixões do próprio insensato. Mais do que isso, *ninguém nasce racional*. Pode ser que a razão utilize e conserve a lei da natureza, mas em caso algum ela será seu princípio ou sua motivação. Assim como também *ninguém nasce cidadão*.[11] Pode ser que o estado civil conserve o direito de natureza, mas o estado de natureza é em si mesmo pré-social, pré-civil. E ainda mais, *ninguém nasce religioso*: "O estado de natureza, por natureza e no tempo, é anterior à religião; a natureza nunca ensinou a ninguém que ele é obrigado a obedecer a Deus [...]".[12] 3°) O que é primeiro e incondicionado é, portanto, o poder ou o direito. Os "deveres", quaisquer que sejam, são sempre secundários, relativos à afirmação da nossa potência, ao exercício do nosso poder, à conservação de nosso direito. E a potência não mais remete a um ato que a determine e a realize em função de uma ordem dos fins. Minha própria potência

[10] Essas quatro teses, assim como as quatro teses contrárias que indicamos no parágrafo seguinte, são bem marcadas por Leo Strauss em seu livro *Droit naturel et Histoire* (trad. fr., Paris, Plon, 1953). Strauss confronta a teoria de Hobbes, cuja novidade ele sublinha, com as concepções da Antiguidade.

[11] *TP*, cap. 5, 2: "Os homens não nascem cidadãos, tornam-se".

[12] *TTP*, cap. 16 (II, p. 266).

288   Teoria do modo finito

existe em ato, porque as afecções que experimento *[239]* a cada instante a determinam e a preenchem de pleno direito, quaisquer que sejam essas afecções. 4°) Segue-se disso que ninguém tem competência para decidir sobre o meu direito. Cada um, no estado de natureza, seja sábio ou insensato, é juiz daquilo que é bom e ruim, daquilo que é necessário para sua conservação. Portanto, o direito de natureza não é contrário "nem às lutas, nem aos ódios, nem à cólera, nem ao logro, nem a absolutamente nada daquilo que o apetite aconselhe".[13] E se acontece de sermos levados a renunciar ao nosso direito natural, não será reconhecendo a competência do sábio, mas consentindo por nós mesmos a essa renúncia, por medo de um mal maior ou pela esperança de um bem maior. O princípio do consentimento (pacto ou contrato) torna-se princípio da filosofia política e substitui a regra de competência.

Assim definido, o estado de natureza manifesta em si aquilo que o torna impossível de ser vivido. O estado de natureza não é viável, enquanto o direito natural que corresponde a ele continuar sendo teórico e abstrato.[14] Ora, no estado de natureza, vivo ao acaso dos encontros. É bem verdade que minha potência é determinada pelas afecções que preenchem a cada instante meu poder de ser afetado; é bem verdade que tenho sempre toda a perfeição da qual sou capaz, em função dessas afecções. Justamente porém, no estado de natureza, meu poder de ser afetado é preenchido em condições tais que experimento, não apenas afecções passivas que me separam de minha potência de agir, mas também afecções passivas onde predomina a tristeza que diminui incessantemente essa própria potência. Não tenho chance alguma de encontrar corpos que se componham diretamente com o meu. Por mais que eu o faça prevalecer em vários encontros com corpos que me sejam contrários, esses triunfos ou essas alegrias do ódio não vão suprimir

[13] *TP*, cap. 2, 8 (*E*, IV, 37, esc. 2: "Pelo direito supremo da natureza, cada um julga o que é bom e o que é ruim...").

[14] *TP*, cap. 2, 15: "Durante todo o tempo em que o direito natural humano é determinado pela potência de cada um, e é a prerrogativa de cada um, esse direito é na realidade inexistente, mais teórico do que real, pois não se tem segurança alguma de usufruí-lo".

Visão ética do mundo

a tristeza que o ódio envolve; e, principalmente, nunca estarei seguro de ser ainda vencedor no próximo encontro, serei, portanto, afetado por um medo perpétuo.

Só haveria, portanto, um meio de tornar viável o estado de natureza: esforçando-se para *organizar os encontros*. Seja qual for o corpo encontrado, busco o útil. Mas há *[240]* uma grande diferença entre buscar o útil ao acaso (isto é, esforçar-se para destruir os corpos que não convêm com o nosso) e buscar uma organização do útil (esforçar-se para encontrar os corpos quê convêm em natureza conosco, sob as conexões em que eles convêm). Somente esse segundo esforço define o *útil próprio ou verdadeiro*.[15] Sem dúvida, esse esforço tem limites: seremos sempre determinados a destruir certos corpos, quanto mais não seja para subsistir; não evitaremos todos os encontros ruins, não evitaremos a morte. Mas esforçamo-nos para nos unir ao que convém com a nossa natureza, para compor nossa conexão com conexões que combinem com a nossa, para juntar nossos gestos e nossos pensamentos à imagem de coisas que concordem conosco. De um esforço como esse temos o direito de esperar, por definição, um máximo de afecções alegres. Nosso poder de ser afetado será preenchido em condições tais que nossa potência de agir aumentará. E se perguntarmos em que consiste aquilo que nos é mais útil, certamente veremos que é o homem. Pois, em princípio, o homem convém por natureza com o homem; compõe sua conexão com a dele; o homem é útil ao homem absolutamente ou verdadeiramente. Quando cada um procura aquilo que lhe é verdadeiramente útil, está procurando também, portanto, aquilo que é útil ao homem. Assim, o esforço para organizar os encontros é antes de tudo o esforço para formar a associação dos homens sob conexões que se compõem.[16]

Não há Bem nem Mal na Natureza, não há oposição moral, mas há uma diferença ética. Essa diferença ética se apresenta sob várias formas equivalentes: entre o racional e o insensato, entre o sábio e o ignorante, entre o homem livre e o escravo, entre o forte

---

[15] *E*, IV, 24, prop.: *proprium utile*.

[16] Ver *E*, IV, 35, prop., dem., cor. 1 e 2, esc.

290   Teoria do modo finito

e o fraco.[17] E, na verdade, a sabedoria ou a razão não têm outro conteúdo que não seja a força, a liberdade. Essa diferença ética não incide sobre o *conatus*, pois tanto o insensato quanto o racional, tanto o fraco quanto o forte se esforçam para perseverar no seu ser. *Ela incide sobre o gênero de afecções que determinam o conatus.* No limite, o homem livre, forte e racional será plenamente definido pela posse de sua potência de agir, pela presença nele de ideias adequadas e de afecções ativas; ao contrário, o escravo, o fraco, só têm paixões que *[241]* derivam de suas ideias inadequadas, e que os separam da sua potência de agir.

Mas a diferença ética se exprime, primeiramente, nesse nível mais simples, preparatório ou preliminar. Antes de chegar à posse formal da sua potência, *o homem livre e forte* será reconhecido por suas paixões alegres, por suas afecções que aumentam essa potência de agir; *o escravo ou o fraco* serão reconhecidos por suas paixões tristes, pelas afecções à base de tristeza que diminuem sua potência de agir. Tudo se passa, portanto, como se devêssemos distinguir dois momentos da razão ou da liberdade: aumentar a potência de agir ao mesmo tempo que nos esforçamos para experimentar o máximo de afecções passivas alegres; e assim, passar ao estágio final no qual a potência de agir aumentou tanto que é capaz de produzir afecções elas mesmas ativas. É verdade que o encadeamento dos dois tempos permanece ainda misterioso para nós. Pelo menos, não temos dúvida da presença do primeiro tempo. O homem que devém racional, forte e livre, começa por fazer tudo aquilo que está em seu poder para experimentar paixões alegres. É ele, portanto, que se esforça para safar-se do acaso dos encontros e do encadeamento das paixões tristes, para organizar os bons encontros, para compor sua conexão com conexões que combinam diretamente com a sua, para unir-se com aquilo que convém com ele por natureza, para formar a associação racional entre os homens; tudo isso, de maneira a ser afetado de alegria. Na *Ética*, a descrição do livro IV, concernente ao homem livre e racional, iden-

---

[17] *E*, IV, 66, esc. (o homem livre e o escravo); IV, 73, esc. (o homem forte); 42, esc. (o sábio e o ignorante).

Visão ética do mundo

tifica o esforço da razão com essa arte de organizar os encontros, ou de formar uma *totalidade* sob conexões que se compõem.[18]

Em Espinosa, a razão, a força ou a liberdade são inseparáveis de um devir, de uma formação, de uma cultura. Ninguém nasce livre, ninguém nasce racional.[19] E ninguém pode fazer por nós a lenta experiência daquilo que convém com a nossa natureza, o lento esforço para descobrir nossas alegrias. A infância, diz Espinosa frequentemente, é um estado de impotência e de escravidão, um estado irracional no qual dependemos, no mais alto grau, de causas exteriores, e no qual temos necessariamente mais tristezas do que alegrias; nunca estaremos tão separados de nossa potência de agir. O primeiro homem, Adão, é a infância da *[242]* humanidade. É por isso que Espinosa se opõe com tanta força à tradição cristã, depois racionalista, que nos apresenta, antes do pecado, um Adão racional, livre e perfeito. Ao contrário, é preciso imaginar Adão como uma criança: triste, fraco, escravo, ignorante, entregue ao acaso dos encontros. "É preciso reconhecer que não estava ao alcance do poder do primeiro homem usar retamente da razão, mas que ele foi, como nós somos, submetido às paixões".[20] Ou seja: *Não é o pecado que explica a fraqueza, é a nossa primeira fraqueza que explica o mito do pecado*. Espinosa apresenta três teses referentes a Adão, que formam um conjunto sistemático: 1º) Deus nada proibiu a Adão, apenas lhe revelou que o fruto era um veneno que destruiria seu corpo se entrasse em contato com ele; 2º) Como seu entendimento era fraco como o de uma criança, Adão percebeu essa revelação como uma proibição; ele desobedeceu como uma criança, não compreendendo a necessidade natural da conexão ação-consequência, acreditando que as leis da natureza são leis morais que é possível violar; 3º) Como imaginar um Adão livre e racional, quando o primeiro homem está necessariamente afetado por sentimentos passivos, e não teve tempo de rea-

[18] Ver *E*, IV, 67-73.

[19] *E*, IV, 68.

[20] *TP*, cap. 2, 6.

lizar essa longa formação que a razão supõe, não menos do que a liberdade?[21]

O estado de razão, tal como ele já aparece sob seu primeiro aspecto, tem uma conexão complexa com o estado de natureza. De um lado, o estado de natureza não está submetido às leis da razão: a razão concerne à utilidade própria e verdadeira do homem, e tende, unicamente, à sua conservação; a natureza, ao contrário, nada tem a ver com a conservação do homem e compreende uma infinidade de outras leis que concernem ao universo inteiro, do qual o homem é apenas uma pequena parte. Por outro lado, porém, o estado de razão não é de uma ordem distinta do próprio estado de natureza. Mesmo nos seus "mandamentos", a razão nada pede que seja contrário à natureza: ela pede apenas que cada um ame a si mesmo, busque o que lhe é particularmente útil, e se esforce para conservar seu ser, aumentando sua potência de agir.[22] [243] Assim, não há artifício nem convenção no esforço da razão. A razão não procede por artifício, mas sim por composição natural de conexões; ela não procede por cálculos, mas por uma espécie de reconhecimento direto do homem pelo homem.[23] É muito complexa a questão de saber se seres supostamente racionais, ou que estão em vias de assim devirem, têm necessidade de se comprometerem mutuamente por um tipo de contrato; porém, mesmo que haja contrato nesse nível, esse contrato não implica renúncia convencional alguma ao direito natural, não implica limitação artificial alguma. O estado de razão coincide com a formação de um

---

[21] Em *E*, IV, 68, esc., Espinosa remonta a tradição adâmica a Moisés: o mito de um Adão racional e livre se explica na perspectiva de uma "hipótese" abstrata, na qual se considera Deus "não enquanto infinito, mas somente enquanto causa pela qual o homem existe".

[22] *E*, IV, 18, esc.

[23] A ideia de um devir ou de uma formação da razão já fora desenvolvido por Hobbes (ver comentário de Raymond Polin, *Politique et philosophie chez Thomas Hobbes*, Paris, PUF, 1953, pp. 26-40). Ambos, Hobbes e Espinosa, concebem o ato da razão como um tipo de adição, como a formação de um todo. Em Hobbes, porém, trata-se de um cálculo; em Espinosa, de uma composição de conexões que, pelo menos de direito, é objeto de intuição.

Visão ética do mundo

corpo superior e de uma alma superior, que usufruem do direito natural correspondente à potência deles: com efeito, se dois indivíduos compõem inteiramente suas conexões, eles formam naturalmente um indivíduo duas vezes maior, tendo ele mesmo um direito de natureza duas vezes maior.[24] O estado de razão não suprime nem limita em nada o direito natural, ele o eleva a uma potência sem a qual esse direito permaneceria irreal e abstrato.

A que, então, se reduz a diferença entre o estado de razão e o estado de natureza? Na ordem da natureza, cada corpo encontra outros, mas sua conexão não se compõe necessariamente com as dos corpos que ele encontra. A coincidência dos encontros e das conexões se dá apenas no nível da natureza inteira; ela acontece de conjunto para conjunto no modo infinito mediato. Entretanto, quando nos elevamos na série das essências, assistimos a um esforço que prefigura o da natureza inteira. As essências mais elevadas, na existência, já se esforçam para fazer coincidir *seus próprios* encontros com conexões que se compõem com *o seu*. Esse esforço, que não pode ser totalmente bem-sucedido, constitui o esforço da razão. É nesse sentido que se pode dizer que o ser racional, à sua maneira, reproduz e exprime o esforço da natureza inteira. *[244]*

Mas como chegarão os homens a se encontrar sob conexões que se componham, e a formar, assim, uma associação racional? Se o homem convém com o homem, é apenas enquanto supomos que ele *já* seja racional.[25] Enquanto vivem ao acaso dos encontros, enquanto são afetados por paixões fortuitas, os homens são diversamente arrastados e, justamente, não têm chance alguma de se encontrar sob conexões que convêm: são contrários uns aos outros.[26] É verdade que escapamos à contradição na medida em que invocamos uma experiência muito lenta, uma formação empírica

---

[24] *E*, IV, 18, esc.

[25] *E*, IV, 35.

[26] *E*, IV, 32-34.

muito lenta. Mas logo caímos numa outra dificuldade. De um lado, o peso dos encontros presentes está sempre aí, ameaçando aniquilar o esforço da razão. E esse esforço principalmente, na melhor das hipóteses, só terá êxito no final da vida; "ora, é preciso viver até lá".[27] Eis por que a razão nada seria e jamais conquistaria sua própria potência, se ela não encontrasse uma ajuda numa potência de um outro gênero, que se junta a ela, preparando-a e acompanhando sua formação. Essa potência de um outro gênero é a do Estado ou da cidade.

Com efeito, de modo algum a cidade é uma associação racional. Ela se distingue desta de três maneiras: 1°) O móbil de sua formação não é uma afecção da razão, ou seja, uma afecção produzida em nós por um outro homem sob uma conexão que se compõe perfeitamente com a nossa. O móbil é o temor, ou a angústia do estado de natureza, a esperança de um bem maior;[28] 2°) O todo, como ideal da razão, é constituído por conexões que se compõem diretamente e naturalmente, por potências ou direitos que se adicionam naturalmente. Não acontece assim na cidade: como os homens não são racionais, é preciso que cada um "renuncie" ao seu direito natural. Somente essa alienação torna possível a formação de um todo, ele mesmo beneficiado pela soma desses direitos. Assim é o "pacto" ou o "contrato" civil.[29] Então a cidade

[27] *TTP*, cap. 16 (II, p. 259).

[28] *TP*, cap. 6, 1.

[29] Ver *TTP*, cap. 16 (e *E*, IV, 37, esc. 2). Seja qual for o regime de uma sociedade, a delegação contratual, segundo Espinosa, é sempre feita, não em benefício de um terceiro (como em Hobbes), mas em benefício do Todo, isto é, da totalidade dos contratantes. Madeleine Frangés tem razão ao dizer, nesse sentido, que Espinosa anuncia Rousseau (se bem que ela minimize a originalidade de Rousseau na maneira de conceber a formação desse todo): ver "Les Réminiscences spinozistes dans le *Contrat social* de Rousseau", *Revue Philosophique*, jan. de 1951, pp. 66-7. Porém, se é verdade que o contrato transfere a potência ao conjunto da cidade, as condições dessa operação, sua diferença relativamente a uma operação da razão pura, exigem a presença de um segundo momento pelo qual o conjunto da cidade, por sua vez, transfere sua potência a um rei, a uma assembleia aristocrática ou democrática. Será esse um *segundo* contrato, realmente distinto do primeiro, como o sugere

Visão ética do mundo

soberana *[245]* tem potência suficiente para instituir conexões indiretas e convencionais pelas quais os cidadãos *são forçados* a convir e concordar; 3º) A razão está no princípio de uma distinção ética entre "aqueles que vivem sob sua conduta", e aqueles que permanecem sob a conduta do sentimento, aqueles que se libertam e aqueles que continuam escravos. Mas o estado civil distingue apenas os justos e os injustos, de acordo com a obediência às suas leis. Tendo renunciado ao seu direito de julgar aquilo que é bom e ruim, os cidadãos se remetem ao Estado, que recompensa e castiga. Pecado-obediência, justiça-injustiça são categorias propriamente sociais; a própria oposição moral tem por princípio e por meio a sociedade.[30]

Todavia, existe uma grande semelhança entre a cidade e o ideal da razão. Tanto em Espinosa quanto em Hobbes, o soberano se define por seu direito natural, igual à sua potência, ou seja, igual a todos os direitos dos quais os contratantes abriram mão. Mas esse soberano não é, como em Hobbes, um terceiro em benefício do qual se faria o contrato dos particulares. O soberano é o todo; o contrato se faz entre indivíduos, mas estes transferem seus direitos ao todo que eles formam ao fazer o contrato. Eis por que a cidade é descrita por Espinosa como uma pessoa coletiva, corpo comum e alma comum, "massa conduzida de certa maneira por um mesmo pensamento".[31] Que seu procedimento de formação seja muito diferente do procedimento da razão, que ele seja pré-racional, nada disso impede que a cidade imite e prepare a razão. Com efeito, não há e não pode *[246]* haver totalidade irracional, con-

---

TTP, cap. 17? (Espinosa, com efeito, diz que os hebreus formaram um todo político transferindo sua potência a Deus, transferindo, *depois*, a potência do todo a Moisés, tido como intérprete de Deus, ver II, p. 274). Ou será que o primeiro contrato só existe abstratamente, como fundamento do segundo? (No *Tratado político*, o Estado parece não existir sob sua forma *absoluta, absolutum imperium*, mas parece ser sempre representado numa forma monárquica, aristocrática ou democrática, sendo a democracia o regime que mais se aproxima do Estado absoluto.)

[30] *E*, IV, 37, esc. 2; *TP*, cap. 2, 18, 19 e 23.

[31] *TP*, cap. 3, 2.

trária à razão. Sem dúvida, o soberano está no direito de comandar tudo o que ele quer, de acordo com a potência que tenha; ele é o único juiz das leis que institui e não pode pecar e nem desobedecer. Porém, justamente por ser um todo, ele só pode se conservar como tal na medida em que "tende ao objetivo que a razão sã ensina a todos os homens a alcançar": o todo só pode se conservar ao tender a alguma coisa que tenha pelo menos a aparência da razão.[32] O contrato pelo qual os indivíduos alienam seu direito só tem o interesse como motivação (o medo de um mal maior, a esperança de um bem maior); se os cidadãos se põem a temer a cidade mais do que tudo, retornarão ao estado de natureza, ao mesmo tempo em que a cidade perderá potência, alvo das facções que suscitou. É portanto sua própria natureza que determina à cidade que ela tenha em vista, tanto quanto possível, o ideal da razão, que ela se esforce para conformar à razão o conjunto das suas leis. E quanto mais a cidade convier à razão, menos paixões tristes ela produzirá nos cidadãos (medo ou mesmo esperança), apoiando-se sobretudo nas afecções alegres.[33]

Tudo isso é o que devemos compreender da "boa" cidade. Pois a cidade é como o indivíduo: muitas causas intervêm, às vezes insensíveis, que pervertem sua natureza e provocam sua ruína. Do ponto de vista da boa cidade, porém, dois outros argumentos vêm se juntar aos precedentes. Primeiro, o que significa para o cidadão "renunciar ao seu direito natural"? Não é, evidentemente, renunciar a perseverar no ser. Mas, sim, renunciar a se determinar segundo *quaisquer afecções pessoais*. Ao abandonar seu direito de julgar pessoalmente aquilo que é bom e ruim, o cidadão se compromete a receber *afecções comuns e coletivas*. Mas, em função

---

[32] *TTP*, cap. 16 (II, pp. 262-3). E *TP*, cap. 2, 21; cap. 3, 8; cap. 4, 4; cap. 5, 1.

[33] O móbil de formação da cidade é sempre o medo e a esperança, medo de um mal maior, esperança de um bem maior. Mas essas são paixões essencialmente tristes (ver *E*, IV, 47, dem.). Uma vez estabelecida, a cidade deve suscitar sobretudo *o amor à liberdade*, em vez do medo dos castigos ou mesmo a esperança de recompensas. "A escravos, e não a homens livres, é que se dá prêmios pela virtude" (*TP*, cap. 10, 8).

Visão ética do mundo

dessas afecções, ele continua pessoalmente a perseverar no seu ser, a fazer tudo aquilo que está em seu poder para [247] conservar sua existência e a velar pelos seus interesses.[34] É nesse sentido que Espinosa pode dizer que cada um renuncia ao seu direito natural de acordo com a regra da cidade e, no entanto, conserva inteiramente esse direito natural no estado civil.[35] Por outro lado, as *afecções da razão* não dependem da cidade: a potência de conhecer, de pensar e de exprimir seu pensamento permanece um direito natural inalienável, que a cidade não pode comprometer sem restabelecer entre ela e seus súditos conexões de simples violência.[36]

A "boa" cidade ora toma o lugar da razão naqueles que não a têm, ora prepara, prefigura e imita, à sua maneira, o trabalho da razão. É ela que torna possível a formação da própria razão. Não consideraremos como provas de um otimismo exagerado as duas proposições de Espinosa: finalmente, e apesar de tudo, a cidade é o melhor meio onde o homem pode devir racional; e é também o melhor meio onde o homem racional pode viver.[37]

A questão que se encontra numa visão ética do mundo é sempre de poder e de potência, e não de outra coisa. A lei é idêntica ao direito. As verdadeiras leis naturais são as normas do poder, não regras de dever. É por isso que a lei moral, que tem a pretensão de interditar e comandar, implica uma espécie de mistificação:

[34] *TP*, cap. 3, 3 e 8.

[35] Em dois textos importantes (*Carta 50, a Jelles*, III, p. 172, e *TP*, cap. 3, 3), Espinosa diz que sua teoria política tem como característica manter o direito natural no próprio estado civil. Essa declaração é diferentemente interpretada nos dois casos: ora é o soberano que se define pelo seu direito natural, sendo esse direito igual à soma dos direitos aos quais os súditos renunciam; ora são os súditos que conservam seu direito natural de perseverar no ser, se bem que esse direito seja agora determinado por afecções comuns.

[36] *TTP*, cap. 20 (III, pp. 306-7). E *TP*, cap. 3, 10: "A alma, à medida que usa a razão, não depende do soberano, mas dela mesma".

[37] *E*, IV, 35, esc.; IV, 73, prop. e dem.

quanto menos compreendemos as leis da natureza, isto é, as normas da vida, mais as interpretamos como ordens e proibições. Ao ponto de o filósofo ter de hesitar em se servir da palavra "lei", tanto essa palavra conserva um ranço moral: é preferível falar de "verdades eternas". Na verdade, as leis morais, ou os deveres, são puramente *[248]* civis, sociais: só a sociedade ordena e proíbe, ameaça e faz esperar, recompensa e castiga. Certamente a razão compreende, por conta própria, uma *pietas* e uma *religio*; certamente existem preceitos, regras ou "mandamentos" da razão. Mas a lista desses mandamentos é suficiente para mostrar que não se trata de deveres, mas de normas de vida, que dizem respeito à "força" da alma e à sua potência de agir.[38] Sem dúvida, pode também acontecer que essas normas coincidam com leis da moral ordinária; de um lado, porém, essas coincidências não são numerosas; por outro lado, quando a razão recomenda ou denuncia alguma coisa de análogo ao que a moral comanda ou interdita, é sempre por razões muito diferentes das razões da moral.[39] A *Ética* julga sentimentos, condutas e intenções, conectando-os, não a valores transcendentes, mas a modos de existência que eles supõem ou implicam: há coisas que não podemos fazer nem mesmo dizer, acreditar, sentir, pensar, a não ser que sejamos fracos, escravos, impotentes; outras coisas que não podemos fazer, experimentar etc., a não ser que sejamos livres ou fortes. *Um método de explicação dos modos de existências imanentes* substitui, assim, o recurso aos valores transcendentes. De qualquer maneira, a pergunta é a seguinte: determinado sentimento, por exemplo, aumenta ou não nossa potência de agir? Ele nos ajuda a adquirir a posse formal dessa potência?

---

[38] Sobre a *pietas* e a *religio*, sempre relativas à nossa potência de agir, ver *E*, IV, 37, esc. 1, e V, 41. Sobre os "mandamentos" da razão (*dictamina*), ver *E*, IV, 18, esc.

[39] Por exemplo, a razão denuncia o ódio e tudo aquilo que se refere a ele: *E*, IV, 45 e 46. Mas é unicamente porque o ódio não se separa da *tristeza* que ele envolve. A esperança, a piedade, a humildade, o arrependimento não serão menos denunciados, pois também envolvem a tristeza: *E*, IV, 47, 50, 53, 54.

Visão ética do mundo

Ir ao extremo do que se pode é a tarefa propriamente ética. É por aí que a *Ética* toma o corpo como modelo; pois todo corpo estende sua potência tão longe quanto pode. Em certo sentido, todo ser, a cada momento, vai ao extremo do que pode. "O que ele pode" é seu poder de ser afetado, que se acha necessariamente e constantemente preenchido pela relação desse ser com os outros. Em outro sentido, porém, nosso poder de ser afetado pode ser preenchido de tal maneira que sejamos separados de nossa potência de agir, e que essa não pare de diminuir. Neste segundo sentido, ocorre *[249]* que vivemos separados "do que podemos". Essa é mesmo a sina da maioria dos homens, a maior parte do tempo. *O fraco, o escravo, não é alguém cuja força é pequena, considerada de maneira absoluta*. O fraco é aquele que, qualquer que seja sua força, está separado da sua potência de agir, mantido na escravidão ou na impotência. Ir ao extremo do seu poder significa duas coisas: como preencher nosso poder de ser afetado de tal maneira que nossa potência de agir aumente? E como aumentar essa potência ao ponto de, finalmente, produzirmos afecções ativas? Há, pois, fracos e fortes, escravos e homens livres. Não há Bem nem Mal na Natureza, não há oposição moral, mas há uma diferença ética. Essa diferença é a dos modos de existência imanentes, envolvidos naquilo que experimentamos, fazemos, pensamos.

Essa concepção ética tem um aspecto crítico fundamental. Espinosa se inscreve numa tradição célebre: a tarefa prática do filósofo consiste em denunciar todos os mitos, todas as mistificações, todas as "superstições", qualquer que seja sua origem. Essa tradição, acreditamos, não se separa do naturalismo como filosofia. A *superstição* é tudo o que nos mantém separados de nossa potência de agir e a está sempre diminuindo. Assim também, a fonte da superstição é o encadeamento das paixões tristes, o medo, a esperança que se encadeia ao medo, a angústia que nos entrega aos fantasmas.[40] Como Lucrécio, Espinosa sabe que não há mito ou superstição alegre. Como Lucrécio, ele erige a imagem de

---

[40] A análise que Espinosa faz da superstição, no prefácio de *TTP*, é muito próxima da de Lucrécio: a superstição se define essencialmente por uma mistura de avidez e de angústia. E a causa da superstição não é uma

uma Natureza positiva contra a incerteza dos deuses: *o que se opõe à Natureza não é a cultura, nem o estado de razão, nem mesmo o estado civil, mas somente a superstição, que ameaça todos os empreendimentos do homem*. Ainda como Lucrécio, Espinosa atribui ao filósofo a tarefa de denunciar tudo o que é tristeza, tudo o que vive da tristeza, todos aqueles que têm necessidade da tristeza para assentar seu poder. "O grande segredo do regime monárquico e seu interesse vital consistem em enganar os homens travestindo o medo sob o nome de religião, para mantê-los sob rédeas curtas; de maneira que eles combatem pela sua *[250]* servidão como se da sua salvação se tratasse [...]".[41] A desvalorização das paixões tristes, a denúncia daqueles que as cultivam e que se servem delas, formam o objeto prático da filosofia. Poucos temas na *Ética* aparecem tão constantemente quanto este: tudo o que é triste é ruim, e nos torna escravos; tudo o que envolve a tristeza exprime um tirano.

"Nenhuma potência divina, ninguém, a não ser um invejoso, sente prazer com a minha impotência e o meu desagrado, e considera que nossa virtude são as lágrimas, os soluços, o medo e outras manifestações desse gênero, que são signos de uma alma impotente. Porém, ao contrário, quanto mais somos afetados por uma grande alegria, mais passamos a uma perfeição maior, isto é, mais nos é necessário participar da natureza divina." "Aquele que sabe bem que todas as coisas se seguem da necessidade da natureza divina e são feitas de acordo com as leis e as regras eternas da Natureza, esse certamente nada encontrará que seja digno de ódio, de escárnio ou desprezo, e de nada terá pena; mas tanto quanto o permita a virtude humana, se esforçará para agir bem, como se costuma dizer, e alegrar-se." "Os supersticiosos, que sabem recriminar os vícios mais do que ensinar as virtudes, e que se empenham não em conduzir os homens pela razão, mas em cerceá-los pelo medo, fazendo com que eles fujam do mal, ao invés de amar

ideia confusa de Deus, mas o medo, as paixões tristes e seu encadeamento (*TTP*, prefácio, II, p. 85).

[41] *TTP*, prefácio (II, p. 87).

Visão ética do mundo 301

as virtudes, só estão ocupados em tornar os homens tão infelizes quanto eles próprios o são; não surpreende, portanto, que na maior parte do tempo sejam importunos e odiosos aos homens." "Aqueles que são maltratados por suas amantes só pensam na inconstância das mulheres, no seu espírito enganador e outros vícios dos quais tanto se fala, coisas que eles esquecem tão logo são novamente acolhidos por elas. Por isso, aquele que se empenha em regular seus sentimentos e seus apetites unicamente por amor à liberdade se esforçará, tanto quanto possa, para conhecer as virtudes e suas causas, e preencher sua alma com a alegria que nasce de seu verdadeiro conhecimento; mas não considerará os vícios dos homens, não os destruirá nem se contentará com uma falsa aparência de liberdade." "Não há nada em que o homem livre pense menos que na morte e sua sabedoria é uma meditação da vida, não da morte."[42] *[251]*

Através dos escólios do livro IV, vê-se Espinosa formar uma concepção propriamente ética do homem, fundada na alegria e nas paixões alegres. Ele se opõe a uma concepção supersticiosa ou satírica, fundada somente nas paixões tristes: "na maioria das vezes, ao invés de uma *Ética*, escreve-se uma sátira".[43] Mais profundamente, Espinosa denuncia as potências opressivas que só podem reinar inspirando ao homem paixões tristes das quais tiram proveito ("aqueles que só sabem despedaçar as almas dos homens...").[44] Sem dúvida, certas paixões tristes têm uma utilidade social: como o medo, a esperança, a humildade, mesmo o arrependimento. Mas só na medida em que não vivemos conduzidos pela razão.[45] O que fica é que toda paixão é ruim por si mesma, enquanto envolve a tristeza: até mesmo a *esperança*, até mesmo a *segurança*.[46] Uma cidade é tanto melhor quanto mais ela se apoia

---

[42] Ver *E*, IV, 45, esc. 2; IV, 50, esc.; IV, 63, esc.; V, 10, esc.; IV, 67.

[43] *TP*, cap. 1, 1.

[44] *E*, IV, apêndice, 13.

[45] *E*, IV, 54, esc.

[46] *E*, IV, 47, esc.

em afecções alegres; o amor à liberdade deve ser superior à esperança, ao medo e à segurança.[47] O único mandamento da razão, a única exigência da *pietas* e da *religio*, é encadear um máximo de alegrias passivas com um máximo de alegrias ativas. Pois só a alegria é uma afecção passiva que aumenta nossa potência de agir; e só a alegria pode ser uma afecção ativa. Reconhece-se o escravo por suas paixões tristes, e o homem livre por suas alegrias, passivas e ativas. O sentido da alegria aparece como o sentido propriamente ético; ele é para a prática o que a própria afirmação é para a especulação. O naturalismo de Espinosa se define pela afirmação especulativa na teoria da substância, pela alegria prática na concepção dos modos. Filosofia da afirmação pura, a *Ética* é também filosofia da alegria que corresponde a essa afirmação.

[47] *TP*, cap. 10, 8.

Visão ética do mundo

Capítulo XVII
AS NOÇÕES COMUNS
[252]

[Primeira questão: como chegaremos a experimentar um máximo de paixões alegres? — Segunda questão: como chegaremos a experimentar afecções ativas? — Alegria passiva e alegria ativa.
Conveniência dos corpos, composição das conexões e comunidade de composição. — Pontos de vista mais ou menos gerais. — As noções comuns: suas variedades, segundo sua generalidade. — As noções comuns são ideias gerais, mas não ideias abstratas.— Crítica da ideia abstrata. — De Espinosa a Geoffroy Saint-Hilaire. — As noções comuns são necessariamente adequadas. — Resposta à questão: como chegaremos a formar ideias adequadas? — Noção comum e expressão.
A ordem de formação das noções comuns vai das menos gerais às mais gerais. — A alegria passiva nos induz a formar uma noção comum. — A razão sob seu segundo aspecto: formação das noções comuns. — Sentido prático da noção comum: nos dar alegrias ativas. — Como, a partir das noções comuns menos gerais, formamos as mais gerais. — Compreender as tristezas inevitáveis.]

O espinosismo não é, de maneira alguma, uma filosofia que se instala em Deus, nem que encontra na ideia de Deus seu ponto de partida natural. Ao contrário: as condições sob as quais temos ideias parecem nos condenar a ter apenas ideias inadequadas; as condições sob as quais somos afetados parecem nos condenar a experimentar apenas afecções passivas. As afecções que preenchem naturalmente nosso poder de sermos afetados são paixões que o reduzem ao mínimo, que nos separam da nossa essência ou da nossa potência de agir.

Nessa avaliação pessimista da existência, aparece no entanto uma primeira esperança: a distinção radical entre a ação e a paixão não deve nos levar a negligenciar uma distinção prévia entre dois tipos de paixões. Sem dúvida, toda paixão nos mantém separados de nossa potência de agir; porém, mais ou menos. Enquanto somos afetados por paixões, não temos a posse formal da nossa potência de agir. Mas as paixões alegres nos aproximam dessa potência, isto é, ou a aumentam ou a ajudam; as paixões tristes nos distanciam dela, isto é, ou a diminuem ou a impedem. A primeira pergunta da *Ética* é, portanto, a seguinte: que fazer para ser afetado por um máximo de paixões alegres? A esse respeito, a Natureza não nos favorece. Mas temos que contar com o esforço da razão, esforço empírico e muito lento que encontra na cidade as condições que o tornam possível: a razão, no princípio de sua gênese, ou sob seu primeiro aspecto, é o esforço para organizar os encontros de tal maneira que sejamos afetados por um máximo de paixões alegres. Com efeito, as paixões alegres aumentam nossa potência de agir; a razão é potência de compreender, potência de agir própria à alma; as paixões alegres *[253]* convêm, portanto, com a razão, conduzem-nos a compreender ou nos determinam a devir racionais.[1]

Não basta, porém, que nossa potência de agir aumente. Ela poderia aumentar indefinidamente, as paixões alegres poderiam se encadear com as paixões alegres indefinidamente, mas ainda não teríamos a posse formal da nossa potência de agir. Uma soma de paixões não faz uma ação. Portanto, não basta que as paixões alegres se acumulem; é preciso que, em prol desse acúmulo, encontremos o meio de conquistar nossa potência de agir para enfim experimentarmos afecções ativas das quais seremos a causa. Portanto, a segunda questão da *Ética* será esta: que fazer para produzir em si afecções ativas?

---

[1] *E*, IV, 59, dem.: "Enquanto boa [*quatenus bona*], a alegria convém com a razão, pois ela consiste no aumento ou na ajuda da potência de agir do homem".

1°) Afecções ativas, se existem, são necessariamente afecções de alegria: não há tristeza ativa, pois toda tristeza é diminuição de nossa potência de agir; só a alegria pode ser ativa.[2] Com efeito, se nossa potência de agir aumenta ao ponto de termos dela a posse formal, disso seguem-se afecções que são necessariamente alegrias ativas.[3] 2°) A alegria ativa é "um outro" sentimento que não alegria passiva.[4] E, no entanto, Espinosa sugere que, entre os dois sentimentos, a distinção é apenas de razão.[5] É que os dois sentimentos se distinguem somente pela causa; a alegria passiva é produzida por um objeto que convém conosco, cuja potência aumenta nossa potência de agir, mas do qual ainda não temos uma ideia adequada. A alegria ativa é produzida por nós mesmos, ela decorre de nossa própria potência de agir, ela se segue de uma ideia adequada em nós. 3°) Na medida em que as alegrias passivas aumentam nossa potência de agir, elas *convêm com* a razão. Mas, sendo a razão a potência de agir da alma, as alegrias supostamente ativas *nascem* da razão. Quando Espinosa sugere que aquilo que convém com a razão também pode nascer dela, ele quer *[254]* dizer que toda alegria passiva pode dar lugar a uma alegria ativa que se distingue dela somente pela causa.[6]

Suponhamos dois corpos que convêm inteiramente, ou seja, que compõem todas as suas conexões: eles são como as partes de um todo, o todo exerce uma *função geral* relativamente a essas partes; essas partes têm uma *propriedade comum* relativamente ao todo. Dois corpos que convêm inteiramente têm, portanto, uma

[2] *E*, III, 59, prop. e dem.

[3] *E*, III, 58, prop. e dem.; IV, 59, dem.

[4] *E*, III, 58, prop.

[5] O sentimento ativo e o sentimento passivo se distinguem como a ideia adequada e a ideia inadequada. Mas entre uma ideia inadequada e uma ideia adequada de afecção, a distinção é somente de razão: *E*, V, 3 dem.

[6] Ver *E*, IV, 51, dem.

identidade de estrutura. Como eles compõem todas as suas conexões, eles têm uma analogia, similitude ou comunidade de composição. Suponhamos agora corpos que convêm cada vez menos, ou que são contrários: suas conexões constitutivas não mais se compõem diretamente, mas apresentam tamanhas diferenças que qualquer semelhança entre esses corpos parece excluída. No entanto, ainda existe similitude ou comunidade de composição, mas *de um ponto de vista cada vez mais geral* que, no limite, põe em risco a Natureza inteira. É preciso, com efeito, levar em conta o "todo" que esses dois corpos formam, não diretamente um com o outro, mas com todos os intermediários que nos permitem passar de um ao outro. Como todas as conexões se compõem na Natureza inteira, a Natureza apresenta, do ponto de vista mais geral, uma similitude de composição válida para todos os corpos. Passaremos de um corpo a outro, por mais diferentes que sejam, através de uma simples variação da conexão entre as partes últimas do uno. Pois, no conjunto do universo onde as partes permanecem idênticas, só as conexões variam.

Isso é o que Espinosa denomina "noção comum". A noção comum é sempre a ideia de uma similitude de composição nos modos existentes. Nesse sentido, porém, há diferentes tipos de noções. Espinosa diz que as noções comuns são mais ou menos úteis, mais ou menos fáceis de serem formadas; e também mais ou menos universais, isto é, elas se organizam segundo pontos de vista mais ou menos gerais.[7] De fato, cabe distinguir duas grandes espécies de noções comuns. As menos universais (mas também as mais úteis) são aquelas que representam uma similitude de composição entre corpos que convêm *[255]* diretamente e do seu próprio ponto de vista. Por exemplo, uma noção comum representa "aquilo que é comum a um corpo humano e a *certos* corpos exteriores".[8] Essas noções nos fazem compreender, portanto, as conveniências entre modos: elas não se restringem a uma percepção externa das

---

[7] Mais ou menos úteis, mais ou menos fáceis de descobrir ou de formar: *E*, II, 40, esc. 1. Mais ou menos universais (*maxime universales, minime universalia*): *TTP*, cap. 7, II, p. 176.

[8] Caso das noções comuns menos universais: *E*, II, 39, prop.

conveniências observadas fortuitamente, mas encontram na similitude da composição uma razão interna e necessária da conveniência dos corpos.

No outro polo, as noções comuns mais universais representam uma similitude ou comunidade de composição, mas entre corpos que convêm de um ponto de vista muito geral e não de *seu próprio* ponto de vista. Elas representam, portanto, "o que é comum a todas as coisas", por exemplo, a extensão, o movimento e o repouso, isto é, a universal similitude nas conexões que se compõem ao infinito, do ponto de vista da natureza inteira.[9] Essas noções têm ainda sua utilidade; pois elas nos fazem compreender as próprias desconveniências, dando-nos uma razão interna e necessária. Elas nos permitem, com efeito, determinar o ponto de vista a partir do qual cessa a conveniência mais geral entre dois corpos; elas mostram como e por que a contrariedade aparece, quando nos colocamos do ponto de vista "menos universal" desses dois mesmos corpos. Podemos, por uma experiência de pensamento, fazer variar uma conexão até o ponto em que o corpo correspondente seja revestido, de certa maneira, por uma natureza "contrária" à sua; com isso, podemos compreender a natureza das desconveniências entre corpos cujas conexões são tais ou quais. É por isso que Espinosa, ao assinalar o papel de todas as noções comuns consideradas no seu conjunto, diz que o espírito está determinado do interior a compreender as conveniências entre as coisas, e também as diferenças e as oposições.[10]

Espinosa distingue, cuidadosamente, de um lado, as Noções comuns, do outro lado, os Termos transcendentais (Ser, coisa, alguma coisa) ou as Noções universais (gêneros e espécies, *[256]*

[9] Caso das noções comuns mais universais: *E*, II, 37, prop. e 38, prop.

[10] *E*, II, 29, esc.: "Todas as vezes em que o espírito, por considerar várias coisas ao mesmo tempo, está determinado do interior a compreender suas conveniências, suas diferenças e suas oposições, todas as vezes em que, com efeito, está de uma maneira ou de outra interiormente arrumado, então ele considera as coisas claramente e distintamente, como mostrarei mais adiante".

Homem, Cavalo, Cachorro).[11] Entretanto, as próprias noções comuns são universais, "mais ou menos" universais segundo seu grau de generalidade; devemos, portanto, pensar que Espinosa não ataca o universal, mas somente certa concepção do universal abstrato. Da mesma maneira, Espinosa não critica as noções de gênero e de espécie em geral; de sua parte, ele fala do Cavalo ou do Cachorro como de tipos naturais, do próprio Homem como de um tipo ou de um modelo normativo.[12] Ainda quanto a isso, é preciso pensar que Espinosa está lutando apenas contra certa determinação abstrata dos gêneros e das espécies. Com efeito, uma ideia abstrata tem dois aspectos que atestam sua insuficiência. Primeiramente, ela retém entre as coisas tão somente diferenças sensíveis e grosseiras: escolhemos uma característica sensível, fácil de imaginar; distinguimos os objetos que a possuem e os que não a possuem; identificamos todos aqueles que a possuem; quanto às pequenas diferenças, nós as negligenciamos, precisamente porque os objetos se confundem desde que seu número ultrapassa a capacidade de nossa imaginação. Por outro lado, a característica diferencial sensível é por natureza extremamente variável: ela é fortuita, dependente da maneira pela qual os objetos afetam cada um de nós ao acaso dos encontros. "Aqueles que frequentemente consideram com admiração a estatura dos homens entenderão sob o nome de homem um animal de postura ereta, enquanto que aqueles que se acostumaram a considerar outra coisa formarão dos homens outra imagem comum: por exemplo, o homem é um animal capaz de rir, um animal com dois pés, sem plumas, um animal racional".[13] E a característica retida não varia apenas com cada indivíduo, mas também de acordo com os objetos que afetam um mesmo indivíduo: certos objetos serão definidos por sua forma sensível, outros por seu uso ou sua suposta função, por sua maneira de ser etc. De qualquer maneira, a ideia abstrata é profundamente inadequada: é uma imagem que não se explica pela nos-

[11] *E*, II, 40, esc. 1.

[12] Ver *E*, IV, prefácio.

[13] *E*, II, 40, esc. 1.

sa potência de pensar, mas, ao contrário, envolve nossa impotência; e também não exprime a natureza das coisas, mas indica sobretudo o estado variável da nossa constituição.

Fica claro, em tudo isso, que Espinosa critica não somente os procedimentos do senso comum, mas também a tradição *[257]* aristotélica. É na biologia aristotélica que aparece o esforço para definir os gêneros e as espécies pelas diferenças; e essas diferenças sensíveis são ainda de natureza muito variável, segundo os animais considerados. Contra essa tradição, Espinosa sugere um grande princípio: considerar as estruturas, e não mais as formas sensíveis ou as funções.[14] Mas o que significa "estrutura"? É um sistema de conexões entre as partes de um corpo (sendo que essas partes não são órgãos, mas os elementos anatômicos desses órgãos). Procuraremos saber como as conexões variam em tal ou qual corpo; teremos o meio para determinar diretamente as semelhanças entre dois corpos, por mais distantes que estejam. A forma e a função de um órgão, num determinado animal, dependem unicamente das conexões entre partes orgânicas, ou seja, entre elementos anatômicos constantes. No limite, a Natureza inteira é um mesmo Animal, no qual variam apenas as conexões entre as partes. O exame das diferenças sensíveis foi substituído por um exame das similitudes inteligíveis, apta para nos fazer compreender "do interior" as semelhanças e também as diferenças entre os corpos. As noções comuns, em Espinosa, são ideias mais biológicas do que físicas ou matemáticas. Elas desempenham verdadeiramente o papel de Ideias, numa filosofia da Natureza da qual está excluída toda finalidade. (Sem dúvida, as indicações de Espinosa são raras sobre esse aspecto das noções comuns. Mas, na verdade, elas são raras sobre todos os aspectos das noções comuns; veremos por que. Todavia, as indicações de Espinosa são suficientes para fazer dele um precursor de Geoffroy Saint-Hilaire, na via do grande princípio de unidade de composição.)[15] *[258]*

[14] *E*, III, 2, esc.: "Pois, ninguém conseguiu, até agora, conhecer a estrutura (*fabrica*) do corpo tão exatamente que pudesse explicar todas as suas funções".

[15] Étienne Geoffroy Saint-Hilaire definiu sua "filosofia da Natureza"

As noções comuns são ideias *gerais*, não ideias *abstratas*. Ora, como tais, elas são necessariamente "adequadas". Consideremos o caso das noções menos universais: o que é comum ao meu corpo e a certos corpos exteriores está "igualmente" em cada um desses corpos; a ideia é portanto dada em Deus, não apenas enquanto ele tem a ideia dos corpos exteriores, mas também enquanto tem simplesmente a ideia de meu corpo; eu mesmo, portanto, tenho a ideia dessa alguma coisa de comum, e eu a tenho tal como ela está em Deus.[16] Quanto às noções mais universais: o que é comum a todas as coisas está "igualmente" na parte e no todo, a ideia é portanto dada em Deus etc.[17] Essas demonstrações fundam os dois aspectos sob os quais as noções comuns, em geral, são necessariamente adequadas; em outros termos, *as noções comuns são ideias que se explicam formalmente pela nossa potência de pensar e que, materialmente, exprimem a ideia de Deus como sua causa eficiente*. Elas se explicam pela nossa potência de pensar, pois, estando em nós como estão em Deus, elas caem sob nossa própria potência assim como caem sob a potência absoluta de Deus. Elas exprimem a ideia de Deus como causa porque, sendo possuídas por Deus como nós as possuímos, elas "envolvem" necessariamente a essência

pelo princípio de unidade de composição. Ele opõe seu método ao método clássico oriundo de Aristóteles, que considera as formas e as funções. Para além destas, ele se propõe a determinar as conexões variáveis entre elementos anatômicos constantes: os animais diferentes correspondem às variações de conexão, de situação respectiva e de dependência desses elementos, de modo que todos eles se reduzem às modificações de um único e mesmo Animal em si. Assim, Geoffroy substitui as semelhanças de formas e as analogias de funções, sempre exteriores, pelo ponto de vista intrínseco de uma unidade de composição ou de uma similitude de conexões. Ele gosta de invocar Leibniz e um princípio de unidade no diverso. Parece-nos, entretanto, que ele é mais espinosista; pois sua filosofia da Natureza é um monismo, e ela exclui radicalmente todo princípio de finalidade, externo ou interno. Ver *Principes de philosophie zoologique* (Paris, Pichon, 1830) e *Études progressives d'un naturaliste* (Paris, Mémoires et Annales du Muséum d'Histoire Naturelle, 1835).

[16] *E*, II, 39, prop. e dem.

[17] *E*, II, 38, prop. e dem.

de Deus. Com efeito, quando Espinosa diz que toda ideia de coisa particular envolve necessariamente a essência eterna e infinita de Deus, trata-se das coisas particulares tais como elas estão em Deus, logo, ideias de coisas tais como Deus as possui.[18] Entre as ideias que *temos*, as únicas que podem exprimir a essência de Deus, ou envolver o conhecimento dessa essência, são, portanto, ideias que estão em nós como estão em Deus: ou seja, as noções comuns.[19]

Donde várias consequências importantes: 1°) Perguntávamos como poderíamos chegar a ideias adequadas. Tudo na existência nos condenava a ter *[259]* apenas ideias inadequadas: não tínhamos nem a ideia de nós mesmos, nem a ideia dos corpos exteriores, mas somente ideias de afecções, indicando o efeito de um corpo exterior sobre nós. Mas, precisamente, a partir desse efeito, podemos formar a ideia do que é comum a um corpo exterior e ao nosso. Levando em conta as condições de nossa existência, essa é para nós a única via que pode nos levar a uma ideia adequada. *A primeira ideia adequada que temos* é a noção comum, é a ideia dessa "alguma coisa de comum". 2°) Essa ideia se explica pela nossa potência de compreender ou de pensar. Ora, a potência de compreender é a potência de agir da alma. Somos, portanto, ativos enquanto formamos noções comuns. A formação da noção comum marca o momento no qual tomamos *posse formal* da nossa potência de agir. Graças a isso, ela constitui o segundo momento da razão. Na sua gênese, a razão é o esforço para organizar os encontros em função das conveniências e das desconveniências percebidas. Em sua própria atividade, a razão é o esforço para conceber as noções comuns, logo, para compreender intelectualmente as próprias conveniências e desconveniências. Quando formamos uma noção comum, dizemos que nossa alma "se serve da razão": tomamos posse da nossa potência de agir ou de compreender, devimos seres racionais. 3°) Uma noção comum é nossa primeira ideia adequada. Mas, seja ela qual for, nos leva imediatamente a

---

[18] *E*, II, 45, prop. e esc.

[19] *E*, II, 46, dem.: "Portanto, o que propicia o conhecimento da essência eterna e infinita de Deus é comum a todas as coisas, e está igualmente na parte como no todo".

outra ideia adequada. A ideia adequada é expressiva, e o que ela exprime é a essência de Deus. Uma noção comum qualquer nos dá imediatamente o conhecimento da essência eterna e infinita de Deus. Não temos uma ideia adequada, isto é, expressiva, sem que essa ideia nos dê o conhecimento daquilo que ela exprime, logo, o conhecimento adequado da própria essência de Deus.

Entretanto, a noção comum corre o risco de intervir como um milagre, enquanto não explicarmos como conseguimos formá--la. *Como veio ela romper o encadeamento das ideias inadequadas às quais parecíamos condenados?* "Comum", sem dúvida, talvez não signifique apenas alguma coisa de comum a dois ou mais corpos, mas comum também aos espíritos capazes de formar essa ideia. Mas Espinosa lembra, primeiramente, que as noções comuns *[260]* são mais ou menos comuns a todos os espíritos.[20] E ainda que sejam assimiladas a ideias inatas, a inatidade nunca dispensou um esforço de formação, uma *causa fiendi*[NT] necessária para nos fazer reencontrar o que só é dado de direito. Que as noções comuns estejam em nós como estão em Deus significa apenas que, se as formamos, é porque as *temos* como Deus as *tem*. Porém, precisamente, como é que nós as formamos, em que circunstâncias favoráveis? Como chegaremos à nossa potência de agir?

Enquanto permanecermos num ponto de vista especulativo, esse problema continuará insolúvel. Dois erros de interpretação nos parecem perigosos, na teoria das noções comuns: negligenciar seu sentido biológico, em benefício de seu sentido matemático; mas, principalmente, negligenciar sua função prática, em benefício de seu conteúdo especulativo. Ora, talvez esse último erro encontre sua ocasião na maneira pela qual o próprio Espinosa introduz

---

[20] *E*, II, 40, esc. 1: pelo nosso método, estabeleceríamos "quais noções são comuns, e quais são claras e distintas somente para aqueles que não se atravancam de preconceitos...".

[NT] [Enquanto *causa essendi* diz respeito ao ser de uma coisa, *causa fiendi* diz respeito ao devir dessa coisa.]

o sistema das noções comuns. O livro II da *Ética*, com efeito, considera essas noções do ponto de vista da pura especulação; eles as expõe numa ordem lógica, que vai das mais universais às menos universais.[21] Mas então Espinosa mostra apenas que, *se* formamos noções comuns, estas são necessariamente ideias adequadas. A causa e a ordem de sua formação ainda nos escapam; assim como também a natureza de sua função prática, que se encontra apenas sugerida no livro II.[22]

É verdade que todos os corpos têm alguma coisa de comum, quanto mais não seja a extensão, o movimento e o repouso. Os corpos que não convêm e que são contrários não deixam de ter alguma coisa de comum, isto é, uma similitude de composição muito geral que põe em jogo a Natureza inteira sob o atributo da extensão.[23] Isso explica até mesmo por que a exposição das noções comuns, na ordem lógica, é feita a partir das mais universais: portanto, a partir de noções que se aplicam a corpos muito distanciados *[261]* uns dos outros e contrários uns aos outros. Se é verdade, porém, que dois corpos contrários têm alguma coisa de comum, nunca, por outro lado, um corpo pode ser contrário a outro, ruim para o outro, pelo que ele tem de comum com ele: "Coisa alguma pode ser ruim pelo que ela tem de comum com nossa natureza, mas na medida em que ela é ruim para nós, ela nos é contrária".[24] Quando experimentamos uma afecção ruim, uma afecção passiva triste produzida em nós por um corpo que não nos convém, *nada nos induz a formar a ideia* do que é comum a esse corpo e ao nosso. Quando experimentamos uma afecção alegre, dá-se o contrário: se uma coisa é boa para nós, na medida em que convém com a nossa natureza, a própria afecção alegre nos induz a formar a

---

[21] Ver *E*, II, 38 e 39. E também *TTP*, cap. 7, onde se parte das noções mais universais (II, pp. 176-7).

[22] Ver *E*, II, 39, dem.: Da noção comum decorre uma ideia de afecção (é essa sua função prática).

[23] *E*, IV, 29, prop.: "E, de uma maneira absoluta, coisa alguma pode ser boa *ou ruim* para nós, a menos que ela tenha alguma coisa de comum conosco".

[24] *E*, IV, 30, prop.

noção comum correspondente. As primeiras noções comuns que formamos são, portanto, as menos universais, isto é, aquelas que se aplicam ao nosso corpo e a outro corpo que convém diretamente com o nosso e que o afeta de alegria. Se considerarmos a ordem de formação das noções comuns, devemos partir das noções menos universais; pois as mais universais, que se aplicam a corpos que são contrários ao nosso, não encontram *princípio indutor* algum nas afecções que experimentamos.

Em que sentido empregamos "induzir"? Trata-se de uma espécie de *causa ocasional*. A ideia adequada se explica formalmente pela nossa potência de compreender ou de agir. Ora, tudo o que se explica pela nossa potência de agir depende unicamente de nossa essência; logo, é "inato". Mas já em Descartes o inato remetia a uma espécie de ocasionalismo. O inato é ativo; mas ele não pode devir atual a não ser, precisamente, que encontre uma ocasião favorável nas afecções que vêm de fora, afecções passivas. O esquema de Espinosa, portanto, parece ser o seguinte:

Quando encontramos um corpo que convém com o nosso, quando experimentamos uma afecção passiva alegre, somos induzidos a formar a ideia daquilo que é comum a esse corpo e ao nosso. Eis por que, no livro V da *Ética*, Espinosa é levado a reconhecer o privilégio das paixões alegres na formação das noções comuns: "*Enquanto não somos atormentados por sentimentos contrários à nossa natureza*" (sentimentos de tristeza, provocados por objetos contrários que não nos convém), "enquanto *[262]* não é impedida a potência do espírito, graças a qual ele se esforça para compreender as coisas, ele tem, por conseguinte, o poder de formar ideias claras e distintas durante esse tempo".[25] Com efeito, basta que o impedimento seja retirado para que a potência de agir passe ao ato, e que tomemos posse do que é inato em nós. Vê-se por que não bastava acumular as paixões alegres para devir ativo. O amor-paixão se encadeia à alegria-paixão, outros sentimentos e desejos se encadeiam ao amor. Todos aumentam nossa potência de agir; mas nunca ao ponto de devirmos ativos. Seria preciso, primeiramente, que esses sentimentos fossem "assegurados"; seria

---

[25] *E*, V, 10, dem.

preciso, primeiramente, evitar as paixões tristes que diminuíam nossa potência de agir; esse era o primeiro esforço da razão. Mas, em seguida, era preciso sair de um simples encadeamento das paixões, mesmo alegres. Pois estas ainda não nos dão a posse da nossa potência de agir; não temos a ideia adequada do objeto que convém conosco por natureza; as próprias paixões alegres nascem de ideias inadequadas, que indicam somente o efeito de um objeto sobre nós. É preciso, portanto, que, *em benefício das paixões alegres*, formemos a ideia daquilo que é comum entre o corpo exterior e o nosso. Pois somente essa ideia, essa noção comum, é adequada. Esse é o segundo momento da razão; então, e somente então, compreendemos e agimos, somos racionais: não pelo acúmulo das paixões alegres enquanto paixões, mas por um verdadeiro "salto", que nos coloca na posse de uma ideia adequada, em benefício dessa acumulação.

Por que devimos ativos na medida em que formamos uma noção comum ou temos uma ideia adequada? A ideia adequada se explica pela nossa potência de compreender, logo, pela nossa potência de agir. Ela nos coloca na posse dessa potência, mas de que maneira? É preciso lembrar que uma ideia adequada, por sua vez, não pode ser separada de um encadeamento de ideias que dela decorrem. O espírito que forma uma *ideia* adequada é *causa* adequada das ideias que dela decorrem: é nesse sentido que ele é ativo.[26] Portanto, quais são essas ideias que se seguem da noção comum que formamos em benefício das paixões alegres? As paixões alegres são as ideias das afecções produzidas por um corpo que convém com o *[263]* nosso; só nosso espírito forma a ideia daquilo que é comum a esse corpo e ao nosso; *daí decorre uma ideia de afecção, um sentimento que não é mais passivo, mas ativo*. Esse sentimento não é mais uma paixão, pois ele se segue de uma ideia adequada em nós; ele mesmo é ideia adequada. Ele se distingue do sentimento passivo do qual tínhamos partido, mas se distingue somente pela causa: ele tem como causa não mais a ideia inadequada de um objeto que convém conosco, mas a ideia necessariamente adequada daquilo que é comum a esse objeto e a nós mesmos.

[26] *E*, III, 1, dem.

As noções comuns

Por isso Espinosa pode dizer: "Um sentimento que é uma paixão deixa de ser uma paixão tão logo formemos dele uma ideia clara e distinta (adequada)".[27] Pois formamos dele uma ideia clara e distinta na medida em que o ligamos à noção comum como à sua causa; então, ele é ativo e depende de nossa potência de agir. Espinosa não quer dizer que toda paixão desaparece: o que desaparece não é a própria alegria passiva, mas todas as paixões, todos os desejos que se encadeiam com ela, ligados à ideia da coisa exterior (amor-paixão etc.).[28]

Um sentimento qualquer determina o *conatus* a fazer alguma coisa em função de uma ideia de objeto; o *conatus*, assim determinado, denomina-se um desejo. Mas enquanto somos determinados por um sentimento de alegria passiva, nossos desejos são ainda irracionais, pois nascem de uma ideia inadequada. Ora, agora, uma alegria ativa vem se juntar à alegria passiva e se distingue desta somente pela causa; dessa alegria ativa nascem desejos que pertencem à razão, pois eles procedem de uma ideia adequada.[29] "Todos os apetites ou desejos são paixões enquanto nascem de ideias inadequadas, e eles se acrescentam à virtude quando são provocados ou engendrados por ideias adequadas; pois todos os desejos pelos quais somos determinados a fazer alguma coisa podem nascer tanto de ideias adequadas, quanto de inadequadas."[30] Portanto, desejos da razão substituem os desejos irracionais, ou melhor, um encadeamento racional *[264]* substitui o encadeamento irracional dos desejos: "Temos o poder de ordenar e encadear as afecções do corpo, segundo uma ordem conforme ao entendimento".[31]

---

[27] *E*, V, 3, prop. E a proposição seguinte é precisa ao indicar o meio de formar essa ideia clara e distinta: ligar o sentimento a uma noção comum como à sua causa.

[28] Ver *E*, V, 2, prop. e dem. E ainda V, 4, esc.: O que é destruído não é a própria alegria passiva, mas os amores que procedem dela.

[29] *E*, IV, 63, dem. do cor.: "O desejo que nasce da razão só pode nascer de um sentimento de alegria que não é uma paixão".

[30] *E*, V, 4, esc.

[31] *E*, V, 10, prop. e dem.

O conjunto da operação descrita por Espinosa apresenta quatro momentos: 1°) Alegria passiva que aumenta nossa potência de agir, da qual decorrem desejos ou paixões, em função de uma ideia ainda inadequada; 2°) Em benefício dessas paixões alegres, formação de uma noção comum (ideia adequada); 3°) Alegria ativa, que se segue dessa noção comum e que se explica pela nossa potência de agir; 4°) Essa alegria ativa se junta à alegria passiva, mas *substitui* os desejos-paixões, que nascem desta, por desejos que pertencem à razão, e que são verdadeiras ações. Assim se realiza o programa de Espinosa: não suprimir toda paixão, mas sim, em benefício da paixão alegre, fazer com que as paixões ocupem apenas a menor parte de nós mesmos, e com que nosso poder de ser afetado seja preenchido por um máximo de afecções ativas.[32]

No início do livro V da *Ética*, Espinosa mostra que um sentimento deixa de ser uma paixão tão logo formamos dele uma ideia clara e distinta (adequada); e que formamos dele uma ideia clara e distinta tão logo possamos ligá-lo a uma noção comum como à sua causa. Entretanto, Espinosa não reserva essa tese para o sentimento de alegria, ele afirma que ela é válida para *todo* sentimento: "Não há afecção alguma do corpo da qual não possamos formar algum conceito claro e distinto".[33] A demonstração dessa proposição é muito concisa: "As coisas que são comuns a todas só podem ser concebidas de maneira adequada; e, por conseguinte...". Tomemos, pois, o caso da tristeza. Evidentemente, Espinosa não quer dizer que a tristeza, sendo uma paixão inevitável, é ela mesma comum a todos os homens ou a todos os seres. Espinosa não esquece que a noção comum é sempre a ideia de alguma coisa de positivo: nada é comum por simples impotência ou por imperfeição.[34] Espinosa *[265]* quer dizer que, mesmo no caso de um cor-

[32] Ver *E*, V, 20, esc.

[33] *E*, V, 4, prop. e cor.

[34] *E*, IV, 32, prop.: "Enquanto os homens estão submetidos às paixões, não se pode dizer que eles convêm por natureza". E o escólio precisa: "As coisas que convêm apenas na negação, ou seja, naquilo que elas não têm, na realidade não convêm em coisa alguma".

po que não convém com o nosso e nos afeta de tristeza, podemos formar a ideia daquilo que é comum a esse corpo e ao nosso; acontece que essa noção comum será muito universal, implicando um ponto de vista bem mais geral do que o dos dois corpos presentes. Mas ela não deixa de ter uma função prática: ela nos faz compreender, precisamente, porque os dois corpos não convêm do próprio ponto de visa *deles*. "Vemos que a tristeza que provém da perda de algum bem se abranda, tão logo o homem que perdeu esse bem considera que, de qualquer maneira, não poderia tê-lo conservado."[35] (O homem, com efeito, compreende que seu próprio corpo e o corpo exterior não teriam podido compor suas conexões de maneira durável, a não ser em outras circunstâncias: se os intermediários tivessem sido dados, pondo em jogo a Natureza inteira, do ponto de vista da qual uma composição como essa deviria possível.) Porém, quando uma noção comum muito universal nos faz compreender uma desconveniência, ainda assim decorre daí um sentimento de alegria ativa: *uma alegria ativa segue-se sempre ao que compreendemos*. "Enquanto compreendemos as causas da tristeza, ela deixa de ser uma paixão, isto é, deixa de ser tristeza."[36] Parece, portanto, que, mesmo partindo de uma paixão triste, reencontra-se o essencial do esquema precedente: tristeza; formação de uma noção comum; alegria ativa que daí decorre.

No livro II da *Ética*, Espinosa considera as noções comuns no seu conteúdo especulativo; ele as supõe dadas ou podendo ser dadas; portanto, é normal que ele vá das mais universais para as menos universais, segundo uma ordem lógica. No início do livro V da *Ética*, Espinosa analisa a função prática das noções comuns supostamente dadas: essa função consiste em que a noção é causa de uma ideia adequada de afecção, isto é, de uma alegria ativa. Essa tese é válida tanto para as noções comuns mais universais quanto para as menos universais: podemos, portanto, considerar todas as noções comuns tomadas em conjunto, na unidade da sua função prática.

[35] *E*, V, 6, esc.
[36] *E*, V, 18, esc.

Tudo muda, porém, quando Espinosa pergunta, no decorrer do livro V: como chegamos a formar uma noção *[266]* comum, nós que parecemos condenados às ideias inadequadas e às paixões? Então, vemos que as primeiras noções são necessariamente as menos universais. As menos universais, com efeito, são aquelas que se aplicam ao meu corpo e a outro corpo que convém com ele (ou a alguns outros corpos); *somente elas encontram, nas alegrias passivas que experimento, a ocasião de serem formadas.* As mais universais, ao contrário, aplicam-se a todos os corpos, e, portanto, a corpos muito diferentes, contrários uns aos outros. Mas a tristeza, ou a contrariedade, produzida em nós por um corpo que não convém com o nosso, nunca é a *ocasião de formar* uma noção comum. De modo que o processo de formação das noções se apresenta da seguinte maneira: buscamos, primeiramente, experimentar um máximo de paixões alegres (primeiro esforço da razão). Buscamos, pois, evitar as paixões tristes, escapar do seu encadeamento, conjurar os encontros ruins. Depois, em segundo lugar, servimo-nos das paixões alegres para formar a noção comum correspondente, da qual decorrem alegrias ativas (segundo esforço da razão). Essa noção comum está entre as menos universais, pois ela se aplica apenas ao meu corpo e a corpos que convêm com ele. Mas ela nos torna ainda mais fortes para evitar os encontros ruins; e, principalmente, ela nos coloca em posse de nossa potência de agir e de compreender. *Então, em terceiro lugar*, devimos capazes de formar noções comuns mais universais, que se aplicam a todos os casos, mesmo aos corpos que nos são contrários; devimos capazes de compreender até mesmo nossas tristezas, e de tirar dessa compreensão uma alegria ativa. Somos capazes de enfrentar os encontros ruins que não podemos evitar, reduzir as tristezas que subsistem necessariamente em nós. Não devemos esquecer, porém, que apesar da identidade geral da sua função prática (produzir alegrias ativas), as noções comuns são tanto mais úteis, tanto mais eficazes quanto mais procedam de paixões alegres e sejam menos universais.[37] *[267]*

---

[37] É a ordem apresentada em *E*, V, 10. 1°) Na medida em que "não somos atormentados por sentimentos contrários à nossa natureza", temos o po-

As noções comuns

Todas as noções comuns têm um mesmo conteúdo especulativo: elas implicam uma certa generalidade sem abstração. Elas têm uma mesma função prática: sendo ideias necessariamente adequadas, delas decorre uma alegria ativa. Mas seu papel, especulativo e prático, não é de maneira alguma o mesmo, se considerarmos as condições de sua formação. As primeiras noções comuns que formamos são as menos universais, porque encontram em nossas paixões alegres um princípio indutor eficaz. É no nível do "menos universal" que conquistamos nossa potência de agir: acumulamos as alegrias passivas, encontramos nelas a ocasião de formar noções comuns, das quais decorrem alegrias ativas. Nesse sentido, o aumento de nossa potência de agir nos dá a ocasião de conquistarmos essa potência, ou de devirmos efetivamente ativos. Tendo conquistado nossa atividade em certos pontos, devimos capazes de formar noções comuns, até mesmo nos casos menos favoráveis. Há todo um aprendizado das noções comuns, ou do *devir-ativo*: não se deve negligenciar no Espinosismo a importância do problema de um processo de formação; é preciso partir das noções comuns menos universais, as primeiras que tenhamos ocasião de formar.

der de formar ideias claras e distintas (noções comuns), e delas deduzir as afecções que se encadeiam umas às outras conforme à razão. São, portanto, paixões alegres (sentimentos que convém com nossa natureza) que servem de ocasião primeira para a formação das noções comuns. Devemos *selecionar* nossas paixões, e mesmo quando encontramos alguma coisa que não convém conosco, devemos nos esforçar para reduzir a tristeza ao mínimo (ver escólio). 2º) Quando tivermos formado as primeiras noções comuns, estaremos ainda mais fortes para evitar os encontros ruins e os sentimentos que nos são contrários. E na medida em que, necessariamente, ainda experimentamos tais sentimentos, somos capazes de formar novas noções comuns, que nos fazem compreender essas desconveniências e essas próprias contrariedades (ver escólio).

Capítulo XVIII
RUMO AO TERCEIRO GÊNERO
[268]

[Complexidade do primeiro gênero de conhecimento: estado de natureza, estado civil, estado de religião. — Os signos e o primeiro gênero.

O segundo gênero e o estado de razão. — Aplicação das noções comuns aos modos existentes. — As noções comuns como descoberta da Ética. *Pressentimentos no* Tratado da reforma. *— Harmonias entre o primeiro gênero de conhecimento e o segundo. — Harmonias da razão e da imaginação.*

As noções comuns como condições do nosso conhecimento. — Das noções comuns à ideia de Deus: em que sentido ela pertence ao segundo gênero, em que sentido ela nos faz passar ao terceiro. — Noções comuns e formas comuns. — O terceiro gênero e a ordem das essências.]

Os gêneros de conhecimento são também maneiras de viver, modos de existência. O primeiro gênero (imaginação) é constituído por todas as ideias inadequadas, pelas afecções passivas e seu encadeamento.[1] Esse primeiro gênero corresponde, primeiramente, ao *estado de natureza*: percebo os objetos ao acaso dos encontros, segundo o efeito que eles têm sobre mim. Esse efeito é apenas um "signo", uma "indicação" variável. Esse é um conhecimento por *experiência vaga*; e vaga, segundo a etimologia, remete ao caráter casual dos encontros.[2] Aqui, só conhecemos da Natureza

[1] *E*, II, 41, dem.
[2] *TRE*, 19.

a "ordem comum", isto é, o efeito dos encontros entre partes, segundo determinações puramente extrínsecas.

Mas, também o *estado civil* pertence ao primeiro gênero de conhecimento. Desde o estado de natureza, a imaginação forma ideias universais abstratas, que retêm do objeto essa ou aquela característica sensível. Tal característica será designada por um nome, que servirá de signo, seja relativamente a objetos que se assemelham ao primeiro, seja relativamente a objetos que estão ligados habitualmente ao primeiro.[3] Mas com a linguagem e o estado civil desenvolve-se um segundo tipo de signos: não mais indicativos, mas imperativos. Signos parecem nos dizer o que é *preciso* fazer para obter determinado resultado, para realizar determinado fim: esse é um conhecimento por *ouvir-dizer*. Assim, no famoso exemplo de Espinosa, um signo representa a operação que "devemos" fazer sobre três números para encontrar o quarto. Leis da *[269]* natureza ou regras técnicas, é inevitável que toda lei nos apareça sob uma forma moral, precisamente na medida em que não temos dela um conhecimento adequado; uma lei nos parece moral, ou de tipo moral, toda vez que fazemos depender dela o efeito de um signo imperativo (e não de conexões constitutivas das coisas).

O que forma a unidade do primeiro gênero do conhecimento são os signos. Eles definem o estado de um pensamento que permanece inadequado, envolvido, não explicado. A esse primeiro gênero seria preciso até mesmo juntar o *estado de religião*, isto é, o estado do homem relativamente a um Deus que lhe dá uma revelação. Esse estado não difere menos do estado de natureza do que o próprio estado civil: "A natureza jamais ensinou a alguém que o homem é obrigado a obedecer a Deus; nenhum raciocínio poderia ensinar-lhe isso. Só a revelação, confirmada pelos signos, poderia dar conhecimento disso a cada um".[4] Esse estado de religião também está no primeiro gênero: precisamente porque ele faz

---

[3] Sobre a ligação por memória ou hábito: *E*, II, 18, esc. Sobre a ligação por semelhança, que define um conhecimento por signos: II, 40, esc. 1 e esc. 2.

[4] *TTP*, cap. 16 (II, p. 266).

parte do conhecimento inadequado, porque está fundado em signos e se manifesta sob forma de leis que comandam e ordenam. A própria Revelação se explica pelo caráter inadequado do nosso conhecimento, e diz respeito unicamente a certos próprios de Deus. Os signos da revelação constituem um terceiro tipo de signos e definem a religião dos profetas, religião do primeiro gênero ou da imaginação.

Na *Ética*, o segundo gênero de conhecimento corresponde ao estado de razão: é um conhecimento das noções comuns, e por meio de noções comuns. É na *Ética* que aparece a verdadeira ruptura entre os gêneros de conhecimento: "O conhecimento do segundo e do terceiro gênero, e não o do primeiro, nos ensina a distinguir o verdadeiro do falso".[5] Com as noções comuns entramos no domínio da *expressão*: essas noções são nossas primeiras ideias adequadas, elas nos apartam do mundo dos signos inadequados. E como toda noção comum nos conduz à ideia de Deus, do qual ela exprime a essência, o segundo gênero de conhecimento também implica *[270]* uma religião. Essa religião não é mais da imaginação, mas sim do entendimento; a expressão da Natureza substitui os signos, o amor substitui a obediência; não é mais a religião dos profetas, mas sim, em diversos graus, a religião de Salomão, a religião dos Apóstolos, a verdadeira religião do Cristo, fundamentada sobre as noções comuns.[6]

[5] *E*, II, 42, prop. E ainda V, 28, prop.

[6] Essa religião do segundo gênero não se confunde com aquilo que Espinosa, no Tratado teológico-político, chama de "fé universal", "comum a todos os homens". Tal como é descrita no cap. 14 (II, pp. 247-8), a fé universal diz respeito ainda à obediência, e utiliza abundantemente os conceitos morais de pecado, arrependimento e perdão: de fato, ela mistura ideias do primeiro gênero e noções do segundo gênero. A verdadeira religião do segundo gênero, fundada unicamente sobre as noções comuns, só tem uma exposição sistemática em *E*, V, 14-20. Mas o *TTP* dá indicações preciosas: a religião de Salomão foi a primeira que soube se guiar pela luz natural (cap. 4, II, pp.

Mas o que, precisamente, conhecemos por meio dessas noções? Dá para entender que as noções comuns não constituem a essência particular de coisa alguma. Entretanto, não basta defini-las pela sua generalidade. *As noções se aplicam aos modos existentes particulares e não têm sentido independentemente dessa aplicação*. Representando (de pontos de vista mais ou menos gerais) a similitude de composição dos modos existentes, elas são para nós o único meio de chegar ao conhecimento adequado das conexões características dos corpos, da composição dessas conexões e de suas leis de composição. Isso é ainda bem visível no exemplo dos números: no segundo gênero de conhecimento, não mais aplicamos uma regra conhecida por ouvir-dizer, como quando se obedece a uma lei moral; compreendendo a regra de proporcionalidade numa noção comum, apreendemos a maneira pela qual se compõem as conexões constitutivas dos três números dados. Por isso, as noções comuns nos fazem conhecer a ordem positiva da Natureza no seguinte sentido: ordem das conexões constitutivas ou características, sob as quais os corpos convêm e se opõem. As leis da Natureza não mais aparecem como mandamentos e proibições, mas pelo que são, verdades eternas, normas de composição, regras de efetuação dos poderes. *[271]* É essa ordem da Natureza que exprime Deus como fonte; e quanto mais conhecemos as coisas segundo essa ordem, mais nossas próprias ideias exprimem a essência de Deus. Todo nosso conhecimento exprime Deus, quando é dirigido pelas noções comuns.

As noções comuns são uma das descobertas fundamentais da *Ética*. No que diz respeito a isso, devemos dar a maior importância à cronologia. Ferdinand Alquié insistiu recentemente nesse ponto: a introdução das noções comuns na *Ética* marca um momento

142-4). Em outro sentido, temos a religião do Cristo: não é que o Cristo tenha necessidade de noções comuns para conhecer Deus, mas ele põe seu ensinamento em conformidade com as noções comuns, em vez de regrá-lo sobre signos (é evidente que a Paixão e a Ressurreição fazem parte do primeiro gênero, ver cap. 4, II, pp. 140-1, p. 144). Finalmente, é a religião dos Apóstolos, mas apenas numa parte do seu ensinamento e de sua atividade (cap. 11, *passim*).

decisivo do espinosismo.[7] Com efeito, nem o *Breve tratado* nem o *Tratado da reforma* mostram isso. O *Breve tratado* já sabe que as coisas têm conexões características, mas se fia apenas no "raciocínio" para descobri-las; não há menção alguma às noções comuns.[8] Assim também, o correspondente ao segundo gênero de conhecimento no *Breve tratado* (segundo "modo de consciência") não constitui um conhecimento adequado, mas uma simples crença justa. No *Tratado da reforma*, o correspondente ao segundo gênero (terceiro "modo de percepção") constitui ainda apenas um conhecimento claro, não um conhecimento adequado: ele não se define de maneira alguma pelas noções comuns, mas por inferências do tipo cartesiano e deduções do tipo aristotélico.[9]

Todavia, *num contexto totalmente distinto*, encontramos no *Tratado da reforma* um pressentimento e uma aproximação do que serão as noções comuns. Uma célebre passagem fala, com efeito, das "coisas fixas e eternas" que, em razão de sua onipresença, são para nós "como universais ou gêneros para a definição das coisas singulares mutantes": reconhece-se aqui as noções mais universais, extensão, movimento, repouso, que são comuns a todas as coisas. E a continuação do texto exige ainda outros "coadjuvantes" necessários para compreender as coisas singulares mutantes: pressente-se, então, o papel das noções comuns menos universais.[10] Mas se esse texto levanta muitas dificuldades, é porque foi escrito do ponto de vista do modo de percepção ou do *[272]* gênero de conhecimento supremo, tratando das próprias essências: nas coisas fixas e eternas, diz Espinosa, leis são inscritas como nos

---

[7] Ver Ferdinand Alquié, *Nature et vérité dans la philosophie de Spinoza* (Paris, CDU Sorbonne, 1965, pp. 30 ss.). [NT: Tanto esse quanto outro curso ministrado na Sorbonne em 1958 e 1959 — *Servitude et liberté selon Spinoza* — foram republicados sob o título geral de *Leçons sur Spinoza* (Paris, La Table Ronde, 2003)].

[8] *BT*, II, cap. 1, 2-3.

[9] *TRE*, 19-21 (ver nosso capítulo 10).

[10] *TRE*, 101-2. E o *Tratado da reforma* termina no momento em que Espinosa busca uma propriedade comum (*aliquid commune*) da qual dependeriam todas as características positivas do entendimento: 110.

Rumo ao terceiro gênero

seus verdadeiros códigos; ora, essas leis parecem tanto leis de produção das essências quanto leis de composição de conexões.[11]

Como explicar que Espinosa assimile aqui tipos de leis tão diferentes? Supomos que ele só tenha tido o pressentimento das noções comuns ao avançar na redação do *Tratado da reforma*. Ora, nesse momento, ele já havia definido de outra maneira o terceiro modo de percepção (correspondendo ao segundo gênero de conhecimento). Então, as coisas fixas e eternas exercendo função de universais só encontravam lugar no nível do gênero ou do modo supremo: elas eram confundidas com o princípio do conhecimento das essências. Era possível outro lugar; mas teria sido preciso que Espinosa voltasse atrás e retomasse a descrição dos modos de percepção, em função de sua nova ideia. Essa hipótese explica, em parte, por que Espinosa desiste de terminar o *Tratado da reforma*, precisamente quando chega à exposição daquilo que ele mesmo chama de "propriedade comum". Essa hipótese permitiria também datar a formação completa da teoria das noções comuns por Espinosa, entre o abandono do *Tratado da reforma* e a redação da *Ética*. Ora, esta posse plena teria lhe inspirado o desejo de modificar o *Tratado*, de refazer a teoria do segundo gênero ou terceiro modo de percepção, dando às noções comuns seu desenvolvimento autônomo e distinto; por isso, na *Ética*, Espinosa fala de um Tratado no qual ele se propõe a desenvolver esses pontos.[12]

---

[11] Espinosa, com efeito, diz que "as coisas fixas e eternas" devem nos dar o conhecimento da "essência íntima" das coisas; estamos aqui no último gênero de conhecimento. Mas, por outro lado, as coisas fixas devem também servir de "universais" relativamente aos modos existentes variáveis: estamos então no segundo gênero, e no domínio da composição das conexões, não mais da produção das essências. Portanto, as duas ordens estão misturadas. Ver *TRE*, 101.

[12] *E*, II, 40, esc. 1: a propósito do problema das noções, e das diferentes espécies de noções, Espinosa diz que ele "meditou outrora sobre essas coisas". Trata-se, evidentemente, do *Tratado da reforma*. Mas ele *acrescenta* que "reservou esses temas para um outro tratado": supomos, então, que se trate de um remanejamento do *Tratado da reforma*, em função do fim que obrigava Espinosa a retomar tudo.

Quando Espinosa descobre que as noções comuns são nossas primeiras ideias adequadas, um hiato então se estabelece *[273]* entre o primeiro e o segundo gênero de conhecimento. A existência desse hiato não deve, no entanto, nos fazer esquecer todo um sistema de correspondências entre esses dois gêneros, sem as quais a formação de uma ideia adequada, ou de uma noção comum, permaneceria incompreensível. Vimos, primeiramente, que o estado civil ocupava o lugar de razão, preparava a razão e a imitava. Isso seria impossível se as leis morais e os signos imperativos, apesar do contrassenso que implicam, não coincidissem de certa maneira com a ordem verdadeira e positiva da Natureza. Assim, são certamente as leis da Natureza que os profetas apreendem e transmitem, embora as compreendam inadequadamente. Da mesma maneira, o maior esforço da sociedade consiste em escolher signos e instituir leis cujo conjunto coincida ao máximo com a ordem da natureza e, principalmente, com a subsistência do homem nessa ordem. A esse respeito, a variabilidade dos signos devém uma vantagem e nos abre possibilidades que o entendimento não tem por ele mesmo, possibilidades próprias à imaginação.[13] Além do mais, a razão não chegaria a formar noções comuns, isto é, a entrar em posse de sua potência de agir, se ela não buscasse a si mesma no decorrer desse primeiro esforço, que consiste em selecionar as paixões alegres. Antes de devir ativos, é preciso selecionar e encadear as paixões que aumentam nossa potência de agir. Ora, essas paixões se conectam com a imagem de objetos que convêm conosco por natureza; essas próprias imagens são ainda ideias inadequadas, simples indicações que nos fazem conhecer os objetos apenas pelo efeito que têm sobre nós. A razão não se "encontraria", portanto, se seu primeiro esforço não se esboçasse no âmbito do primeiro gênero, utilizando todos os recursos da imaginação.

Consideradas na sua origem, as noções comuns encontram na imaginação as próprias condições de sua formação. Mais do que isso: consideradas na sua função prática, elas só se aplicam a

---

[13] *TTP*, cap. 1 (II, p. 106): "A partir de palavras e de imagens pode-se combinar muito mais ideias do que a partir unicamente dos princípios e noções sobre as quais todo nosso conhecimento natural é construído".

coisas que podem ser imaginadas. Por isso, são elas mesmas, sob certos aspectos, assimiláveis a imagens.[14] *A aplicação [274] das noções comuns, em geral, implica uma curiosa harmonia entre a razão e a imaginação, entre as leis da razão e as leis da imaginação.* Espinosa analisa diferentes casos. Os livros III e IV da *Ética* tinham mostrado sob quais leis específicas da imaginação uma paixão devém mais ou menos intensa, mais ou menos forte. Assim, o sentimento para com uma coisa que imaginamos nela mesma é mais forte do que o sentimento que experimentamos, quando acreditamos que ela é necessária ou necessitada.[15] Ora, a lei específica da razão consiste, precisamente, em considerar as coisas como necessárias: as noções comuns nos fazem compreender a necessidade das conveniências e das desconveniências entre corpos. A razão, aqui, tira vantagem de uma disposição da imaginação: quanto mais compreendemos as coisas como necessárias, menos as paixões fundadas sobre a imaginação têm força ou intensidade.[16] A imaginação, segundo sua própria lei, começa sempre por afirmar a presença de seu objeto; em seguida, ela é afetada por causas que excluem essa presença; ela entra numa espécie de "flutuação", e só acredita no seu objeto como possível ou mesmo contingente. A imaginação de um objeto contém, pois, com o tempo, o princípio de seu enfraquecimento. Mas a razão, segundo sua própria lei, forma noções comuns, isto é, a ideia de propriedades "que consideramos sempre como presentes".[17] Aqui a razão satisfaz a exigên-

---

[14] Em *E*, II, 47, esc., Espinosa assinala expressamente a afinidade das noções comuns com as coisas que podem ser imaginadas, isto é, os corpos. É por isso mesmo que a ideia de Deus se distingue aqui das noções comuns. Espinosa falará das propriedades comuns que "imaginamos" sempre da mesma maneira (*E*, V, 7, dem.), ou então "das imagens que se conectam às coisas compreendidas claramente e distintamente" (*E*, V, 12, prop.).

[15] *E*, IV, 49; V, 5.

[16] *E*, V, 6, prop. e dem.

[17] *E*, V, 7, dem.: "Um sentimento da razão se conecta necessariamente às propriedades comuns das coisas, que consideramos sempre como presentes (pois nada pode ser dado que exclua delas a existência presente) e que imaginamos sempre da mesma maneira".

cia da imaginação melhor do que esta mesma pode fazê-lo. A imaginação, arrastada pelo seu próprio destino, que a afeta por diversas causas, não consegue manter a presença do seu objeto. Só a razão não se contenta com diminuir relativamente a força das paixões: "em atenção ao tempo", os sentimentos ativos que nascem da razão ou da noção comum são mais fortes neles mesmos do que todos os sentimentos passivos que nascem da [275] imaginação.[18] Segundo a lei da imaginação, um sentimento é tanto mais forte quanto mais provocado é por causas que agem em conjunto.[19] Mas, segundo sua própria lei, a noção comum se aplica ou se conecta a várias coisas ou imagens de coisas que se juntam facilmente a elas: portanto, ela é frequente e vivaz.[20] Nesse sentido, ela diminui a intensidade do sentimento da imaginação, porque determina o espírito a considerar vários objetos. Mas esses objetos que se juntam à noção também são como causas que favorecem o sentimento da razão, o qual decorre desta.[21]

Necessidade, presença e frequência são as três características das noções comuns. Ora, essas características fazem com que elas se imponham de certa maneira à imaginação, seja para diminuir a intensidade dos sentimentos passivos, seja para assegurar a vivacidade dos sentimentos ativos. As noções comuns se servem das leis da imaginação para nos liberar da própria imaginação. Sua necessidade, sua presença, sua frequência permite que elas se insiram no movimento da imaginação, e desviem seu curso em proveito próprio. Não é exagerado falar aqui de uma *livre harmonia* da imaginação com a razão.

[18] *E*, V, 7, prop. (Esse texto é referente apenas aos sentimentos da imaginação que concernem coisas "consideradas ausentes". Mas, levando em conta o tempo, *sempre* ocorre à imaginação ser determinada a considerar seu objeto como ausente).

[19] *E*, V, 8, prop. e dem.

[20] *E*, V, 11, 12 e 13.

[21] Ver *E*, V, 9 e 11.

A maior parte da Ética, exatamente até V 21, foi escrita na perspectiva do segundo gênero de conhecimento. Pois é somente pelas noções comuns que chegamos a ter ideias adequadas, e um conhecimento adequado do próprio Deus. Aí não há uma condição de todo conhecimento, mas sim uma condição do nosso conhecimento, enquanto somos modos existentes finitos compostos de uma alma e de um corpo. Nós, que inicialmente só temos ideias inadequadas e afecções passivas, só podemos conquistar nossa potência de compreender e de agir quando formamos noções comuns. Todo nosso conhecimento passa por essas noções. Por isso, Espinosa pode dizer que a própria existência *[276]* de Deus não é conhecida por ela mesma, mas "deve ser concluída de noções cuja verdade seja tão firme e tão inabalável que não possa haver nem ser concebida uma potência capaz de mudá-las".[22] Mesma confissão na *Ética*: o primeiro livro nos faz conhecer Deus e todas as coisas como dependentes de Deus; ora, esse próprio conhecimento é do segundo gênero.[23]

Todos os corpos convêm em certas coisas, extensão, movimento, repouso. As ideias de extensão, de movimento, de repouso são para nós noções comuns muito universais, pois se aplicam a todos os corpos existentes. Perguntamos: será preciso considerar a própria ideia de Deus como uma noção comum, a mais universal de todas? Muitos textos parecem sugerir isso.[24] Todavia, não é bem assim: nossa ideia de Deus está em relação estreita com as noções comuns, mas não é uma dessas noções. Em certo sentido, a ideia de Deus se opõe às noções comuns, porque estas se aplicam sempre a coisas que podem ser imaginadas, ao passo que Deus não pode sê-lo.[25] Espinosa apenas diz que as noções comuns nos le-

[22] *TTP*, cap. 6 (II, p. 159). Ver também a nota acrescentada a esse texto (II, p. 315).

[23] *E*, V, 36, esc.

[24] Em *E*, II, 45-7, Espinosa passa das noções comuns à ideia de Deus (ver sobretudo 46, dem.). Em V, 14-5, passagem análoga: tendo mostrado que um grande número de imagens se juntava facilmente à noção comum, Espinosa conclui que podemos juntar e conectar todas as imagens à ideia de Deus.

[25] *E*, II, 47, esc.: "Que os homens não tenham um conhecimento igual-

vam à ideia de Deus, que elas nos *"dão"* necessariamente o conhecimento de Deus e que, sem elas, não teríamos esse conhecimento.[26] Com efeito, uma noção comum é uma ideia adequada; a ideia adequada é a ideia enquanto expressiva; e aquilo que ela exprime é a própria essência de Deus. A ideia de Deus está, portanto, em relação de expressão com as noções comuns. As noções comuns exprimem Deus como fonte de todas as conexões constitutivas das coisas. Enquanto conectada a essas noções que a exprimem, a ideia de Deus funda a religião do segundo gênero. Pois sentimentos ativos, alegrias ativas decorrem das noções comuns; precisamente, elas decorrem daí "acompanhadas da ideia *[277]* de Deus". O amor de Deus é tão somente essa alegria e esse acompanhamento.[27] Portanto, enquanto concebe noções comuns, o mais elevado esforço da razão é o de conhecer Deus e amá-lo.[28] (Mas esse Deus conectado às noções comuns não tem que responder ao nosso amor: Deus impassível, que nada nos paga em troca. É que, por mais ativas que sejam, as alegrias que decorrem das noções não são separáveis das alegrias passivas ou de dados da imaginação que, primeiramente, aumentaram nossa potência de agir e nos serviram de causas ocasionais. Ora, o próprio Deus é isento de paixões: ele não experimenta alegria passiva alguma, nem mesmo alguma alegria ativa do gênero daquelas que supõem uma alegria passiva.)[29]

mente claro de Deus e das noções comuns, isso provém de não poderem eles imaginar Deus como imaginam os corpos".

[26] *E*, II, 46, dem. (*id quod dat*).

[27] *E*, V, 15, dem.

[28] *E*, IV, 28, dem.

[29] Ver *E*, V, 17 e 19. Espinosa lembra explicitamente que Deus não pode experimentar aumento algum de sua potência de agir, logo, nenhuma alegria passiva. Mas ele encontra aqui a ocasião de negar que Deus possa experimentar uma alegria qualquer em geral: com efeito, as únicas alegrias ativas que são conhecidas *nesse momento* da *Ética* são as do segundo gênero. Ora, essas alegrias supõem paixões, e são excluídas de Deus da mesma maneira que as paixões.

Lembramo-nos das exigências metodológicas do *Tratado da reforma*: não podemos partir da ideia de Deus, mas devemos chegar a ela o mais depressa possível. Ora, no *Tratado*, "o mais depressa possível" se apresentava assim: devíamos partir do que era positivo numa ideia que tínhamos; esforçávamo-nos para tornar essa ideia adequada; ela era adequada quando estava ligada à sua causa, quando exprimia sua causa; mas ela não exprimia sua causa sem exprimir também a ideia de Deus que determinava essa causa a produzir tal efeito. Assim, não nos arriscávamos a entrar numa regressão infinita de causa em causa: é a cada nível que Deus era exprimido como o que determinava a causa.

Parece-nos inexato opor, nesse ponto, a *Ética* ao *Tratado da reforma. Tanto quanto o Tratado, a Ética não começa por Deus como substância absolutamente infinita*. De maneira alguma a *Ética* parte da ideia de Deus como de um incondicionado; vimos a esse respeito o papel das primeiras proposições. A *Ética* e o *Tratado da reforma* têm o mesmo projeto: elevar-se o mais depressa possível à ideia de Deus sem cair numa regressão infinita, sem fazer do próprio Deus uma causa distante. Se a *Ética* se distingue do *Tratado da reforma*, não é por uma mudança de método, menos ainda por uma *[278]* mudança de princípio, mas somente porque a *Ética* encontrou meios menos artificiais e mais concretos. Esses meios são as noções comuns (até V, 21). Não mais partimos do que é positivo numa ideia qualquer para tentar formar uma ideia adequada: tal procedimento não é muito seguro e permanece indeterminado. Partimos do que há de positivo numa paixão alegre; somos então determinados a formar uma noção comum, nossa primeira ideia adequada. Depois formamos noções comuns cada vez mais gerais, que constituem o sistema da razão; mas cada noção comum, em seu próprio nível, exprime Deus e nos conduz ao conhecimento de Deus. Cada noção comum exprime Deus como a fonte das conexões que se compõem nos corpos aos quais a noção se aplica. Não se dirá, portanto, que as noções mais universais exprimam Deus melhor do que as noções menos universais. Sobretudo, não se dirá que a ideia de Deus seja ela mesma uma noção comum, a mais universal de todas: na verdade, cada noção nos conduz até ela, cada noção a exprime, tanto as menos universais quanto as mais universais. No sistema da expressão, Deus nunca é uma causa distante.

É por isso que a ideia de Deus, na *Ética*, vai desempenhar o papel de um pivô. Tudo gira em volta dela, tudo muda com ela. Espinosa anuncia que "além" do segundo gênero do conhecimento, é dado um terceiro.[30] Mais do que isso, ele apresenta o segundo gênero como sendo a causa motriz do terceiro: é o segundo que nos determina a entrar no terceiro, a "formar" o terceiro.[31] A questão é a seguinte: como o segundo gênero nos determina assim? *Só a ideia de Deus pode explicar essa passagem*, que aparece na *Ética* em V, 20-1. 1°) Cada noção comum nos conduz à ideia de Deus. Conectada às noções comuns que a exprimem, a própria ideia de Deus faz parte do segundo gênero de conhecimento. Assim sendo, ela representa um Deus impassível, mas essa ideia acompanha todas as alegrias que decorrem da nossa potência de compreender (enquanto essa potência procede por noções comuns). A ideia de Deus, nesse sentido, é a ponta extrema do segundo gênero. 2°) Porém, embora esteja *[279]* necessariamente conectada às noções comuns, a própria ideia de Deus não é uma noção comum. É por isso que ela nos precipita num novo elemento. Só podemos alcançar a ideia de Deus pelo segundo gênero; mas não podemos chegar aí sem sermos determinados a sair desse segundo gênero para entrarmos num novo estado. No segundo gênero, é a ideia de Deus que serve de fundamento para o terceiro; por "fundamento", é preciso entender a verdadeira causa motriz, a *causa fiendi* [causa eficiente].[32] Essa própria ideia de Deus mu-

[30] *E*, II, 40, esc. 2.

[31] *E*, V, 28, prop.: "O esforço ou o desejo de conhecer as coisas pelo terceiro gênero de conhecimento não pode nascer do primeiro, mas sim do segundo gênero de conhecimento".

[32] Em *E*, V, 20 esc., Espinosa fala do "fundamento" do terceiro gênero. Esse fundamento é "o conhecimento de Deus". Não se trata, evidentemente, do conhecimento de Deus tal como nos será entregue pelo terceiro gênero. Trata-se, como prova o contexto (V, 15 e 16), de um conhecimento de Deus dado pelas noções comuns. Assim também, em II, 47, esc., Espinosa diz que "formamos" o terceiro gênero de conhecimento a partir de um conheci-

dará então de conteúdo, tomará outro conteúdo no terceiro gênero, ao qual ela própria nos determina.

Uma noção comum tem duas características: ela se aplica a vários modos existentes; ela nos faz conhecer as conexões sob as quais os modos existentes convêm ou se opõem. No limite, compreendemos que uma ideia de atributo nos apareça primeiramente como uma noção comum: a ideia de extensão é uma noção muito universal enquanto aplicada a todos os corpos que existem; e a ideia dos modos infinitos da extensão nos faz conhecer a conveniência de todos os corpos do ponto de vista da Natureza inteira. Mas a ideia de Deus, que se junta a todas as noções comuns ou as "acompanha", inspira-nos uma nova apreciação dos atributos e dos modos. Também aí, há acordo entre a *Ética* e o *Tratado da reforma*: a ideia de Deus nos introduz no domínio dos "seres reais" e do seu encadeamento. O atributo não será mais compreendido apenas como uma *propriedade comum* a todos os *modos existentes* que lhe correspondem, mas como aquilo que constitui a *essência singular* da substância divina e aquilo que contém todas as *essências particulares* de modos. O terceiro gênero de conhecimento é definido assim: ele se estende "da ideia adequada da essência formal de certos atributos de Deus ao conhecimento adequado da essência das coisas".[33] O atributo é ainda uma forma comum, mas o que mudou é o sentido da palavra *[280]* "comum". Comum não mais significa geral, isto é, aplicável a vários modos existentes, ou a todos os modos existentes de um certo gênero. Comum significa unívoco: o atributo é unívoco, ou comum a Deus, do qual ele constitui a essência singular, e aos modos, dos quais ele contém as essências particulares. Em suma, aparece uma diferença fundamental entre o segundo e o terceiro gênero: as ideias do segundo gênero se definem pela sua função geral, aplicam-se aos modos existentes, fazem-nos conhecer a composição das conexões que caracterizam esses modos existentes. As ideias do terceiro gênero se definem pela sua natureza singular, representam a essência de Deus, fazem-

---

mento de Deus. Ainda aí, o contexto (II, 46, dem.) mostra que se trata do conhecimento de Deus tal como faz parte do segundo gênero.

[33] *E*, II, 40, esc. 2 (ver também V, 25, dem.).

-nos conhecer as essências particulares tais como estão contidas no próprio Deus.[34]

Nós mesmos somos modos existentes. Nosso conhecimento está submetido à seguinte condição: devemos passar pelas noções comuns para atingir as ideias do terceiro gênero. Longe de poder deduzir a conexão que caracteriza um modo a partir de sua essência, devemos primeiro conhecer a conexão para chegar a conhecer a essência. Da mesma maneira, devemos conceber a extensão como uma noção comum antes de compreendê-la como aquilo que constitui a essência de Deus. O segundo gênero é para nós causa eficiente do terceiro; e no segundo gênero, é a ideia de Deus que nos faz passar do segundo ao terceiro. Começamos formando noções comuns que exprimem a essência de Deus; somente então podemos compreender Deus como exprimindo a si mesmo nas essências. Essa condição do nosso conhecimento não é uma condição para todo conhecimento: o verdadeiro Cristo não passa pelas noções comuns. Ele adapta, ele conforma às noções comuns o ensinamento que nos dá; mas seu próprio conhecimento é imediatamente do terceiro gênero; a existência de Deus *[281]* lhe é, portanto, conhecida por ela mesma, assim como todas as essências, e a ordem das essências.[35] Por isso Espinosa diz: contrariamente ao Cristo, não conhecemos a existência de Deus por ela mesma.[36] Na situação natural de nossa existência, estamos cheios de ideias inadequadas e de afecções passivas; jamais chegaremos a alguma

---

[34] Em que medida as ideias do segundo e do terceiro gênero são as mesmas? Distinguir-se-iam apenas por sua função ou seu uso? O problema é complexo. É certo que as noções comuns mais universais coincidem com as ideias dos atributos. Como noções comuns, elas são apreendidas na função geral que exercem relativamente aos *modos existentes*. Como ideias do terceiro gênero, são pensadas em sua essência objetiva e enquanto contêm objetivamente as *essências de modos*. Todavia, as noções comuns menos universais não coincidem, por sua vez, com as ideias das essências particulares (as conexões não se confundem com as essências, se bem que as essências se exprimam nas conexões).

[35] *TTP*, cap. 4 (II, pp. 140-1).

[36] *TTP*, cap. 1 (II, pp. 98-9).

ideia adequada nem a uma alegria ativa se primeiro não formarmos noções comuns. Todavia, não se concluirá disso que Deus só nos seja conhecido *indiretamente*. As noções comuns nada têm a ver com signos; elas só constituem as condições sob as quais nós mesmos atingimos o terceiro gênero do conhecimento. Assim, as provas da existência de Deus não são provas indiretas: a ideia de Deus é ainda apreendida aí na sua conexão com as noções comuns, mas ela nos determina, precisamente, a "formar" o terceiro gênero, ou a conquistar uma visão direta.

Capítulo XIX
BEATITUDE
[282]

[As três determinações do terceiro gênero. — Alegrias ativas do terceiro gênero.
Diferença entre a alegria ativa do terceiro gênero e a do segundo. — A ideia de nós mesmos. — Afecções adventícias e afecções inatas. — O inato do segundo gênero e o inato do terceiro. — O Deus do segundo gênero e o Deus do terceiro. — O terceiro gênero e a expressão.
Como temos acesso ao terceiro gênero, durante nossa existência. — Limites desse acesso. — Contra a interpretação matemática e idealista das essências. — Diferença de natureza entre a duração e a eternidade: crítica do conceito de imortalidade. — A morte. — As afecções do terceiro gênero só preenchem inteiramente nosso poder de ser afetado depois da morte. — Em que sentido a existência é uma prova: a ideia de salvação em Espinosa. — Parte intensiva e partes extensivas: sua importância respectiva do ponto de vista da expressão. Devir expressivo.]

O primeiro gênero de conhecimento tem apenas como objeto os encontros entre partes, segundo suas determinações extrínsecas. O segundo gênero se eleva à composição das conexões características. Mas só o terceiro gênero concerne às essências eternas: conhecimento da essência de Deus e das essências particulares tal como elas estão em Deus e são concebidas por Deus. (Assim, nos três gêneros de conhecimento, reencontramos os três aspectos da ordem da Natureza: ordem das paixões, ordem de composição das conexões, ordem das próprias essências.) Ora, as essências têm várias características. Primeiramente, elas são particulares, logo, irredutíveis umas às outras: cada uma é um ser real, uma *res physica*, um grau de potência ou de intensidade. É por isso que Espinosa pode opor o terceiro gênero ao segundo, dizendo que este nos mostra em geral que todas as coisas que existem dependem de Deus, mas que só o terceiro nos faz compreender a dependência de determinada essência em particular.[1] Todavia, por outro lado, cada essência convém com todas as outras. É que todas as essências estão compreendidas na produção de cada uma. Não se trata mais de conveniências relativas, mais ou menos gerais, entre modos existentes, mas de uma conveniência ao mesmo tempo singular e absoluta de cada essência com todas as outras.[2] Então, o espírito não conhece uma essência, isto é, uma coisa sob a espécie da eternidade, sem ser determinado a conhecer ainda mais coisas e a desejar *[283]* conhecê-las cada vez mais.[3] Enfim, as essências são expressivas: cada essência não apenas exprime todas as outras no princípio de sua produção, mas também exprime Deus como sendo esse próprio princípio que contém todas as essências, e do qual cada uma depende em particular. Cada essência é uma parte da potência de Deus, logo, concebida pela própria essência de Deus, mas enquanto a essência de Deus se explica por *essa* essência.[4]

O conhecimento supremo compreende, portanto, três dados. Uma ideia adequada de nós mesmos ou de nossa própria essência (ideia que exprime a essência de nosso corpo sob a espécie da eternidade): cada um forma a ideia de sua própria essência, e é nessa ideia que Espinosa pensa quando diz que o terceiro gênero mostra como uma essência *em particular* depende de Deus.[5] Uma ideia adequada do maior número de coisas possíveis, sempre na sua es-

---

[1] Em *E*, V, 36, esc., Espinosa opõe a demonstração *geral* do segundo gênero à conclusão *singular* do terceiro.

[2] *E*, V, 37, esc.: Só modos existentes podem se destruir, nenhuma essência pode destruir uma outra.

[3] Ver *E*, V, 25-7.

[4] *E*, V, 22, dem., e 36, prop.

[5] Ver *E*, V, 36, esc. (o contexto todo prova que, para cada um, trata-se

sência ou sob a espécie da eternidade. Uma ideia adequada de Deus, enquanto Deus contém todas as essências, e a todas compreende na produção de cada uma (logo, na produção da nossa em particular).

O eu [*moi*], as coisas e Deus são as três ideias do terceiro gênero. Delas decorrem alegrias, um desejo e um amor. As alegrias do terceiro gênero são alegrias ativas: com efeito, elas se explicam pela nossa própria essência e são sempre "acompanhadas" pela ideia adequada dessa essência. Tudo o que compreendemos sob o terceiro gênero, inclusive a essência das outras coisas e a de Deus, compreendemos pelo fato de que concebemos nossa essência (a essência do nosso corpo) sob a espécie da eternidade.[6] É nesse sentido que o terceiro gênero só tem como *causa formal* nossa potência de agir ou de compreender, isto é, a potência de pensar do próprio Deus enquanto ela se explica pela nossa própria essência.[7] No terceiro gênero, todas as ideias têm como causa formal nossa potência de compreender. Portanto, todas as afecções que se seguem dessas ideias são por natureza afecções *[284]* ativas, alegrias ativas.[8] É preciso conceber que a essência de Deus afeta a minha, e que as essências se afetam umas às outras; mas não há afecções de uma essência que não se expliquem formalmente por essa própria essência, logo, que não sejam acompanhadas da ideia de si como causa formal ou da consideração da potência de agir.

Dessa alegria que decorre da ideia adequada de nós mesmos nasce um *desejo*, desejo de conhecer sempre mais coisas na sua essência ou sob a espécie da eternidade. Mas, principalmente, nasce um *amor*. Pois, no terceiro gênero, a ideia de Deus, por sua vez, é como a causa material de todas as ideias. Todas as essências expri-

---

de sua própria essência, da essência de seu próprio corpo: ver V, 30, prop. e dem.)

[6] *E*, V, 29, prop.

[7] *E*, V, 31, prop.: "O terceiro gênero de conhecimento depende do espírito como de sua causa formal, enquanto o próprio espírito é eterno".

[8] *E*, V, 27, dem.: aquele que conhece pelo terceiro gênero "é afetado da maior alegria (*summa laetitia*)".

Beatitude   341

mem Deus como aquilo pelo que elas são concebidas: a ideia da minha própria essência representa minha potência de agir, mas minha potência de agir é tão somente a potência do próprio Deus, enquanto ela se explica pela minha essência. Portanto, não há alegria do terceiro gênero que não seja acompanhada da ideia de Deus como causa material: "Do terceiro gênero de conhecimento nasce necessariamente o Amor intelectual de Deus; pois desse gênero de conhecimento nasce a alegria que acompanha a ideia de Deus como causa".[9]

Ora, como as alegrias ativas do terceiro gênero se distinguem das do segundo? As alegrias do segundo gênero já são ativas, porque se explicam por uma ideia adequada que temos. Elas se explicam, portanto, pela nossa potência de compreender ou de agir. Elas implicam que tenhamos a posse formal dessa potência. Mas embora esta não pareça suscetível de aumento, falta-lhe ainda uma certa qualidade, uma nuança qualitativa individual que corresponde ao grau de potência ou de intensidade de nossa essência própria. Com efeito, enquanto permanecermos no segundo gênero de conhecimento, a ideia adequada que temos ainda não é uma ideia de nós mesmos, da nossa essência, da essência do nosso corpo. Essa restrição parecerá importante se lembrarmos qual é o ponto de partida do problema do conhecimento: não temos imediatamente a ideia adequada de nós mesmos ou de nosso corpo, porque tal ideia [285] só está em Deus enquanto ele é afetado por ideias de outros corpos; só conhecemos, portanto, nosso corpo através de ideias de afecções, necessariamente inadequadas, e só conhecemos a nós mesmos pelas ideias dessas ideias; quanto às ideias de corpos exteriores, quanto à ideia do nosso próprio corpo ou do nosso próprio espírito, não as *temos*, nas condições imediatas de nossa existência. Ora, o segundo gênero de conhecimento nos dá certamente ideias adequadas; mas essas ideias são apenas as de propriedades

[9] *E*, V, 32, cor.

comuns ao nosso corpo e aos corpos exteriores. Elas são adequadas porque estão na parte como no todo e porque estão em nós, no nosso espírito, como estão nas ideias das outras coisas. Mas elas não constituem de forma alguma uma ideia adequada de *nós mesmos*, nem uma ideia adequada de *outra coisa*.[10] Elas se explicam pela nossa essência, mas elas mesmas não constituem uma ideia dessa essência. Ao contrário, com o terceiro gênero de conhecimento, formamos ideias adequadas de nós mesmos e das outras coisas, tal como estão em Deus e são concebidas por Deus. As alegrias ativas que decorrem das ideias do terceiro gênero são, portanto, de uma natureza distinta daquelas que decorrem das ideias do segundo. E, mais geralmente, Espinosa está no direito de distinguir duas formas de atividade do espírito, dois modos sob os quais somos ativos e nos sentimos ativos, duas expressões da nossa potência de compreender: "[...] É da natureza da razão conceber as coisas sob uma espécie de eternidade [segundo gênero], e pertence também à natureza do espírito conceber a essência do corpo sob uma espécie de eternidade [terceiro gênero]; e além dessas *duas coisas*, nada mais pertence à essência do espírito".[11]

Todas as afecções, passivas ou ativas, são afecções da essência, na medida em que preenchem o poder de ser afetado no qual a essência se exprime. Mas as afecções passivas, tristezas ou alegrias, são *adventícias*, pois são produzidas de fora; as afecções ativas, as alegrias ativas, são *inatas* porque se explicam *[286]* pela nossa essência ou nossa potência de compreender.[12] Todavia, tudo se passa como se o inato tivesse duas dimensões diferentes, que dessem conta das dificuldades que experimentamos para nos reu-

---

[10] É por isso que as noções comuns, enquanto tais, não constituem a essência de coisa singular alguma: ver *E*, II, 37, prop. E em V, 41, dem., Espinosa lembra que o segundo gênero não nos dá ideia alguma da essência eterna do espírito.

[11] *E*, V, 29, dem. Portanto, há aqui duas espécies de eternidade, uma definida pela *presença* da noção comum, a outra pela *existência* da essência singular. [NT: Os colchetes no texto dessa citação são do autor.]

[12] Sobre as afecções da essência em geral, e sobre o adventício e o inato, ver *E*, III, explicação da definição do desejo.

Beatitude

nirmos a ele ou reencontrá-lo. Em primeiro lugar, as noções comuns são elas mesmas inatas, como as alegrias ativas que delas decorrem. O que não as impede de deverem ser formadas, e de serem formadas mais ou menos facilmente, logo, de serem mais ou menos comuns aos espíritos. A aparente contradição desaparece se considerarmos que nascemos separados de nossa potência de agir ou de compreender: devemos, na existência, conquistar aquilo que pertence à nossa essência. Precisamente, só podemos formar noções comuns, mesmo as mais gerais, se encontrarmos um ponto de partida nas paixões alegres que aumentam primeiramente nossa potência de agir. É nesse sentido que as alegrias ativas que decorrem das noções comuns encontram, de certa maneira, suas causas ocasionais nas afecções passivas de alegria: inatas de direito, nem por isso elas deixam de depender de afecções adventícias como de causas ocasionais. O próprio Deus, porém, dispõe imediatamente de uma infinita potência de agir que não é suscetível de aumento algum. Deus não experimenta, portanto, paixão alguma, mesmo alegre, assim como não tem ideias inadequadas. Mas impõe-se também a questão de saber se estão em Deus as noções comuns e as alegrias ativas que delas decorrem. Sendo ideias adequadas, as noções comuns estão certamente em Deus, mas apenas enquanto ele tem, primeiramente, outras ideias que as compreendem necessariamente (essas outras ideias serão para nós as do terceiro gênero).[13] De maneira que nem Deus nem o Cristo, que é a expressão do seu pensamento, nunca pensam *por* noções comuns. Portanto, as noções comuns não podem servir, em Deus, de princípios a alegrias correspondentes àquelas que experimentamos no segundo gênero: Deus é isento de alegrias passivas, mas nem mesmo experimenta as alegrias ativas do segundo gênero que supõem um

[13] Segundo *E*, II, 38 e 39, dem., as noções comuns estão certamente em Deus. Mas somente enquanto compreendidas nas ideias de coisas singulares (ideias de nós mesmos e de outras coisas) que estão elas mesmas em Deus. O mesmo não ocorre conosco: as noções comuns são primeiras na ordem do nosso conhecimento. É porque, em nós, elas são fonte de afecções especiais (as alegrias do segundo gênero). Deus, ao contrário, só experimenta afecções do terceiro gênero.

aumento *[287]* da potência de agir como causa ocasional. Por isso, *de acordo com a ideia do segundo gênero*, Deus não experimenta sentimento algum de alegria.[14]

As ideias do terceiro gênero não se explicam apenas pela nossa essência; elas consistem na ideia dessa própria essência e de suas relações (relação com a ideia de Deus, relações com as ideias das outras coisas, sob a espécie da eternidade). A partir da ideia de nossa essência como causa formal, a partir da ideia de Deus como causa material, concebemos todas as ideias tal como estão em Deus. Sob o terceiro gênero de conhecimento, formamos ideias e sentimentos ativos que estão em nós como estão imediatamente e eternamente em Deus. Pensamos como Deus pensa, experimentamos os próprios sentimentos de Deus. Formamos a ideia de nós mesmos tal como ela está em Deus e, pelo menos em parte, formamos a ideia de Deus tal como ela está no próprio Deus: as ideias do terceiro gênero constituem, portanto, uma dimensão mais profunda do inato, e as alegrias do terceiro gênero são as únicas verdadeiras afecções da essência nela mesma. Sem dúvida, parece que estamos *chegando* ao terceiro gênero de conhecimento.[15] Aqui, porém, o que nos serve de causa ocasional são as próprias noções comuns, logo, algo de adequado e ativo. A "passagem" é só uma aparência; na verdade, nós nos reencontramos tais como somos imediata e eternamente em Deus. "O espírito possui eternamente essas mesmas perfeições que figuramos terem advindo a ele".[16] Eis por que as alegrias que se seguem das ideias do terceiro gênero são as únicas a merecer o nome de *beatitude*: não são mais alegrias que aumentam nossa potência de agir, nem mesmo alegrias que supõem ainda esse aumento, são alegrias que derivam absoluta-

---

[14] Ver *E*, V, 14-20.

[15] *E*, V, 31, esc.: "Embora estejamos agora certos de que o espírito é eterno enquanto concebe as coisas sob a espécie da eternidade, nós, entretanto, para explicar mais facilmente e dar a compreender melhor o que queremos mostrar, consideramo-lo como se ele começasse agora a ser, e a compreender as coisas sob a espécie da eternidade...".

[16] *E*, V, 33, esc.

mente de nossa essência, tal como ela está em Deus e é concebida por Deus.[17]

Devemos ainda perguntar: qual é a diferença entre a ideia de Deus do segundo gênero e a do terceiro? *[288]* A ideia de Deus só pertence ao segundo gênero na medida em que é conectada às noções comuns que a exprimem. E as condições do nosso conhecimento são tais que "chegamos" à ideia de Deus pelas noções comuns. Mas, em si mesma, a ideia de Deus não é uma dessas noções. É ela, portanto, que nos faz sair do segundo gênero de conhecimento e nos revela um conteúdo independente: não mais propriedades comuns, mas a essência de Deus, minha essência e todas as outras que dependem de Deus. Ora, enquanto a ideia de Deus se conecta às noções comuns, ela representa um ser soberano que não tem amor algum, alegria alguma. Porém, determinando-nos ao terceiro gênero, ela própria recebe novas qualificações que correspondem a esse gênero. As alegrias ativas que experimentamos no terceiro gênero de conhecimento são as alegrias que o próprio Deus experimenta, porque as ideias das quais elas se seguem estão em nós assim como estão eternamente e imediatamente em Deus. Não veremos, portanto, contradição alguma entre os dois amores sucessivamente descritos no livro V da *Ética*: amor por um Deus que não pode nos amar, pois não experimenta alegria alguma; amor por um Deus, ele mesmo alegre, que se ama e nos ama com o mesmo amor que nós o amamos. Basta, como indica o contexto, conectar os primeiros textos ao segundo gênero de conhecimento, os outros ao terceiro.[18]

Procedendo da ideia de nós mesmos tal como está em Deus, nossas alegrias ativas são uma parte das alegrias de Deus. Nossa alegria é a alegria do próprio Deus enquanto ele se explica pela nossa essência. E o amor do terceiro gênero, que experimentamos por Deus, é "uma parte do amor infinito com que Deus ama a si mesmo". O amor que experimentamos por Deus é o amor que

[17] *E*, V, 33, esc.

[18] Amor para com Deus, do segundo gênero: *E*, V, 14-20. Amor de Deus, do terceiro gênero: V, 32-7.

Deus experimenta por si mesmo enquanto se explica pela nossa própria essência, logo, o amor que ele experimenta pela nossa própria essência.[19] A *beatitude* não designa somente a posse de uma alegria ativa, tal como ela está em Deus, mas também a posse de um amor ativo, tal como ele está em Deus.[20] Em tudo isso, a palavra "parte" deve ser interpretada sempre de maneira explicativa ou expressiva: o que compõe não é uma parte, mas o que exprime e explica. Nossa essência é uma parte de *[289]* Deus, a ideia da nossa essência é uma parte da ideia de Deus, mas considerando que a essência de Deus se explica pela nossa. E é no terceiro gênero que o sistema da expressão encontra sua forma final. A forma final da expressão é a identidade da afirmação especulativa e da afirmação prática, a identidade do Ser e da Alegria, da Substância e da Alegria, de Deus e da Alegria. A alegria manifesta o desenvolvimento da própria substância, sua explicação nos modos e a consciência dessa explicação. A ideia de Deus não é mais simplesmente exprimida pelas noções comuns em geral, é ela que se exprime e se explica em todas as essências, segundo a lei de produção que lhes é própria. Ela se exprime em cada essência em particular, mas cada essência compreende todas as outras essências na sua lei de produção. A alegria que experimentamos é a alegria que o próprio Deus experimenta enquanto tem a ideia da nossa essência; a alegria que Deus experimenta é aquela que nós mesmos experimentamos enquanto temos ideias tais como estão em Deus.

Desde nossa existência na duração, portanto, "durante" nossa própria existência, podemos atingir o terceiro gênero de conhecimento. Mas só o conseguiremos numa ordem estrita, que represente a melhor maneira pela qual nosso poder de ser afetado possa ser preenchido: 1º) Ideias inadequadas que nos são dadas, e afecções passivas que se seguem disso, umas aumentando nossa

[19] *E*, V, 36, prop. e cor.

[20] *E*, V, 36, esc.

Beatitude

potência de agir, outras diminuindo-a; 2º) Formação das noções comuns como resultado de um esforço de seleção que incide sobre as próprias afecções passivas; as alegrias ativas do segundo gênero se seguem das noções comuns, um amor ativo se segue da ideia de Deus tal como ela se conecta às noções comuns; 3º) Formação das ideias adequadas do terceiro gênero, alegrias ativas e amor ativo que se seguem dessas ideias (beatitude). Porém, enquanto existimos na duração, é inútil esperar que tenhamos apenas alegrias ativas do terceiro gênero, ou somente afecções ativas em geral. Teremos sempre paixões e tristezas com nossas alegrias passivas. Nosso conhecimento passará sempre pelas noções comuns. O máximo que podemos nos esforçar será para termos proporcionalmente mais paixões alegres do que tristezas, mais alegrias ativas do segundo gênero do que paixões, e o maior *[290]* número possível de alegrias do terceiro gênero. Tudo é questão de proporção nos sentimentos que preenchem nosso poder de ser afetado: trata-se de fazer com que as ideias inadequadas e as paixões só ocupem *a menor parte de nós mesmos*.[21]

A duração se conecta à existência dos modos. Lembramos que a existência de um modo é constituída por partes extensivas que, numa certa conexão, são determinadas a pertencer à essência desse modo. É por isso que a duração se mede pelo tempo: um corpo existe por tanto tempo quanto ele possua partes extensivas sob a conexão que o caracteriza. Quando os encontros o dispõem de outra maneira, o próprio corpo deixa de existir, e suas partes formam outros corpos sob novas conexões. É, portanto, evidente que não podemos suprimir toda paixão durante nossa existência: as partes extensivas, com efeito, são determinadas e afetadas de fora, ao infinito. Às partes do corpo correspondem *faculdades* da alma, faculdades de experimentar afecções passivas. Assim, a imaginação corresponde à marca atual de um corpo sobre o nosso, a memória corresponde à sucessão das marcas no tempo. Memória e imaginação são verdadeiras partes da alma. A alma tem partes extensivas que só lhe pertencem na medida em que ela é a ideia de

---

[21] Ver *E*, V, 20, esc.; 38, dem.

um corpo, ele mesmo composto de partes extensivas.[22] A alma "dura", na medida em que exprime a existência atual de um corpo que dura. E as próprias faculdades da alma remetem a uma potência, potência de padecer, potência de imaginar as coisas segundo as afecções que elas produzem no nosso corpo, logo, potência de conceber as coisas na duração e em relação com o tempo.[23]

As partes extensivas pertencem à essência em certa conexão e durante certo tempo; mas elas não constituem essa essência. A própria essência tem uma natureza totalmente distinta. Nela mesma, a essência é um grau de potência ou de intensidade, uma parte intensiva. Nada nos parece mais inexato do que uma interpretação matemática das essências particulares em Espinosa. É verdade *[291]* que uma essência se exprime numa conexão, mas não se confunde com essa conexão. Uma essência particular é uma realidade física; por isso, as afecções são afecções da essência, e a própria essência é uma essência de corpo. Essa realidade física é uma realidade intensiva, uma existência intensiva. Concebe-se, então, que a essência não dura. A duração se diz em função das partes extensivas e se mede pelo tempo durante o qual essas partes pertencem à essência. Mas, nela mesma, a essência tem uma realidade ou uma existência eterna; ela não tem duração, nem tempo que marque o término dessa duração (nenhuma essência pode destruir outra). Espinosa diz exatamente que a essência é *concebida* "com uma certa necessidade eterna".[24] Mas essa fórmula, por sua vez, não autoriza nenhuma interpretação intelectualista ou idealista. Espinosa quer dizer apenas que uma essência particular não é eterna por ela mesma. Só a substância divina é eterna em virtude de si mesma; mas uma essência só é eterna em virtude de uma causa (Deus), de onde deriva sua existência ou sua realidade de essência.

---

[22] Sobre as partes da alma, ver *E*, II, 15. Sobre a assimilação das faculdades a partes, ver *E*, V, 40, cor.

[23] *E*, V, 23, esc., e 29, dem. (essa faculdade de padecer, de imaginar, de conceber na duração é certamente uma *potência*, porque ela "envolve" a essência ou a potência de agir).

[24] *E*, V, 22, dem.

Beatitude 349

Portanto, ela é necessariamente concebida por essa causa; ela é concebida, portanto, com a necessidade eterna que deriva dessa causa. Não nos surpreende, então, que Espinosa fale da "ideia que exprime a essência de tal ou qual corpo humano sob a espécie da eternidade". Ele não quer dizer que a essência do corpo só exista em ideia. O erro da interpretação idealista é de voltar contra o paralelismo um argumento que faz parte integrante dele, ou de compreender como uma prova do ideal um argumento da pura causalidade. Se uma ideia em Deus exprime a essência de tal ou qual corpo, é porque Deus é causa das essências; segue-se disso que a essência é necessariamente concebida por essa causa.[25]

O corpo existe e dura na medida em que possui atualmente partes extensivas. Mas ele tem uma essência que é como uma parte intensiva eterna (grau de potência). A própria alma tem partes extensivas, enquanto exprime a existência do corpo na duração. Mas ela também tem uma parte intensiva eterna, que é como *[292]* a ideia da essência do corpo. A ideia que exprime a essência do corpo constitui a parte intensiva ou a essência da alma, necessariamente eterna. Sob esse aspecto, a alma possui uma faculdade, isto é, uma potência que se explica pela sua própria essência: potência ativa de compreender, e de compreender as coisas pelo terceiro gênero sob a espécie da eternidade. Enquanto exprime a existência atual do corpo na duração, a alma tem a potência de conceber os outros corpos na duração; enquanto exprime a essência do corpo, a alma tem a potência de conceber os outros corpos sob a espécie da eternidade.[26]

O Espinosismo afirma, portanto, uma distinção de natureza entre a duração e a eternidade. Se Espinosa, na *Ética*, evita empregar o conceito de *imortalidade*, é porque este lhe parece implicar

---

[25] *E*, V, 22, dem. Essa demonstração invoca precisamente o axioma do paralelismo segundo o qual o conhecimento do efeito depende do conhecimento da causa e o envolve. A fórmula de Espinosa *species aeternitatis* designa ao mesmo tempo a *espécie* de eternidade que decorre de uma causa, e a *concepção* intelectual que lhe é inseparável.

[26] *E*, V, 29, prop. e dem.

as mais desagradáveis confusões. Três argumentos são encontrados, por diversas razões, numa tradição da imortalidade que vai de Platão a Descartes. Em primeiro lugar, a teoria da imortalidade repousa sobre certo postulado da simplicidade da alma: só o corpo é concebido como divisível; a alma é imortal porque indivisível, já que suas faculdades não são partes. Em segundo lugar, a imortalidade dessa alma absolutamente simples é concebida na duração: a alma já existia quando o corpo ainda não tinha começado a existir, ela continua durando quando o corpo deixou de durar. Por isso, a teoria da imortalidade traz frequentemente com ela a hipótese de uma memória puramente intelectual, pela qual a alma separada do corpo pode ser consciente da sua própria duração. Finalmente, a imortalidade assim definida não pode ser o objeto de uma experiência direta enquanto durar o corpo. Sob qual forma ela sobrevive ao corpo, quais são as modalidades da sobrevida, quais são as faculdades da alma uma vez desencarnada? Só uma *revelação* poderia nos dizer isso agora.

Essas três teses encontram em Espinosa um adversário declarado. A teoria da imortalidade é inseparável de uma confusão entre a duração e a eternidade. Primeiro, o postulado de uma simplicidade absoluta da alma não se separa da ideia confusa de uma união entre a alma e o corpo. Conectando a alma ao corpo, opomos a simplicidade da alma, considerada num todo, e a divisibilidade do corpo, considerado ele mesmo num todo. Compreende-se que o corpo tem *[293]* partes extensivas enquanto existe, mas não se compreende que a alma também possui tais partes, na medida em que ela é a ideia do corpo existente. Compreende-se (mais ou menos bem) que a alma tem uma parte intensiva absolutamente simples e eterna que constitui sua essência, mas não se compreende que ela exprime dessa maneira a essência do corpo, não menos simples e eterna. Em segundo lugar, a hipótese da imortalidade nos convida a pensar em termos de sucessão, e nos torna incapazes de conceber a alma como um composto de coexistências. Não compreendemos que, enquanto o corpo existe, a duração e a eternidade "coexistem" na alma como dois elementos que diferem por natureza. A alma dura enquanto lhe pertencem partes extensivas que não constituem sua essência. A alma é eterna enquanto lhe pertence uma parte intensiva que define sua essência. Não devemos pensar que a alma dura para além do corpo: ela dura tanto quanto dura o próprio corpo, ela é eterna enquanto exprime a essência do corpo. Enquanto a alma for a ideia do corpo existente, coexistirão nela partes extensivas que lhe pertencem na duração, e uma parte intensiva que a constitui na eternidade. Enfim, não temos necessidade de revelação alguma para saber sob que modos e como a alma sobrevive. A alma permanece eternamente o que já é na sua essência, durante a existência do corpo: parte intensiva, grau de potência ou potência de compreender, ideia que exprime a essência do corpo sob a espécie da eternidade. Assim, a eternidade da alma é objeto de uma experiência direta. Para sentir e experimentar que somos eternos, basta entrar no terceiro gênero de conhecimento, ou seja, formar a ideia de nós mesmos tal como ela está em Deus. Essa ideia é precisamente aquela que exprime a essência do corpo; na medida em que a formamos, na medida em que a temos, *experimentamos* que somos eternos.[27]

O que acontece quando morremos? A morte é uma subtração, uma supressão. Perdemos todas as partes extensivas que nos pertenciam sob uma certa conexão; nossa alma perde todas as faculdades que só possuía enquanto exprimia a existência de um corpo, *[294]* ele mesmo dotado de partes extensivas.[28] Mas embora essas partes e essas faculdades pertencessem à nossa essência, elas nada *constituíam* dessa essência: nossa essência enquanto tal nada perde em perfeição quando perdemos partes extensivas que compunham nossa existência. De toda maneira, a parte de nós mesmos que perdura, qualquer que seja sua grandeza (isto é, o grau de potência ou a quantidade intensiva), é mais perfeita do que todas as partes extensivas que perecem, e conserva toda sua per-

---

[27] *E*, V, 23, esc. Essa experiência pertence necessariamente ao terceiro gênero; pois o segundo gênero não possui a ideia adequada da essência de nosso corpo, e ainda não nos leva a saber que nosso espírito é eterno (ver V, 41, dem.).

[28] *E*, V, 21, prop.: "O espírito nada pode imaginar e não pode lembrar-se de coisas passadas, a não ser ao longo da duração do corpo".

feição quando desaparecem essas partes extensivas.[29] Mais do que isso, quando nosso corpo deixou de existir, quando a alma perdeu todas as suas partes que se conectam com a existência do corpo, não estamos mais em estado de experimentar afecções passivas.[30] Nossa essência deixa de ser mantida em um estado de envolvimento, não mais podemos ser separados de nossa potência: só se mantém, com efeito, nossa potência de compreender ou de agir.[31] As ideias que temos são necessariamente ideias adequadas do terceiro gênero, tais como estão em Deus. Nossa essência exprime adequadamente a essência de Deus, as afecções de nossa essência exprimem adequadamente essa essência. *Devimos totalmente expressivos*, nada mais subsiste em nós que esteja "envolvido" ou simplesmente "indicado". Enquanto existíamos, só podíamos ter um certo número de afecções ativas do terceiro gênero, elas próprias em relação com afecções ativas do segundo gênero, elas próprias em relação com afecções passivas. Só podíamos esperar uma beatitude parcial. Mas tudo se passa como se a morte nos colocasse numa situação tal que pudéssemos ser afetados tão somente por afecções do terceiro gênero, que se explicam pela nossa essência.

É verdade que esse ponto ainda suscita muitos problemas. 1º) Em que sentido, após a morte, somos ainda afetados? Nossa alma perdeu tudo o que lhe pertence enquanto ideia de um corpo existente. *[295]* Mas permanece a ideia da essência do nosso corpo existente. Mas permanece a ideia da essência do nosso corpo tal como ela está em Deus. Temos, nós mesmos, a ideia dessa ideia tal como ela está em Deus. Nossa alma, portanto, é afetada pela ideia de si, pela ideia de Deus, pelas ideias das outras coisas sob a espécie da eternidade. Como todas as essências convêm com cada uma,

[29] *E*, V, 40, cor.: "A parte do espírito que persiste, seja qual for sua grandeza, é mais perfeita do que a outra".

[30] *E*, V, 34, prop.: "É somente ao longo da duração do corpo que o espírito está submetido aos sentimentos que se conectam a paixões".

[31] *E*, V, 40, cor.: "A parte eterna do espírito é o entendimento, unicamente pelo qual se diz que agimos. Quanto a essa parte que mostramos que perece, trata-se da própria imaginação, unicamente pela qual se diz que padecemos".

Beatitude

como elas têm por causa Deus que compreende todas elas na produção de cada uma, as afecções que decorrem das ideias do terceiro gênero são necessariamente afecções ativas e intensas, que se explicam pela essência daquele que as experimenta, ao mesmo tempo em que exprimem a essência de Deus. 2º) Mas se, depois da morte, somos ainda afetados, não será por que subsistem nosso poder de ser afetado, nossa conexão característica, juntamente com nossa essência? Com efeito, pode-se dizer que nossa conexão foi destruída ou decomposta, mas somente no sentido de que ela não mais subsume partes extensivas. As partes extensivas que nos pertenciam são agora determinadas a entrar em outras conexões incomponíveis com a nossa. Mas a conexão que nos caracteriza não deixa de ter uma verdade eterna enquanto nossa essência se exprime nela. É a conexão na sua verdade eterna que perdura com a essência. (Eis por que as noções comuns permanecem compreendidas nas ideias das essências.) É possível dizer, igualmente, que nosso poder de ser afetado pode ser destruído, mas na medida em que ele já não pode ser efetuado por afecções passivas.[32] Ele não deixa de ter uma potência eterna, idêntica à nossa potência de agir ou de compreender. É o poder de ser afetado, em sua potência eterna, que permanece com a essência.

Mas, de qualquer maneira, como conceber que possamos depois da morte gozar de afecções ativas do terceiro gênero, como se encontrássemos necessariamente o que nos é eternamente inato? Leibniz dirige várias críticas à concepção espinosista da eternidade: ele crítica seu geometrismo, a analogia entre as ideias de essência e formas ou figuras matemáticas; ele o critica por ter concebido uma eternidade sem memória e sem imaginação, no máximo a eternidade de um círculo ou de um triângulo. Mas uma terceira crítica de Leibniz nos parece mais importante, porque levanta o verdadeiro problema final do *[296]* Espinosismo: se Espinosa tinha razão, não haveria motivo para alguém se aperfeiçoar, para deixar

---

[32] Em *E*, IV, 39, dem. e esc., Espinosa diz que a morte destrói o corpo, logo, "nos torna absolutamente inaptos a podermos ser afetados". Mas, como indica o contexto, trata-se de afecções passivas produzidas por outros corpos existentes.

depois de si uma essência eterna ainda mais perfeita (como se essa essência ou ideia platônica "já não estivesse na natureza, quer eu tente ou não me assemelhar a ela, e como se me fosse útil depois da minha morte, se já não sou mais nada, ter me assemelhado a tal ideia").[33] Com efeito, a questão é a seguinte: de que nos serve a existência se, de qualquer maneira, voltaremos a nos juntar à nossa essência depois da morte, em condições de experimentar intensamente todas as afecções ativas que correspondem a ela? Nada perdemos ao perdermos a existência: só perdemos partes extensivas. Mas de que serve nosso esforço durante a existência se nossa essência, de qualquer maneira, é o que ela é, grau de potência indiferente às partes extensivas que só de fora e temporariamente foram conectadas a ela?

De fato, segundo Espinosa, nosso poder de ser afetado não será preenchido (depois da morte) por afecções ativas do terceiro gênero, se não tivermos conseguido, durante a própria existência, experimentar proporcionalmente um máximo de afecções ativas do segundo gênero e até do terceiro. É nesse sentido que Espinosa pode avaliar que conserva inteiramente o conteúdo positivo da noção de salvação. A própria existência é ainda concebida como um tipo de prova. Não uma prova moral, é verdade, mas uma prova física ou química, como a dos artesãos que verificam a qualidade de um material, de um metal ou de um vaso.

Na existência, somos compostos de uma parte intensiva eterna, que constitui nossa essência, e de partes extensivas que nos pertencem no tempo sob uma certa conexão. O que conta é a importância respectiva desses dois tipos de elementos. Suponhamos que conseguíssemos, desde nossa existência, experimentar afecções ativas: nossas próprias partes extensivas são afetadas por afecções que se explicam unicamente pela nossa essência; as paixões subsistentes são proporcionalmente menores do que as afecções ativas.

---

[33] Leibniz, *Carta ao Landegrave*, 14 de agosto de 1683. Ver Foucher de Careil, *Réfutation inédit de Spinoza par Leibniz* (Paris, Ladrange, 1854). Agindo como se a eternidade da alma espinosista fosse semelhante à de uma verdade matemática, Leibniz negligencia todas as diferenças entre o terceiro gênero e o segundo.

Beatitude

Ou seja: nosso poder de ser afetado se encontra proporcionalmente preenchido por um número maior de afecções ativas que de afecções *[297]* passivas. Ora, as afecções ativas se explicam pela nossa essência; as afecções passivas se explicam pelo jogo infinito de determinações extrínsecas das partes extensivas. Disso se conclui que, dos dois elementos que nos compõem, a parte intensiva de nós mesmos adquiriu relativamente muito mais importância do que as partes extensivas. No limite, quando morremos, o que perece não tem "importância alguma relativamente ao que persiste".[34] Quanto mais conhecemos coisas pelo segundo e terceiro gêneros, tanto maior é, relativamente, a parte eterna de nós mesmos.[35] É obvio que essa parte eterna, tomada nela mesma, independentemente das partes extensivas que a ela se juntam para compor nossa existência, é um absoluto. Mas suponhamos que, durante nossa existência, restemos preenchidos e determinados por afecções passivas. Dos dois elementos que nos compõem, as partes extensivas terão relativamente mais importância do que a parte intensiva eterna. Perdemos mais quando morremos; é por isso que só teme a morte aquele que tem algo a temer, aquele que, morrendo, perde relativamente mais.[36] Nossa essência não deixa de ser o absoluto que é nela mesma; a ideia de nossa essência não deixa de ser aquilo que ela é absolutamente em Deus. Mas o poder de ser afetado que lhe corresponde eternamente permanece vazio: tendo perdido nossas partes extensivas, perdemos todas as nossas afecções que se explicavam por elas. Ora, não temos outras afecções. Quando morremos, nossa essência permanece, mas como um abstrato; nossa essência fica inafetada.

[34] *E*, V, 38, esc. Nosso esforço durante a existência é assim definido em V, 39, esc.: formar nosso corpo de tal maneira que ele se conecte a um espírito maximamente consciente de si mesmo, de Deus e das coisas. Então, o que concerne à memória e à imaginação será "de pouca importância relativamente ao entendimento".

[35] *E*, V, 38, dem.: "Quanto mais coisas o espírito compreende pelo segundo e terceiro gêneros de conhecimento, tanto maior é a parte que dele permanece indene".

[36] *E*, V, 38, prop. e esc.

Dá-se o contrário, quando soubemos fazer da parte intensiva o elemento mais importante de nós mesmos. Morrendo, perdemos pouca coisa; perdemos as paixões que subsistiam em nós, pois estas se explicam pelas partes extensivas; em certa medida, perdemos também as noções comuns e as afecções ativas do segundo gênero, que só têm valor autônomo [298] com efeito, enquanto se aplicam à existência; enfim, as afecções ativas do terceiro gênero não podem mais se impor às partes extensivas, pois estas não mais nos pertencem. Mas nosso poder de ser afetado subsiste eternamente, acompanhando nossa essência e a ideia de nossa essência; ora, esse poder é necessariamente e absolutamente preenchido pelas afecções do terceiro gênero. Durante nossa existência, fizemos de nossa parte intensiva a parte relativamente mais importante de nós mesmos; depois da nossa morte, as afecções ativas que se explicam por essa parte preenchem absolutamente nosso poder de ser afetado; o que fica de nós mesmos é absolutamente efetuado. Nossa essência, tal como está em Deus, e a ideia da nossa essência tal como ela é concebida por Deus, acham-se inteiramente afetadas.

Não há sanções morais de um Deus justiceiro, nem castigos, nem recompensas, mas consequências naturais da nossa existência. É verdade que, durante nossa existência, nosso poder de ser afetado acha-se sempre e necessariamente preenchido: seja por afecções passivas, seja por afecções ativas. Então, se nosso poder, enquanto existimos, for inteiramente preenchido por afecções passivas, ele ficará vazio, e nossa essência, abstrata, quando tivermos deixado de existir. Ele será absolutamente efetuado por afecções do terceiro gênero, se o tivermos proporcionalmente preenchido por um máximo de afecções ativas. Donde a importância dessa "prova" da existência: existindo, devemos selecionar as paixões alegres, pois apenas elas nos introduzem às noções comuns e às alegrias ativas que delas decorrem; e devemos nos servir das noções comuns como de um princípio que já nos introduz às ideias e às alegrias do terceiro gênero. Então, após a morte, nossa essência terá todas as afecções de que ela é capaz; e todas essas afecções serão do terceiro gênero. É essa a difícil via da salvação. Em sua maior parte e na maior parte do tempo, os homens ficam fixados às paixões tristes que os separam da sua essência e a reduzem ao estado de

Beatitude

abstração. A via da salvação é a própria via da expressão: devir expressivo quer dizer devir ativo — exprimir a essência de Deus, fazer de si mesmo uma ideia pela qual a essência de Deus se explica, ter afecções que se expliquem pela nossa própria essência e que exprimam a essência de Deus.

Conclusão
TEORIA DA EXPRESSÃO
EM LEIBNIZ E EM ESPINOSA
(O EXPRESSIONISMO EM FILOSOFIA)
[299]

[Exprimir: ser, conhecer, agir ou produzir. — Sentido histórico desse conceito. — Sentido que lhe dão Leibniz e Espinosa: o triplo aspecto da reação contra Descartes. — A diferença Leibniz-Espinosa: as expressões equívocas e a analogia, as expressões unívocas e a univocidade. — As três figuras do Unívoco, segundo Espinosa. — O paradoxo da expressão: o exprimido.]

A força de uma filosofia se mede pelos conceitos que ela cria, ou cujo sentido ela renova, e que impõem um novo recorte às coisas e às ações. Pode acontecer que esses conceitos sejam evocados pelo tempo, carregados de um sentido coletivo conforme às exigências de uma época, e sejam descobertos, criados ou recriados por vários autores ao mesmo tempo. É o que se passa com Espinosa e Leibniz e o conceito de expressão. Esse conceito sustenta a força de uma reação anticartesiana, que esses dois autores conduzem de dois pontos de vista muito diferentes. Ele implica uma redescoberta da Natureza e de sua potência, uma recriação da lógica e da ontologia: um novo "materialismo" e um novo "formalismo". O conceito de expressão se aplica ao Ser determinado como Deus, na medida em que Deus se exprime no mundo. Ele se aplica às ideias determinadas como verdadeiras, na medida em que as ideias verdadeiras exprimem Deus e o mundo. Ele se aplica, enfim, aos indivíduos determinados como essências singulares, na medida em que as essências singulares se exprimem nas ideias. Assim sendo, as três determinações fundamentais: *ser, conhecer, agir ou produzir*, são medidas e sistematizadas sob esse conceito.

Ser, conhecer, agir são as espécies da expressão. É a idade da "razão suficiente": as três ramificações da razão suficiente, *ratio essendi, ratio cognoscendi, ratio fiendi ou agendi* [razão de ser, razão cognoscente, razão eficiente ou agente], têm sua raiz comum na expressão.

Porém, o conceito de expressão, tal como redescoberto por Espinosa e Leibniz, não é novo: já tem uma longa história filosófica. Mas uma história um pouco oculta, um pouco maldita. Com efeito, tentamos *[300]* mostrar como o tema da expressão já se insinuava nas duas grandes tradições teológicas da emanação e da criação. Ele não intervém como um terceiro conceito a rivalizar de fora com aqueles. Ele intervém sobretudo num momento de seu desenvolvimento, sempre arriscando desviá-los, confiscá-los em seu proveito. Em suma, é um conceito propriamente filosófico, de conteúdo imanente, que se intromete nos conceitos transcendentes de uma teologia emanativa ou criacionista. Traz consigo o "perigo" propriamente filosófico: o panteísmo ou a imanência — imanência da expressão no que se exprime, e do exprimido na expressão. Ele pretende penetrar no mais profundo, nos "arcanos", para usar uma palavra da qual Leibniz gostava. Ele volta a dar à natureza uma espessura que lhe é própria e, ao mesmo tempo, torna o homem capaz de penetrar nessa espessura. Torna o homem adequado a Deus, e detentor de uma nova lógica: autômato espiritual, igual à combinatória do mundo. Nascido nas tradições da emanação e da criação, ele faz delas duas inimigas, porque contesta tanto a transcendência de um Uno superior ao ser quanto a transcendência de um Ser superior à criação. Todo conceito possui em si, virtualmente, um aparelho metafórico. O aparelho metafórico da expressão é o espelho e o germe.[1] Como *ratio essendi*, a expressão se reflete no espelho como *ratio cognoscendi*, e se reproduz no

---

[1] Sobre esses dois temas, do espelho e do germe (ou do ramo), em conexão essencial com a noção de expressão, ver, por exemplo, o processo de Eckhart. Com efeito, esses temas fazem parte das principais peças de acusação: ver *Édition critique des pièces relatives au procès d'Eckart*, par G. Théry, Archives d'Histoire Doctrinale et Littéraire du Moyen Âge (Paris, Vrin, 1926-1927).

germe como *ratio fiendi*. Mas eis que o espelho parece absorver tanto o ser que nele se reflete quanto o ser que olha a imagem. O germe, ou o ramo, parece absorver tanto a árvore da qual ele provém, quanto a árvore que dele provém. E qual é essa estranha existência, tal como está "tomada" no espelho, tal como está implicada, envolvida no germe — em suma, *o exprimido*, entidade da qual mal podemos dizer que existe? Vimos que o conceito de expressão tinha como que duas fontes: uma ontológica, concernente à *expressão de Deus*, que nasce ao abrigo das tradições da emanação e da criação, mas que as contesta profundamente; a outra, lógica, concernente ao *exprimido* das *proposições*, que nasce ao abrigo da lógica aristotélica, mas a *[301]* contesta e a revoluciona. As duas fontes voltam a juntar-se no problema dos Nomes divinos, do Logos ou do Verbo.

Se Leibniz e Espinosa, no século XVII, um a partir de uma tradição cristã, o outro a partir de uma tradição judaica, reencontram o conceito de expressão e lhe dão uma nova luz, isso se passa, evidentemente, em um contexto que é o do seu tempo e em função de problemas que são os dos seus respectivos sistemas. Tentemos, primeiramente, destacar o que há de comum nos dois sistemas, e por que razões eles reinventam o conceito de expressão.

Concretamente, o que eles criticam, em Descartes, é ele ter feito uma filosofia "rápida" demais ou "fácil" demais. Em todos os domínios, Descartes vai tão depressa que deixa escapar a razão suficiente, a essência ou verdadeira natureza: em toda parte, ele permanece no relativo. *Primeiramente, a propósito de Deus*: a prova ontológica de Descartes repousa sobre o infinitamente perfeito, e se apressa para concluir; mas o infinitamente perfeito é um "próprio" totalmente insuficiente para mostrar qual é a "natureza" de Deus e como essa natureza é possível. Assim também as provas *a posteriori* de Descartes repousam sobre a consideração das quantidades de realidade dadas, e não se elevam a um princípio dinâmico do qual dependem. *Em seguida, a propósito das ideias*: Descartes descobre os critérios do claro e do distinto; mas o "claro-e--distinto" é ainda um próprio, uma determinação extrínseca da ideia que não nos ensina sobre a natureza e a possibilidade da coisa em ideia, nem do pensamento como tal. Descartes se restringe

Conclusão: Teoria da expressão em Leibniz e em Espinosa   361 ao conteúdo representativo da ideia e à forma da consciência psicológica que a pensa: ele perde assim o verdadeiro conteúdo imanente da ideia, assim como a verdadeira forma lógica, e a unidade dos dois (o autômato espiritual). Ele nos diz que o verdadeiro está presente na ideia clara e distinta, mas o que está presente na ideia verdadeira? Vê-se facilmente até que ponto essa segunda corrente crítica se junta à primeira: pois, restringindo-se ao claro-e-distinto, só se pode avaliar as ideias entre si e compará-las às coisas pela consideração das quantidades de realidade. Dispondo-se apenas de uma característica extrínseca da ideia, só se atinge, no Ser, características elas mesmas extrínsecas. Mais do que isso, a distinção como norma da ideia prejulga o estado das distinções entre coisas representadas na ideia: é em conexão com o critério do claro e do distinto que Descartes, de todo o tesouro das distinções escolásticas, só retém a distinção real, segundo ele necessariamente numérica, a distinção de razão, segundo *[302]* ele necessariamente abstrata, a distinção modal, segundo ele necessariamente acidental. *Finalmente, a propósito dos indivíduos e suas ações*: Descartes interpreta o indivíduo humano como o composto real de uma alma e de um corpo, isto é, de dois termos heterogêneos que supostamente agem, realmente, um sobre o outro. Não seria, então, inevitável que tantas coisas sejam "incompreensíveis", segundo Descartes? Não apenas esse próprio composto, mas o processo da sua causalidade, e também o infinito, e também a liberdade? É num único e mesmo movimento que se reduz o ser à platitude do infinitamente perfeito, as coisas à monotonia das quantidades de realidade, as ideias ao ramerrão da causalidade real — e que se redescobre toda a espessura do mundo, mas então sob uma forma incompreensível.

Ora, sejam quais forem as diferenças entre Leibniz e Espinosa, e principalmente suas diferenças na interpretação da expressão, o fato é que ambos se servem desse conceito para ultrapassar, em todos os níveis precedentes, o que eles estimam ser a insuficiência ou a facilidade do cartesianismo, para restaurar a exigência de uma razão suficiente operando no absoluto. Não que eles voltem a um aquém de Descartes. Para eles, há aquisições do cartesianismo que não podem ser postas em questão: quanto mais não seja, precisamente, pelas propriedades do infinitamente perfeito, da quantidade de realidade, do claro e do distinto, do mecanicismo etc. Espinosa e Leibniz são pós-cartesianos, no sentido em que Fichte, Schelling, Hegel são pós-kantianos. Trata-se para eles de atingir o fundamento do qual decorrem todas essas propriedades enumeradas anteriormente, de redescobrir um absoluto que esteja à altura do "relativismo" cartesiano. Como é que eles procedem, e por que o conceito de expressão é o melhor para essa tarefa?

O infinitamente perfeito como próprio deve ser ultrapassado rumo ao absolutamente infinito como natureza. E as dez primeiras proposições da *Ética* mostram que Deus existe necessariamente, mas porque o absolutamente infinito é possível ou não contraditório: esse é o procedimento espinosista no qual, entre todas as definições do começo da *Ética*, que são nominais, é demonstrado que a definição 6 é real. Ora, essa própria realidade é constituída pela coexistência de todas as formas infinitas, que introduzem sua distinção no absoluto, sem introduzir aí o número. Essas formas constitutivas da natureza de Deus, e que têm o infinitamente perfeito apenas como propriedade, são a expressão do absoluto. Deus é representado como infinitamente perfeito, *[303]* mas é constituído por essas formas mais profundas, ele *se exprime* nessas formas, nesses atributos. O procedimento de Leibniz é formalmente semelhante: o mesmo ultrapassamento do infinito rumo ao absoluto. Não, com certeza, que o Ser absoluto de Leibniz seja o mesmo de Espinosa. Mas ainda aí, trata-se de demonstrar a realidade de uma definição, e alcançar uma natureza de Deus para além da propriedade. Ainda aí, essa natureza é constituída por formas simples e distintas, nas quais Deus se exprime e que exprimem, elas próprias, qualidades positivas infinitas.[2] Da mesma maneira, tanto em Es-

---

[2] Sobre "as formas simples tomadas absolutamente", "atributos próprios de Deus", "causas primeiras e razão última das coisas", ver *Carta à princesa Elisabeth*, 1678, e *Méditations sur la connaissance*, 1684. Na nota de 1676, *Quod ens perfectissimum existit* [Que o ser perfeitíssimo existe], a perfeição se define por uma qualidade positiva absoluta *seu quae quicquid exprimit, sine ullis limitibus exprimit* [que exprime, sem limitação alguma, o que quer que exprima] (Gerhardt, VII, pp. 261-2). Nos *Nouveaux essais*,

pinosa quanto em Leibniz, como vimos, as quantidades intensivas ou quantidades de potência, descobertas como mais profundas que as quantidades de realidade, é que transformam os procedimentos *a posteriori*, introduzindo neles a expressividade.

Passemos ao segundo ponto, que concerne ao conhecimento e à ideia. O comum a Leibniz e a Espinosa é a crítica do *claro-e--distinto* cartesiano, como convindo mais à recognição e às definições nominais do que ao verdadeiro conhecimento por definições reais. Ora, o verdadeiro conhecimento é descoberto como uma *espécie* da expressão: isto quer dizer, ao mesmo tempo, que o conteúdo representativo da ideia é ultrapassado rumo a um conteúdo imanente, propriamente expressivo, e que a forma da consciência psicológica é ultrapassada rumo a um formalismo lógico, "explicativo". E o autômato espiritual apresenta a identidade dessa nova forma e desse novo conteúdo. Nós mesmos somos ideias em virtude do nosso poder expressivo; "e poderíamos denominar nossa essência ou ideia por aquilo que compreende tudo quanto exprimimos, e, como ela exprime a nossa união com o próprio Deus, não tem limites e nada a ultrapassa".[3]

Quanto ao terceiro ponto, devemos repensar o indivíduo definido como o composto de uma alma e de um corpo. É que a hipótese de uma causalidade real é talvez o meio mais simples de interpretar os fenômenos desse composto, as ações e as paixões, mas *[304]* nem por isso é o meio mais convincente nem o mais inteligível. Com efeito, negligencia-se um mundo rico e profundo: o das *correspondências não causais*. Mais do que isso, é possível que a causalidade real se estabeleça e esteja alerta somente em algumas regiões desse mundo das correspondências não causais e, na verdade, o suponha. A causalidade real seria tão somente um caso particular de um princípio mais geral. Tem-se ao mesmo tempo a impressão de que a alma e o corpo tenham uma quase-identidade que torna a causalidade real inútil entre eles, e uma heterogenei-

---

Leibniz faz alusão às "qualidades originais ou distintamente cognoscíveis" que podem ser levadas ao infinito.

[3] Leibniz, *Discours de métaphysique*, § 16.

364   Espinosa e o problema da expressão

dade, uma heteronomia que a torna impossível. A identidade, ou quase-identidade, é a de um "invariante"; a heteronímia é a de duas séries variáveis, uma corporal, a outra espiritual. Ora, a causalidade real intervém mesmo, por conta própria, em cada uma das séries; mas a conexão entre as duas séries, e a conexão destas com o invariante, dependem de uma correspondência não causal. Se perguntarmos agora qual é o conceito capaz de dar conta de tal correspondência, parece que é o de expressão. Pois se é verdade que o conceito de expressão se aplica adequadamente à causalidade real, no sentido de que o efeito exprime a causa, e de que o conhecimento do efeito exprime um conhecimento da causa, esse conceito não deixa de transbordar a causalidade, pois faz corresponder e ressoar séries totalmente estranhas uma à outra. De maneira que a causalidade real é uma espécie da expressão, mas apenas uma espécie subsumida sob um gênero mais profundo. Esse gênero traduz imediatamente a possibilidade para séries distintas heterogêneas (as expressões) de exprimir um mesmo invariante (o exprimido), estabelecendo em cada série variável um mesmo encadeamento de causas e de efeitos. A expressão se instala no coração do indivíduo, no seu corpo e na sua alma, nas suas paixões e nas suas ações, nas suas causas e nos seus efeitos. E por *mônada*, mas também por *modo*, Leibniz e Espinosa, respectivamente, entendem o indivíduo tão somente como centro expressivo.

Se o conceito de expressão tem mesmo essa tríplice importância, do ponto de vista do ser universal, do conhecer específico, do agir individual, não se pode quanto a isso exagerar a importância da comunidade Espinosa-Leibniz. Mesmo que eles divirjam em cada ponto, no uso e interpretação do conceito. E as diferenças formais, as diferenças de tom já prefiguram as diferenças de conteúdo. Dizíamos que não se encontra em Espinosa, explicitamente, nem uma definição nem uma demonstração explícitas da expressão (embora essa definição e essa demonstração estejam constantemente *[305]* implicadas na obra). Em Leibniz, ao contrário, encontramos textos que tratam explicitamente da compreensão e da extensão da categoria de expressão. Mas, estranhamente, Leibniz é quem dá a essa categoria uma extensão tal que ela acaba por recobrir tudo, inclusive o mundo dos signos, das similitudes, dos símbolos e das harmonias[4] — ao passo que Espinosa empreende a mais severa depuração, e opõe estritamente as expressões aos signos ou às analogias.

Um dos textos mais límpidos de Leibniz é *Quid est idea* [*O que é ideia*].[5] Depois de ter definido a expressão como uma correspondência de *habitus* [hábito] entre duas coisas, Leibniz distingue dois grandes tipos de expressões naturais: as que implicam uma certa semelhança (um desenho, por exemplo), as que envolvem uma certa lei ou causalidade (uma projeção). Mas, de qualquer maneira, fica visível que um dos termos da conexão de expressão é sempre superior ao outro: seja porque ele desfruta da identidade reproduzida pelo segundo, seja porque envolve a lei que o outro desenvolve. E em todos os casos ele "concentra" na sua unidade o que o outro "dispersa na multidão". A expressão, segundo Leibniz, funda em todos os domínios uma tal conexão entre o Uno e o Múltiplo: o que se exprime é "dotado de uma verdadeira unidade", relativamente às suas expressões; ou, o que dá no mesmo, a expressão é una, relativamente ao exprimido múltiplo e divisível.[6] Porém, dessa maneira, uma certa zona obscura ou confusa é sempre introduzida na expressão: o termo superior, em razão de sua unidade, exprime *mais distintamente* aquilo que o outro exprime *menos distintamente* na sua multidão. É mesmo nesse sentido que se repartem as causas e os efeitos, as ações e as paixões: quando se diz que, ao nadar, um corpo é causa de uma "infinidade de movimentos de partes da água", e não o inverso, é porque o

---

[4] Ver *Carta de Leibniz a Arnauld* (Janet I, p. 594): "A expressão é comum a todas as formas, e é um gênero do qual a percepção natural, o sentimento animal e o conhecimento intelectual são espécies".

[5] Ed. Gerhardt, VII, pp. 263-4.

[6] Leibniz, *Carta a Arnauld* (Janet I, p. 494): "Basta que o que é divisível e material, e que se encontra dividido em vários seres, seja exprimido ou representado num só ser divisível, ou na substância que é dotada de uma verdadeira unidade". E *Nouveaux essais* III, 6, § 24: A alma e a máquina "concordam entre si perfeitamente e, embora não tenham ponto de influência imediata uma sobre a outra, exprimem-se mutuamente, uma tendo concentrado numa perfeita unidade tudo o que a outra dispersou na multidão".

corpo tem uma unidade que permite explicar *[306]* mais distintamente aquilo que acontece.[7] Mais do que isso, como o segundo termo é exprimido no primeiro, este talha de alguma maneira sua expressão distinta numa região obscura que o cerca por todos os lados, e na qual ele mergulha: assim, cada mônada traça sua expressão parcial distinta sobre o fundo de uma expressão total confusa; ela exprime confusamente a totalidade do mundo, mas só exprime claramente uma parte dela, extraída ou determinada pela conexão, também expressiva, que ela tem com seu corpo. O mundo exprimido por cada mônada é um contínuo provido de singularidades, e é em torno dessas singularidades que as próprias mônadas se formam enquanto centros expressivos. O mesmo se passa com as ideias: "Nossa alma só reflete sobre os fenômenos mais singulares que se distinguem dos outros, deixando de pensar distintamente em algum, quando pensa igualmente em todos".[8] Eis por que nosso pensamento não alcança o absolutamente adequado, nem as formas absolutamente simples que estão em Deus, mas atém-se a formas e termos relativamente simples (isto é, simples relativamente à multidão que eles envolvem). E isso é ainda verdadeiro quanto a Deus, às "diferentes visões de Deus", nas regiões de seu entendimento concernentes à criação possível: os diferentes mundos criáveis formam esse fundo obscuro, a partir do qual Deus cria o melhor, criando as mônadas ou expressões que o exprimem melhor. Mesmo em Deus, ou pelo menos em certas regiões do seu entendimento, o Uno se combina com um "zero" que torna a criação possível. Devemos, portanto, levar em conta dois fatores fundamentais na concepção leibniziana da expressão: a *Analogia*, que exprime sobretudo os diferentes tipos de unidade, em conexão com as multiplicidades que eles envolvem; a *Harmonia*, que exprime sobretudo a maneira pela qual uma multiplicidade corresponde, em cada caso, à sua unidade de referência.[9] *[307]*

---

[7] *Esboço de uma carta a Arnauld* (Janet, I, pp. 552-3).

[8] *Carta a Arnauld* (Janet, I, p. 596).

[9] Ver ed. Grua, p. 126: "Como todos os espíritos são unidades, pode-

Tudo isso forma uma filosofia "simbólica" da expressão, na qual a expressão nunca é separada dos signos das suas variações, não mais que das zonas obscuras em que ela mergulha. O distinto e o confuso variam em cada expressão (a entre-expressão significa, especialmente, que o que uma mônada exprime confusamente, uma outra exprime distintamente). *Uma filosofia simbólica como essa é necessariamente uma filosofia das expressões equívocas.* E, muito mais do que opor Leibniz a Espinosa, lembrando a importância dos temas leibnizianos do possível e da finalidade, parece-nos necessário destacar esse ponto concreto concernente à maneira pela qual Leibniz interpreta e vive o fenômeno da expressão, porque todos os outros temas e conceitos daí decorrem. Tudo se passa como se Leibniz, ao mesmo tempo para salvar a riqueza do conceito de expressão e conjurar o "perigo" panteísta adjacente, encontrasse uma nova fórmula, segundo a qual a criação e a emanação fossem as duas espécies reais da expressão, ou correspondessem a duas dimensões da expressão: a *criação*, na constituição originária das unidades expressivas análogas ("combinações da unidade com o zero"); a *emanação*, na série derivada que desenvolve as multiplicidades exprimidas em cada tipo de unidade (os envolvimentos e desenvolvimentos, as "transproduções", os "metaesquematismos").[10]

-se dizer que Deus é a unidade primitiva, exprimida por todas as outras segundo sua aptidão... É disso que resulta a operação na criatura, que é variada segundo as diferentes combinações da unidade com o zero, ou então do positivo com o privativo". São esses diferentes tipos de unidade que *simbolizam* uns com os outros: por exemplo, as noções relativamente simples do nosso entendimento com as absolutamente simples do entendimento divino (ver ed. Conturat, *Elementa calculi*, e *Introductio ad Encyclopaediam Arcanam*). Um tipo de unidade é sempre causa final relativamente à multiplicidade que ele subsume. E Leibniz emprega particularmente a palavra "harmonia" para designar essa referência do múltiplo ao uno (*Elementa verae pietatis*, ed. Grua, p. 7).

[10] Ocorre a Leibniz empregar a palavra "emanação" para designar a criação das unidades e suas combinações: ver, por exemplo, *Discours de métaphysique*, § 14.

368   Espinosa e o problema da expressão

Ora, Espinosa dá uma interpretação viva da expressão, completamente diferente. Pois o essencial, para Espinosa, é separar o domínio dos signos, sempre equívocos, e o das expressões, cuja regra absoluta deve ser a univocidade. Vimos, nesse sentido, como os três tipos de signos (signos indicativos da percepção natural, signos imperativos da lei moral e da revelação religiosa) eram radicalmente rejeitados ao inadequado; e com eles cai toda a linguagem da analogia, tanto aquela que atribui a Deus um entendimento e uma vontade, quanta aquela que atribui um fim às coisas. E no mesmo lance, a ideia absolutamente adequada pode ser alcançada e formada por nós, na medida em que ela recebe suas condições do estrito regime da univocidade: a ideia adequada *[308]* é a ideia expressiva, isto é, a ideia distinta enquanto conjurou esse fundo obscuro e confuso do qual Leibniz não se separava. (Tentamos mostrar como Espinosa operava concretamente essa seleção, no procedimento de formação das noções comuns, no qual a ideia deixa de ser um signo para devir uma expressão unívoca.) Sejam quais forem os termos postos em jogo na conexão de expressão, não se trata de dizer que um exprime distintamente o que o outro exprime confusamente. Sobretudo, não é assim que se repartirá o ativo e o passivo, a ação e a paixão, a causa e o efeito; pois, contrariamente ao princípio tradicional, as ações operam a par com as ações, as paixões com as paixões. Se a harmonia pré-estabelecida de Leibniz e o paralelismo de Espinosa têm em comum romper com a hipótese de uma causalidade real entre a alma e o corpo, sua diferença fundamental não deixa de ser a seguinte: a repartição das ações e das paixões permanece em Leibniz o que era na hipótese tradicional (o corpo padecendo quando a alma age, e inversamente) — ao passo que Espinosa revoluciona toda a repartição prática, ao afirmar a paridade das paixões da alma com as do corpo, das ações do corpo com as da alma. É que, em Espinosa, a conexão de expressão só se estabelece entre iguais. Aí está o verdadeiro sentido do paralelismo: nunca há eminência de uma série. É certo que a causa na sua série continua mais perfeita do que o efeito, o conhecimento da causa na sua série continua mais perfeito que o do efeito; porém, longe da perfeição implicar uma "analogia", uma "simbolização", segundo a qual o mais perfeito existiria *sobre* um outro modo qualitativo que não o menos perfeito; ela implica apenas um processo quantitativo imanente, segundo o qual o menos perfeito existe *no* mais perfeito, isto é, *nessa* forma e *sob* essa mesma forma unívoca, que constitui a essência do mais perfeito. (É também nesse sentido, como vimos, que se deve opor a teoria da individuação qualitativa, em Leibniz, e a teoria da individuação quantitativa, em Espinosa, sem concluir disso, certamente, que o modo tenha menos autonomia do que a mônada.)

Tanto em Espinosa quanto em Leibniz, a conexão de expressão concerne essencialmente ao Uno e ao Múltiplo. Mas seria em vão buscar na *Ética* um signo pelo qual o Múltiplo, enquanto imperfeito, implicasse uma certa confusão relativamente à distinção do Uno que se exprime nele. Mais ou menos perfeição, segundo Espinosa, nunca implica uma mudança de forma. Assim, *[309]* a multiplicidade dos atributos é estritamente igual à unidade da substância: por essa estrita igualdade, devemos entender que os atributos são *formalmente* aquilo que a substância é *ontologicamente*. Em nome dessa igualdade, as formas de atributos não introduzem distinção numérica alguma entre substâncias; ao contrário, sua própria distinção formal é igual à toda diferença ontológica da substância única. E se considerarmos a multidão dos modos em cada atributo, veremos que esses modos envolvem o atributo, mas sem que esse envolvimento signifique que o atributo tome uma forma distinta daquela sob a qual ele constitui a essência da substância: os modos envolvem e exprimem o atributo *sob essa mesma forma* na qual ele envolve e exprime a essência divina. É por isso que o espinosismo é acompanhado por uma extraordinária teoria das distinções, a qual, mesmo quando toma emprestada a terminologia cartesiana, fala uma linguagem totalmente distinta: assim, a distinção real é aí, na verdade, uma distinção formal não numérica (ver os atributos); a distinção modal é aí uma distinção numérica intensiva ou extensiva (ver os modos); a distinção de razão é aí uma distinção formal-objetiva (ver as ideias). Em sua própria teoria, Leibniz multiplica os tipos de distinção, mas é para assegurar todos os recursos da simbolização, da harmonia e da analogia. Em Espinosa, ao contrário, a única linguagem é a da univocidade: primeiramente, *univocidade dos atributos* (enquanto os atributos, sob a mesma forma, são o que constitui a essência da substância e o que contém os modos e suas essências); depois, *univocidade da causa* (enquanto Deus é causa de todas as coisas no mesmo sentido que causa de si); em seguida, *univocidade da ideia* (enquanto a noção comum é a mesma na parte e no todo). Univocidade do ser, univocidade do produzir, univocidade do conhecer; forma comum, causa comum, noção comum — essas são as três figuras do Unívoco, que se reúnem absolutamente na ideia do terceiro gênero. A expressão, em Espinosa, longe de se reconciliar com a criação e a emanação, ao contrário, expulsa-as, ejeta-as para o lado dos signos inadequados ou da linguagem equívoca. Espinosa aceita o "perigo" propriamente filosófico implicado na noção de expressão: a imanência, o panteísmo. Mais do que isso, ele aposta nesse perigo. Em Espinosa, *toda a teoria da expressão está a serviço da univocidade*; e todo seu sentido é de arrancar o Ser unívoco do seu estado de indiferença ou de neutralidade, para fazer dele o objeto de uma afirmação pura, efetivamente *[310]* realizada no panteísmo, ou na imanência expressiva. Essa nos parece ser a verdadeira oposição entre Espinosa e Leibniz: *a teoria das expressões unívocas de um se opõe à teoria das expressões equívocas do outro*. Todas as outras oposições (a necessidade e a finalidade, o necessário e o possível) decorrem desta, e são abstratas relativamente a ela. Pois há certamente uma origem concreta das diferenças filosóficas, uma certa maneira de *avaliar* um fenômeno: aqui é o da expressão.

Porém, seja qual for a importância da oposição, devemos voltar ao que há de comum, entre Leibniz e Espinosa, nesse uso da noção de expressão, que manifesta toda a força da reação anticartesiana dos dois. Essa noção de expressão é essencialmente triádica: deve-se distinguir o que se exprime, a própria expressão e o exprimido. Ora, o paradoxo é que, ao mesmo tempo, o "exprimido" *não existe* fora da expressão e, todavia, não se assemelha a ela e, como distinto da própria expressão, está *essencialmente* conectado ao que se exprime. De maneira que a expressão é o suporte de um duplo movimento: ou envolve-se, implica-se, enrola-se o exprimido na expressão, para reter apenas o par "exprimente-expressão"; ou desenvolve-se, explica-se, desenrola-se a ex-

Conclusão: Teoria da expressão em Leibniz e em Espinosa   371

pressão de maneira a restituir o exprimido ("exprimente-exprimido").[NT] Assim, em Leibniz, o que há, primeiramente, é uma expressão divina: Deus se exprime em formas absolutas ou noções absolutamente simples, como num Alfabeto divino; essas formas exprimem qualidades ilimitadas que se conectam a Deus como sua essência. Depois, Deus se re-exprime no nível da criação possível: ele se exprime, então, em noções individuais ou relativamente simples, mônadas, que correspondem a cada uma das "visões" de Deus; e essas expressões, por sua vez, exprimem o mundo inteiro, ou seja, a totalidade do mundo escolhido, que se conecta a Deus como a manifestação da sua "glória" e da sua vontade. Vê-se bem, em Leibniz, que o mundo não existe fora das mônadas que o exprimem, e que, todavia, é sobretudo Deus que faz o mundo existir, não as mônadas.[11] De modo algum essas duas proposições são contraditórias, mas elas atestam o duplo movimento pelo

[NT] [A escolha de "exprimente", termo não coloquial, aqui empregado para traduzir essa nova ocorrência de *exprimant*, adjetivo verbal francês, agora em sua forma masculina, justifica-se pela necessidade de destacar, lexicalmente, uma diferença conceitual decisiva na intelecção do "duplo movimento" suportado pela "expressão", o da implicação e o da explicação. Sem intuito interpretativo, anotemos uma passagem que Deleuze escreveu em *Logique du sens* (1969), e que foi traduzida por Luiz Roberto Salinas Fortes, a quem homenageamos postumamente, e a quem agradecemos pelo emprego de "exprimente" para traduzir *exprimant*. Nessa passagem, o duplo movimento é sugerido, pois "exprimente" aparece como o "possível" implicado na expressão e que se explica no exprimido: "Um rosto assustado é a expressão de um possível mundo assustador ou de alguma coisa de assustador no mundo que ainda não vejo"; "o mundo possível exprimido existe perfeitamente, mas não existe (atualmente) fora do que o exprime. O rosto terrificado não se parece com a coisa terrificante, ele a implica, a envolve como algo de diferente, numa espécie de torção que põe o exprimido no exprimente. Quando, por minha vez e por conta própria, apreendo a realidade do que outrem exprimia, nada mais faço do que explicar outrem, desenvolver e realizar o mundo possível correspondente" (Gilles Deleuze, *Lógica do sentido*, trad. bras. de Luiz Roberto Salinas Fortes, São Paulo, Perspectiva/Edusp, 1974, p. 317; p. 357 da ed. francesa)].

[11] Tema constante nas *Cartas a Arnauld*: Deus não criou Adão pecador, mas o mundo onde Adão pecou.

qual o mundo exprimido se envolve nas mônadas que o exprimem, e pelo qual, inversamente, as mônadas se desenvolvem e restituem essa continuidade de um fundo provido de singularidades, *[311]* em torno das quais elas se constituíram. Ressalvando as diferenças já anotadas, pode-se dizer o mesmo a respeito de Espinosa. Na tríade da substância, Deus se exprime nos atributos, os atributos exprimem qualidades ilimitadas que constituem sua essência. Na tríade do modo, Deus se re-exprime, ou os atributos se exprimem por sua vez: eles se exprimem nos modos, os modos exprimem modificações como modificações da substância, constitutivas de um mesmo mundo através de todos os atributos. É em função dessa característica, sempre triádica, que o conceito de expressão não se deixa conectar nem à causalidade no ser, nem à representação na ideia, mas transborda as duas e faz delas dois de seus casos particulares. Pois, à díade da causa e do efeito, ou à da ideia e seu objeto, sempre vem juntar-se um terceiro termo que as transforma. É certo que o efeito exprime sua causa; mais profundamente, porém, a causa e o efeito formam uma série que deve exprimir alguma coisa, e alguma coisa de idêntico (ou de semelhante) ao que exprime uma outra série. Assim, a causalidade real acha-se localizada em séries expressivas que entre si se beneficiam de correspondências não causais. Assim também, a ideia representa um objeto e de uma certa maneira o exprime; mais profundamente, porém, a ideia e seu objeto exprimem alguma coisa que lhes é comum e, todavia, própria a cada um: a potência, ou o absoluto sob duas potências, que são as de pensar ou de conhecer, de ser ou de agir. Assim, a representação acha-se localizada numa certa conexão extrínseca entre a ideia e o objeto, cada qual se beneficiando, por conta própria, de uma expressividade para além da representação. Em suma, o exprimido intervém, por toda parte, como um terceiro que transforma os dualismos. Para além da causalidade real, para além da representação ideal, descobre-se o exprimido como o terceiro que torna as distinções infinitamente mais reais, a identidade infinitamente melhor pensada. O exprimido é o sentido: mais profundo que a conexão de causalidade, mais profundo que a conexão de representação. Há um mecanicismo dos corpos que segue a realidade, há um automatismo dos pensamentos seguindo a idealidade; mas aprendemos que a mecânica corporal e o autômato espiritual são mais *expressivos* quando recebem seu "sentido" e sua "correspondência", como essa razão necessária que faltava em toda parte no cartesianismo.

Não podemos dizer o que é mais importante: as diferenças entre Leibniz e Espinosa na sua avaliação da expressão; ou seu comum apelo a esse conceito para fundar uma filosofia pós-cartesiana.

Apêndice
ESTUDO FORMAL DO PLANO DA *ÉTICA*
E DO PAPEL DOS ESCÓLIOS
NA REALIZAÇÃO DESSE PLANO:
AS DUAS *ÉTICAS*
[313]

	TEMA	CONSEQUÊNCIA	CONCEITO EXPRESSIVO CORRESPONDENTE
LIVRO I			A afirmação especulativa.
1-8	Não há várias substâncias com o mesmo atributo, a distinção numérica não é real.	Essas oito proposições não são hipotéticas, mas categóricas; é, portanto, falso que a *Ética* "comece" pela ideia de Deus.	Primeira tríade da substância: atributo, essência, substância.
9-14	A distinção real não é numérica, há apenas uma substância para todos os atributos.	Somente aí a ideia de Deus é alcançada como a de uma substância absolutamente infinita; e fica demonstrado que a definição 6 é real.	Segunda tríade da substância: perfeito, infinito, absoluto.
15-36	A potência ou a produção: os procedimentos da produção e a natureza dos produtos (modos).	A imanência significa ao mesmo tempo a univocidade dos atributos e a univocidade da causa (Deus é causa de todas as coisas no mesmo sentido que causa de si).	Terceira tríade da substância: a essência como potência, aquilo de que ela é a essência, o poder de ser afetado (por modos).

Apêndice: Estudo formal do plano da *Ética*

LIVRO II			A ideia expressiva.
1-7	Paralelismo epistemológico da ideia e de seu objeto, paralelismo ontológico da alma e do corpo.	Da substância aos modos, transferência da expressividade: papel da ideia de Deus nessa transferência.	Tríade modal: atributo, modo, modificação.
8-13	As condições das ideias: as ideias que Deus tem em função da sua natureza, as ideias que temos em função da nossa natureza e do nosso corpo.	Os aspectos de Deus relativamente às ideias: Deus enquanto infinito, enquanto afetado por muitas ideias, enquanto tem apenas tal ideia.	O adequado e o inadequado. *[314]*
Exposição da física.	O modelo do corpo.	As partes extensivas, as conexões entre movimento e repouso, a composição e a decomposição dessas conexões.	Primeira tríade individual do modo: a essência, a conexão característica, as partes extensivas.
14-36	As condições nas quais temos ideias fazem com que estas sejam necessariamente inadequadas: ideia de si mesmo, ideia de seu corpo, ideia dos outros corpos.	A ideia inadequada é "indicativa", "envolvente", por oposição à ideia adequada, que é expressiva e explicativa: o acaso, os encontros e o primeiro gênero de conhecimento.	Caráter inexpressivo da ideia inadequada.
37-49	Como são possíveis as ideias adequadas? O que é comum a todos os corpos, ou a vários corpos.	As noções comuns, por oposição às ideias abstratas. Como as noções comuns levam à ideia de Deus: o segundo gênero de conhecimento e a razão.	Caráter expressivo da ideia adequada, do ponto de vista de sua forma e de sua matéria.

LIVRO III			A alegria prática.
1-10	Aquilo que se segue das ideias: as afecções ou sentimentos. O *conatus*, enquanto determinado por essas afecções.	Distinção de dois tipos de afecções: as ativas e as passivas; as ações que se seguem das ideias adequadas, e as paixões que se seguem das ideias inadequadas.	Segunda tríade individual do modo: a essência, o poder de ser afetado, as afecções que preenchem esse poder.
11-57	A distinção de dois tipos de afecções, ativas e passivas, não deve permitir negligenciar a distinção de dois tipos de afecções passivas, umas alegres e outras tristes.	As duas linhas, de alegria e de tristeza: seus desenvolvimentos, suas variações e seus recortes.	Aumentar e diminuir a potência de agir.
58-59	Possibilidade de uma alegria ativa, distinta da alegria passiva: possuir a potência de agir.	Crítica da tristeza.	O conceito completo de alegria.
LIVRO IV			O bom e o ruim.
1-18	As conexões de força entre afecções: os fatores de suas respectivas potências.	O bom e o ruim, por oposição ao Bem e ao Mal.	As determinações do *conatus*.
19-45	Primeiro aspecto da razão: selecionar as afecções passivas, eliminar as tristezas, organizar os encontros, compor as conexões, aumentar a potência de agir, experimentar o máximo de alegrias.	Utilidade e necessidade relativas da sociedade, como maneira de tornar possível, preparar e acompanhar esse primeiro esforço da razão.	Crítica desenvolvida da tristeza. *[315]*

Apêndice: Estudo formal do plano da *Ética*   377

46-73	O bom e o ruim segundo esse critério da razão.	Continuação da crítica da tristeza.	O homem livre e o escravo, o forte e o fraco, o racional e o insensato.
LIVRO V			Alegria prática e afirmação especulativa.
1-13	Como chegamos, de fato, a formar ideias adequadas (noções comuns). Como as afecções passivas alegres nos levam a isso. E como, por meio disso, diminuímos as tristezas, e formamos uma ideia adequada de todas as afecções passivas.	Chegamos então ao segundo gênero de conhecimento, graças a certas oportunidades fornecidas pelo primeiro gênero.	Segundo aspecto da razão: formar as noções comuns e as afecções ativas de alegria que delas se seguem. Devir ativo.
14-20	A ideia de Deus, na extremidade do segundo gênero de conhecimento.	Das noções comuns à ideia de Deus.	O Deus impassível tal como ele é compreendido no segundo gênero.
21-42	Essa ideia de Deus, por sua vez, nos faz sair do segundo gênero e alcançar um terceiro gênero de conhecimento: o Deus recíproco do terceiro gênero, a ideia de si mesmo, do corpo e dos outros corpos.	Há tantas partes da alma quantos são os tipos de afecções. Não apenas afecções passivas de tristeza e de alegria, mas também afecções ativas de alegria do segundo gênero; e ainda afecções ativas de alegria do terceiro gênero. Donde se conclui sobre o que é mortal e o que é eterno na alma: o lado que morre e o lado que subsiste, as partes extensivas e a essência intensiva.	A *Ética* procedia até aqui por noções comuns, unicamente por noções comuns. Mas ela muda, e fala agora em nome do terceiro gênero. Unidade, nesse terceiro gênero, da alegria prática e da afirmação especulativa: devir expressivo, a beatitude, a reciprocidade, a univocidade.

Seria preciso um longo estudo dos procedimentos formais da *Ética* e do papel de cada elemento (definições, axiomas, postulados etc.). Gostaríamos apenas de considerar a função particular e complexa dos escólios.

O primeiro grande escólio da *Ética* é o de I, 8 (escólio 2). Ele se propõe a dar *outra* demonstração da proposição 5, segundo a qual não pode haver várias substâncias de mesmo atributo. Como vimos no nosso primeiro capítulo, o procedimento é o seguinte: 1°) a distinção numérica implica uma causalidade externa; 2°) ora, é impossível aplicar uma causa externa a uma substância, porque toda substância é em si e *[316]* é concebida por si; 3°) duas ou mais substâncias não podem, portanto, distinguir-se numericamente, sob um mesmo atributo.

A proposição 5 procedia de outra maneira, mais breve: duas substâncias de mesmo atributo deveriam se distinguir pelos modos, o que é absurdo. Mas depois de 5, a proposição 6 demonstrava que a causalidade externa não pode, *portanto*, convir com a substância. E 7 demonstrava que uma substância é, *portanto*, causa de si. E 8 concluía que uma substância é, *portanto*, necessariamente infinita.

O grupo das proposições 5-8 [de um lado] e o escólio 2 da proposição 8 [de outro lado] procedem inversamente um ao outro.[NT] As proposições partem da natureza da substância, e concluem pela sua infinidade, isto é, pela impossibilidade de aplicar distinções numéricas a ela. O escólio parte da natureza da distinção numérica, e conclui pela impossibilidade de aplicá-la à substância.

Ora, pode-se acreditar que o escólio, para provar que a substância repugna à causalidade externa, teria vantagem em invocar as proposições 6 e 7. De fato, isso é impossível. Pois 6 e 7 supõem 5; o escólio não seria, portanto, uma outra demonstração. No entanto, ele invoca, e longamente, a proposição 7. Mas num sentido totalmente novo: ele retém dela um conteúdo puramente axiomático, e a destaca inteiramente de seu contexto demonstrativo. "Se

---

[NT] [Equivocadamente, o original anota escólio 8.]

Apêndice: Estudo formal do plano da *Ética*

os homens dessem atenção à substância, jamais duvidariam da verdade da proposição 7; mais do que isso, essa proposição seria para todos um axioma e seria contada entre as noções comuns [...]." Então, o próprio escólio pode operar uma demonstração inteiramente independente do grupo demonstrativo 5-8.

Podemos destacar três características desse escólio: 1º) Ele propõe uma segunda demonstração, e essa demonstração é *positiva e intrínseca* relativamente à primeira, que operava negativa e extrinsecamente. (Com efeito, a proposição 5 se contentava em invocar a anterioridade da substância para concluir pela impossibilidade de assimilar a distinção modal a uma distinção substancial. O escólio 2 de 8 conclui pela impossibilidade de assimilar a distinção numérica à distinção substancial, mas a partir das características intrínsecas e positivas do número e da substância.) 2º) O escólio é *ostensivo* porque, independentemente das demonstrações precedentes, ele deve se por como substituto delas e reter apenas certas proposições de maneira axiomática, destacando-as do seu encadeamento demonstrativo. (Acontece, é claro, um escólio invocar *[317]* demonstrações, mas não aquelas do grupo que ele está encarregado de "duplicar".) 3º) De onde vem então a evidência que permite tratar as proposições retomadas como axiomas, independentemente do seu primeiro contexto e da sua demonstração? Essa nova evidência vem de argumentos *polêmicos*, nos quais Espinosa ataca, frequentemente com violência, aqueles que têm o espírito demasiado confuso para compreender, ou mesmo que têm interesse em manter a confusão. (Desde o escólio 2 da proposição 8, são vivamente denunciados aqueles que não compreendem a proposição 7 nela mesma, e que estão também prontos a acreditar que as árvores falam ou que os homens nascem das pedras.)

Em suma, os escólios são geralmente positivos, ostensivos e agressivos. Em virtude da sua independência relativamente às proposições que eles duplicam, dir-se-ia que a *Ética* foi simultaneamente escrita duas vezes, em dois tons, num duplo registro. Com efeito, há uma maneira, descontínua, pela qual os escólios saltam de uns para os outros, ecoam uns nos outros, reencontram-se no prefácio de tal livro da *Ética* ou na conclusão de tal outro, formando uma linha quebrada que atravessa toda a obra em profundidade, mas que só aflora em tal ou qual ponto (os pontos de quebradura). Por exemplo, o escólio de I, 8 constitui uma tal linha com o de I, 15, depois com o de I, 7, depois com o de I, 33, depois com o de II, 3, finalmente com o de II, 10: trata-se de diferentes modos de desfiguração a que o homem submete Deus. Da mesma maneira, o escólio de II, 13, que erige o modelo do corpo, salta ao escólio de III, 2, para terminar no prefácio do livro V. Da mesma maneira, uma linha quebrada de escólios forma um tipo de hino à alegria, sempre interrompido, e no qual são violentamente denunciados aqueles que vivem de tristeza, aqueles que têm interesse nas nossas tristezas, aqueles que têm necessidade da tristeza humana para assegurar seu poder: IV, 45, esc. 2; IV, 50, esc.; IV, 63 esc.; V, 10, esc. Ou ainda, o par homem livre-escravo de IV, 66, esc., se reencontra no par forte-fraco de IV, 73, esc., depois sábio-ignorante de V, 42, esc., no qual a *Ética* termina. Ou, finalmente, V, 4, esc.; V, 20, esc.; que formam a cadeia real que nos conduz ao terceiro gênero.

Então, as grandes "reviravoltas" da *Ética* são forçosamente apresentadas nos escólios. Pois a continuidade das proposições e demonstrações não pode receber pontos notáveis, impulsos diversos, mudanças de direções, a não ser pela emergência de alguma coisa que se exprima nos escólios, pedra-escólio, redemoinho-escólio, provocando essa quebradura ao emergir. Exemplos dessas *[318]* reviravoltas: II, 13, esc. (o recurso ao modelo do corpo); III, 57, esc. (ao modelo das alegrias ativas); IV, 18, esc. (ao modelo da razão); V, 20, esc. e 36, esc. (ao terceiro gênero).

Portanto, há como que duas *Éticas* coexistentes, uma constituída pela linha ou fluência contínua das proposições, demonstrações e corolários, a outra, descontínua, constituída pela linha quebrada ou cadeia vulcânica dos escólios. Uma, com implacável rigor, representa um tipo de terrorismo da cabeça e progride de uma proposição à outra sem se preocupar com consequências práticas, elabora suas *regras* sem se preocupar em identificar os *casos*. A outra recolhe as indignações e as alegrias do coração, manifesta a alegria prática e a luta prática contra a tristeza, e se exprime dizendo "é o caso". Nesse sentido, a *Ética* é um livro duplo. Pode

Apêndice: Estudo formal do plano da *Ética*

ser interessante ler a segunda *Ética* sob a primeira, saltando de um escólio a outro.

Voltemos às três características do escólio: positivo, ostensivo, agressivo. É evidente que essas características avançam umas sobre as outras, no interior de um mesmo escólio. Podemos, todavia, considerá-las separadamente.

Que o escólio proceda positivamente, isso pode querer dizer, como vimos, que ele se apoia em características intrínsecas, ao passo que a demonstração correspondente repousava apenas sobre propriedades extrínsecas. Um exemplo particularmente nítido é dado em III, 7, a propósito da "flutuação da alma": isso é definido, na demonstração da proposição, pelo jogo das causas exteriores que o provocam, mas é definido no escólio pela diversidade das conexões internas que nos compõem. Isso pode querer dizer também que o escólio procede *a priori*, ao passo que a demonstração é *a posteriori*: é assim em II, 1, onde a demonstração passa pelos modos, mas o escólio repousa sobre a possibilidade de pensar diretamente uma qualidade como infinita. Da mesma maneira, em I, 11, o escólio propõe uma demonstração *a priori* fundada "sobre o mesmo princípio" que o procedimento *a posteriori* da demonstração. Ou ainda, o escólio tão importante do paralelismo, em II, 7: enquanto a demonstração vai do efeito à causa para concluir que a ordem do conhecimento é a mesma que a das coisas, e enquanto o conjunto da demonstração e do corolário se eleva dessa identidade de ordem nos modos para uma igualdade de potências em Deus, o escólio, ao contrário, parte da unidade ontológica da substância para concluir pela igualdade das potências e pela identidade de ordem. (Entre os dois procedimentos, como vimos, há um deslocamento, que só pode ser preenchido *[319]* na medida em que Espinosa, no próprio escólio, invoca a ideia de Deus de uma maneira ostensiva: o que já nos remete à segunda característica dos escólios).

Mas, para findar a primeira característica, devemos dizer que a positividade dos escólios se manifesta ainda de outra maneira particularmente complexa: pode ser que o escólio opere no elemento de uma definição real, ao passo que a proposição e a demonstração tiravam suas consequências de definições nominais: é assim que, no livro I, as proposições 9 e 10 estabelecem a possibilidade simplesmente lógica de um mesmo ser que tenha uma infinidade de atributos dos quais cada um é concebido por si, mas se contentam em invocar as definições 3 e 4, que são as definições nominais da substância e do atributo. O escólio [da prop. I, 10], ao contrário, invoca a definição 6, que vimos ser a única real de todas aquelas que abrem o livro I. Mais do que isso, como uma definição real é uma definição da qual devemos poder *demonstrar* que ela é real, isto é, que funda a possibilidade "real" do seu objeto (possibilidade transcendental por oposição à possibilidade apenas lógica), o escólio de 10 se encarrega efetivamente dessa tarefa, e demonstra que a definição 6 é bem real: com efeito, a distinção dos atributos, em virtude de suas características positivas, não pode ser numérica. Ainda nesse caso, é preciso um uso ostensivo da proposição 9, separada de seu contexto.

O caráter positivo dos escólios tem, portanto, três aspectos: intrínseco, *a priori* ou real. Consideremos a segunda característica, ostensiva. Essa também tem vários aspectos, dos quais vimos o principal. Esse aspecto principal é axiomático: para o escólio, ele consiste em invocar o tema de uma proposição precedente, extraindo-o da cadeia contínua das proposições e demonstrações, dando a ele uma força nova diretamente polêmica: é assim nos escólios de I, 8 (uso da proposição 7); de I, 10 (uso da proposição 9); de II, 3 (invocação da ideia de Deus); de II, 7 (invocação dos hebreus)... O segundo aspecto, é verdade, parece recuado relativamente a este; pois pode acontecer que os escólios se contentem em apresentar um simples exemplo da proposição correspondente: é assim em II, 8 (o exemplo das linhas no círculo); em IV, 40 (o tão curioso exemplo da ação de bater); em IV, 63 (o exemplo do são e do doente)... Mas parece que a maior parte dos exemplos de Espinosa se ultrapassam em duas direções, rumo a duas funções mais elevadas e essenciais: uma paradigmática, a outra casuística. É assim que *[320]* em II, 13, esc., depois em III, 2, esc. é erigido o *modelo* do corpo: não que o corpo sirva de modelo ao pensamento, e rompa o paralelismo ou a autonomia respectiva do pensamento e da extensão, mas ele intervém como um exemplo que desenvolve uma função paradigmática, para mostrar, "paralelamente", quantas

Apêndice: Estudo formal do plano da *Ética*

coisas há no próprio pensamento que ultrapassam a consciência. Assim também o modelo da natureza humana, anunciado em IV, 18, esc., desenvolvido em V, 10, esc., e em 20, esc. Finalmente, o modelo do terceiro gênero, anunciado em II, 40, esc., depois nas últimas linhas de V, 20, esc., e formulado em V, 36, esc.

Por outro lado, a função casuística do pseudo-exemplo aparece em todos os escólios que se exprimem, em conexão com a demonstração anterior, sob a forma de um "é precisamente o caso". Ainda aí não se trata de um simples exemplo, mas de uma estrita consignação das condições sob as quais o objeto da demonstração correspondente se acha efetivamente realizado: o escólio determina o caso subsumido pela regra contida na demonstração correspondente, não como um caso entre outros, mas como o caso que preenche essa regra e satisfaz todas as condições. Pode acontecer que as condições sejam restritivas, e que um escólio, às vezes muito longe da proposição correspondente, lembre que essa proposição e a demonstração deveriam ser entendidas num sentido restrito: II, 45, esc.; IV, 33, esc.; etc. Porém, mais profundamente, há nesse aspecto dos escólios alguma coisa que vem recortar o procedimento positivo, pois, pelo menos para os erros e as paixões, é impossível obter uma definição real, independentemente das condições que efetuam o objeto previamente indicado na proposição e na demonstração, e é também impossível destacar o que há de positivo no erro ou na paixão, se essas condições não estão determinadas no escólio. É por isso que os escólios desse tipo procedem sob a forma de um "fiat": eis como a coisa se produz... É assim que o escólio de II, 35 explica como o erro, definido na proposição como sendo uma privação, se produz efetivamente, e já não deixa de ter uma certa positividade nessas condições em que se produz. É ainda assim que em II, 44, tendo enunciado e demonstrado que só a imaginação considera as coisas como contingentes, o escólio se propõe, por sua vez, demonstrar "em que condição isso acontece" (*qua ratione fiat*). O livro III generaliza esse procedimento: quando as proposições e as demonstrações traçam em sua progressão contínua o movimento pelo qual as *[321]* afecções se encadeiam e derivam umas das outras, os escólios introduzem uma parada, como uma foto tirada de repente, uma fixidez, uma imobilidade provisória, um instantâneo, que mostra que tal afecção ou tal faculdade bem conhecidas correspondem efetivamente, e em tais condições, àquilo de que falava a proposição. Já era assim no livro II, com a memória (II, 18, esc.), com as noções comuns (II, 40, esc. 1). Mas no livro III multiplicam-se as fórmulas dos escólios do tipo: "Com isso entendemos como pode acontecer...", "Vemos que pode acontecer", "Isso acontece porque...". E ao mesmo tempo encontramos os nomes das afecções ou faculdades: não apenas Memória, Noções comuns no livro II, mas, no livro III, todos os nomes de afecções que serão recolhidas nas definições finais, como um eco de todos os escólios, Alegria, Tristeza, Amor, Ódio etc. Como se o movimento das proposições, demonstrações e corolários empurrasse continuamente a fluência das afecções, mas que esta só formasse suas vagas e ondulações nos escólios. Como se as proposições, demonstrações e corolários falassem a mais elevada linguagem, impessoal e pouco preocupada em identificar aquilo de que ela fala, pois o que ela diz está, de qualquer maneira, fundado numa verdade superior — ao passo que os escólios batizam, dão um nome, identificam, designam e denunciam, sondando em profundidade o que a "outra" linguagem expunha e fazia avançar.

A segunda característica do escólio, ostensivo, tem, portanto, por sua vez, três aspectos principais: axiomático, paradigmático e casuístico. Ora, eles já põem constantemente em jogo a última característica dos escólios, polêmico ou agressivo. Essa última característica tem também aspectos diversos. Ora trata-se de analisar a *confusão especulativa* ou a estupidez intelectual daqueles que desfiguram Deus, tratando-o como um "rei", atribuindo a ele entendimento e vontade, finalidade e projeto, figura e função etc. (principalmente os escólios do livro I). Ora trata-se de determinar as condições segundo as quais são produzidos o *erro sensível* e as paixões que dele decorrem (principalmente os escólios dos livros II e III). Ora trata-se de denunciar o *mal prático*, isto é, as paixões tristes, o contágio dessas paixões, o interesse daqueles que delas se aproveitam — essa denúncia já era feita principalmente no livro IV, mas em conexão com o projeto mais geral da *Ética* tal como ele é lembrado nos prefácios ou conclusões de certas partes. Por-

Apêndice: Estudo formal do plano da *Ética*

tanto, a polêmica tem por conta própria três aspectos: especulativo, sensível *[322]* e prático. Como achar surpreendente que todos esses aspectos, e todas as características das quais eles dependem, se confirmem e avancem uns sobre os outros? Os grandes escólios reúnem todos eles. O escólio tem sempre uma intenção positiva; mas só pode preenchê-la com a ajuda de um procedimento ostensivo, o qual ele só pode fundar implicando uma polêmica. O procedimento ostensivo, por sua vez, acha-se dividido entre a argumentação polêmica que lhe dá seu pleno valor, e o princípio positivo ao qual ele serve. Perguntar-se-á como conciliar o andamento positivo do escólio com seu argumento polêmico, crítico e negador. É que, inversamente, a potência polêmica tão viva de Espinosa se desenvolve em silêncio, longe das discussões, a serviço de uma afirmação superior e de uma "ostensividade" superior. Segundo Espinosa, a negação só serve para negar o negativo, para negar aquilo que nega e aquilo que obscurece. A polêmica, a negação, a denúncia estão lá apenas para negar o que nega, o que engana, o que esconde: o que se aproveita do erro, o que vive da tristeza, o que pensa no negativo. Eis por que os escólios mais polêmicos reúnem, num tom e estilo particulares, os dois gostos supremos da afirmação especulativa (da substância) e da alegria prática (dos modos): linguagem dupla para uma dupla leitura da *Ética*.[NT] Ao mesmo

[NT] [O tema das "duas *Éticas*" retorna no texto de Deleuze "Espinosa e nós" (parcialmente publicado em 1978 na *Revue de Synthèse*, pp. 271-7) e retomado como cap. VI de *Spinoza: philosophie pratique* (Paris, Minuit, 1981, pp. 164-75) [*Espinosa: filosofia prática*, trad. br. de Daniel Lins e Fabien Pascal Lins, São Paulo, Escuta, 2002, pp. 127-35]. Mas em 1989, Deleuze já tematiza a existência de uma "terceira *Ética*" como efeito de suas leituras do livro V: ao "rio" da fluência dos "conceitos" e ao subterrâneo dos "afectos" concatena-se agora o "fogo" dos "perceptos puros", como vemos no texto "Lettre à Réda Bensmaïa" (em *Lendemains*, 53; republicado em *Pourparlers* [Paris, Minuit, 1990, pp. 223-5]) [*Conversações*, trad. br. de Peter Pál Pelbart, São Paulo, Editora 34, 2010, pp. 208-10]. Finalmente, já assumida a ideia das "três *Éticas*", o tema ganha outra sistematização em "Espinosa e as três *Éticas*", último capítulo de *Critique et clinique* (Paris, Minuit, 1993, pp. 172-87) [*Crítica e clínica*, trad. br. de Peter Pál Pelbart, São Paulo, Editora 34, 1997, pp. 156-70]: o "livro-rio" das definições, postulados etc.,

tempo, a polêmica é o mais importante nos maiores escólios, mas sua potência se desenvolve tanto mais por estar a serviço da afirmação especulativa e da alegria prática, levando-as a se juntarem no elemento da univocidade.

o "livro de fogo" dos escólios e o "livro aéreo, de luz", concatenam-se agora como três variações lógicas ("lógica do conceito", "lógica do signo" e "lógica da essência"), lógicas essas não isentas de "passarelas" lançadas umas às outras "para transpor o vazio que as separa" (p. 187).]

Apêndice: Estudo formal do plano da *Ética*

ÍNDICE ONOMÁSTICO
[323]

As páginas indicadas são as da edição original francesa, inseridas entre colchetes e em itálico ao longo do texto.

Alquié, Ferdinand, 24n, 140n, 145n, 207, 207n, 217n, 271, 271n

Appuhn, Charles, 7, 66n

Aristóteles, 89, 101, 103, 118, 125, 142n,143, 143n, 144, 145, 146, 257n

Arnauld, Antoine, 24, 147, 149

Arnou, René, 155n

Boaventura, São, 162, 162n, 163, 163n

Boécio, 159n

Boehme, Jakob, 14

Brochard, Victor, 109n

Bruno, Giordano, 82n, 159n

Busolt, Georg, 108n

Caterus, Johannes, 56n, 147

Crescas, Hasdai, 57n

Darbon, André, 15, 15n

Delbos, Victor, 33n

Descartes, René, 7, 13, 22, 22n, 23, 23n, 24, 24n, 28, 30, 31, 46, 51, 51n, 55, 56n, 57, 60, 61, 61n, 62, 63, 65, 72, 72n, 73, 73n, 74, 74n, 75, 77, 78, 117, 117n, 120n, 121, 127, 128, 129, 137, 138, 140, 140n, 141, 142, 143, 143n, 144, 144n, 145, 145n, 146, 147, 147n, 148, 148n, 149, 150, 151, 152, 176, 206, 207, 208, 210n, 234, 234n, 261, 292, 301, 302, 325, 326, 328, 332

Duns Escoto, João, 23n, 40, 54, 54n, 55n, 56, 57, 57n, 58, 150, 161, 163, 176, 176n, 179, 179n, 326

Eckhart, Mestre, 160, 160n, 300n

Élie, Hubert, 53n

Erdmann, Johann Eduard, 14n

Escoto Erígena, João, 161

Fichte, Johann Gottlieb, 121, 121n, 180n, 302

Foucher de Careil, Alexandre, 13n, 296n

Francès, Madeleine, 244n

Frege, Gottlob, 53n

Friedmann, Georges, 67n, 203n

Gandillac, Maurice de, 45n, 55n, 82n, 158n, 15n9

Gebhardt, Carl, 57n

Gilson, Étienne, 38n, 54n, 55, 55n, 156n, 163n, 176n

Gueroult, Martial, 24n, 68n, 121n, 184n, 203n

Heereboord, Adriaan, 57n

Hegel, G. W. F., 14n, 16, 17, 302

Hobbes, Thomas, 63, 82n, 120n, 237, 238, 238n, 243n, 244n, 245
Huan, Gabriel, 181n
Husserl, Edmund, 53n
Kant, Immanuel, 113n, 121, 121n, 195
Kaufmann, Fritz, 15n
Koyré, Alexandre, 7, 12n, 122n, 161
Lachièze-Rey, Pierre, 28n, 39n, 149n
Laporte, Jean, 140n
Lasbax, Émile, 13n
Leibniz, Gottfried Wilhelm, 13, 61, 63, 66-68, 72, 95-97, 126, 138, 175, 181, 185, 186n, 187, 203, 203n, 206, 207, 208, 208n, 209, 211, 212, 232, 235n, 257n, 295, 296n, 299, 300, 301, 302, 303, 304, 305, 305n, 306n, 307, 307n, 308, 309, 310, 310n, 311, 325, 326, 328, 330, 352
Léon, Albert, 94n, 111n
Lossky, Vladimir, 160n
Lucrécio, 249

Meinong, Alexius, 53n
Merleau-Ponty, Maurice, 21, 22n
Nicolau de Cusa, 82n, 159n, 163n
Nietzsche, Friedrich, 233, 233n
Ockham, Guilherme de, 53n
Platão, 153, 154, 232, 236, 292
Plotino, 154, 154n, 155, 155n, 156, 156n, 158, 158n, 160, 160n, 161, 161n
Polin, Raymond, 243n
Prado, Juan de, 57n
Régis, Pierre-Sylvain, 30, 30n
Revah, Israel, 57n
Rivaud, Albert, 187n, 188, 189n
Robinson, Lewis, 51n, 120n
Rousseau, Jean-Jacques, 244n
Saint-Hilaire, Étienne Geoffroy, 257n
Schelling, Friedrich, 14, 104, 104n, 180n, 302
Strauss, Leo, 238n
Suárez, Francisco, 23, 23n, 38n, 55, 55n
Tschirnhaus, Ehrenfried Walther von, 16
Vajda, Georges, 57n

ÍNDICE DAS MATÉRIAS
[325-332]

Prólogo *[7]*

Introdução: Papel e importância da expressão *[9-18]*

Importância da palavra "exprimir" em Espinosa. Seu triplo emprego: exprimir uma essência, exprimir a essência, exprimir a existência. — Caráter expressivo do atributo, do modo e da ideia. — Exprimir: explicar ou desenvolver; implicar ou envolver; complicar, conter ou compreender. — Leibniz e Espinosa contam com a ideia de expressão para ultrapassar as dificuldades do cartesianismo. — Por que os comentadores não consideraram tanto a ideia de expressão em Espinosa. — Por que a ideia de expressão em Espinosa não é objeto de definição e nem objeto de demonstração. Expressão e demonstração.

PRIMEIRA PARTE: AS TRÍADES DA SUBSTÂNCIA

Capítulo I: Distinção numérica e distinção real *[21-32]*

A expressão como tríade. Primeira tríade da expressão: substância, atributo, essência.

O problema das distinções em Descartes. — Segundo Descartes, há substâncias de mesmo atributo: distinções numéricas que são reais. — E há substâncias de atributo diferente: distinções reais que são numéricas. — Teoria de Espinosa: não há várias substâncias de mesmo atributo, a distinção numérica nunca é real. — Consequência: a distinção real nunca é numérica, não há várias substâncias que correspondam aos diferentes atributos. — As oito primeiras proposições da *Ética* não têm um sentido simplesmente hipotético. Gênese ou constituição da substância.

Oposição de Espinosa a Descartes, do ponto de vista da teoria das distinções. Significação da distinção real em Espinosa.

Índice das matérias

Capítulo II: O atributo como expressão [33-43]

O estatuto do atributo e seu caráter expressivo. Os textos do *Breve tratado*. Problema dos nomes divinos. — Atributo, atribuição e qualidade. — Os atributos são formas comuns a Deus e às "criaturas". — Como essa tese não suprime de maneira alguma a distinção de essência entre Deus e as coisas. — Espinosa, partidário da univocidade: contra a equivocidade, contra a eminência, contra a analogia. — Univocidade dos atributos e nomes divinos. Oposição entre atributos e próprios. — As três espécies de próprios. — Os próprios não são expressivos.

Capítulo III: Atributos e nomes divinos [44-58]

Teologia negativa e método de analogia. — Uma e outro implicam uma confusão dos atributos com os próprios. Confusão da natureza de Deus com simples propriedades, confusão da expressão com a "revelação". — Por que essas confusões são constantes na teologia. — Oposições entre o signo e a expressão. — Nomes expressivos e palavras imperativas. — Os atributos como afirmações puras. — Distinção real e afirmação. Como "expressões" diversas designam uma única e mesma coisa. A lógica do sentido. — Teologia positiva e univocidade. — Distinção formal segundo Duns Escoto e distinção real segundo Espinosa. — Da univocidade à imanência.

Capítulo IV: O absoluto [59-71]

A igualdade dos atributos. — O infinitamente perfeito e o absolutamente infinito. O infinitamente perfeito como "nervo" das provas cartesianas da existência de Deus. — Sentido das objeções dirigidas contra a prova ontológica de Descartes. — Leibniz e Espinosa: insuficiência do infinitamente perfeito. — Espinosa: o absolutamente infinito como razão do infinitamente perfeito. — A prova ontológica em Espinosa; plano do começo da *Ética*. — Diferenças entre o *Breve tratado* e a *Ética*. — Leibniz e Espinosa do ponto de vista da prova ontológica. — A definição 6 é uma definição real. Segunda tríade da expressão: o perfeito, o infinito, o absoluto.

Capítulo V: A potência [72-84]

Descartes acusado de rapidez ou de facilidade. — As formulações da prova *a posteriori* em Descartes: a noção de "fácil". — A quantidade de realidade ou de perfeição como nervo da prova *a posteriori* de Descartes. — Insuficiência da quantidade de realidade: a potência como razão.

A prova *a posteriori* no *Breve tratado*. — Formação de um argumento das potências. — As duas potências: de pensar e de conhecer, de existir e de agir. — A prova *a posteriori* na *Ética*: a potência de existir, considerada diretamente.

Os atributos: condições sob as quais se atribui uma potência a alguma coisa. — Caso da substância absolutamente infinita, caso dos seres finitos. — Potência e essência. — As coisas são modos, isto é, têm uma potência.

Potência e poder de ser afetado. — Terceira tríade da expressão: a essência como potência, aquilo de que ela é a essência, o poder de ser afetado.

SEGUNDA PARTE: O PARALELISMO E A IMANÊNCIA

Capítulo VI: A expressão no paralelismo [87-98]

A produção como re-expressão. — Deus produz como ele se compreende, Deus produz como ele existe. — Univocidade da causa: Deus, causa de todas as coisas no mesmo sentido que causa de si. — Contra a analogia. — Lógica do sentido e re-expressão.

Ordem de produção. — Exclusão de uma causalidade real entre modos de atributo diferente. — O paralelismo: identidade de ordem, identidade de conexão, identidade de ser. — A identidade de conexão e o princípio de igualdade. — A identidade de ser: modo e modificação. — Nova tríade da expressão: atributo, modo e modificação.

Capítulo VII: As duas potências e a ideia de Deus [99-113]

Complexidade da demonstração do paralelismo: a ideia e seu objeto. — Paralelismo epistemológico e paralelismo ontológico.

A toda ideia corresponde alguma coisa: influência de Aristóteles. — A toda coisa corresponde uma ideia. — Por que Deus se compreende necessariamente. — "Necessidade" da ideia de Deus. — A potência de pensar é necessariamente igual à potência de existir e de agir.

As duas potências e sua igualdade. — Distinção da potência e do atributo. — Os atributos e a potência de existir. — O atributo pensamento e a potência de pensar. — Fonte dos "privilégios" do atributo pensamento.

"Possibilidade" da ideia de Deus. — Por que o entendimento infinito é um produto. — Os três privilégios do atributo pensamento.

Por que era necessário passar pelo paralelismo epistemológico. — Só a ideia de Deus permite concluir, da unidade da substância, pela unidade de uma modificação. Transferência da expressão.

Índice das matérias   393

Capítulo VIII: Expressão e ideia *[114-129]*

Primeiro aspecto do método, formal ou reflexivo: a ideia da ideia, a ideia que se explica pela nossa potência de compreender. — Forma e reflexão.

Passagem ao segundo aspecto. — Segundo aspecto do método, material ou genético: o conteúdo da ideia verdadeira, a ideia adequada, a ideia que exprime sua própria causa. — Ideia adequada e definição genética. — Papel da ficção. — Como a gênese nos conduz à ideia de Deus. — Passagem ao terceiro aspecto: chegar o mais rapidamente possível à ideia Deus. — Terceiro aspecto do método: unidade da forma e do conteúdo, o autômato espiritual, a concatenação. — Expressão e representação.

Definição material e definição formal da verdade. — A expressão, a ideia adequada e a ideia reflexiva. — Caráter adequado da ideia de Deus.

Capítulo IX: O inadequado *[130-139]*

Como "temos" ideias. — As condições sob as quais temos ideias não parecem permitir que essas ideias sejam adequadas. — Em que sentido "envolver" se opõe a "exprimir". — A ideia inadequada é inexpressiva. — Problema de Espinosa: como chegaremos a ter ideias adequadas? — Algo de positivo na ideia inadequada.

A insuficiência do claro e do distinto. — O claro e o distinto servem somente à recognição. — Eles carecem de uma razão suficiente. — Descartes se atém ao conteúdo representativo, não atinge o conteúdo expressivo da ideia. Ele se atém à forma da consciência psicológica, não atinge a forma lógica. — O claro e o distinto deixam escapar a essência e a causa. — Leibniz e Espinosa, do ponto de vista da crítica da ideia clara e distinta.

Capítulo X: Espinosa contra Descartes *[140-152]*

Em que sentido o método de Descartes é analítico. — Insuficiência desse método, segundo Espinosa. — Método sintético. — Aristóteles e Espinosa: conhecer pela causa. — Como a própria causa é conhecida.

Deus como causa de si, segundo Descartes: equivocidade, eminência, analogia. — Deus como causa de si, segundo Espinosa: univocidade. — Univocidade e imanência. — Os axiomas cartesianos e sua transformação em Espinosa.

Capítulo XI: A imanência e os elementos históricos da expressão *[153-169]*

Problema da participação no neoplatonismo. — Dom e emanação. — Dupla diferença entre a causa emanativa e a causa imanente. Como, no neoplatonismo, uma causa imanente se junta à causa emanativa: o ser ou a inteligência. — *Complicare-explicare.* — Imanência e princípio de igualdade. — A ideia de expressão na emanação. — A ideia de expressão na criação: expressão e similitude. — Como, na teoria da criação, uma causa imanente se junta à causa exemplar.

A expressão, segundo Espinosa, deixa de ser subordinada às hipóteses da criação e da emanação. — Oposição entre a expressão e o signo. — Imanência: distinção e univocidade dos atributos. — Teoria espinosista da hierarquia. — A expressão e os diferentes sentidos do princípio de igualdade.

Terceira parte: Teoria do modo finito

Capítulo XII: A essência de modo: passagem do infinito ao finito [173-182]

Sentido da palavra "parte". — Qualidade, quantidade intensiva, quantidade extensiva. — Os dois infinitos modais, na *Carta a Meyer*.

A essência de modo como realidade física: grau de potência ou quantidade intensiva. — Estatuto do modo não-existente. — Essência e existência. — Essência e existência da essência. — Problema da distinção das essências de modos. — Teoria da distinção ou da diferenciação quantitativa. — A produção das essências: essência de modo e complicação.

A expressão quantitativa.

Capítulo XIII: A existência do modo [183-196]

Em que consiste a existência do modo: existência e partes extensivas. — A quantidade extensiva, segunda forma da quantidade. — Diferença entre a quantidade e o número. — Os corpos simples. — Não convém buscar essências que correspondam aos corpos mais simples.

Primeira tríade da expressão no modo finito: essência, conexão característica, partes extensivas. — Leis de composição e decomposição das conexões.

Sentido da distinção da essência e da existência do modo. — Problema da distinção dos modos existentes. — Como o modo existente se distingue do atributo de maneira extrínseca. — Modo existente e explicação.

Capítulo XIV: Que pode um corpo? [197-203]

Segunda tríade da expressão no modo finito: essência, poder de ser afetado, afecções que preenchem esse poder. — Afecções da substância e afecções do modo. — Afecções ativas e afecções passivas. — Os afetos ou

Índice das matérias   395

sentimentos. — Parecemos condenados às ideias inadequadas e aos sentimentos passivos. — As variações existenciais do modo finito. — Força ativa e força passiva, em Leibniz, potência de agir e potência de padecer, em Espinosa. — Em que a potência de agir é positiva e real. — Inspiração física: nosso poder de ser afetado é sempre preenchido. — Inspiração ética: estamos separados do que podemos.

Crítica do espinosismo por Leibniz, caráter ambíguo dessa crítica. — O que é comum a Leibniz e a Espinosa: o projeto de um novo naturalismo, contra Descartes. — Os três níveis em Leibniz e em Espinosa. — A verdadeira oposição entre Leibniz e Espinosa: o *conatus*. — A afecção como determinação do *conatus*. — Em que sentido a paixão nos separa do que podemos. — A natureza expressiva: naturalismo finalizado ou naturalismo sem finalidade?

Capítulo XV: As três ordens e o problema do mal *[214-233]*

Facies totius universi. — Em que sentido duas conexões podem não se compor. — As três ordens, que correspondem à tríade do modo: a ordem das essências, a ordem das conexões, a ordem dos encontros. — Importância do tema do encontro fortuito em Espinosa.

Encontro entre corpos cujas conexões se compõem. — Aumentar ou ajudar a potência de agir. — Como a distinção entre as paixões alegres e as paixões tristes vem se juntar à distinção entre as afecções ativas e passivas. — Encontro entre corpos cujas conexões não se compõem. — Paixão triste e estado de natureza. — Como chegaremos a experimentar paixões alegres?

Nem bem nem mal, mas bom e ruim. — O mal como encontro ruim ou decomposição de uma conexão. — Metáfora do envenenamento. — O mal nada é na ordem das conexões; o primeiro contrassenso de Blyenbergh. — O mal nada é na ordem das essências: segundo contrassenso de Blyenbergh. — O mal e a ordem dos encontros; o exemplo do cego e o terceiro contrassenso de Blyenbergh.

Sentido da tese: o mal nada é. — Substituição da oposição moral pela diferença ética.

Capítulo XVI: Visão ética do mundo *[234-251]*

Princípio da conexão inversa entre a ação e a paixão na alma e no corpo. — Oposição de Espinosa a esse princípio: a significação prática do paralelismo.

O direito natural: poder e direito. — As quatro oposições do direito natural à lei natural antiga. — Estado de natureza e acaso dos encontros. — A razão sob seu primeiro aspecto: esforço para organizar os encontros. — A diferença ética: o homem racional, livre ou forte. — Adão.

— Estado de natureza e razão. — Necessidade de uma instância que favoreça o esforço da razão. — A cidade: diferenças e semelhanças entre o estado civil e o estado de razão. A ética levanta os problemas em termos de poder e de potência. — Oposição entre a ética e a moral. — Ir até o fim daquilo que podemos. — Significação prática da filosofia. — Denunciar a tristeza e suas causas. — Afirmação e alegria.

Capítulo XVII: As noções comuns [252-267]

Primeira questão: como chegaremos a experimentar um máximo de paixões alegres? — Segunda questão: como chegaremos a experimentar afecções ativas? — Alegria passiva e alegria ativa.

Conveniência dos corpos, composição das conexões e comunidade de composição. — Pontos de vista mais ou menos gerais. — As noções comuns: suas variedades, segundo sua generalidade. — As noções comuns são ideias gerais, mas não ideias abstratas.— Crítica da ideia abstrata. — De Espinosa a Geoffroy Saint-Hilaire. — As noções comuns são necessariamente adequadas. — Resposta à questão: como chegaremos a formar ideias adequadas? — Noção comum e expressão.

A ordem de formação das noções comuns vai das menos gerais às mais gerais. — A alegria passiva nos induz a formar uma noção comum. — A razão sob seu segundo aspecto: formação das noções comuns. — Sentido prático da noção comum: nos dar alegrias ativas. — Como, a partir das noções comuns menos gerais, formamos as mais gerais. — Compreender as tristezas inevitáveis.

Capítulo XVIII: Rumo ao terceiro gênero [268-281]

Complexidade do primeiro gênero de conhecimento: estado de natureza, estado civil, estado de religião. — Os signos e o primeiro gênero. O segundo gênero e o estado de razão. — Aplicação das noções comuns aos modos existentes. — As noções comuns como descoberta da *Ética*. Pressentimentos no *Tratado da reforma*. — Harmonias entre o primeiro gênero de conhecimento e o segundo. — Harmonias da razão e da imaginação.

As noções comuns como condições do nosso conhecimento. — Das noções comuns à ideia de Deus: em que sentido ela pertence ao segundo gênero, em que sentido ela nos faz passar ao terceiro. — Noções comuns e formas comuns. — O terceiro gênero e a ordem das essências.

Capítulo XIX: Beatitude [282-298]

As três determinações do terceiro gênero. — Alegrias ativas do terceiro gênero.

Índice das matérias   397

Diferença entre a alegria ativa do terceiro gênero e a do segundo. — A ideia de nós mesmos. — Afecções adventícias e afecções inatas. — O inato do segundo gênero e o inato do terceiro. — O Deus do segundo gênero e o Deus do terceiro. — O terceiro gênero e a expressão.

Como temos acesso ao terceiro gênero, durante nossa existência. — Limites desse acesso. — Contra a interpretação matemática e idealista das essências. — Diferença de natureza entre a duração e a eternidade: crítica do conceito de imortalidade. — A morte. — As afecções do terceiro gênero só preenchem inteiramente nosso poder de ser afetado depois da morte. — Em que sentido a existência é uma prova: a ideia de salvação em Espinosa. — Parte intensiva e partes extensivas: sua importância respectiva do ponto de vista da expressão. Devir expressivo.

Conclusão: Teoria da expressão em Leibniz e em Espinosa (o expressionismo em filosofia) *[299-311]*

Exprimir: ser, conhecer, agir ou produzir. — Sentido histórico desse conceito. — Sentido que lhe dão Leibniz e Espinosa: o triplo aspecto da reação contra Descartes. — A diferença Leibniz-Espinosa: as expressões equívocas e a analogia, as expressões unívocas e a univocidade. — As três figuras do Unívoco, segundo Espinosa. — O paradoxo da expressão: o exprimido.

Apêndice: Estudo formal do plano da *Ética* e do papel dos escólios na realização desse plano: as duas *Éticas [313-322]*

Índice onomástico *[323]*

Índice das matérias *[325-332]*

ÍNDICE DAS REFERÊNCIAS À *ÉTICA*
E ÀS DEMAIS OBRAS DE ESPINOSA

Encontram-se abaixo, primeiramente, as ocorrências em cada livro ou parte da *Ética* no decorrer da obra. Capítulo por capítulo, o leitor conseguirá marcar o uso que Gilles Deleuze faz das definições, axiomas, das proposições, suas demonstrações, corolários e escólios, dos apêndices e dos prefácios. Além disso, o trato com o apêndice traz uma diferença com relação à edição francesa, pois os escólios vão evidenciados. O número entre colchetes remete à paginação original.

Introdução: Papel e importância da expressão *[9-18]*

I:

Def.: 3 e 4 [15], 6 [9, 15]

Prop.: 8, esc. 2 [12n]; 10, esc. e 10 cor. [9n]; 16, dem. [10n]; 19, dem. [9n, 12n]; 20, dem. [9n, 12n]; 25, cor. [10n]; 36, dem. [10n]

II:

Prop.: 1, dem. [10n]; 45, dem. [12n]; 46, dem. [12n]

V:

Prop.: 23, esc. [18n]; 29, prop. [10n], dem. [10n]

PRIMEIRA PARTE: AS TRÍADES DA SUBSTÂNCIA

Capítulo I: Distinção numérica e distinção real *[21-32]*

I:

Prop.: 5, prop. [22n, 27n], dem. [22n]; 6, prop. [27n]; 7, prop. [27n]; 8, prop. [27n], esc. 2 [27n]; 9 [27]; 10, esc. [28n, 29n]; 11, esc. [28n]; 15, esc. [27n]

Capítulo II: O atributo como expressão *[33-43]*

I:

Prop.: 3, prop. [39n]; 17, cor. 2 [38n], esc. [39n]; 25, cor. [40n]

400   Espinosa e o problema da expressão

II:
Prop.: 1 [37n]; 2 [37n], esc.; 10, esc. do cor. [38n]

Capítulo III: Atributos e nomes divinos *[44-58]*

I:
Def.: 6, expl. [50n]

Capítulo IV: O absoluto *[59-71]*

I:
Def.: 1-6 [65]
Prop.: 1-7 [65]; 8 [65], dem. [59n]; 9 [65]; 10 [65], esc. [65n, 69n]; 11 [64, 65], dem. 1 e 2 [64n]; 20, dem. e cor. [66]

Capítulo V: A potência *[72-84]*

I:
Prop.: 11, dem. 3 [78n], esc. [78n]; 15, esc.; 35 [82n]; 36, dem. [81n]

II:
Prop.: 5, dem. [79n]; 13, esc. [82n]
Postulado 1 [82n]

III:
Prop.: 57, dem. [79n]
Def. geral dos afetos [79n, 83n]

IV:
Prop.: 4, dem. [80n, 81n]; 29, dem. [79n]

V:
Prop.: 39 [82n]

Segunda parte: O paralelismo e a imanência

Capítulo VI: A expressão no paralelismo *[87-98]*

I:
Prop.: 16, prop. [89n, 90n], dem. [90n]; 17, prop. [92n], dem. [92n], esc. [91n]; 21, prop. [93n], dem. [93n]; 22, prop. [93n], dem. [93n]; 23, prop. [93n], dem. [93n]; 25, esc. [88n]; 33, prop. [92n], dem. [91n, 92n], esc. 2. [91n]

II:
Prop.: 3, dem. [89n], esc. [88n, 89n]; 6, dem. [94n]; 7, esc. [89n, 93n, 95n], esc. 2 [98n]

Índice das referências à *Ética* e às demais obras de Espinosa   401

IV:
Prefácio [88n]

Capítulo VII: As duas potências e a ideia de Deus *[99-113]*

I:
Prop.: 16, dem. [103n]; 30, prop. [102n]; 31, prop. [108n], dem. [104n, 106n, 108n]

II:
Prop.: 1, esc. [106n]; 3, prop. [104n], dem. [104n]; 4, prop. [105n]; dem. [105n]; 5 [101n], dem. [106n, 107n]; 6 [101n]; 7, esc. [99n]; 13, prop. [100n]; 21, esc. [100n, 111n]

IV:
Prop.: 8, dem. [111n]

V:
Prop.: 3, dem. [111n]

Capítulo VIII: Expressão e ideia *[114-129]*

I:
Axioma 4 [118n]
Prop.: 26, prop. [123n]

II:
Prop.: 7, dem. [118n]; 21, esc. [116n]; 33, dem. [116n]; 43, prop. [116n]; 45, prop. [124n], esc. [124n]; 46, dem. [129n]

V:
Prop.: 29, esc. [124n]; 30, dem. [124n]; 31, prop. [127n]

Capítulo IX: O inadequado *[130-139]*

II:
Prop.: 9, dem. [130n], cor. [131n]; 11, cor. [130n]; 12, dem. [131n]; 16, dem. [133n], cor. 2 [132n, 133n]; 17, prop. [133n], dem. [133n], cor. [133n], esc. [132n, 135n]; 18, esc. [132n, 134n]; 19 [131n]; 22 [135n]; 23 [131n, 135n]; 24 [133n]; 25 [133n]; 26 [131n]; 27 [133n]; 28 [133n], dem. [133n]; 29 [133n]; 30 [133n]; 31 [133n]; 33, prop. [135n], dem. [135n]; 35, prop. [133n], dem. [133n], esc. [133n, 135n]; 36, dem. [130n]; 40.

III:
Prop.: 1, dem. [130n]
Def. geral dos afetos [133n]

Espinosa e o problema da expressão

IV:

Prop.: 1, prop. [135n], dem. [135n], esc. [132n, 133n, 135n]

V:

Prop.: 4, esc. [137n]

Capítulo X: Espinosa contra Descartes *[140-152]*

I:

Prop.: 20, dem. [149n]; 25, esc. [149n]

Capítulo XI: A imanência e os elementos históricos da expressão *[153-169]*

I:

Prop.: 17, esc. [155n]; 28, esc. [167n]

IV:

Prop.: 4, dem. [167n]

Terceira parte: Teoria do modo finito

Capítulo XII: A essência de modo: passagem do infinito ao finito *[173-182]*

I:

Prop.: 8, esc. 2 [175n]; 17, esc. [177n]; 24, prop. [175n], dem. [175n], cor. [175n]; 25 [176n]; 26, prop. [175n]

II:

Prop.: 8, prop. [175n, 178n], cor. [175n, 179n], esc. [178n, 179n]

V:

Prop.: 20, esc. [176n]

Capítulo XIII: A existência do modo *[183-196]*

I:

Prop.: 28, prop. [183n], dem. [183n]

II:

Prop.: 8, cor. [195n], esc. [186n, 195n]; 15, prop. [184n], dem. [184n]; 19, dem. [183n]

Depois da prop. 13: axiomas 1 e 2 [188n], lemas 1, 2 e 3, axiomas 1 e 2 [188n], lemas 4, 6 e 7 [190n]

IV:

Prop.: 4, dem. [196n]

Índice das referências à *Ética* e às demais obras de Espinosa   403

V:

Prop.: 21 [184n]; 29, cor. [195n]; 34 [184n]; 40, cor. [184n]

Capítulo XIV: Que pode um corpo? *[197-213]*

II:

Ax.: 3 [199n]
Prop.: 13, esc. [202n]; 17, esc. [204n]; 28, dem. [197n]
Depois da prop. 13: postulado 3 [197n]

III:

Def.: 1-3 [198n]
Prop.: 1 [201n]; 2, esc. [198n, 205n]; 3 [201n], esc. [204n]; 9, prop.
    [210n]; dem. [210]; esc. [210n]; 37, dem. [211n]; 51, prop. [197n],
    dem. [197n]; 54, prop. [211n]; 56, fim da dem. [210n]; 57, dem.
    [211n], esc. [197n]

IV:

Def. geral dos afetos [200n]; Def. 1 (do desejo) [205n, 210n]; explicação
    [211n]

IV:

Prop.: 4, prop. [199n], dem. [199n, 207n], cor. [199n]; 24, prop. [211n];
    38, prop. [202n, 210n]; 39, prop. [210n], dem. [197n], esc. [202n]

V:

Prop.: 6, esc. [199n]; 20, esc. [199n]; 39, esc. [199n]; 42, esc. [206n]

Capítulo XV: As três ordens e o problema do mal *[214-233]*

I:

Prop.: 21 [214n]; 22 [214n]; 23 [214n]; 24 [214n]; 25 [214n]

II:

Prop.: 29, cor. [217n], esc. [217n]

III:

Prop.: 8, prop. [228n]; 13, prop. [222n]; 15 [222n]; 16 [222n]; 17, prop.
    [222n], dem. [222n], esc. [222n]; 20, prop. [222n]; 23, prop. [222n];
    28, prop. [222n]; 37, dem. [219n, 220n, 222n]; 45, dem. [224n]; 47,
    prop. [224n], dem. [226n]; 57, dem. [218n]
Def. geral dos afetos: 3 (da tristeza) [230n], expl. [231n]

IV:

Def.: 1 [218n]
Prop.: 5, prop. [218n]; 8 [218n], prop. [218n, 221n], dem. [221n]; 18,
    dem. [219n, 222n]; 20, esc. [223n]; 31, prop. [218n]; 32 [223n]; 33

[223n]; 34 [223n]; 37, esc. 2 [223n]; 38, prop. [218n]; 39, prop. [218n]; 43, prop. [224n], dem. [224n]; 59, dem. [219n], esc. [228n]; 68, prop. [232n], dem. [232n]

V:
Prop.: 10, prop. [220n], dem. [220n]; 37, esc. [221n]

Capítulo XVI: Visão ética do mundo *[234-251]*

II:
Prop.: 13, esc. [234n, 235n, 236n]

III:
Prop.: 2, esc. [234n, 235n]

IV:
Prop.: 18, esc. [242n, 243n]; 24, prop. [240n]; 32 [244n]; 33 [244n]; 34 [244n]; 35 [244], prop. [240n], dem. [240n], cor. 1 [240n], cor. 2 [240n], esc. [240n, 247n]; 37, esc. 1 [248], esc. 2 [244n, 245n]; 45, esc. 2 [250n]; 47 [248n], dem. [246n], esc. [251n]; 50 [248n], esc. [250n]; 53 [248n]; 54 [248n], esc. [251n]; 63, esc. [250n]; 66, esc. [240n]; 67 [241n, 250n]; 68 [241n], esc. [242n]; 69 [241n]; 70 [241n]; 71[241n]; 72 [241n]; 73 [241n], prop. [247n], dem. [247n], esc. [240n]
Apêndice: cap. 13 [251n]

V:
Prop.: 10, esc. [250n]; 41 [248n]; 42, esc. [240n]

Capítulo XVII: As noções comuns *[252-267]*

II:
Prop.: 2, esc. [257n]; 29, esc. [255n]; 37, prop. [255n]; 38 [260n], prop. [255n, 258n], dem. [258n]; 39 [260n], prop. [255n, 258n], dem. [258n, 260n]; 40, esc. 1 [254n, 256n, 260n]; 45, prop. [258n], esc. [258n]; 46, dem. [258n]

III:
Prop.: 1, dem. [262n]; 58, prop. [253n], dem. [253n]; 59, prop. [253n], dem. [253n]

IV:
Prefácio [256n]
Prop.: 4, prop. [264n]; 29, prop. [260n]; 30, prop. [261n]; 32, prop. [264n]; 51, dem. [254n]; 59, dem. [253n]; 63, dem. do cor. [263n]

Índice das referências à *Ética* e às demais obras de Espinosa   405

V:

Prop.: 2, prop. [263n], dem. [263n]; 3, prop. [263n], dem. [253n]; 4, esc. [263n]; 6, esc. [265n]; 10, prop. [264n], dem. [262n, 264n], esc. [266n]; 18, esc. [265n]; 20, esc. [264n]

Capítulo XVIII: Rumo ao terceiro gênero *[268-281]*

II:

Prop.: 18, esc. [268n]; 40, esc. 1 [268n], esc. 2 [268n]; 40, esc. 1 [272n], esc. 2 [278n, 279n]; 41, dem. [268n]; 42, prop. [269n]; 45 [276n]; 46 [276n], dem. [276n, 279n]; 47 [276n], esc. [273n, 276n, 279n]

IV:

Prop.: 28, prop. [278n], dem. [277n]; 49 [274n]

V:

Prop.: 5 [274n]; 6, prop. [274n], dem. [274n]; 7, prop. [275n], dem. [273n, 274n]; 8, prop. [275n], dem. [275n]; 9 [275n]; 11 [275n]; 12 [275n], prop. [273n]; 13 [275n]; 14 [270n]; 15 [270n, 279n], dem. [277n]; 16 [270n, 279n]; 17 [270n, 277n]; 18 [270n]; 19 [270n, 277n]; 20 [270n, 278], esc. [279n]; 21 [275, 278]; 25, dem. [279n]; 28, prop. [269n, 278n]; 36, esc. [276n]

Capítulo XIX: Beatitude *[282-298]*

II:

Prop.: 15 [290n]; 37, prop. [285n]; 38, dem. [286n]; 39, dem. [286n]

III:

Def. geral dos afetos, def. 1 (do desejo), expl. [286n]

IV:

Prop.: 39, dem. [295n], esc. [295n]

V:

Prop.: 14 [287n, 288n]; 15 [287n, 288n]; 16 [287n, 288n]; 17 [287n, 288n]; 18 [287n, 288n]; 19 [287n, 288n]; 20 [287n, 288n], esc. [290n]; 21, prop. [294n]; 22, dem. [283n, 291n]; 23, esc. [290n, 293n]; 25 [283n]; 26 [283n]; 27 [283n], dem. [284n]; 29, prop. [283n, 292n], dem. [285n, 290n, 292n]; 30, prop. [283n], dem. [283n]; 31, prop. [283n], esc. [287n]; 32 [288n], cor. [284n]; 33 [288n], esc. [287n]; 34 [288n], prop. 294n]; 35 [288n]; 36 [288n], prop. [283n], 288n], cor. [288n], esc. [282n, 283n, 288n]; 37 [288n], esc. [282n]; 38, prop. [297n], dem. [290n, 297n], esc. [297n]; 40, cor. [290n, 294n]; 41, dem. [285n, 293n]

Conclusão: Teoria da expressão em Leibniz e em Espinosa [299-311]

I:
Def.: 6 [302]

Apêndice: Estudo formal do plano da Ética e do papel dos escólios na realização desse plano: as duas Éticas [313-322]

I:
Def.: 3 [319]; 4 [319]; 6 [319].
Prop.: 5 [315]; 6 [316]; 7 [316, 317]; 8 [316], esc. 1 [319], esc. 2 [315, 316, 317, 319]; 9 [319]; 10 [319], esc. [319]; 11, esc. [318]; 15, esc. [317]; 17, esc. [317]; 33, esc. [317]

II:
Prop.: 1, esc. [318]; 3, esc. [317, 319]; 7, esc. [318, 319]; 8, esc. [319]; 10, esc. [317]; 13, esc. [317, 318, 320]; 18, esc. [321]; 35, esc. [320]; 40, esc. 1 [321]; esc. 2 [320]; 44, esc. [320]; 45, esc. [320]

III:
Prop.: 2, esc. [317, 320]; 7, esc. [318]; 57, esc. [318]

IV:
Prop.: 18, esc. [318, 320]; 33, esc. [320]; 40, esc. [319]; 45, esc. 2 [317]; 50, esc. [317]; 63, esc. [317, 319]; 66, esc. [317]; 73, esc. [317]

V:
Prefácio [317]
Prop.: 4, esc. [317]; 10, esc. [317, 320]; 20, esc. [317, 318, 320]; 36, esc. [318, 320]; 42, esc. [317]

Índice das matérias [325-332]

Prop.: I, 1 a 8 [325]; Plano da Ética [326, 332]; Prova a posteriori na Ética [327]

As referências às demais obras de Espinosa usadas neste livro têm sua paginação indicada abaixo, também entre colchetes, e na ordem em que essas obras aparecem no Prólogo [3]:

Breve tratado ou BT: [3, 11, 11n, 15, 15n, 27n, 29n, 30, 33, 34n, 35, 35n, 41n, 42n, 48, 50n, 51n, 59, 59n, 60n, 65, 65n, 66, 66n, 75, 75n, 76, 77, 79n, 83n, 87n, 91n, 94, 94n, 96, 101, 101n, 104, 104n, 105n, 108n, 109n, 116n, 129n, 151n, 155n, 167n, 173n, 177n, 178, 190, 190n, 199n, 204n, 210n, 214, 214n, 271, 271n, 325-327]

Índice das referências à Ética e às demais obras de Espinosa   407

Tratado da reforma do entendimento ou *TRE*: [3, 11, 11n, 12n, 17, 17n, 51n, 76, 76n, 77, 101n, 106n, 111, 111n, 114, 114n, 115, 115n, 116n, 118n, 119n, 120n, 121n, 122, 122n, 123, 123n, 124n, 126n, 127n, 135n, 139n, 141, 142n, 145, 145n, 146n, 193, 193n, 268m, 271, 271n, 272, 272n, 277, 279, 332]

Princípios da filosofia de Descartes ou *PPD*: [3, 22n, 23n, 24n, 51n, 72, 73n, 77, 77n, 78, 80]

Pensamentos metafísicos ou *PM*: [3, 22n, 31, 31n, 194, 195n]

Tratado teológico-político ou *TTP*: [3, 18n, 36, 42, 42n, 46n, 47n, 48n, 49n, 50n, 129n, 226n, 237n, 238n, 244n, 245n, 246n, 247n, 249n, 250n, 254n, 260n, 269n, 270n, 273n, 276n, 281n]

Tratado político ou *TP*: [3, 80, 80n, 237n, 238n, 239n, 242n, 244n, 245n, 246n, 247n, 251n]

Cartas
referências gerais: [3, 15, 70, 76, 166n]
a Blyenbergh: [49n, 80n, 226, 226n, 227, 227n, 229, 229n, 230, 230n, 231]
de Blyenbergh: [184n, 227n, 229n, 23n, 231n, 330]
a Bouwmeester: [116n, 119n, 126n, 132n, 137n]
a Boxel: [38n]
a De Vries: [28n, 34n, 36n, 52n]
a Hudde: [70n]
a Jelles: [76n, 247n]
a Meyer: [26n, 174, 174n, 177, 184, 184n, 185, 185n, 186, 186n, 187n, 202, 329]
a Oldenburg: [15n, 26n, 33n, 39n, 40n, 50n, 70n, 89n, 109n, 187n, 191n, 192n, 193n, 208n]
a Schuller: [29n, 40n, 104n, 214n, 215n]
de Schuller: [110, 110n, 113n]
a Osten: [155n]
a Tschirnhaus: [16, 16n, 26n, 63n, 70n, 100, 1109n, 118n, 184n]
de Tschirnhaus: [16n, 100n]

BIBLIOGRAFIA DAS OBRAS CITADAS POR DELEUZE NESTE LIVRO

Apresentamos aqui uma bibliografia detalhada das obras citadas por Gilles Deleuze. Como este, em muitas ocasiões, não completa as referências, tivemos o trabalho de rastreá-las, completando-as. Em cinco casos (Aristóteles, Boécio, Kant, Nietzsche e Plotino), Deleuze somente menciona o título em francês da obra, sem assinalar tradução ou edição alguma (no caso do Plotino, somente as indicações da divisão interna das *Enéadas*); nesses casos, deixamos traduzido o título em português.

ALQUIÉ, Ferdinand. *Descartes, l'homme et l'oeuvre*. Paris: Hatier-Bovin, 1956.

_____. *La Découverte métaphysique de l'homme chez Descartes*. Paris: PUF, 1950.

_____. *Nature et vérité dans la philosophie de Spinoza*. Paris: CDU Sorbonne, 1965.

_____. *Servitude et liberté chez Spinoza*. Paris, CDU Sorbonne: 1959.

ARISTÓTELES. *Segundos analíticos*.

ARNOU, René. *Praxis et theoria: étude sur le vocabulaire et la pensée des Ennéades de Plotin*. Paris: F. Alcan, 1921.

BOAVENTURA, São. *S. Bonaventurae Opera Omnia*. A. C. Peltier (org.), Paris, 1866.

BOÉCIO. *Consolação da filosofia*.

BROCHARD, Victor. "Le Dieu de Spinoza", em *Études de philosophie ancienne et de philosophie moderne*. Textos recolhidos e apresentados por V. Delbos, nouvelle édition. Paris: J. Vrin, 1926.

BRUNO, Giordano. *Cause, principe et unité*. Traduction accompagnée de notes et d'analyses et précédée d'une étude sur la philosophie de Bruno par É. Namer. Paris: F. Alcan, 1930.

BUSOLT, Georg. *Die Grundzüge der Erkenntnisstheorie und Metaphysik Spinozas*. Berlim, 1895.

DARBON, André. *Études spinozistes*. Paris: PUF, 1946.

DELBOS, Victor. "La Doctrine spinoziste des attributs de Dieu", em *L'Année Philosophique*, Paris, t. XXIII, 1912.

Descartes — Cahiers de Royaumont. Deuxième Colloque Philosophique de Royaumont, 19-24 novembre 1954. Paris: Minuit, 1957 (col. Cahiers de Royaumont, Philosophie nº 2).

DESCARTES, René. *Oeuvres*, Charles Adam e Paul Tannery (abreviado AT) (org.). Paris: Léopold Cerf, 1897-1913.

_____. *Oeuvres philosophiques*, 3 tomos. Textos escolhidos e apresentados por Ferdinand Alquié. Paris: Garnier Frères, 1963.

DUNS ESCOTO, João. *Opus oxoniense*, em *Opera Omnia*, vol. 16. Paris: Vivès, 1894.

ÉLIE, Hubert. *Le Complexe significabile*. Paris: Vrin, 1936.

ERDMANN, Johann Eduard. *Versuch einer wissenschaftlichen Darstellung der Geschichte der neuern Philosophie*. Leipzig, 1834-1853.

_____. *Grundriss der Geschichte der Philosophie*. Berlim, 1866.

ESPINOSA, Benedicto de. *Benedicti de Spinoza Opera quotquot reperta sunt.* Recognoverunt J. van Vloten et J. P. N. Land. Editio Tertia. Hagae Comitum, *apud* M. Nijhoff, 1914, 2 vols.

_____. *Éthique*, trad. de A. Guérinot. Paris: Pélletan, 1930.

_____. *Oeuvres de Spinoza.* Traduites et annotées par Charles Appuhn. Paris: Garnier, s.d.

_____. *Traité de la réforme de l'entendement.* Trad. et notes par A. Koyré. Paris: Vrin, 1951.

FICHTE, Johann Gottlieb. *Leben und literarischer Briefwechsel*, ed. I. H. Fichte, Leipzig, 1862.

FOUCHER DE CAREIL, Alexandre. *Leibniz, Descartes et Spinoza*. Paris: Ladrange, 1862.

_____. *Réfutation inédite de Spinoza par Leibniz*. Paris: Ladrange, 1854.

FRIEDMANN, Georges. *Leibniz et Spinoza*. Paris: NRF, 1946.

GANDILLAC, Maurice de. "Duns Scot et la Via antiqua", em *Le Mouvement doctrinal du IXe au XIVe siècle*. Paris: Bloud et Gay, 1951.

_____. *Introduction aux Oeuvres complètes du Pseudo-Denys*, em *Oeuvres complètes du Pseudo-Denys, l'Aréopagite*. Trad., comentários e notas de M. de Gandillac. Paris: Aubier, 1941.

_____. *La Philosophie de Nicolas de Cues*. Paris: Aubier, 1941.

GILSON, Étienne. *Index scolastico-cartésien*. Paris: Félix Alcan, 1913.

_____. *L'Être et l'essence*. Paris: Vrin, 1948.

_____. *Jean Duns Scot*. Paris: Vrin, 1952.

_____. *La Philosophie de Saint Bonaventure*. Paris: Vrin, 3ª ed., 1953.

GUEROULT, Martial. *Dynamique et métaphysique leibniziennes*. Paris: Les Belles Lettres, 1934.

_____. "La Constitution de la substance chez Leibniz", *Revue de Métaphysique et de Morale*, janeiro de 1947, p. 55-78.

_____. "La Lettre de Spinoza sur l'infini", em *Revue de Métaphysique et de Morale*, outubro de 1966, nº 4, p. 385-411.

_____. *L'Évolution et la structure de la Doctrine de la science chez Fichte*, 2 vols. Paris: Les Belles Lettres, 1930.

HEEREBOORD, Adriaan. *Collegium Logicum, in quo tota philosophia rationalis, aliquot disputationibus breviter & perspicuè per theses proponitur*, 2 tomos. Leyden, *apud* Franciscus Moyaert, 1649.

_____. *Meletemata philosophica, accedunt Philosophia Naturalis cum novis commentariis & Pneumatica*. Amstelodami, 1665.

HOBBES, Thomas. *De corpore*, vol. 1 dos *Elementa philosophiae*. Londres, 1655.

HUAN, Gabriel. *Le Dieu de Spinoza*. Paris: F. Alcan, 1914.

KANT, Immanuel. *Crítica do julgamento*, 1790.

_____. *Crítica da razão pura*, 1ª ed.

KAUFMANN, Fritz. "Spinoza's system as theory of expression", *Philosophy and Phenomenological Research*, vol. 1, nº 1, Universidade de Buffalo, NY, setembro de 1940.

KOYRÉ, Alexandre. *La Philosophie de Jacob Boehme*. Paris: Vrin, 1929.

_____. *Mystiques, spirituels, alchimistes du XVIe siècle allemand*. Paris: Armand Colin, 1947.

LACHIÈZE-REY, Pierre. *Les Origines cartésiennes du Dieu de Spinoza*. Paris: Vrin, 2ª ed., 1950.

LAPORTE, Jean. *Le Rationnalisme de Descartes*. Paris: PUF, 1945.

Leibnitiana elementa philosophiae arcanae de summa rerum, ed. Jagodinski, Kasan, 1913.

LASBAX, Émile. *La Hiérarchie dans l'univers chez Spinoza*. Paris: Vrin, 1919

LEIBNIZ, Gottfried Wilhelm. *Oeuvres philosophiques de Leibniz*, ed. Paul Janet (abreviado Janet), 2 vols. Paris: Félix Alcan, 1910.

_____. *Opuscules et fragments inédits de Leibniz*, ed. L. Conturat. Paris: F. Alcan, 1913.

_____. *Philosophische Schriften*, ed. Carl Immanuel Gerhardt (abreviado Gerhardt), 7 vols. Berlim e Halle, 1849-1855.

Bibliografia das obras citadas por Deleuze neste livro   411

_____. *Textes inédits*, 2 vols., ed. G. Grua. Paris: PUF, 1948.

LÉON, Albert. *Les Éléments cartésiens de la doctrine spinoziste sur les rapports de la pensée et de son objet*. Paris: F. Alcan, 1907.

LOSSKY, Vladimir. *Théologie négative et connaissance de Dieu chez maître Eckhart*. Paris: Vrin, 1960.

MERLEAU-PONTY, Maurice. *Les Philosophes célèbres*. Paris: Mazenod, 1956.

NICOLAU DE CUSA. *Oeuvres choisies*. Paris: Aubier, 1942.

NIETZSCHE, Friedrich. *Genealogia da moral*.

PLOTINO. *Enéadas*, III, V e VI.

POLIN, Raymond. *Politique et philosophie chez Thomas Hobbes*. Paris: PUF, 1953.

RÉGIS, Pierre-Sylvain. *Réfutation de l'opinion de Spinoza touchant l'existence et la nature de Dieu*, apêndice para a obra *L'Usage de la raison et de la foy*, Paris, chez J. Cusson, 1704.

REVAH, Israel Salvator. *Spinoza et Juan de Prado*. Paris: Mouton, 1959.

RIVAUD, Albert. "La Physique de Spinoza", *Chronicon Spinozanum*, vol. 4, 1926, pp. 24-57.

ROBINSON, Lewis. *Kommentar zu Spinozas Ethik: Einleitung, Kommentar zum ersten und zweiten Teil der Ethik*. Leipzig: Felix Meiner, 1928.

SAINT-HILAIRE, Étienne Geoffroy. *Études progressives d'un naturaliste pendant les années 1834 et 1835*, faisant suite à ses publications dans les volumes des Mémoires et Annales du Muséum d'Histoire Naturelle, Paris, 1835.

_____. *Principes de philosophie zoologique*. Paris: Pichon, 1830.

SCHELLING, Friedrich. "Conférences de Stuttgart", em *Essais*. Paris: Aubier, 1946.

STRAUSS, Leo. *Droit naturel et histoire*. Paris: Plon, 1953.

SUÁREZ, Francisco. *Metaphysicarum disputationum in quibus et universa naturalis theologia ordinatè traditur, & quaestiones omnes ad duodecim Aristotelis libros pertinentes accuratè disputantur*, tomo I. Salamanca, *apud* Ioannem & Andream Renaut fratres, 1597.

THÉRY, Gabriel. *Édition critique des pièces relatives au procès d'Eckhart*, Archives d'Histoire Doctrinale et Littéraire du Moyen Âge, Paris, Vrin, 1926-1927.

VAJDA, Georges. *Introduction à la pensée juive du Moyen Âge*. Paris: Vrin, 1947.

Posfácio
DELEUZE E ESPINOSA

François Zourabichvili[1]

Ocorre a Deleuze perguntar-se: "Por que escrever sobre Espinosa?" (*Diálogos*, p. 74 *[78]*).[2] Comentar ou explicar devem ser compreendidos como maneiras de escrever, como um *gênero* — qual gênero? (Deleuze fala algumas vezes de sua atividade de "retratista": o que é um retrato em filosofia? Existe o *uso*, a visita, o roubo ou o empréstimo: "pensar *em* Espinosa", segundo a fórmula de Pierre Macherey, a propósito justamente de Deleuze...). O comentador, secretamente, gosta de pensar que seu esforço nada *acrescenta* ao texto do qual ele dá conta, invisível, fiel até a transparência, humilde até o retraimento. Mas a modéstia é falsa: "escrever sobre" é sempre dar prova de um encontro, alegre ou não, e talvez de uma certa *necessidade* desse encontro. Qual necessidade pode corresponder ao exercício de "escrever sobre", que não seja apenas por costume? Como, em função de quê, um encontro com Espinosa pode ser dito alegre? É esse, sem dúvida, um dos

---

[1] Este texto foi publicado originalmente em *Spinoza au XXe siècle*, Olivier Bloch (org.), Paris, PUF, 1993, pp. 237-46. A presente tradução foi realizada por Adriana Barin de Azevedo e Guilherme Ivo. (N. dos T.)

[2] *Diálogos*, trad. port. de José Gabriel Cunha (Lisboa, Relógio d'Água, 2004). Para todas as citações de páginas das obras de Deleuze, neste posfácio, faremos seguir, entre colchetes, a paginação da tradução, em língua portuguesa, que nos era de alcance. O único intuito ao citar estas traduções é, evidentemente, indicar para os leitores de nossa língua os momentos textuais referidos por Zourabichvili. — A respeito especificamente das citações à obra *Espinosa e o problema da expressão*, não foi necessário que remetêssemos à paginação desta tradução que o leitor tem em mãos, já que ao longo dela as páginas da edição francesa estão devidamente indicadas. (N. dos T.)

sentidos problemáticos do enunciado lapidar: "Espinosa no século XX".[3]

Quando Deleuze, no final de *Espinosa: filosofia prática*, empenha-se para falar de "Espinosa e nós", é assim que ele entende o enunciado: "Nós no meio de Espinosa", ou seja, "agarrar Espinosa pelo meio". Por um lado, o espinosismo é um meio propício ao pensamento, repleto de latências e de promessas, de vizinhanças inesperadas, repleto também de imperativos para o pensamento contemporâneo; por outro lado, o sistema só *pensa* verdadeiramente em seu meio, que sem dúvida não é um centro, ou a partir do meio — o que demanda um método não axiomático, que procede por extrações e experimentação.

Diante de tal leitura, é sempre possível agitar o espectro da infidelidade; mas com isso não veremos que ela provém de uma outra necessidade, não menos respeitável: trabalhar Espinosa naquilo que ele nos concerne, e que concerne ao pensamento atual, buscar nele *quais* recursos ele pode nos fornecer. Ora, Deleuze é um *caso* para essas jornadas de estudo porque, sob pelo menos três aspectos, ele vê em Espinosa o herói virtual do "nosso" pensamento, em função dos três maiores flagelos que esse último soube pensar e denunciar: 1) o *poder*, cuja essência é envenenar, angustiar, tornar impotente (perigo "fascista"); 2) a *transcendência*, "dimensão suplementar" ou "plano escondido", que separa o pensamento daquilo que ele pode (perigos "estruturalista" e, nesses últimos tempos, "neouniversalista"); 3) uma concepção ruinosa das conexões *teoria-prática* (eminência da primeira sobre a segunda) e, correlativamente, da *natureza da filosofia*.

A originalidade de Espinosa é fazer com que essa tripla crítica proceda de um único e mesmo pensamento, o qual se entrega a um programa: a afirmação da *imanência*. Gostaríamos de mostrar sucintamente como a leitura deleuziana não deixa de "trabalhar" essa afirmação, ao valorizar uma tensão característica do espinosismo.

---

[3] *Spinoza au XXe siècle* é o título das jornadas de estudo organizadas em 14 e 21 de janeiro, e 11 e 18 de março de 1990, pela Universidade de Paris I-Panthéon-Sorbonne, onde este texto foi apresentado. (N. dos T.)

O pensamento da imanência tem suas condições: Deleuze dedica-se a detectá-las através de sua leitura de 1968 (*Espinosa e o problema da expressão*), assim como ele havia começado a fazê-lo desde 1962, a propósito de Nietzsche. É possível considerar sua atividade de "historiador", e sua série de "estudos-retratos", como a progressiva liberação, ao fio de *variações* sucessivas, de um "tema complexo", de uma configuração problemática: o imanentismo ou, simplesmente, o pensamento. O pensamento deleuziano seria o efeito produzido pela repetição incansável de uma mesma questão, cada vez colocada em condições variáveis: na direção de qual tipo de pensamento (ou agenciamento de conceitos) somos levados, desde que busquemos pensar de maneira rigorosamente imanente?

Ora, no espinosismo, o programa de imanência conduz à descoberta simultânea do *absoluto* e da *Natureza*... A maior ferramenta de tal pensamento é o objeto da *tese* deleuziana: a ideia de *expressão*. Portanto, ao menos em Espinosa, o imanentismo parece inseparável de uma teoria do sentido. Como é pensada a conexão do ser e do sentido? A *Ética* é atravessada por um conceito de estatuto eminentemente problemático: a *potência*. Seria esse um nome para o ser? para uma realidade metafísica? O ser é expressão: o paradoxo, ao que parece, é que Espinosa não sabe fazer de outro jeito a não ser *identificar* os dois de uma maneira ambígua (através do dinamismo da substância), com o risco de que o imanentismo dependa de uma proposição não somente metafísico-ontológica, mas de um odor deploravelmente espiritualista. Não é o ser que tem, por consistência, apenas essa, diáfana, do sentido? Ou é o sentido que ganha uma espessura ontológica?

Há apenas sentido e, no entanto, por isso mesmo, há existência: a existência reside inteiramente na produção do sentido, em uma série de atos ou efeitos que lhe dá um caráter mais *acontecimental* do que ontológico; a pedra, o cavalo, o homem existindo aqui e agora não *são*, mas ocorrem, (se) afirmam, (se) atualizam. O sentido encontra no acontecimento seu corolário existencial. O ser parece ausente do espinosismo, que apenas conhece acontecimentos: o ser é o *singular*, infinitamente repetido e variado ("modificado"). A extensão e o pensamento? São apenas formas de expressão, *verbos* no infinitivo (cf. *Espinosa e o problema da expressão, [37]*, a ser aproximado de *Lógica do sentido*, 2ª e 4ª séries). Quanto à diferença na existência, ela ainda é sentido, e dessa vez introduz nele a quantidade (grau de expressividade). Parece, portanto, que toda produção possa ser compreendida, sucessivamente, como aquela do sentido e aquela do ser, uma vez posto que esse último, em sua gênese, é da ordem do acontecimento. O conceito de potência reflete bem essa ambiguidade, que se divide em "potência absoluta de existir ou de agir" e "potência absoluta de compreender", sendo que ambas as *metades* (segundo um termo que Deleuze toma emprestado de Bergson) são ditas *iguais*, ou seja, sem eminência de uma sobre a outra. A substância "possui" uma única e mesma potência, mas essa é, sob um *aspecto*, ação e, sob outro, compreensão. A mesma "coisa" sob dois aspectos: eis aí o que não é claro, e que se assemelha, inicialmente, a uma facilidade verbal. No entanto, o livro de Deleuze nos incita a ler, nessa ambiguidade, a própria fecundidade do espinosismo, como se essa filosofia fosse atravessada por uma inspiração estranha à metafísica, e se reatasse, de maneira obscura, com o estoicismo e a lógica medieval (Duns Escoto, em particular), contra o cartesianismo reinante.

Resumindo: o pensamento da imanência afirma a coincidência do sentido e do ato como sua proposição principal. Como então conciliar tal proposição com uma filosofia da substância, que comanda um pensamento do sujeito e do ser? Parece inevitável que o estatuto da *substância* provoque um problema, e seja o risco de uma tensão específica no seio do espinosismo. Com efeito, por um lado, não é certo que o imanentismo seja um pensamento do ser; por outro lado, seria bem possível que a substância, como sujeito causal, colocasse um limite na afirmação da imanência. É nesse nível que a filosofia de Espinosa, após ter sido exposta em sua sistematicidade, vai se encontrar, levada por Deleuze, num devir ao mesmo tempo rigoroso e fantasioso, em nome de uma fidelidade e admiração superiores.

A tensão de que falamos conduz Deleuze, não a reconsiderar sua leitura, mas a deslocá-la, a modificar seu clima de inscrição, dando-lhe outro *porte*: é o que atesta o segundo livro, *Espinosa:*

filosofia prática (1981). Mas também devemos ressaltar que essa evolução é contemporânea de uma brusca dramatização do pensamento de Deleuze, especialmente ligada à rejeição do estruturalismo. A referência à Espinosa, tão discreta em *Diferença e repetição*, vai doravante multiplicar-se, e apresentar-se como um verdadeiro manifesto: Espinosa é o herói filosófico do segundo Deleuze.

No quadro da metafísica, o programa de imanência se enuncia assim: afirmar a *univocidade* do ser. *Diferença e repetição*[4] situa Espinosa na história dessa afirmação: depois de Duns Escoto, de quem ele retoma a teoria da distinção real formal, ao pensar o ser como afirmação pura, graças ao conceito de expressão; mas antes de Nietzsche. Espinosa não chega ao termo de seu programa, pois mantém a independência da substância relativamente aos modos, que dela dependem como de outra coisa: "Seria preciso que a própria substância fosse dita *dos* modos, e somente *dos* modos", que a identidade não fosse primeira, mas existisse "como princípio que deveio". O que necessitaria uma "reversão categórica geral". Em outros termos, seria preciso que a substância não fosse o *sujeito* do devir, o autodesignado último e exclusivo da expressão.

E essa independência da substância é, sem dúvida, reduzida ao mínimo, desde que a identidade do ser e da expressão é afirmada: por existir e compreender-se, a substância se autoafeta necessariamente, ou seja, não pode deixar de produzir os modos que desenvolvem sua essência. Fica claro, entretanto, que a substância *precede* logicamente os modos, e preexiste como sujeito ou causa primeira, como *argumento* da expressão.

A verdadeira constatação está em outro lugar.

Primeiramente, o *dinamismo* expressivo remete aos atributos, e não à substância. O próprio texto de Espinosa confere a eles um papel de atores: eles "constituem" a essência da substância, cada um deles "exprime" uma essência eterna e infinita. O atributo é o nervo da tríade expressiva, e Deleuze não deixa de lembrar sua

---

[4] *Diferença e repetição*, trad. br. de Luiz B. L. Orlandi e Roberto Machado (Rio de Janeiro, Graal, 1988, p. 57 *[47]*). (N. dos T.)

natureza *afirmativa*. Essa concepção tão surpreendente do atributo, e a importância arquitetônica que lhe é concedida, já nos sugerem que, caso o pensamento deva se ocupar de uma *origem*, tratar-se-á antes de um *campo de afirmação* (Deleuze dirá: de *consistência*) do que de um fundamento das coisas.

Essa rivalidade especulativa da substância e dos atributos, porém, atinge seu paroxismo apenas com a teoria das *noções comuns*, descoberta esta que, segundo Deleuze, é decisiva sob todos os aspectos.[5] Em seu primeiro livro, Deleuze já mostrava como o *método* das noções comuns decorre da nova concepção dos atributos.[6] Mas aquilo que lhe impressionava era, sobretudo, a inspiração profundamente empirista de tal teoria: com as noções comuns, a filosofia de Espinosa se tornava um tipo de *empirismo racionalista* (que tenhamos aqui em mente o "empirismo transcendental", tal como Deleuze o almejava em *Diferença e repetição*). O *espanto* espinosista vai na contracorrente de uma tradição que Descartes herda: o espantoso não é que possamos decair de uma verdade dada em princípio, e à qual *a priori* temos direito, mas "que os homens às vezes cheguem a compreender o verdadeiro, às vezes a se compreenderem entre si, às vezes a se libertarem daquilo que os acorrenta" (*Espinosa e o problema da expressão*, [134]). Pensar não é uma faculdade natural, é uma descoberta, um encontro: a forma do verdadeiro não é dada, mas obtida por experimentação. É tão somente assim que se faz da imanência o objeto de uma afirmação total e definitiva: quando pensamos *do ponto de vista* do modo que somos, "sobre um plano modal", como diz Deleuze (*Espinosa: filosofia prática*, p. 164 [127]). A teoria das noções comuns diz o que a razão é: organização experimental dos encontros. "As noções comuns são uma Arte, a arte da própria *Ética*: organizar os bons encontros, compor as conexões vividas, formar as potências, experimentar" (*idem*, p. 161 [124]). A eficácia delas não é apenas local ou pontual, elas nos fazem conhecer

---

[5] *Espinosa: filosofia prática*, trad. br. de Daniel Lins e Fabien Pascal Lins (São Paulo, Escuta, 2002, p. 129 [100] e todo o capítulo V). (N. dos T.)

[6] *Espinosa e o problema da expressão*, [40]. (N. dos T.)

algo como as *condições* (por mais anacrônico e desajeitado que esse termo possa parecer) do nosso conhecimento, da nossa expressividade, ou seja, do pensamento imanente: "Elas apresentam, sob vários aspectos, a unidade de composição da Natureza" (*idem*, p. 156 *[120]*).

Esse pensamento é imanente no sentido em que não invoca nenhuma "dimensão suplementar" para conceber o que existe: seu objeto-modelo é o *corpo*, considerado não mais biologicamente, como uma forma *a priori* ou uma combinação de órgãos destinados a preencher funções, mas eticamente, no nível (ou do ponto de vista) daquilo que lhe *ocorre* e que é recolhido na existência como *afeto* (a potência se exprime como *poder de ser afetado*). O plano modal, *plano* dito *de consistência ou de imanência*, é esse nível *intensivo* do corpo (e, simultaneamente, do pensamento), onde o sentido se produz como correlato do devir ou do acontecimento. O pensamento imanente é aquele que pensa no nível onde o sentido é feito, e pensa o sentido como fato; ele se estabelece, precisamente, lá onde a existência faz sentido, faz o sentido — no nível da *singularidade* trans-individual e não mais do indivíduo como identidade prévia e persistente (Deleuze lê em Espinosa uma problemática da *individuação* imanente, por afetos e conexões de velocidade-lentidão: ver o conceito de hecceidade em *Mil platôs*, p. 318 *[47]*).[7] Quanto à potência, ela é o *elemento* no qual pensamos o sentido e o afeto como que encostados um no outro (Deleuze fala de "matéria modal", *Espinosa e o problema da expressão*, *[173]*).

Essa descoberta de um plano de consistência ou de imanência, e de um nível intensivo do corpo, não deixa de ter incidência sobre a conexão substância-modos: "Fazer do corpo uma potência que não se reduz ao organismo... O primeiro princípio de Espinosa (uma única substância para todos os atributos) depende desse agenciamento, e não o inverso" (*Diálogos*, p. 76 *[80]*). É o eco invertido da passagem de *Diferença e repetição* que citávamos: a ex-

---

[7] *Mil platôs: capitalismo e esquizofrenia*, vol. 4, trad. br. de Suely Rolnik (São Paulo, Editora 34, 1997, p. 318 *[47]*). (N. dos T.)

ploração disso que significa pensar, para os modos que somos, produziu no espinosismo o que faltava ao espinosismo — a afirmação final da imanência. De maneira que é possível, numa segunda leitura, parear uma estranha identidade Espinosa-Nietzsche (*Espinosa: filosofia prática*, especialmente pp. 9 e 27 *[9]* e *[23]*).

Quando pensamos sob um plano de imanência ou consistência, a substância é substituída pela Natureza (*idem*, p. 164 *[127]*): a Natureza não é outra coisa que não esse plano, pensamos expressivamente sobre o plano da Natureza. Qual é o estatuto da ex-substância que deveio Natureza? O plano de imanência ou de consistência não é uma noção metafísica. É a partir daqui que Deleuze vai mais longe, que ele acelera sua leitura e nos força a pensar um *limite* problemático do espinosismo: será que a substância, tal como a teoria dos modos de existência imanentes nos leva a pensar e a exigir sua *função*, não perderia toda espessura ontológica, ao guardar apenas a simples consistência (ou insistência) do sentido, ou mesmo — para ser mais exato — a simples realidade abstrata ou virtual de um *plano* (como se diria de um ângulo de vista ou de uma perspectiva) onde o sentido é produzido, e onde somente aí podemos captá-lo, e fazê-lo advir, em nossa vez?

Portanto, a potência é um conceito que precisa ser dito *transcendental*, não o nome do ser, mas o conceito imanente do devir, o elemento no qual podemos pensar a gênese conjunta do sentido e do afeto: uma *matéria transcendental* de singularidades (ou quantidades intensivas de essência). Essa interpretação nos é sugerida em *Diferença e repetição* e *Lógica do sentido*, onde o campo transcendental se define como uma superfície intensiva onde se distribuem singularidades (ainda que esse campo seja então considerado pelo modelo da estrutura). Plano ou superfície designa o *spatium* abstrato de uma gênese do sentido em sua coincidência transcendental com o devir.

Talvez o conceito de absoluto imponha aqui uma dificuldade. Deleuze dizia, em *Espinosa e o problema da expressão*, que Espinosa descobre simultaneamente a Natureza e o absoluto. Ora, desde Kant que estamos acostumados a distinguir "transcendental" de "absoluto": se o "Eu penso" engendrasse o diverso do qual ele faz a experiência, ele seria sujeito absoluto e não mais somente transcendental. Mas o absoluto espinosista não é uma noção ontológica que ultrapassaria a subjetividade transcendental: ele qualifica a substância na medida em que ela exerce uma função de *unidade* por totalização dos atributos. Ele qualifica, portanto, a unidade do plano de imanência ou de consistência (jamais o absoluto espinosista terá a característica de uma síntese sujeito-objeto, o conceito de expressão dispensa Espinosa de colocar esse problema).

"O sentido é a descoberta própria à filosofia transcendental", escreve Deleuze em *Lógica do sentido*.[8] Talvez possamos acrescentar: o conceito de expressão suscita um pensamento transcendental que opera no absoluto. Esse seria o segundo sentido espinosista da palavra, que decorre do primeiro: lá onde Kant falava de uma *submissão* necessária dos fenômenos ao nosso poder de conhecer, Deleuze põe em relevo a *coincidência* do sentido e do acontecimento, o que apresenta o paradoxo de recolocar a filosofia no absoluto, eliminando a problemática tradicional do saber. É por isso que seria vão tentar ler, na ideia da coincidência, uma restauração disfarçada da Harmonia universal: pensando o conceito de *devir*, trata-se antes de deslocar a ideia de vida do metafísico para o transcendental.

Obtemos três resultados.

Por um lado, a substância perde sua qualidade de sujeito e subsiste apenas como função de unidade: nesse sentido, seu "lugar" continua a ser ocupado no pensamento da imanência, como conceito da univocidade. Por outro lado, a substância perde qualquer valor de substrato ontológico e encontra-se conhecida como superfície, campo ou plano, como limiar transcendental onde se engendra o sentido como que encostado no devir. Finalmente, esse plano transcendental é determinado como potência, ou seja, como elemento quantitativo intensivo, operando no absoluto e distribuindo-se segundo graus ou singularidades.

Tais são, ao que nos parece, as condições que, em Deleuze, fazem de Espinosa o herói tendencial de um pensamento decidida-

---

[8] *Lógica do sentido*, trad. br. de Luiz Roberto Salinas Fortes (São Paulo, Perspectiva, 2000, 4ª ed., p. 128 *[108]*). (N. dos T.)

mente imanente. De modo algum esse pensamento estaria de acordo com um invariante de tipo estrutural (mesmo que este último seja dado como imanente, ele não escapa ao estatuto de "plano escondido"), mas concebe as pretensas estruturas como estratos, e a ressonância das séries divergentes como o produto de um *encontro*, de um devir. Disso decorre uma concepção, antes de tudo, *prática* da filosofia: essa é construída de pouco em pouco, em contato com o seu Fora, numa experimentação incessante; logo, a prática não deve mais ser pensada como a aplicação de uma teoria, mas como a ressonância ou a interferência de *duas* práticas que se relançam mutuamente, sendo uma teórica e a outra, como se diz, "de campo".

BIBLIOGRAFIA DE GILLES DELEUZE

David Hume, sa vie, son oeuvre, avec un exposé de sa philosophie (com André Cresson). Paris: PUF, 1952.

Empirisme et subjectivité: essai sur la nature humaine selon Hume. Paris: PUF, 1953 [ed. bras.: *Empirismo e subjetividade: ensaio sobre a natureza humana segundo Hume*, trad. Luiz B. L. Orlandi, São Paulo: Editora 34, 2001].

Instincts et institutions: textes et documents philosophiques (organização, prefácio e apresentações de Gilles Deleuze). Paris: Hachette, 1953 [ed. bras.: "Instintos e instituições", trad. Fernando J. Ribeiro, in Carlos Henrique Escobar (org.), *Dossier Deleuze*, Rio de Janeiro: Hólon, 1991, pp. 134-7].

Nietzsche et la philosophie. Paris: PUF, 1962 [ed. bras.: *Nietzsche e a filosofia*, trad. Ruth Joffily Dias e Edmundo Fernandes Dias, Rio de Janeiro: Editora Rio, 1976].

La Philosophie critique de Kant. Paris: PUF, 1963 [ed. bras.: *Para ler Kant*, trad. Sônia Pinto Guimarães, Rio de Janeiro: Francisco Alves, 1976].

Proust et les signes. Paris: PUF, 1964; 4ª ed. atualizada, 1976 [ed. bras.: *Proust e os signos*, trad. da 4ª ed. fr. Antonio Piquet e Roberto Machado, Rio de Janeiro: Forense Universitária, 1987].

Nietzsche. Paris: PUF, 1965 [ed. port.: *Nietzsche*, trad. Alberto Campos, Lisboa: Edições 70, 1981].

Le Bergsonisme. Paris: PUF, 1966 [ed. bras.: *Bergsonismo*, trad. Luiz B. L. Orlandi, São Paulo: Editora 34, 1999 (incluindo os textos "A concepção da diferença em Bergson", 1956, trad. Lia Guarino e Fernando Fagundes Ribeiro, e "Bergson", 1956, trad. Lia Guarino)].

Présentation de Sacher-Masoch. Paris: Minuit, 1967 [ed. bras.: *Apresentação de Sacher-Masoch*, trad. Jorge Bastos, Rio de Janeiro: Taurus, 1983; nova ed. como *Sacher-Masoch: o frio e o cruel*, Rio de Janeiro: Zahar, 2009].

Différence et répétition. Paris: PUF, 1968 [ed. bras.: *Diferença e repetição*, trad. Luiz B. L. Orlandi e Roberto Machado, Rio de Janeiro: Graal, 1988, 2ª ed., 2006].

Spinoza et le problème de l'expression. Paris: Minuit, 1968 [ed. bras.: *Espinosa e o problema da expressão*, trad. GT Deleuze — 12, coord. Luiz B. L. Orlandi, São Paulo: Editora 34, 2017].

Logique du sens. Paris: Minuit, 1969 [ed. bras.: *Lógica do sentido*, trad. Luiz Roberto Salinas Fortes, São Paulo: Perspectiva, 1982].

Spinoza. Paris: PUF, 1970 [ed. port.: *Espinoza e os signos*, trad. Abílio Ferreira, Porto: Rés-Editora, s.d.].

L'Anti-Œdipe: capitalisme et schizophrénie 1 (com Félix Guattari). Paris: Minuit, 1972 [ed. bras.: *O anti-Édipo: capitalismo e esquizofrenia 1*, trad. Georges Lamazière. Rio de Janeiro: Imago, 1976; ed. port.: trad. Joana M. Varela e Manuel M. Carrilho, Lisboa: Assírio & Alvim, s.d.; nova ed. bras.: trad. Luiz B. L. Orlandi, São Paulo: Editora 34, 2010].

Kafka: pour une littérature mineure (com Félix Guattari). Paris: Minuit, 1975 [ed. bras.: *Kafka: por uma literatura menor*, trad. Júlio Castañon Guimarães, Rio de Janeiro: Imago, 1977].

Rhizome (com Félix Guattari). Paris: Minuit, 1976 (incorporado em *Mille plateaux*).

Dialogues (com Claire Parnet). Paris: Flammarion, 1977; nova edição, 1996, contendo, em anexo, o texto de Gilles Deleuze "L'Actuel et le virtuel" [ed. bras.: *Diálogos*, trad. Eloísa Araújo Ribeiro, São Paulo: Escuta, 1998; ed. bras. de "L'Actuel et le virtuel": "O atual e o virtual", trad. Heloisa B. S. Rocha, *in* Éric Alliez, *Deleuze: filosofia virtual*, São Paulo: Editora 34, 1996].

Superpositions (com Carmelo Bene). Paris: Minuit, 1979.

Mille plateaux: capitalisme et schizophrénie 2 (com Félix Guattari). Paris: Minuit, 1980 [ed. bras. em cinco volumes: *Mil platôs: capitalismo e esquizofrenia 2* — *Mil platôs*: vol. 1, incluindo: "Prefácio à edição italiana", 1988; "Introdução: Rizoma"; "1914: um só ou vários lobos?" e "10.000 a.C.: a geologia da moral (Quem a terra pensa que é?)", trad. Aurélio Guerra Neto e Célia Pinto Costa, Rio de Janeiro: Editora 34, 1995 — *Mil platôs*: vol. 2, incluindo: "20 de novembro de 1923: postulados da linguística" e "587 a.C.-70 d.C.: sobre alguns regimes de signos", trad. Ana Lúcia de Oliveira e Lúcia Cláudia Leão, Rio de Janeiro: Editora 34, 1995 — *Mil platôs*, vol. 3, incluindo: "28 de novembro de 1947: como criar para si um corpo sem órgãos"; "Ano zero: rostidade"; "1874: três novelas ou 'O que se passou?'" e "Micropolítica e segmentaridade", trad. Aurélio Guerra Neto, Ana Lúcia de Oliveira, Lúcia Cláudia Leão e Suely Rolnik, São Paulo: Editora 34,

1996 — *Mil platôs*, vol. 4, incluindo: "1730: devir-intenso, devir-animal, devir-imperceptível" e "1837: sobre o ritornelo", trad. Suely Rolnik, São Paulo: Editora 34, 1997 — *Mil platôs*, vol. 5, incluindo: "1227: tratado de nomadologia: a máquina de guerra"; "7.000 a.C.: aparelho de captura"; "1440: o liso e o estriado" e "Regras concretas e máquinas abstratas", trad. Peter Pál Pelbart e Janice Caiafa, São Paulo: Editora 34, 1997].

Spinoza: philosophie pratique. Paris: Minuit, 1981 [ed. bras.: *Espinosa: filosofia prática*, trad. Daniel Lins e Fabien Pascal Lins, São Paulo: Escuta, 2002].

Francis Bacon: logique de la sensation, vols. 1 e 2. Paris: Éd. de la Différence, 1981, 2ª ed. aumentada, 1984 [ed. bras.: *Francis Bacon: lógica da sensação* (vol. 1), trad. Aurélio Guerra Neto, Bruno Lara Resende, Ovídio de Abreu, Paulo Germano de Albuquerque e Tiago Seixas Themudo, coord. Roberto Machado, Rio de Janeiro: Zahar, 2007].

Cinéma 1: l'image-mouvement. Paris: Minuit, 1983 [ed. bras.: *Cinema 1: a imagem-movimento*, trad. Stella Senra, São Paulo: Brasiliense, 1985; 2ª ed. revista, São Paulo: Editora 34, no prelo].

Cinéma 2: l'image-temps. Paris: Minuit, 1985 [ed. bras.: *Cinema 2: a imagem-tempo*, trad. Eloísa de Araújo Ribeiro, São Paulo: Brasiliense, 1990; 2ª ed. revista, São Paulo: Editora 34, no prelo].

Foucault. Paris: Minuit, 1986 [ed. port.: *Foucault*, trad. José Carlos Rodrigues, Lisboa: Vega, 1987; ed. bras.: trad. Claudia Sant'Anna Martins, São Paulo: Brasiliense, 1988].

Le Pli: Leibniz et le baroque. Paris: Minuit, 1988 [ed. bras.: *A dobra: Leibniz e o barroco*, trad. Luiz B. L. Orlandi, Campinas: Papirus, 1991; 2ª ed. revista, 2000].

Périclès et Verdi: la philosophie de François Châtelet. Paris: Minuit, 1988 [ed. bras.: *Péricles e Verdi: a filosofia de François Châtelet*, trad. Hortência S. Lencastre, Rio de Janeiro: Pazulin, 1999].

Pourparlers (1972-1990). Paris: Minuit, 1990 [ed. bras.: *Conversações (1972-1990)*, trad. Peter Pál Pelbart, Rio de Janeiro: Editora 34, 1992].

Qu'est-ce que la philosophie? (com Félix Guattari). Paris: Minuit, 1991 [ed. bras.: *O que é a filosofia?*, trad. Bento Prado Jr. e Alberto Alonso Muñoz, Rio de Janeiro: Editora 34, 1992].

L'Épuisé, em seguida a *Quad, Trio du Fantôme, ... que nuages..., Nacht und Träume* (de Samuel Beckett). Paris: Minuit, 1992 [ed. bras.: *Sobre o teatro: O esgotado e Um manifesto de menos*, trad. Fátima Saadi, Ovídio de Abreu e Roberto Machado, intr. Roberto Machado, Rio de Janeiro: Zahar, 2010].

Critique et clinique. Paris: Minuit, 1993 [ed. bras.: *Crítica e clínica*, trad. Peter Pál Pelbart, São Paulo: Editora 34, 1997].

L'Abécédaire de Gilles Deleuze, entrevista a Claire Parnet realizada por P. A. Boutang em 1988 e transmitida em série televisiva a partir de novembro de 1995 pela TV-ART, Paris: Vídeo Edition Montparnasse, 1996. Ver também em www.youtube.com: "El abecedario de Gilles Deleuze", com legendas em espanhol.

L'Île déserte et autres textes (textes et entretiens 1953-1974) (org. David Lapoujade). Paris: Minuit, 2002 [ed. bras.: *A ilha deserta e outros textos (textos e entrevistas 1953-1974)*, trad. Cíntia Vieira da Silva (textos 7, 24, 36), Christian Pierre Kasper (textos 33, 37, 39), Daniel Lins (texto 38), Fabien Pascal Lins (textos 17, 29, 31), Francisca Maria Cabrera (textos 10, 11, 32), Guido de Almeida (texto 22), Hélio Rebello Cardoso Júnior (textos 3, 6, 8, 9, 21), Hilton F. Japiassú (texto 23), Lia de Oliveira Guarino (texto 4), Lia de Oliveira Guarino e Fernando Fagundes Ribeiro (texto 5), Luiz B. L. Orlandi (apresentação e textos 1, 2, 12, 14, 15, 19, 20, 27, 28, 35), Milton Nascimento (texto 34), Peter Pál Pelbart (texto 16), Roberto Machado (texto 26), Rogério da Costa Santos (texto 30), Tiago Seixas Themudo (textos 13, 25), Tomaz Tadeu e Sandra Corazza (texto 18), coord. Luiz B. L. Orlandi, São Paulo: Iluminuras, 2006].

Deux régimes de fous (textes et entretiens 1975-1995) (org. David Lapoujade). Paris: Minuit, 2003 [ed. bras.: *Dois regimes de loucos: textos e entrevistas (1975-1995)*, trad. Guilherme Ivo, rev. técnica Luiz B. L. Orlandi, São Paulo: Editora 34, 2016].

Lettres et autres textes (org. David Lapoujade). Paris: Minuit, 2015.

SOBRE O AUTOR

Gilles Deleuze nasceu em 18 de janeiro de 1925, em Paris, numa família de classe média. Perdeu seu único irmão, mais velho do que ele, durante a luta contra a ocupação nazista. Gilles apaixonou-se por literatura, mas descobriu a filosofia nas aulas do professor Vial, no Liceu Carnot, em 1943, o que o levou à Sorbonne no ano seguinte, onde obteve o Diploma de Estudos Superiores em 1947 com um estudo sobre David Hume (publicado em 1953 como *Empirismo e subjetividade*). Entre 1948 e 1957 lecionou no Liceu de Amiens, no de Orléans e no Louis-Le-Grand, em Paris. Já casado com a tradutora Fanny Grandjouan em 1956, com quem teve dois filhos, trabalhou como assistente em História da Filosofia na Sorbonne entre 1957 e 1960. Foi pesquisador do CNRS até 1964, ano em que passou a lecionar na Faculdade de Lyon, lá permanecendo até 1969. Além de Jean-Paul Sartre, teve como professores Ferdinand Alquié, Georges Canguilhem, Maurice de Gandillac, Jean Hyppolite e Jean Wahl. Manteve-se amigo dos escritores Michel Tournier, Michel Butor, Jean-Pierre Faye, além dos irmãos Jacques e Claude Lanzmann e de Olivier Revault d'Allonnes, Jean-Pierre Bamberger e François Châtelet. Em 1962 teve seu primeiro encontro com Michel Foucault, a quem muito admirava e com quem estabeleceu trocas teóricas e colaboração política. A partir de 1969, por força dos desdobramentos de Maio de 1968, firmou sua sólida e produtiva relação com Félix Guattari, de que resultaram livros fundamentais como *O anti-Édipo* (1972), *Mil platôs* (1980) ou *O que é a filosofia?* (1991). De 1969 até sua aposentadoria em 1987 deu aulas na Universidade de Vincennes (hoje Paris VIII), um dos centros do ideário de Maio de 68. Em 1995, quando o corpo já doente não pôde sustentar a vitalidade de seus encontros, o filósofo decide conceber a própria morte: seu suicídio ocorre em Paris em 4 de novembro desse ano. O conjunto de sua obra — em que se destacam ainda os livros *Diferença e repetição* (1968), *Lógica do sentido* (1969), *Cinema 1: A imagem-movimento* (1983), *Cinema 2: A imagem-tempo* (1985), *Crítica e clínica* (1993), entre outros — deixa ver, para além da pluralidade de conexões que teceu entre a filosofia e seu "fora", a impressionante capacidade de trabalho do autor, bem como sua disposição para a escrita conjunta, e até para a coescrita, como é o caso dos livros assinados com Guattari.

COLEÇÃO TRANS
direção de Éric Alliez

Gilles Deleuze e Félix Guattari
O que é a filosofia?

Félix Guattari
Caosmose

Gilles Deleuze
Conversações

Barbara Cassin, Nicole Loraux,
Catherine Peschanski
Gregos, bárbaros, estrangeiros

Pierre Lévy
As tecnologias da inteligência

Paul Virilio
O espaço crítico

Antonio Negri
A anomalia selvagem

André Parente (org.)
Imagem-máquina

Bruno Latour
Jamais fomos modernos

Nicole Loraux
Invenção de Atenas

Éric Alliez
A assinatura do mundo

Maurice de Gandillac
Gêneses da modernidade

Gilles Deleuze e Félix Guattari
Mil platôs
(Vols. 1, 2, 3, 4 e 5)

Pierre Clastres
Crônica do índios Guayaki

Jacques Rancière
Políticas da escrita

Jean-Pierre Faye
A razão narrativa

Monique David-Ménard
A loucura na razão pura

Jacques Rancière
O desentendimento

Éric Alliez
*Da impossibilidade
da fenomenologia*

Michael Hardt
Gilles Deleuze

Éric Alliez
Deleuze filosofia virtual

Pierre Lévy
O que é o virtual?

François Jullien
Figuras da imanência

Gilles Deleuze
Crítica e clínica

Stanley Cavell
*Esta América nova,
ainda inabordável*

Richard Shusterman
Vivendo a arte

André de Muralt
A metafísica do fenômeno

François Jullien
Tratado da eficácia

Georges Didi-Huberman
O que vemos, o que nos olha

Pierre Lévy
Cibercultura

Gilles Deleuze
Bergsonismo

Alain de Libera
Pensar na Idade Média

Éric Alliez (org.)
*Gilles Deleuze:
uma vida filosófica*

Gilles Deleuze
Empirismo e subjetividade

Isabelle Stengers
A invenção das ciências modernas

Barbara Cassin
O efeito sofístico

Jean-François Courtine
A tragédia e o tempo da história

Michel Senellart
As artes de governar

Gilles Deleuze e Félix Guattari
O anti-Édipo

Georges Didi-Huberman
Diante da imagem

François Zourabichvili
*Deleuze:
uma filosofia do acontecimento*

Gilles Deleuze
*Dois regimes de loucos:
textos e entrevistas (1975-1995)*

Gilles Deleuze
*Espinosa
e o problema da expressão*

A sair:

Gilles Deleuze
Cinema 1: a imagem-movimento

Gilles Deleuze
Cinema 2: a imagem-tempo

ESTE LIVRO FOI COMPOSTO EM SABON
pela Bracher & Malta, com CTP e
impressão da Edições Loyola em
papel Pólen Soft 70 g/m² da Cia.
Suzano de Papel e Celulose para a
Editora 34, em agosto de 2017.